资治通鉴

（北宋）司马光 编著

一部规模空前的编年体通史巨著

辽海出版社

壹

图书在版编目（CIP）数据

资治通鉴/（北宋）司马光编著.—沈阳：辽海出版社，2014.12（文化百科）
ISBN 978-7-5451-3265-6

Ⅰ.①资… Ⅱ.①司… Ⅲ.①中国历史—古代史—编年体 Ⅳ.① K204.3

中国版本图书馆 CIP 数据核字（2014）第 262965 号

资治通鉴

责任编辑：柳海松
责任校对：丁　雁
装帧设计：马寄萍
出 版 者：辽海出版社
地　　址：沈阳市和平区十一纬路 25 号
邮政编码：110003
电　　话：024-23284473
E - mail：dszbs@mail.lnpgc.com.cn
　　　　　http://www.lhph.com.cn
印 刷 者：北京一鑫印务有限责任公司
发 行 者：辽海出版社
开　　本：787mm×1092mm　　1/16
印　　张：80
字　　数：1280 千字
出版时间：2015 年 1 月第 1 版
印刷时间：2020 年 3 月第 3 次印刷
定　　价：498.00 元（全四册）

版权所有　翻印必究

前　言

"知古不知今，谓之陆沉；知今不知古，谓之盲瞽。"这是中国古代的一位大学者——王充对古今关系的精辟见解。我们奉献给广大读者的这部书，从根本上说，就是为了让人们通古知今，知今通古。

中国是一个有着五千年灿烂历史的伟大国家，历朝历代给后人们留下了极为丰富的文化遗产，中华民族又是具有尊史、学史和治史传统的民族。一代又一代中华儿女从历史中学习知识、智慧和经验，同时，又在社会实践中用新的知识、智慧和经验丰富和完善博大精深的历史。千百年来，许多志士仁人为总结我们民族的历史经验，提高我们民族的整体素质而进行不懈的努力，并取得了惊人的成就，而《资治通鉴》就是其光辉典范之一。

探索深厚久远的传统文化积淀对中华民族心理结构形成的巨大作用，认识和发掘传统文化对现代社会生活及历史发展的深远影响，是历史对炎黄子孙提出的重要课题。要完成这一任务，就必须对中国历史和文化的主要载体——文献典籍进行揣摩、研读和消化。真学历史，学真历史。但是，在浩如烟海、汗牛充栋的文献宝库面前，人们不免有眼花缭乱、不入门径之感，以至望而却步。不仅如此，由于现代社会节奏的加快和生活内容的变化，加上语言的隔膜，当代读者阅读古代典籍，也甚感困难重重。有鉴于此，我们从浩繁的历代史籍文献中，撷取了司马光所编的《资治通鉴》这部史学巨著。进行注译编校，奉献给广大读者。

司马光（1019-1086），字君实，陕州夏县（今山西夏县）人，宋代杰出的史学家。平生著作颇丰，仅《宋史·艺文志》著录的就有三十七种，流传至今，在《四库全书总目》著录的有十六种，其中《资治通鉴》是一部最有影响的史学名著。与《资治通鉴》有关的还有《资治通鉴目录》三十卷，《资治通鉴考异》三十卷。

《资治通鉴》二百九十四卷，记载了上起周威烈王二十三年（前403），下讫后周显德六年（959），一共一千三百六十二年的史事，按朝代为纪，分为十六纪，即《周纪》五卷、《秦纪》三卷、《汉纪》六十卷、《魏纪》十卷、《晋纪》四十卷、《宋纪》十六卷、《齐纪》十卷、《梁纪》二十二卷、《陈纪》十卷、《隋纪》八卷、《唐纪》八十一卷、《后梁纪》六卷、《后唐纪》八卷、《后晋纪》六卷、《后汉纪》四卷、《后周纪》五卷。《资治通鉴》自治平三年（1066）设局修撰，直到元丰七年（1084）全书完成，前后经过了十九年。此书修纂除参酌正史外，还参阅各种典籍多达三百余种。《资治通鉴》创编年体通史规模，以时间先后叙次史事，使历史的发展变化、前因后果有个系统、明晰的交代，对重要的史事，根据各种的史料，采取追叙或附叙的手法，使事件完整地表达出来，避免或减少因以时间为序造成的史实分散割裂的弊病，被后人誉为"叙之井井，不漏不烦"。除叙述史事外，还有分析、评语，或引他人语，或题"臣光曰"，不论是叙事，还是评论，皆无一语无所本，繁简适宜、文浅事明。《资治通鉴目录》以年表的形式编成，实际是《资治通鉴》概要。《资治通鉴考异》是对史料的考辨情况的记录，而《考异》的撰成，使考异从此成为一种史书撰述体例。《资治通鉴》是中国古代文献典籍中现存的最大的编年体通史。司马光在该书的《进表》中说其宗旨在于："鉴前世之兴衰，考当今之得失，嘉善矜恶，取是舍非"，所以，"专取关国家盛衰，系生民休戚，善可为法，恶可为戒者"。这部巨著受到历代政治家和史学家的高度评价。宋神宗早就说它"贤于荀悦从汉纪远矣"。南宋学者王应麟评价该书为"自有书契以来，未有为通鉴者"。清代史学家王鸣盛也说："此天地必不可无之书，亦学者必不可不读之书也。"可见此书影响之深远。

在浩如烟海的古代典籍中，《资治通鉴》可以说是集各方精粹之大成者，是古代典籍精品之中的精品。可谓一卷在手，尽窥千年之得失，千古之兴废。鉴于此，我们组织编译了《资治通鉴》，从而有利于通过学习历史，以史为鉴，培养人、造就人，宏扬我们的民族文化传统，促进我们国家的长治久安。

本书在译注点校过程中参考了各种校点本，主要有中华书局的《资治通鉴》和朱熹的《资治通鉴纲目》。译文中古代纪年后加注公元纪年，地名加今地名，官名直录不译，以免造成理解偏差。由于译注工作出自多人之手，虽力求文气贯通，但难免风格各异。《资治通鉴》博大精深，所论纵横千年，含融万象，因学力所限，译注中难免会有一些疏漏不确之处，望请见谅。

目　录

卷一至卷三〇

周纪一　安王　十五年（甲午、公元前 387 年）⋯⋯⋯⋯⋯⋯⋯⋯⋯⋯（1）
周纪二　烈王　六　年（辛亥、公元前 370 年）⋯⋯⋯⋯⋯⋯⋯⋯⋯⋯（3）
周纪二　显王　八　年（庚申、公元前 361 年）⋯⋯⋯⋯⋯⋯⋯⋯⋯⋯（4）
　　　　　　　十　年（壬戌、公元前 359 年）⋯⋯⋯⋯⋯⋯⋯⋯⋯⋯（6）
　　　　　　　十六年（戊辰、公元前 353 年）⋯⋯⋯⋯⋯⋯⋯⋯⋯⋯（8）
周纪三　赧王　五　年（辛亥、公元前 310 年）⋯⋯⋯⋯⋯⋯⋯⋯⋯⋯（9）
　　　　　　　十七年（癸亥、公元前 298 年）⋯⋯⋯⋯⋯⋯⋯⋯⋯（10）
秦纪一　昭襄王　五十二年（丙午、公元前 255 年）⋯⋯⋯⋯⋯⋯⋯（12）
　　　　庄襄王　三　年（甲寅、公元前 247 年）⋯⋯⋯⋯⋯⋯⋯⋯（20）
始皇帝上　元　年（乙卯、公元前 246 年）⋯⋯⋯⋯⋯⋯⋯⋯⋯⋯⋯（23）
　　　　　二　年（丙辰、前 245）⋯⋯⋯⋯⋯⋯⋯⋯⋯⋯⋯⋯⋯⋯（23）
　　　　　十四年（戊辰、公元前 233 年）⋯⋯⋯⋯⋯⋯⋯⋯⋯⋯⋯（24）
秦纪二　始皇帝下　二十年（甲戌、公元前 227 年）⋯⋯⋯⋯⋯⋯⋯（25）
　　　　　　　　　十一年（乙亥、公元前 226 年）⋯⋯⋯⋯⋯⋯⋯（26）
　　　　　　　　　三十七年（辛卯、前 210）⋯⋯⋯⋯⋯⋯⋯⋯⋯（27）
汉纪三　太祖高皇帝中　五　年（己亥、公元前 202 年）⋯⋯⋯⋯⋯（31）
　　　　　　　　　　　六　年（庚子、公元前 201 年）⋯⋯⋯⋯⋯（43）
汉纪四　孝惠皇帝　元　年（丁未、公元前 194 年）⋯⋯⋯⋯⋯⋯⋯（53）
　　　　　　　　　二　年（戊甲、公元前 193 年）⋯⋯⋯⋯⋯⋯⋯（53）
　　　　　　　　　三　年（己酉、前 192）⋯⋯⋯⋯⋯⋯⋯⋯⋯⋯（56）

汉纪五　高皇后　元　年（甲寅、前187）……………………………（57）

汉纪七　太宗孝文皇帝下　前十二年（癸酉、公元前168年）………（59）

　　　　后七年（甲申、公元前157年）………………………………（64）

汉纪八　孝景皇帝下　前三年（丁亥、公元前154年）………………（66）

汉纪九　世宗孝武皇帝　建元二年（壬寅、公元前139年）…………（83）

元光六年（壬子、公元前129年）………………………………………（85）

汉纪十三　世宗孝武皇帝　元封三年（癸酉、公元前108年）………（86）

　　　　太初元年（丁丑、公元前104年）………………………………（90）

汉纪十四　世宗孝武皇帝　后元二年（甲午、公元前87年）…………（95）

汉纪十五　孝昭皇帝上　始元元年（乙未、公元前86年）……………（98）

汉纪十七　中宗孝宣皇帝　元康四年（己未、公元前62年）…………（100）

汉纪十九　中宗孝宣皇帝　甘露三年（庚午、公元前51年）…………（103）

　　　　黄龙元年（壬申、公元前49年）…………………………………（106）

汉纪二十一　孝元皇帝　永光四年（辛巳、公元前40年）……………（108）

　　　　五　年（壬午、公元前39年）……………………………………（109）

汉纪二十二　孝成皇帝　建始二年（庚寅、公元前31年）……………（112）

　　　　河平三年（乙未、公元前26年）…………………………………（115）

卷三十一至卷六〇

汉纪二十三　孝成皇帝上之下　阳朔三年（己亥、公元前22年）……（117）

　　　　鸿嘉元年（辛丑、公元前20年）…………………………………（118）

　　　　二　年（壬寅、公元前19年）……………………………………（119）

　　　　三　年（癸卯、公元前18年）……………………………………（121）

汉纪二十五　孝成皇帝下　绥和二年（甲寅、公元前7年）…………（124）

汉纪二十八　孝平皇帝下　元始三年（癸亥、公元3年）……………（139）

　　　　四　年（甲子、公元4年）…………………………………………（141）

　　　　五　年（乙丑、公元5年）…………………………………………（146）

王莽上　居摄元年（丙寅、公元6年）…………………………………（152）

　　　　二　年（丁卯、公元7年）…………………………………………（153）

　　　　初始元年（戊辰、公元8年）………………………………………（156）

汉纪二十九	王莽中　始建国元年（己巳、公元9年）	（161）
汉纪三十一	汉淮阳王　更始二年（甲申、公元24年）	（166）
汉纪三十三	世祖光武皇帝上之下　建武三年（丁亥、公元27年）	（182）
汉纪三十五	世祖光武皇帝　建武十五年（己亥、公元39年）	（190）
	建武二十七年（辛亥、公元51年）	（193）
	中元二年（丁巳、公元57年）	（195）
汉纪三十九	肃宗孝章皇帝　章和二年（戊子、公元88年）	（198）
汉纪四十	孝和皇帝下　永元四年（壬辰、公元92年）	（205）
	永元十四年（壬寅、102年）	（210）
汉纪四十二	孝安皇帝　延光三年（甲子、124年）	（216）
孝顺皇帝（上）	永建元年（丙寅、126年）	（221）
	建康元年（甲申、144年）	（225）
汉纪四十五	孝桓皇帝　元嘉元年（辛卯、151年）	（228）
	二　年（壬辰、152年）	（234）
	永兴元年（癸巳、153年）	（236）
汉纪四十七	孝桓皇帝　延熹八年（乙巳、165年）	（237）
	九　年（丙午、166年）	（246）
汉纪四十八	孝桓皇帝下　永康元年（丁未、167年）	（258）
汉纪四十九	孝灵皇帝　熹平五年（丙辰、176年）	（264）
	熹平六年（丁巳、177年）	（265）
	光和元年（戊午、178年）	（271）
汉纪五十	孝灵皇帝　光和六年（癸亥、183年）	（276）
汉纪五十一	孝灵皇帝下　中平五年（戊辰、188年）	（278）
汉纪五十二	孝献皇帝乙　初平二年（辛未、191年）	（282）

卷六十一至卷九〇

汉纪五十八	孝献皇帝辛　建安十四年（己丑、209年）	（295）
	十八年（癸巳、213年）	（298）
汉纪六十	孝献皇帝癸　建安二十二年（丁酉、217年）	（304）
魏纪二	世祖文皇帝下　黄初四年（癸卯、223年）	（309）

魏纪七　邵陵厉公中　正始九年（戊辰、248年）……………………（317）

魏纪十　元皇帝下　景元三年（壬午、262年）……………………（319）

　　　　　四　年（癸未、263年）……………………………………（324）

晋纪三　世祖武皇帝中　太康元年（庚子、280年）………………（336）

卷九十一至卷一二○

晋纪十六　显宗成皇帝　咸和六年（辛卯、331年）………………（350）

晋纪十七　显宗成皇帝　咸和九年（甲午、334年）………………（352）

　　　　　咸康元年（乙未、335年）…………………………………（358）

　　　　　二　年（丙申、336年）……………………………………（362）

　　　　　三　年（丁酉、337）………………………………………（365）

晋纪十九　孝宗穆皇帝上之上　永和元年（乙巳、345年）………（368）

晋纪二十一　孝宗穆皇帝　永和八年（壬子、352年）……………（374）

晋纪二十四　海西公下　太和四年（己巳、369年）………………（382）

　　　　　　五　年（庚午、370年）…………………………………（394）

晋纪二十七　烈宗孝武皇帝上之下　太元八年（癸未、383年）…（406）

晋纪三十三　安皇帝丙　隆安三年（己亥、399年）………………（420）

晋纪三十七　安皇帝庚　义熙六年（庚戌、410年）………………（435）

宋纪一　高祖武皇帝　永初元年（庚申、420年）…………………（449）

　　　　二　年（辛酉、421年）………………………………………（455）

　　　　三　年（壬戌、422年）………………………………………（458）

　　　　营阳王　景平元年（癸亥、423年）…………………………（466）

宋纪二　太祖文皇帝上之上　元嘉元年（甲子、424年）…………（474）

　　　　四　年（丁卯、427年）………………………………………（484）

卷一二一至卷一五○

宋纪六　太祖文皇帝　元嘉二十三年（丙戌、446年）……………（492）

宋纪十五　太宗明皇帝下　泰始七年（辛亥、471年）……………（500）

　　　　　泰豫元年（壬子、472年）…………………………………（509）

齐纪二　世祖武皇帝上之下　永明二年（甲子、484年）…………（513）

三　年（乙丑、485 年）…………………………………………（521）

四　年（丙寅、486 年）…………………………………………（525）

梁纪二　高祖武皇帝二　天监五年（丙戌、506 年）……………（529）

梁纪六　高祖武皇帝六　普通五年（甲辰、524 年）……………（543）

卷一五一至卷一八○

梁纪八　高祖武皇帝八　大通二年（戊申、528 年）……………（554）

梁纪十三　高祖武皇帝十三　大同元年（乙卯、535 年）………（571）

　　　　　二　年（丙辰、536 年）……………………………（578）

梁纪十六　高祖武皇帝十六　太清元年（丁卯、547 年）………（581）

梁纪十七　高祖武皇帝十七　太清二年（戊辰、548 年）………（600）

梁纪十八　高祖武皇帝十八　太清三年（己巳、549 年）………（627）

梁纪十九　太宗简文皇帝上　大宝元年（庚午、550 年）………（658）

梁纪二十　太宗简文皇帝下　大宝二年（辛未、551 年）………（674）

　　　　　承圣三年（甲戌、554 年）……………………………（685）

陈纪十　长城公下　至德二年（甲辰、584 年）…………………（700）

隋纪一　高祖文皇帝上之上　开皇九年（己酉、589 年）………（709）

隋纪三　高祖文皇帝中　开皇二十年（庚申、600 年）…………（730）

炀皇帝上之上　大业元年（乙丑、605 年）………………………（749）

　　　　　二　年（丙寅、606 年）……………………………（755）

　　　　　三　年（丁卯、607 年）……………………………（759）

卷一八一至卷二一○

隋纪五　炀皇帝上之下　大业八年（壬申、612 年）……………（768）

隋纪六　炀皇帝中　大业九年（癸酉、613 年）…………………（777）

　　　　　大业十年（甲戌、614 年）……………………………（798）

隋纪七　炀皇帝下　大业十二年（丙子、616 年）………………（802）

恭皇帝上　义宁元年（丁丑、617 年）……………………………（817）

隋纪八　恭皇帝下　义宁元年（丁丑、617 年）…………………（835）

唐纪四　高祖神尧大圣光孝皇帝中之上　武德三年（庚辰、620 年）…（866）

太宗文武大圣大广孝皇帝上之上　贞观元年（丁亥、627年）………（880）

唐纪十　太宗文武大圣大广孝皇帝上之下　贞观九年（乙未、635年）…（893）

　　　　贞观十年（丙申、636年）………………………………………（897）

唐纪十五　太宗文武大圣广孝皇帝下之下　贞观二十三年（己酉、649年）…（905）

唐纪十六　高宗天皇大圣大弘孝皇帝上之下　显庆四年（己未、659年）…（909）

唐纪十九　高宗天皇大圣大弘孝皇帝下　永淳元年（壬午、682年）…（916）

唐纪二十　则天顺圣皇后　天授元年（庚寅、690年）……………（922）

唐纪二十五　睿宗玄真大圣大兴孝皇帝上　景云元年（庚戌、710年）…（929）

卷二一一至卷二四〇

唐纪三十　玄宗至道大圣大明皇帝　天宝四载（乙酉、745年）……（940）

　　　　天宝五载（丙戌、746年）……………………………………（945）

　　　　天宝六载（丁亥、747年）……………………………………（949）

　　　　天宝八载（己丑、749年）……………………………………（961）

唐纪三十三　玄宗至道大圣大明孝皇帝下之下　十三载（甲午、754年）……（964）

　　　　天宝十四载（乙未、755年）…………………………………（968）

肃宗文明武德大圣大宣孝皇帝上之上　至德元载（丙申、756年）…（981）

唐纪五十六　宪宗昭文章武大圣至神孝皇帝中之下）

　　　　元和十二年（丁酉、817年）…………………………………（990）

卷二四十一至卷二七〇

唐纪六十一　文宗元圣昭献皇帝　太和九年（乙卯、835年）………（1006）

唐纪六十七　懿宗昭圣恭惠孝皇帝中　咸通九年（戊子、868年）…（1022）

唐纪六十九　僖宗惠圣恭定孝皇帝上之下　乾符四年（丁酉、877年）（1035）

　　　　五　年（戊戌、878年）………………………………………（1038）

唐纪七十一　僖皇帝　中和四年（甲辰、884年）……………………（1044）

唐纪七十四　昭宗圣穆景文孝皇帝上之上　龙纪元年（己酉、889年）（1050）

　　　　大顺元年（庚戌、890年）……………………………………（1054）

　　　　大顺二年（辛亥、891年）……………………………………（1064）

唐纪七十七　昭宗圣穆景文孝皇帝中之上　乾宁四年（丁巳、897年）…（1074）

唐纪七十九　昭宗圣穆景文孝皇帝中之下　天复二年（壬戌、902年）…（1083）

唐纪八十一　昭宣光烈孝皇帝　天祐三年（丙寅、906年）…………（1099）

卷二七一至卷二九四

后梁纪五　均王中　贞明五年（己卯、919年）………………………（1106）

后唐纪一　庄宗光圣神闵孝皇帝上　同光元年（癸未、923年）………（1112）

后唐纪三　明宗圣德和武钦孝皇帝上之上　天成元年（丙戌、926年）…（1141）

后晋纪一　高祖圣文章武明德孝皇帝上之上　天福元年（丙申、936年）…（1159）

后晋纪五　齐王中　开运二年（乙巳、945年）………………………（1183）

后晋纪六　齐王下　开运二年（乙巳、945年）………………………（1197）
　　　　　三　年（丙午、946年）……………………………………（1202）

后汉纪一　高祖睿文圣武昭肃孝皇帝上　天福十二年（丁未、947年）…（1222）

后汉纪二　高祖睿文圣武昭肃孝皇帝中　天福十二年（丁未、947年）…（1243）

卷一至卷三〇

周纪一　安王
十五年（甲午、公元前387年）

秦伐蜀，取南郑。

魏文侯薨，太子击立，是为武侯。

武侯浮西河而下，中流顾谓吴起曰："美哉山河之固，此魏国之宝也！"对曰："在德不在险。昔三苗氏，左洞庭，右彭蠡，德义不修，禹灭之。夏桀之居，左河济，右泰华，伊阙在其南，羊肠在其北；修政不仁，汤放之。商纣之国，左孟门，右太行，常山在其北，大河经其南；修政不德，武王杀之。由此观之，在德不在险。若君不修德，舟中之人皆敌国也！"武侯曰："善。"

魏置相，相田文。吴起不悦，谓田文曰："请与子论功可乎？"田文曰："可。"起曰："将三军，使士卒乐死，敌国不敢谋，子孰与起？"文曰："不如子。"起曰："治百官，亲万民，实府库，子孰与起？"文曰："不如子。"起曰："守西河而秦兵不敢东乡，韩、赵宾从，子孰与起？"文曰："不如子。"起曰："此三者子皆出吾下，而位加吾上，何也？"文曰："主少国疑，大臣未附，百姓不信，方是之时，属之子乎，属之我乎？"起默然良久曰："属之子矣！"

久之，魏相公叔尚魏公主而害吴起。公叔之仆曰："起易去也。起为人刚劲自喜，子先言于君曰：'吴起，贤人也，而君之国小，臣恐起之无留心也。君盍试延以女，起无留心，则必辞矣。'子因与起归而使公主辱子，起见公主之贱子也，必辞，则子之计中矣。"公叔从之，吴起果辞公主。魏武侯疑之而未信，起惧诛，遂奔楚。

楚悼王素闻其贤，至则任之为相。起明法审令，捐不急之官，废公族疏远者，以抚养战斗之士，要在强兵，破游说之言从横者。于是南平百越，北却三晋，西伐秦，诸侯皆患楚之强；而楚之贵戚之臣多怨吴起者。

【译文】

十五年 （甲午、公元前387年）

秦攻打蜀，占领南郑。

魏文侯去世，太子击即位，叫武侯。

武侯乘船顺黄河东下，行到河心对吴起说："好美啊！高山大河的完整，这是魏国的财宝啊！"吴起回答："国家是否完整美好，在于国君的德行，不在山河的险要。例如过去三苗氏，左有洞庭、右有彭蠡；因为不注重道德仁义的修养，被夏禹消灭。夏桀建国，左有河济，右有泰华，伊阙在南，羊肠在北；由于不行仁政，被商汤放逐。商纣的国土，左有孟门，右有太行，常山在他的北方，大河经过南面；由于施政不讲仁德，被武王杀戮。从上列各例看来，国家的长治久安，在于国君的德行，不在山河的险要。如果国君不注意道德修养，今天同舟共济的都是敌人啊！"武侯说："你的意见很对。"

魏设宰相，并由田文担任。吴起很不高兴，对田文说："我们可以讨论一下各人对国家的贡献吗？"田文说："可以。"吴起说："统率三军，使士兵甘愿拼命作战，敌国不敢和我作对，这事你比起我吴起怎么样？"田文说："我不如你。"吴起说："治理百官，安抚万民，充实府库，这事你比起我吴起怎么样？"田文说："我不如你。"吴起说："防守西河，秦兵不敢东下，韩、赵向我输诚，这事你比我吴起怎么样？"田文说："我不如你。"吴起说："以上三件事中，你的能力都不如我，而爵位却在我之上，这是什么道理？"田文说："主上年少，国事猜疑，大臣尚未亲附，百姓不能信赖，在这个时候，宰相的职位，是给你做好呢，还是给我做好呢？"吴起沉默不语很久说："还是给你做为好！"

过了很久以后，魏国宰相公叔娶了国君的女儿为妻，想设法陷害吴起。公叔的仆人说："吴起，是容易除去的。因为吴起为人刚毅耿直，自信心强烈，你可以事先告诉君上，说：'吴起是位贤能的人，而君上的国家太小、臣怕起不愿意长久留下来，国君何不招为驸马，吴起如果没有长久留住的意思，必定拒绝.'事后你顺便和吴起同车回家,使公主借故污辱你,吴起亲眼看到公主瞧不起你的事,必定辞谢国君的好意,如此,你的计划就成功了。"公叔便依计行事,吴起果然辞谢公主婚事。魏武侯怀疑他的忠心而不加信任,吴起怕惹祸上身,便逃往楚国去了。

楚悼王素来听说吴起贤能,吴起到楚国后,任命他当宰相。吴起颁布法律,慎施政令,减少不需要的官员,废除了王族中的远亲疏戚,用来安抚奖励征战之士,目的在于加强军事力量,破除纵横家的游说之言。于是,楚国向南平定百越,向北击败三晋,向西攻打秦国,诸侯都怕楚国强大;而楚国的贵族皇亲大臣很多人也埋怨吴起。

周纪二　烈王
六　年（辛亥、公元前370年）

齐威王来朝。是时周室微弱,诸侯莫朝,而齐独朝之,天下以此益贤威王。

赵伐齐,至甄。

魏败赵师于怀。

齐威王召即墨大夫,语之曰:"自子之居即墨也,毁言日至。然吾使人视即墨,田野辟,人民给,官无事,东方以宁;是子不事吾左右以求助也!"封之万家。召阿大夫,语之曰:"自子守阿,誉言日至。吾使人视阿,田野不辟,人民贫馁。昔日赵攻甄,子不救;卫取薛陵,子不知;

齐威王像

是子厚币事吾左右以求誉也!"是日,烹阿大夫及左右尝誉者。于是群臣耸惧,莫敢饰诈,务尽其情,齐国大治,强于天下。

【译文】

六　年（辛亥、公元前370年）

齐威王来朝。此时周室微弱，诸侯都不朝见天子，而齐王独来朝见，因此天下人士也因此推崇齐威王了。

赵攻打齐国，兵到甄城。

魏在怀县打败了赵军。

齐威王召见即墨大夫，告诉他说："自从你在即墨任官以来，诽谤你的话天天都有。然而当我派人到即墨视察后，发现田野开辟，人民富足，衙门无事，地方生活安定。这是你不事奉我左右近侍，求他们帮你说好话的原因吧！"就分封他万户采邑，以资鼓励。又召见东阿大夫，告诉他说："自从你任官东阿以来，赞誉你的话每天都有，我派人视察东阿以后，发现田野没有开辟，人民陷于贫穷饥饿；过去赵国攻打甄城，你不派兵援救；卫国攻占薛陵，你不知道。这是你用优厚的礼物贿赂我左右近侍，所以他们才说你的好话吧！"就在当天，齐威王下令烹杀东阿大夫和自己左右曾经称誉过东阿大夫的近侍们。于是群臣惊惧，没有人再敢巧言欺诈，凡事务必说明实情，齐国因而为天下强国。

周纪二　显　王
八　年（庚申、公元前361年）

孝公下令国中曰："昔我穆公，自岐、雍之间修德行武，东平晋乱，以河为界，西霸戎翟，广地千里，天子致伯，诸侯毕贺，为后世开业甚光美。会往者厉、躁、简公、出子之不宁，国家内忧，未遑外事。三晋攻夺我先君河西地，丑莫大焉。献公即位，镇抚边境，徙治栎阳，且欲东伐，复穆公之故地，修穆公之政令。寡人思念先君之意，常痛于心。宾客群臣有能出奇计强秦者，吾且尊官，与之分土。"于是卫公孙鞅闻是令下，乃西入秦。

公孙鞅者，卫之庶孙也，好刑名之学。事魏相公叔痤，痤知其贤，未及进。会病，魏惠王往问之曰："公叔病如有不可讳，将奈社稷何？"公叔曰："痤之中庶子卫鞅，年虽少，有奇才，愿君举国而听之！"王嘿然。公叔曰：

"君即不听用鞅，必杀之，无令出境！"王许诺而去。公叔召鞅谢曰："吾先君而后臣，故先为君谋，后以告子。子必速行矣！"鞅曰："君不能用子之言任臣，又安能用子之言杀臣乎！"卒不去。王出，谓左右曰："公叔病甚，悲乎！欲令寡人以国听卫鞅也！既又劝寡人杀之，岂不悖哉！"卫鞅既至秦，因嬖臣景监以求见孝公，说以富国强兵之术；公大悦，与议国事。

【译文】

八　年（庚申、公元前361年）

秦孝公通令全国说："过去我先祖穆公，从岐、雍二地起家，修明德行，运用武力，向东平定晋国的内乱，以黄河为界，向西讨伐狄戎，称霸西戎，开疆扩土数千里，被周王命以方伯重任，统治一方，各国诸侯都来祝贺，替后代子孙开基创业，他的功绩可说光辉灿烂，照耀千秋。以后经过厉、共公、躁公、简公、出子相继在位，造成政局不安，忧患丛生，一直没有时间过问国外的事务。尤其魏、赵、韩三国攻占我先君所属的河西地方，更给国家带来莫大耻辱。献公即位后，安抚边境军民，把首都迁到栎阳，准备出兵东征，收复穆公的故土，修明穆公的政令。寡人每当想到先君的未竟之志，常常痛心疾首。各位宾客群臣中，如有人想出奇策妙计，能使秦国富强的，我就赏他高官，封他土地。"卫国的公孙鞅听说了孝公颁布这道命令，于是就向西投靠秦国。

公孙鞅这个人，是卫侯庶出的子孙，喜好法家循名责实、尊君卑臣的学说。公孙鞅事奉魏国宰相公叔痤的时候，公叔痤就知道他贤能，但还没来得及推荐重用。就身染重病卧床不起。魏惠王去问他说："公叔病情如果有个三长两短，国家大事怎么办呢？"公叔痤说："痤的中庶子卫鞅，年龄虽轻，却有奇才异能，希望我君把国家大事托付他、信任他！"王默不作声。公叔痤又说："国君如不听信我的话重用卫鞅，一定要杀掉他，不能叫他离开魏国。"魏惠王答应后就离开了。这时公叔痤召见卫鞅，对他说："我做人的态度向来是先君后臣，所以先替国君打算，再把详情告诉你，你尽快逃走吧！"卫鞅回答说："国君不听信你的话任用臣，又怎会听信你的话来杀害臣呢！"所以他一直没有逃走。魏惠王离开公叔痤以后，对左右侍从说："公叔病况太严重了，真叫人伤心啊！他叫寡人把国家大事托付卫鞅！接着又劝寡人杀掉他，这岂不是前后矛盾吗！"卫鞅到秦国以后，靠着一位得宠的幸臣景监见到孝公，并用富国强兵的办法来游说他，孝公十分高兴，于是便和他进一步商讨国事。

十　年（壬戌、公元前359年）

卫鞅欲变法，秦人不悦。卫鞅言于秦孝公曰："夫民不可与虑始，而可与乐成。论至德者不和于俗，成大功者不谋于众。是以圣人苟可以强国，不法其故。"甘龙曰："不然，缘法而治者，吏习而民安之。"卫鞅曰："常人安于故俗，学者溺于所闻，以此两者，居官守法可也，非所与论于法之外也。智者作法，愚者制焉；贤者更礼，不肖者拘焉。"公曰："善。"以卫鞅为左庶长，卒定变法之令。令民为什伍而相收司、连坐，告奸者与斩敌首同赏，不告奸者与降敌同罚。有军功者，各以率受上爵；为私斗者，各以轻重被刑大小。力本业，耕织致粟帛多者，复其身；事末利及怠而贫者，举以为收孥。宗室非有军功论，不得为属籍。明尊卑爵秩等级，各以差次名田宅、臣妾、衣服。有功者显荣，无功者虽富无所芬华。

令既具未布，恐民之不信，乃立三丈之木于国都市南门，募民有能徙置北门者予十金。民怪之，莫敢徙。复曰："能徙者予五十金！"有一人徙之，辄予五十金。乃下令。

令行期年，秦民之国都言新令之不便者以千数。于是太子犯法。卫鞅曰："法之不行，自上犯之。"太子，君嗣也，不可施刑，刑其傅公子虔，黥其师公孙贾。明日，秦人皆趋令。行之十年，秦国道不拾遗，山无盗贼，民勇于公战，怯于私斗，乡邑大治。秦民初言令不便者，有来言令便。卫鞅曰："此皆乱法之民也！"尽迁之于边。其后民莫敢议令。

【译文】

十　年（壬戌、公元前359年）

卫鞅想实行变法，以求富强，秦人不高兴。卫鞅对秦孝公说："一般人的通病是安于故常，因此当政策开始推行的时候，不可以和他们共同讨论，只可以和他们共享成功的果实。德行高尚的人，讲的话往往和世俗的说法不同，成功立业的人，做的事也经常和众人的计划不一样。所以只要圣德的国君认为能富国强兵，是不必墨守成规的。"大夫甘龙反驳说："事情不全是这样，因为顺着原先的法制去实施，官吏们做起来熟练，人民也生活习惯。"卫鞅说："一般人都习惯于旧习俗，读书人也沉迷于自己的见闻，这两种人，可以任之为官，使其守法，但不可以和他讨论旧制度以外开创大业的事。有智慧的人制订法律，愚昧的人接受裁制；贤能的人革新礼制，不才的人死守成法。"孝公说："很好。"便派卫鞅做左庶长。后来定立变法的命令，使人民5家为保，10家相连，彼此监视检举，若不检举，则10家同罪；告发奸私犯罪的，依斩敌人首级的标准赏赐；不告发的，依投降敌国的标准处罚。作战有功的，各依照标准受上等的爵赏；私下械斗的，视情形的轻重加以处罚。努力本身工作，辛勤耕织而使粮食布帛丰收的，可免除赋税徭役；只知营求小利和因懒惰而贫穷的，被检举之后，全家收为国家奴隶。即使是帝王宗室，若无战功可称道的，也不得收入族谱。为了彰明身份的尊卑，职位的高下，各以等次的名号称其田宅、臣妾和服饰。有功劳的，显达而光荣，无功劳的，即使富有也不会显荣。

法令制定后，未立刻公布。卫鞅唯恐百姓不能信从，就在首都的南门立了一根3丈高的木桩，征求能将木桩搬到北门的人，给黄金10斤。百姓觉得很奇怪，没有一个人敢搬动。于是卫鞅再下令："能搬动者给黄金50斤。"有一个人半信半疑地把木桩搬到了北门，立即获得50斤黄金的重赏。表示信赏的决心，然后才公布法令。

法令施行一年后，有数以千计的秦国老百姓，前往国都陈述新法的不便。这时，太子触犯法律。卫鞅说："法令所以无法施行，是因为地位显赫的都不去遵守。可是太子是一国储君，不可对他施以刑罚。"于是卫鞅便将他的师傅公子虔处刑，在他的老师公孙贾面上刺墨字。第二天，秦国人听说此事后，都开始遵守法令了。法令施行了10年，秦国出现了路不捡遗，山林没有盗贼，人民作战奋勇，不敢私下械斗，乡里都邑非常安定的局面。这时，那些当初认为新法不便的秦民，也有人来陈说新法的好处。卫鞅说："这些都是破坏法令的百姓！"把他们全都迁移到边境。从此，百姓再也不敢议论法令的是非。

十六年（戊辰、公元前353年）

齐威王使田忌救赵。

初，孙膑与庞涓俱学兵法。庞涓仕魏为将军，自以能不及孙膑，乃召之；至，则以法断其两足而黥之，欲使终身废弃。齐使者至魏，孙膑以刑徒阴见，说齐使者；齐使者窃载与之齐。田忌善而客待之，进于威王。威王问兵法，遂以为师。于是威王谋救赵，以孙膑为将；辞以刑余之人不可，乃以田忌为将而孙子为师，居辎车中，坐为计谋。

田忌欲引兵之赵。孙子曰："夫解杂乱纷纠者不控拳，救斗者不搏撠，批亢捣虚，形格势禁，则自为解耳。今梁、赵相攻，轻兵锐卒必竭于外，老弱疲于内；子不若引兵疾走魏都，据其街路，冲其方虚，彼必释赵以自救；是我一举解赵之围而收弊于魏也。"田忌从之。十月，邯郸降魏。魏师还，与齐战于桂陵，魏师大败。

韩伐东周，取陵观、廪丘。

【译文】

十六年（戊辰、公元前353年）

齐威王派田忌去救援赵国。

当初，孙膑和庞涓都学过兵法。庞涓在魏国官拜将军，自认为才能不如孙膑，于是请他来；孙膑来到后，就加罪于他，砍断他的双脚，在他额上刺字，想使他终身成为废人。后来齐国使者到魏国，孙膑暗中以受刑者的身份约见，游说他。齐国使臣偷偷地把他载到齐国。田忌很友善，待他如客人，把他引见给威王。威王问他兵法，之后就派他做军师。此时，威王打算营救赵国，派孙膑为将军。孙膑以为自己是残废之人，无法胜任。威王就改派田忌做将军，孙膑做军师，他坐在运物的车中，谋划作战大计。

田忌想派兵前往赵国。孙膑说："排解两方的争斗，不可握拳击之，更不能上手扶持一方帮着打，只能因势利导，使打斗双方受阻，双方就自然就撤兵了。现在魏、赵二国互相攻伐,强兵劲卒必定倾国而出,留下老弱残兵在国内;你不如派兵速往魏国首都,占领街道马路。趁现在空虚时加以攻击,魏国必会停止攻打赵国,回来营救,这样我们可以一举解除赵国的围困,又可打击魏国。"田忌听从他的话。十月,邯郸投降魏国,魏国军队回师时,和齐国在桂陵发生激战,魏军大败。

韩国攻打东周,占领陵观、廪丘。

周纪三 赧王
五 年(辛亥、公元前310年)

张仪说秦武王曰:"为王计者,东方有变,然后王可以多割得地也。臣闻齐王甚憎臣,臣之所在,齐必伐之。臣愿乞其不肖之身以之梁,齐必伐梁,齐、梁交兵而不能相去,王以其间伐韩,入三川,挟天子,案图籍,此王业也!"王许之。齐王果伐梁,梁王怒。张仪曰:"王勿患也!请令齐罢兵。"乃使其舍人之楚,借使谓齐王曰:"甚矣王之托仪于秦也!"齐王曰:"何故?"楚使者曰:"张仪之去秦也,固与秦王谋矣,欲齐、梁相攻而令秦取三川也。今王果伐梁,是王内罢国而外伐与国,而信仪于秦王也。"齐王乃解兵还。张仪相魏一岁,卒。

张仪像

仪与苏秦皆以纵横之术游诸侯,致位富贵,天下争慕效之。又有魏人公孙衍者,号曰犀首,亦以谈说显名。其余苏代、苏厉、周最、楼缓之徒,纷纭遍于天下,务以辩诈相高,不可胜纪;而仪、秦、衍最著。

秦王使甘茂诛蜀相庄。

秦王、魏王会于临晋。

【译文】

五　年（辛亥、公元前310年）

张仪游说秦武王说："我为君王设想，只要东方大乱，大王就可取得许多土地。我听说齐王非常厌恶我，我到哪里，齐国必定进攻哪里。我希望大王准许小人前往魏国，齐必会去攻打，齐、魏两国交兵，彼此兵连祸结，不能罢休，王便可趁机攻打韩国，进入三川，挟持天子，按验图籍，这是夺取天下的伟大功业啊！"秦武王准许了张仪的计划。后来，齐王果然去攻打魏国，魏王十分害怕。张仪说："王不必担忧，我可以让齐国退兵。"就派他的舍人到楚国，凭借楚国的使臣，对齐王说："太糟糕了，秦王加强了秦国对张仪的信任。"齐王问："为什么呢？"楚国使臣说："张仪离开秦国时，本来就和秦王计划好的，想让齐、魏二国彼此进攻，使秦有机会取得三川。现在大王果然进攻魏国，这样，便是王对内削弱了全国，对外攻打了友邦，且又加强了秦国对张仪的信任。"齐王这才退兵回国。张仪在魏国做了一年宰相后，便死了。

张仪和苏秦都凭借合纵连横之法，游说各国诸侯，获得高官厚禄，使天下人争相仿效。又有一个魏国人名叫公孙衍，号犀首的，也以擅长玄辩之说而出了名。其他如苏代、苏厉、周最、楼缓这些人，纷纭其说，遍布天下，专门利用辩说诡诈的方法，逞强斗胜，争长量短，无法一一道出；而其中张仪、苏秦、公孙衍是最有名的。

秦王派甘茂去刺杀蜀国的宰相陈庄。

秦王和魏王在临晋会晤。

十七年（癸亥、公元前298年）

或谓秦王曰："孟尝君相秦，必先齐而后秦；秦其危哉！"秦王乃以楼缓为相，囚孟尝君，欲杀之。孟尝君使人求解于秦王幸姬，姬曰："愿得君狐白裘。"孟尝君有狐白裘，已献之秦王，无以应姬求。客有善为狗盗者，入秦藏中，盗狐白裘以献姬。姬乃为之言于王而遣之。王后悔，使追之。孟尝君至关，关法，鸡鸣而出客，时尚蚤，追者将至，客有善为鸡鸣者，野鸡闻之皆鸣。孟尝君乃得脱归。

楚人告于秦曰："赖社稷神灵，国有王矣！"秦王怒，发兵出武关击楚，斩首五万，取十六城。

赵王封其弟为平原君。平原君好士，食客尝数千人。有公孙龙者，善为坚白同异之辩，平原君客之。孔穿自鲁适赵，与公孙龙论臧三耳，龙甚辩析。子高弗应，俄而辞出，明日复见平原君。平原君曰："畴昔公孙之言信辩也，先生以为何如？"对曰："然。几能令臧三耳矣。虽然，实难！仆愿得又问于君：今谓三耳甚难而实非也，谓两耳甚易而实是也，不知君将从易而是者乎，其亦从难而非者乎？"平原君无以应。明日，谓公孙龙曰："公无复与孔子高辩事也！其人理胜于辞；公辞胜于理。辞胜于理终必受诎。"

【译文】

十七年（癸亥、公元前298年）

有人对秦王说："孟尝君当秦国丞相，必定重视齐国的利益而忽视秦国，这样对秦国太危险了。"秦王就改任命楼缓做丞相，囚禁孟尝君，想杀害他。孟尝君派人向秦王的宠姬求救，宠姬说："我想要先生的狐白裘。"孟尝君曾经有一件狐白裘，已经送给了秦王，无法满足宠姬的要求。幸好门客中有擅长偷东西的，进入秦国仓库，偷出狐白裘献给宠姬。宠姬才帮孟尝君在秦王面前说好话，放他回国。后来秦王后悔，派人追他。孟尝君来到关下，关门已关。根据秦国的法律，鸡鸣启关，让旅客出入，现在尚早，而追兵很快就到。门客中又有擅长鸡鸣的，便学鸡鸣之声，田野人家的鸡听到，都跟着叫了起来，孟尝君才得以脱险回国。

楚人对秦王说："靠我们祖先的保佑，楚国有国君了。"秦王非常生气，便派兵出武关，进攻楚国，杀敌5万人，攻占了16座城池。

赵王封他的弟弟为平原君。平原君喜欢贤能之士，供养的食客常多达数千人。其中公孙龙擅长坚白同异之辩，平原君以客人之礼对待他。孔穿从鲁国到赵国，和公孙龙辩论奴婢三耳。公孙龙辩论得十分精辟，使孔穿无法反驳。不久，孔穿告辞，第二天去拜会见原君。平原君问道："公孙龙很有辩才，先生认为怎么样？"孔穿回答："不错。公孙龙很有辩才，几乎能使奴婢长三耳了。虽然如此，实际却不可能。我想再请教先生：现在辩论三耳的成立十分困难，却不实际。辩论两耳的成立十分容易，但却是事实，不知道先生是相信容易而实在的，还是相信困难而不实在的呢？"平原君无法回答。第二天，平原君对公孙龙说："先生不要再和孔穿进行辩论了。他的义理胜于你的言辞，先生的言辞胜于他的义理，凡言辞胜于义理的，最后必被别人说服。"

秦纪一　昭襄王
五十二年（丙午、公元前255年）

河东守王稽坐与诸侯通，弃市。应侯日以不怿。王临朝而叹，应侯请其故。王曰："今武安君死，而郑安平、王稽等皆畔，内无良将而外多敌国，吾是以忧！"应侯惧，不知所出。

燕客蔡泽闻之，西入秦，先使人宣言于应侯曰："蔡泽，天下雄辩之士；彼见王，必困君而夺君之位。"应侯怒，使人召之。蔡泽见应侯，礼又倨。应侯不快，因让之曰："子宣言欲代我相，请闻其说。"蔡泽曰："吁，君何见之晚也！夫四时之序，成功者去。君独不见夫秦之商君、楚之吴起、越之大夫种，何足愿与？"应侯谬曰："何为不可！此三子者，义之至也，忠之尽也。君子有杀身以成名，死无所恨。"蔡泽曰："夫人立功，岂不期于成全邪！身名俱全者，上也；名可法而身死者，次也；名僇辱而身全者，下也。夫商君、吴起、大夫种，其为人臣尽忠致功，则可愿矣。闳夭、周公，岂不亦忠且圣乎！三子之可愿，孰与闳夭、周公哉？"应侯曰："善。"蔡泽曰："然则君之主惇厚旧故，不倍功臣，孰与孝公、楚王、越王？"曰："未知何如。"蔡泽曰："君之功能孰与三子？"曰："不若。"蔡泽曰："然则君身不退，患恐甚于三子矣。语曰：'日中则移，月满则亏。'进退嬴缩，与时变化，圣人之道也。今君之怨已雠而德已报，意欲至矣而无变计，窃为君危之！"应侯遂延以为上客，因荐于王。王召与语，大悦，拜为客卿。应侯因谢病免。王新悦蔡泽计画，遂以为相国。泽为相数月，免。

楚春申君以荀卿为兰陵令。荀卿者，赵人，名况，尝与临武君论兵于赵孝成王之前。王曰："请问兵要。"临武君对曰："上得天时，下得地利，观敌之变动，后之发，先之至，此用兵之要术也。"荀卿曰："不然。臣所闻古之道，凡用兵攻战之本，在乎一民。弓矢不调，则羿不能以中；六马不和，则造父不能以致远；士民不亲附，则汤、武不能以必胜也。故善附民者，是乃善用兵者也。故兵要在乎附民而已。"临武君曰："不然。兵之所贵者势利也，所行者变诈也。善用兵者感忽悠闇，莫知所从出；孙吴用之，无敌于天下，岂必待附民哉！"荀卿曰："不然。臣之所道，仁人之兵，王者之志也。君之所贵，权谋势利也。仁人之兵，不可诈也。彼可诈者，怠慢者也，露袒者也，君臣上下之间滑然有离德者也。故以桀诈桀，犹巧拙有幸焉。以桀诈尧，譬之以卵投石，以指桡沸，若赴水火，入焉焦没耳。故仁人之兵，上下一心，三军同力；臣之于君也，下之于上也，若子之事父，弟之事兄，若手臂之扞头目而覆胸腹也。诈而袭之，与先惊而后击之，一也。且仁人用十里之国则将有百里之听，用百里之国则将有千里之听，用千里之国则将有四海之听，必将聪明警戒，和傅而一。故仁人之兵，聚则成卒，散则成列，廷则若莫邪之长刃，婴之者断；兑则若莫邪之利锋，当之者溃；圜居而方止，则若盘石然，触之者角摧而退耳。且夫暴国之君，将谁与至哉？彼其所与至者，必其民也。其民之亲我欢若父母，其好我芬若椒兰；彼反顾其上则若灼黥，若仇雠；人之情，虽桀、跖，岂有肯为其所恶，贼其所好者哉！是犹使人之子孙自贼其父母也。彼必将来告，夫又何可诈也！故仁人用，国日明，诸侯先顺者安，后顺者危，敌之者削，反之者亡。《诗》曰：'武王载发，有虔秉钺，如火烈烈，则莫我敢遏'，此之谓也。"

孝成王、临武君曰："善。请问王者之兵，设何道，何行而可？"荀卿曰："凡君贤者其国治，君不能者其国乱；隆礼贵义者其国治，简礼贱义者其国乱。治者强，乱者弱，是强弱之本也。上足印则下可用也；上不足印则下不可用也。下可用则强，下不可用则弱，是强弱之常也。齐人隆技击，其技也，得一首者则赐赎锱金，无本赏矣。是事小敌毳，则偷可用也；事大敌坚，则涣焉离耳；若飞鸟然，倾侧反覆无日，是亡国之兵也，兵莫弱是矣，是其去赁市佣而战之几矣。魏氏之武卒，以度取之；衣三属之甲，操十二石之弩，负矢五十个，置戈其上，冠胄带剑，赢二日之粮，日中而趋百里；中试则复其户，利其田宅。是其气力数年而衰，而复利未可夺也，改造则不易周也，是故地虽大，其税必寡，是危国之兵也。秦人，其生民也狭隘，其使民也酷烈，劫之以势，隐之以陋，忸之以庆赏，䲡之以刑罚，使民所以要利于上者，非斗无由也。使以功赏相长，五甲首而隶五家，是最为众强长久之道。故四世有胜，非幸也，数也。故齐之技击不可以遇魏之武卒，魏之武卒不可以遇秦之锐士，秦之锐士不可以当桓、文之节制，桓、文之节制不可以当汤、武之仁义，有遇之者，若以焦熬投石焉。兼是数国者，皆干赏蹈利之兵也，佣徒鬻卖之道也；未有贵上安制綦节之理也。诸侯有能微妙之以节，则作而兼殆之耳。故招延募选，隆势诈，尚功利，是渐之也。礼义教化，是齐之也。故以诈遇诈，犹有巧拙焉；以诈遇齐，譬之犹以锥刀堕太山也。故汤、武之诛桀、纣也，拱挹指麾，而强暴之国莫不趋使，诛桀、纣若诛独夫。故《泰誓》曰：'独夫纣，'此之谓也。故兵大齐则制天下，小齐则治邻敌。若夫招延募选，隆势诈，尚功利之兵，则胜不胜无常，代翕代张，代存代亡，相为雌雄耳。夫是谓之盗兵，君子不由也。"

孝成王、临武君曰："善。请问为将。"荀卿曰："知莫大于弃疑，行莫大于无过，事莫大于无悔；事至无悔而止矣，不可必也。故制号政令，欲严以威；庆赏刑罚，欲必以信；处舍收藏，欲周以固；徙举进退，欲安以重，欲疾以速；窥敌观变，欲潜以深，欲伍以参；遇敌决战，必行吾所明，无行吾所疑；夫是之谓六术。无欲将而恶废，无怠胜而忘败，无威内而轻外，无见其利而不顾其害，凡虑事欲熟而用财欲泰，夫是之谓五权。将所以不受命于主有三：可杀而不可使处不完，可杀而不可使击不胜，可杀而不可使欺百姓，夫是之谓三至。凡受命于主而行三军，三军既定，百官得序，群物皆正，则主不能喜，敌不能怒，夫是之谓至臣。虑必先事而申之以敬，慎终如始，始终如一，夫是之谓大吉。凡百事之成也必在敬之，其败也必在慢之。故敬胜怠则吉，怠胜敬则灭；计胜欲则从，欲胜计则凶。战如守，行如战，有功如幸。敬谋无圹，敬事无圹，敬吏无圹，敬众无圹，敬敌无圹，夫是之谓五无旷。慎行此六术、五权、三至，而处之以恭敬、无旷，夫是之谓天下之将，则通于神明矣。"

临武君曰："善。请问王者之军制。"荀卿曰："将死鼓，御死辔，百吏死职，上大夫死行列。闻鼓声而进，闻金声而退。顺命为上，有功次之。令不进而进，犹令不退而退也，其罪惟均。不杀老弱，不猎禾稼，服者不禽，格者不赦，奔命者不获。凡诛，非诛其百姓也，诛其乱百姓者也。百姓有扞其贼，则是亦贼也。以其顺刃者生，傃刃者死，奔命者贡。微子开封于宋，曹触龙断于军，商之服民，所以养生之者无异周人，故近者歌讴而乐之，远者竭蹶而趋之，无幽閒辟陋之国，莫不趋使而安乐之，四海之内若一家，通达之属莫不从服，夫是之谓人师。《诗》曰：'自西自东，自南自北，无思不服。'此之谓也。王者有诛而无战，城守不攻，兵格不击，敌上下相喜则庆之，不屠城，不潜军，不留众，师不越时，故乱者乐其政，不安其上，欲其至也。"临武君曰："善。"

陈嚣问荀卿曰："先生议兵，常以仁义为本。仁者爱人，义者循理，然则又何以兵为？凡所为有兵者，为争夺也。"荀卿曰："非汝所知也。彼仁者爱人，爱人，故恶人之害之也；义者循理，循理，故恶人之乱之也。彼兵者，所以禁暴除害也，非争夺也。"

【译文】
五十二年（丙午、公元前255年）

河东郡守王稽因与诸侯各国勾结，处死于市。应侯范雎心情不好。有一天，昭襄王上朝时不住地叹息，应侯询问原因。昭襄王说："现在武安君已死，而郑安平、王稽等又叛国，内外困扰，因此忧虑。"应侯害怕，不知怎么办。

燕国人蔡泽听到此事后，向西入秦，先派人对应侯扬言说："蔡泽是天下善辩之人，如果他拜见秦王，必对你为难，夺去你的权势。"应侯大怒，派人找他。蔡泽拜见应侯时，倨傲无礼。应侯心中不高兴，责怪他说："你扬言要代我为丞相，希望听听你的说法。"蔡泽说："喔！你是多么后知后觉啊！四时各按其次序，成功者各相代谢。你难道没看到秦国的商鞅、楚国的吴起、越国文种的下场吗？难道不值得你警惕吗？"应侯假意地说："有何不可！这三个人的做法，是至义尽忠的表现。君子如能牺牲性命以成就美名，死亦无所悔恨。"蔡泽说："凡人立功，谁不是期望功成名就呢！身名都能保全，这是上策；名誉可为人效法，而自身灭亡，这是其次；声名败裂而自身保全，这是下策。商君、吴起、大夫种，作为人臣，竭尽忠心，立下功绩，可谓已达其志。闳夭、周公岂不是又忠又圣的榜样吗？此三人的志愿和闳夭、周公相比如何？"应侯说："很好。"蔡泽说："然而你的君王善待旧交，不伤害功臣的情形，与孝公、楚王、越王相比如何？"应侯说："不知道。"蔡泽说："你的功绩、才能和这三人相比如何？"应侯说："比不上。"蔡泽说："可是你不知洁身隐退，将来所遭的祸患，恐怕会比这三人更大。俗语说：'日到正午就向西移动，月到圆满就逐渐亏损。'有进有退，有早出，有晚出，顺着时间各有不同变化，这是圣人的立身之道。现在你的怨仇已报，恩德已了，所想的都已达成，可是却无应变之策，我暗自为你担忧！"应侯请他为上宾，推荐给秦王。秦王召见，和他谈话，十分喜悦，拜他为客卿。应侯便称病辞官。秦王起先十分赏识蔡泽的计策，派他为丞相。数月之后，蔡泽被免职。

　　楚国春申君任命荀卿为兰陵令。荀卿，赵国人，名况，曾与临武君在赵孝成王之前争论军事。赵王说："请问军事要领是什么？"临武君回答："上得天候的适当时机，下得地理的有利形势，然后观察敌人的变化行动，再发兵，抢先到达，这就是用兵的要领。"荀卿说："事情并非如此。我听说古时的方法，凡是用兵攻战，其根本在于使百姓团结一致。如果弓矢不调和，后羿无法射中鹄的；六马不配合，造父无法驭车远驰；士兵百姓不亲附，汤、武无法必胜。因此懂得亲附百姓者，就是善于用兵者。因此，用兵之要，就在团结将士而已。"临武君说："并非如此。用兵贵于乘形势，争利害，

孝成王像

所用的是奇计。善用兵者，恍惚神秘，使敌人不可测，不知从何处而来；孙武、吴起施用此术，无敌于天下，哪里一定要靠团结将士呢！"荀卿说："不对。我所说的是仁者之兵，王者之志。你所重视的是权力计谋，形势利害。仁者之兵，不可使用诡诈计谋。你使用诡诈计谋，将会使将士怠慢、羸惫，君臣上下之间，混乱离心，而无仁德。因此，用桀之术欺诈桀，尚有巧有拙，和幸与不幸。用桀之术欺诈尧，好像用卵击石，用指头搅沸水，如身赴水火，进去就被烧焦淹没了。因此，仁者之兵，上下同心，三军协力；臣子对于君王，下位者对于上位者，如子之事父，弟之事兄，如以手臂保护头部和眼部，掩盖胸腹。用诡计袭击人，和先惊扰再袭击是一样的。再说仁者治理十里之国，就有百里的美誉，治百里之国，就有千里的美誉，治千里之国，就有四海的美誉，这样，必耳聪目明，敬慎警戒，相和为一。因此，仁者之兵，聚积，则成整齐的士卒，分散，则成行列，延长，则如莫邪的长剑，遇之者皆断；锐利，则如莫邪的锋利，遇之者必败；圆居方止，如磐石一般，触碰者棱角毁坏而退。再说暴虐乱国的君王，有谁会去归附呢？那些愿意归附的人民，必暴国之民。人民亲附我，欢喜如见父母，喜爱我，芬芳如遇椒兰；他们回顾君上，畏惧如火之灼黥，怨恨如见仇人；人之常情，即使是桀、跖，岂有肯为他伤害喜爱的人？这就好像叫人家的子孙，伤害自己的父母。他们必将来诉说，又何必使用诡诈呢！因此，仁者执政，国家日明，诸侯各国先归顺的安定，后归顺的危险，对抗他的削弱，反叛他的灭亡。《诗经》上说：'武王高举旗帜以兴师，手杖斧钺如烈火，无人敢阻止于我。'所说的就是这个意思。"

孝成王和临武君都说："很妙。请问王者之兵，如何做？"荀卿说："凡是君主贤明，他的国必安定；君主无能，他的国必混乱；重视礼义，他的国必大治；轻贱礼义，他的国必混乱。安定者强盛，混乱者衰弱，这是强盛衰弱的原因。君王者能教化百姓，臣僚者可供派用；君王者不能教化百姓，臣僚者无法派用。百姓可供派用则国强，百姓无法派用则国弱，这是强盛衰弱的原则。齐国人重视技击，施用技击之术，斩得一首，政府赐锱金来赎头，斩首虽战败也赏，不斩首虽胜也不赏。如果敌人脆弱，齐兵可苟且一用；如果敌人强大，齐兵就涣散分离了；反复无常，这是亡国之兵，没有比这种兵更衰弱了，这等于雇用市中之人，魏国的军士，按照标准录用；身穿三种盔甲，手拿十二石的弓弩，身负五十支矢，再置戈于肩上，戴冠披胄，佩带宝剑，背负三日粮食，半天要急走百里；被选录者，免他的徭役，给予田宅。这样，他的气力几年之后虽衰弱，而所得的利益却未可夺，即使更改选举，也不至改变这个原则，因此，魏国领土虽广，其税收必定很少，这是危国之兵。秦国，百姓生计困苦，国家的刑罚却非常残酷，君王借此威势胁迫百姓出战，让他们隐藏于险恶的地势，战胜，给予庆赏，不胜，以刑罚对待他，这样，人民要从上位者获利，如不经由战斗，就没有其他方法了。有功则奖赏，凡杀敌五个，就发给他五户，这是使人民强壮，长久安治的方法。因此，他的四代皆胜，认上的道理。因此，齐国的技击，无法抵挡魏国的军士，魏国的军士，无法抵挡秦国的利兵，秦国的利兵，无法抵挡桓、文的节义制度，桓、文的节义制度，无法抵挡汤、武的仁义道德，如抵挡汤、武仁义之师，就好像用薄脆的东西，去投击石头。以上这几个国家，训养的都是营求封赏，奔赴利益的士兵，和雇佣卖力气者无异；未有敬爱他的长上而为之效死，安于制度，极于节义的道理。诸侯各国有一国能尽力于仁义的，则其他数国都危难。因此，其他国家的招贤纳士，重视诡诈，崇尚功利，礼义教化能和仁义相齐一。因此，以诡诈对抗诡诈，尚有巧拙之分；以诡诈对付礼义教化，就好像用小刀摧毁泰山，无法成功。因此，汤、武诛戮桀、纣时，拱手揖拜，指挥军士，强暴之国，没有不被臣服的，杀桀、纣就好像杀一个平民。因此《泰誓》上说：'纣这一个独夫，'指的即是如此。因此，士兵能受仁义教化，则可统治天下，其次则可统制邻近敌国。至于招贤纳士，重视形势诡诈，崇尚功利的士兵，则胜败无定，时敛时开，时存时亡，互为胜负了。如此称之为盗兵，是君子所不采用的。"

孝成王、临武君说："很好。请问为将之道。"荀卿说："最好的办法，是不用疑谋，最正确的行事，是不犯错误，最重要的事情，是不要后悔；行事能做到不事后追悔即可，不可自以为必胜。因此，发号施令，要严厉有威信；庆赏刑罚，要确实有信用；建筑营垒，收存财物，要周密而牢固；军队移动，要安稳，要迅速；派间谍查探敌人，要潜隐深入，错杂隐藏于敌人之中；遇到敌人决一死战时，一定要用自己熟知的计谋，不采用有疑虑的策略，这就叫做六术。不可用自己喜爱的为将，而废弃所厌恶的，不可因胜利怠惰，而忘记挫败，不可对内威严，而对外轻慢，不可见利益，而不顾害处。凡事考虑事情要精熟，而施用钱财要宽裕，这就叫做五权。将领所以不接受君王命令，有三点原因：身可杀而不可以指派其处于不安全的地区，身可杀而不可以命令其打不可胜的强敌，身可杀而不可以指使其欺压百姓，这就叫做三至。凡接受君王的命令而率领三军，三军既定，百官得序，群物皆正，那么主上不能使他欢喜，敌人不能使他愤怒。中心有主见，非外物所能动摇，这就叫做至臣。谋虑必在事先，而加之以敬谨，慎终慎始，始终如一，这就叫做大吉。大凡任何一件事，其成功必在于敬，其失败必由于慢。因此，能使敬心胜过怠惰则吉，如使怠惰胜过敬谨则灭；能使定计胜过欲望，则可从心所愿，如使欲望胜过定计则凶。战时如防守，行军如作战，有功如侥幸。不敢有一念之松弛，谨慎谋虑，不敢惰怠旷废；谨慎行事，不敢惰怠旷废；谨慎督吏，不敢惰怠旷废；谨慎待民，不敢惰怠旷废；谨慎观敌，不敢惰怠旷废，这就叫做五无旷。慎行上面所说的六术、五权、三至，而以恭敬不怠的心情来处理他，则可通于神明，这就叫做天下的良将。"

临武君说："很好。再请问圣明王者的军制如何？"荀卿说："为将军者不弃鼓而奔，驾战车者不弃辔而逃，百官不弃其职守而走，士大夫死在行列中，闻鼓声则前进，闻锣声则后退。服从命令最重要，建立功绩是其次。命令不许前进而擅自前进，不许后退而擅自后退，论罪过是相等的。不杀老弱，不践禾稼，顺服者不擒捉，相顽抗者不赦免，奔走逃命来归者不俘虏。凡诛杀，不是诛杀百姓，而是诛杀扰害百姓的乱贼。百姓如有保护乱贼的，也与贼相等。所以不战而退者得生，向刃抗拒者得死，奔走逃命者赦免，而加以安置。商朝的微子启忠于纣王，后归顺周朝被封于宋，专门谄谀纣王的曹触龙被斩首于军中，商朝归顺周朝的百姓，生养之道和周民没有什么两样，所以周朝的邻近各国讴歌称颂，遥远者匍匐来归，幽间僻陋的国家，没有不乐于供驱使的，四海之内，宛如一家，凡交通能到达之处，没有不服从的，这就叫做人师，即为人表率的人。《诗经》上说：'自西自东，自南自北，无思不服。'就是说这种情况。王者有施行惩处而不挑起战争，因此城池有人固守者不攻，两军对阵不先行出击，敌人上下彼此喜悦，则从而庆贺，不屠杀全城的人，不偷袭敌军，不诛杀百姓，不劳师过久，因此，乱国之民钦慕这种主政，不安心于自己的君上，而企望王者之师来拯救。"临武君说："很好。"

陈嚣问荀卿说："先生论兵，常以仁义二字为本。具有仁心者知道爱人，行义者遵循道理，那么又要兵做什么？凡是用兵作战，都是为了争夺。"荀卿说："这是你所不知道的。那些具有仁心者知道爱人，因为爱人，所以厌恶别人残害人；行义者遵循道理，因为遵循道理，所以厌恶别人害人。战争，是用来禁止暴乱，消灭祸害的，不是用来争夺的。"

庄襄王
三　年（甲寅、公元前247年）

王龁攻上党诸城，悉拔之，初置太原郡。

蒙骜帅师伐魏，取高都、汲。魏师数败，魏王患之，乃使人请信陵君于赵。信陵君畏得罪，不肯还，诫门下曰："有敢为魏使通者死！"宾客莫敢谏。毛公、薛公见信陵君曰："公子所以重于诸侯者，徒以有魏也。今魏急而公子不恤，一旦秦人克大梁，夷先王之宗庙，公子当何面目立天下乎！"语未卒，信陵君色变，趣驾还魏。魏王持信陵君而泣，以为上将军。信陵君使人求援于诸侯。诸侯闻信陵君复为魏将，皆遣兵救魏。信陵君率五国之师败蒙骜于河外，蒙骜遁走。信陵君追至函谷关，抑之而还。

安陵人缩高之子仕于秦，秦使之守管。信陵君攻之不下，使人谓安陵君曰："君其遣缩高，吾将仕之以五大夫，使为执节尉。"安陵君曰："安陵，小国也，不能必使其民。使者自往请之。"使吏导使者至缩高之所。使者致信陵君之命，缩高曰："君之幸高也，将使高攻管也。夫父攻子守，人之笑也；见臣而下，是倍主也。父教子倍，亦非君之所喜。敢再拜辞！"使者以报信陵君。信陵君大怒，遣使之安陵君所曰："安陵之地，亦犹魏也。今吾攻管而不下，则秦兵及我，社稷必危矣。愿君生束缩高而致之！若君弗致，无忌将发十万之师以造安陵之城下。"安陵君曰："吾先君成侯受诏襄王以守此城也，手授太府之宪。宪之上篇曰：'子弑父，臣弑君，有常不赦。国虽大赦，降城亡子不得与焉。'今缩高辞大位以全父子之义，而君曰'必生致之'，是使我负襄王之诏而废太府之宪也，虽死，终不敢行！"缩高闻之曰："信陵君为人，悍猛而自用，此辞必反为国祸。吾已全己，无违人臣之义矣，岂可使吾君有魏患乎！"乃之使者之舍，刎颈而死。信陵君闻之，缟素辟舍，使使者谢安陵君曰："无忌，小人也，困于思虑，失言于君，请再拜辞罪！"

王使人行万金于魏以间信陵君，求得晋鄙客，令说魏王曰："公子亡在外十年矣，今复为将，诸侯皆属，天下徒闻信陵君而不闻魏王矣。"王又数使人贺信陵君："得为魏王未也？"魏王日闻其毁，不能不信，乃使人代信陵君将兵。信陵君自知再以毁废，乃谢病不朝，日夜以酒色自娱，凡四岁而卒。韩王往吊，其子荣之，以告子顺。子顺曰："必辞之以礼！'邻国君吊，君为之主。'今君不命子，则子无所受韩君也。"其子辞之。

　　五月，丙午，王薨。太子政立，生十三年矣，国事皆委于文信侯，号称仲父。

【译文】

三　年　（甲寅、公元前247年）

　　秦将王龁出兵攻打上党诸城，全部夺取，设置太原郡。

　　蒙骜率领军队攻打魏国，夺取高都和汲城。魏军屡战屡败，魏王十分担心，就派人到赵国请信陵君返国。信陵君害怕遭祸，不肯回去，告诫家中管理事务的人说："有谁敢替魏国使者通报消息的处死！"宾客无人敢对他进言。毛公、薛公拜见信陵君说："公子所以为诸侯各国尊重，只因有魏在。现在魏国危急，公子不救，一旦秦国人攻克大梁，将魏室祖先宗庙毁坏，公子有何面目立于天下呢！"话尚未说完，信陵君脸色大变，催人准备车马返魏。魏王抱着信陵君哭泣，派他为上将军。信陵君派人向诸侯各国求救。各国听说信陵君又任魏国的上将军，都派兵去营救魏国。信陵君率领五国军队打败蒙骜于河外，蒙骜逃遁而去。信陵君追击到函谷关，而后还师。

　　安陵人缩高的儿子在秦国做官，秦人派他驻守管城。信陵君攻打管城，屡攻不下，便派人对安陵君说："你如能遣送缩高来我这里，我就让他做五大夫，担任执符节的军尉。"安陵君说："安陵是个小国，无法强迫百姓听令。你自己去请他吧。"便派官吏引导使者到缩高的住处。使者表达了信陵君的意思，缩高说："信陵君对我太好了，要派我攻打管城。父亲攻打，儿子守城，人必耻笑，儿子见到我而弃城，这是背叛主上的行径。父亲教儿子背叛，也非你所愿见的事，辞谢你的好意！"使者将此事报告信陵君。信陵君十分生气，派使者到安陵君的住处说："安陵这地方，也是魏国的领土。现在我攻打管城，如果无法攻下,那么秦兵攻我,国家必将危险。希望你活捉缩高!如果你不捉他,我魏无忌将出10万军队来安陵城下。"安陵君说:"我的先祖成侯受襄王的诏命镇守此城,当时襄侯亲自把魏国的宪章授给成侯。宪章上篇说:'臣弑君王,子弑父亲,常法不赦。即使国家大赦,那举城投降及逃亡者,不包括在内。'现在缩高辞高位来保全父子之义,你反而说:'一定要活捉他',使我背弃襄王的诏命,违背魏国的宪章,即使要我死,我也不敢如此做!"缩高听后,便说:"信陵君为人凶悍勇猛,并且刚愎自用,这般说辞必反使安陵君遭祸。我已保全自己,不违背人臣的道义,岂可使我君王遭受魏国的兵祸呢!"就前往使者的住处,刎颈自杀。信陵君听到此事,身穿白服,不住正堂,派使者向安陵君谢罪说:"无忌是个小人,为私心所困,考虑不够周全,对你失言,请受我再拜谢罪。"

兵甲之符

秦王派人持万斤黄金到魏国,收买能进谗言者,离间信陵君和魏王的关系,找到食客晋鄙,让他向魏王说:"公子在国外流亡了10年,现在重当上将军,诸侯各国都归附他,天下人士只知有信陵君,而不知有魏王。"秦王又屡次派人向信陵君祝贺说:"做了魏王没有?"魏王每日听到诽谤他的话,不能不相信,就派人取代信陵君解除他的军权。信陵君自知再度因谗言而遭罢黜,于是便托病不朝,日夜以酒色自娱,四年之后去世。韩王前往吊祭,其子觉得很光荣,告诉子顺。子顺说:"应该依照礼节加以辞谢!'邻国君王来吊祭时,国君主持接受客人的吊唁。'现在国君并未命令你代理接受吊唁,那么你不可接受韩王的吊唁。"信陵君的儿子便辞谢了韩王的吊唁。

五月丙午日(二十六日)庄襄王去世,太子嬴政即位,年仅13岁,国家大事都由文信侯吕不韦决定,号称仲父。

始皇帝上
元　年（乙卯、公元前246年）

韩欲疲秦人，使无东伐，乃使水工郑国为间于秦，凿泾水自仲山为渠，并北山，东注洛。中作而觉，秦人欲杀之。郑国曰："臣为韩延数年之命，然渠成，亦秦万世之利也。"乃使卒为之。注填阏之水溉舄卤之地四万余顷，收皆亩一钟，关中由是益富饶。

【译文】

元　年（乙卯、公元前246年）

韩国想疲累秦人，使他无法向东讨伐，派水官郑国到秦国做间谍，让秦国从仲山引水，沿着北山，向东注入洛水。工程进行一半的时候，阴谋被发觉，秦人想杀他。郑国说："我虽为韩国延长几年寿命，可是河渠一旦完成，也是秦国万世的利益啊。"秦国才让他做成。完成后，引淤浊而有肥效的水，灌溉盐碱地4万多顷，成为良田，一亩田可收获六斛四升，关中从此更加富裕。

二　年（丙辰、前245）

赵以廉颇为假相国，伐魏，取繁阳。赵孝成王薨，子悼襄王立，使武襄君乐乘代廉颇。廉颇怒，攻武襄君；武襄君走。廉颇出奔魏；久之，魏不能信用。赵师数困于秦，赵王思复得廉颇，廉颇亦思复用于赵。赵王使使者视廉颇尚可用否。廉颇之仇郭开多与使者金，令毁之。廉颇见使者，一饭斗米，肉十斤，被甲上马，以示可用。使者还报曰："廉将军虽老，尚善饭；然与臣坐，顷之三遗矢矣。"赵王以为老，遂不召。楚人阴使迎之。廉颇一为楚将，无功，曰："我思用赵人！"卒死于寿春。

【译文】

二　年（丙辰、公元前245年）

赵国伪装派廉颇为相国，攻打魏国，取得繁阳。赵孝成王去世，他的儿子悼襄王即位，派武襄君乐乘取代廉颇。廉颇大怒，派兵攻打武襄君，武襄君逃跑。廉颇投靠魏国，过了很久，魏国还是不信任他。赵军屡次被秦国所败，赵王想再用廉颇，廉颇也想再为赵将。赵王便派使者看廉颇是否尚可起用。廉颇的仇人郭开给使者很多黄金，命他诽谤廉颇。廉颇会见使者时，一顿饭吃1斗米、10斤肉，然后身披盔甲跳上战马，表示尚可胜任。使者回来报告说："廉将军虽然年老，还很能吃饭；可是与我闲坐时，一会儿的工夫，便上3次厕所。"赵王认为廉颇已老，不召他回国。楚国人暗中派人迎他至楚。廉颇做楚将，没立丝毫功劳，说："我想为赵国所用！"最后死于寿春。

十四年（戊辰、公元前233年）

桓齮伐赵，取宜安、平阳、武城。

韩王纳地效玺，请为藩臣，使韩非来聘。韩非者，韩之诸公子也，善刑名法术之学，见韩之削弱，数以书干韩王，王不能用。于是韩非疾治国不务求人任贤，反举浮淫之蠹而加之功实之上，宽则宠名誉之人，急则用介胄之士，所养非所用，所用非所养。悲廉直不容于邪枉之臣，观往者得失之变，作《孤愤》《五蠹》《内、外储》《说林》《说难》五十六篇，十余万言。

王闻其贤，欲见之。非为韩使于秦，因上书说王曰："今秦地方数千里，师名百万，号令赏罚，天下不如。臣昧死愿望见大王，言所以破天下从之计。大王诚听臣说，一举而天下之从不破，赵不举，韩不亡，荆、魏不臣，齐、燕不亲，霸王之名不成，四邻诸侯不朝，大王斩臣以徇国，以戒为王谋不忠者也。"王悦之，未任用。李斯嫉之，曰："韩非，韩之诸公子也。今欲并诸侯，非终为韩不为秦，此人情也。今王不用，久留而归之，此自遗患也；不如以法诛之。"王以为然，下吏治非。李斯使人遗非药，令早自杀。韩非欲自陈，不得见。王后悔，使人赦之，非已死矣。

【译文】

十四年（戊辰、公元前233年）

桓齮出兵讨伐赵国，占据宜安、平阳、武城。

韩王献上领土及玉玺，自请为秦国藩臣，派韩非来晋见。韩非是韩国公子，擅长刑名法术之学，见韩国削弱，数次上书建议韩王，韩王都不采用。于是韩非憎恶治国不能求人才，任贤人，反而举用浮淫的蠹虫，安置在功臣实学的上头。政治平顺时，则宠信巧言善辩的人；国家危急时，就举用作战勇士；平时培养的不是战时举用的，战时举用的并非平日培养的。又悲伤廉洁正直的，为邪恶小人所不容，于是观察以往历史上得失成败的事迹，作《孤愤》《五蠹》《内、外储》《说林》《说难》等56篇文章，10余万字。

秦王听到他的英名，想见他。恰好韩非做韩国使者，出使秦国，便上书游说秦王道："现在秦国有数千里土地，百万军队，发号施令，奖赏处罚，天下没有可以比得上的。我冒死请见大王，来谈谈如何破除各国合纵的计策。大王假如真能听从微臣的话，大兵一出，如果天下合纵却不可能攻破，赵国无法攻下，韩国不灭亡，荆、魏二国不臣服，齐、燕二国不亲附，霸王之名无法功成，四邻的诸侯不来朝见，大王可斩我殉国，来警戒那些不能忠心为君谋划的人。"秦王很欣赏他，但未能任用。李斯因为嫉妒他，便向秦王说："韩非是韩国的公子。现在要兼并各国，韩非终究会为韩国而不为秦国打算，这是人之常情。现在君王不任用他，久留之后，再遣送他回国，是自遗后患；不如想个法子杀掉他。"秦王认为有理，将韩非下狱治罪。李斯派人送药给韩非，叫他早点自杀。韩非想自己去解释明白，但是无法见到秦王。后来秦王后悔，派人赦免他的时候，韩非已经死去了。

秦纪二　始皇帝下
二十年（甲戌、公元前227年）

荆轲至咸阳，因王宠臣蒙嘉卑辞以求见；王大喜，朝服，设九宾而见之。荆轲奉图而进于王，图穷而匕首见，因把王袖而揕之；未至身，王惊起，袖绝。荆轲逐王，王环柱而走。群臣皆愕，卒起不意，尽失其度。而秦法，群臣侍殿上者不得操尺寸之兵，左右以手共搏之，且曰："王负剑！"负剑，王遂拔以击荆轲，断其左股。荆轲废，乃引匕首擿王，中铜柱。自知事不就，骂曰："事所以不成者，以欲生劫之，必得约契以报太子也！"遂体解荆轲以徇。王于是大怒，益发兵诣赵，就王翦以伐燕，与燕师、代师战于易水之西，大破之。

【译文】

二十年（甲戌、公元前227年）

荆轲到了咸阳，经由秦王的宠臣蒙嘉，用谦卑的言辞，得以晋见；秦王非常高兴，身穿朝服，设九宾大礼来接见他。荆轲捧着地图献给秦王，地图翻到最终，匕首出现，他便扯住秦王的衣袖猛力刺去，没有刺到身体，秦王惊起，拉断了衣袖。荆轲追逐秦王，秦王绕着殿柱奔跑。群臣都大吃一惊，谁也没有想到，仓促之间会发生此事，大家都失去了常态。依照秦法，在殿上伺候的诸臣，不能佩带任何武器，左右近臣就空手联合奋击荆轲，而且大叫："君王快抽背上的宝剑！"秦王便抽出背上宝剑，刺击荆轲，斩断他的左腿。荆轲残废，就拿匕首掷向秦王，击中铜柱。荆轲自知大事不成，骂道："事情所以失败，是想胁迫你达成协议，来报答燕太子呀！"秦王大怒，便肢解荆轲示众。并派大军前往赵国，命令王翦攻打燕国，于是和燕军、代军战于易水西方，大破燕代军队。

二十一年（乙亥、公元前226年）

冬，十月，王翦拔蓟，燕王及太子率其精兵东保辽东，李信急追之。代王嘉遗燕王书，令杀太子丹以献。丹匿衍水中，燕王使使斩丹，欲以献王，王复进兵攻之。

王贲伐楚，取十余城。王问于将军李信曰："吾欲取荆，于将军度用几何人而足？"李信曰："不过用二十万。"王以问王翦，王翦曰："非六十万人不可。"王曰："王将军老矣，何怯也！"遂使李信、蒙恬将二十万人伐楚；

王翦因谢病归频阳。

【译文】
二十一年（乙亥、公元前226年）

冬天，十月，王翦攻下蓟，燕王及太子统率精兵向东保卫辽东，李信率兵急加追赶。代王嘉派人送信给燕王，令他杀太子丹献给秦王。丹隐匿在衍水中，燕王派人斩了他，想献给秦王，但是秦王继续进兵攻打燕国。

秦将王贲讨伐楚国，占领10余座城池。秦王问将军李信说："我想占领荆楚，你预计要用多少人可以攻下？"李信说："不超过20万。"秦王问王翦，王翦说："非要60万人不可。"秦王说："王将军老了，为何这么胆怯啊！"于是派李信蒙恬率领20万人攻打楚国；王翦因而称病辞职，回到频阳故乡。

三十七年（辛卯、前210年）

冬，十月，癸丑，始皇出游；左丞相斯从，右丞相去疾守。始皇二十余子，少子胡亥最爱，请从；上许之。

十一月，行至云梦，望祀虞舜于九疑山。浮江下，观藉柯，渡海渚，过丹阳，至钱唐，临浙江。水波恶，乃西百二十里，从陿中渡。上会稽，祭大禹，望于南海；立石颂德。还，过吴，从江乘渡。并海上，北至琅邪、之罘。见巨鱼，射杀之。遂并海西，至平原津而病。

始皇恶言死，群臣莫敢言死事。病益甚，乃令中车府令行符玺事赵高为书赐扶苏曰："与丧，会咸阳而葬。"书已封，在赵高所，未付使者。秋，七月，丙寅，始皇崩于沙丘平台。丞相斯为上崩在外，恐诸公子及天下有变，乃秘之不发丧，棺载辒凉车中，故幸宦者骖乘。所至，上食、百官奏事如故，宦者辄从车中可其奏事。独胡亥、赵高及幸宦者五六人知之。

初，始皇尊宠蒙氏，信任之。蒙恬任外将，蒙毅常居中参谋议，名为忠信，故虽诸将相莫敢与之争。赵高者，生而隐宫；始皇闻其强力，通于狱法，举以为中车府令，使教胡亥决狱；胡亥幸之。赵高有罪，始皇使蒙毅治之；毅当高法应死。始皇以高敏于事，赦之，复其官。赵高既雅得幸于胡亥，又怨蒙氏，乃说胡亥，请诈以始皇命诛扶苏而立胡亥为太子。胡亥然其计。赵高曰："不与丞相谋，恐事不能成。"乃见丞相斯曰："上赐长子书及符玺，皆在胡亥所。定太子，在君侯与高之口耳。事将何如？"斯曰："安得亡国之言！此非人臣所当议也！"高曰："君侯材能、谋虑、功高、无怨、长子信之，此五者皆孰与蒙恬？"斯曰："不及也。"高曰："然则长子即位，必

秦始皇像

用蒙恬为丞相，君侯终不怀通侯之印归乡里明矣！胡亥慈仁笃厚，可以为嗣。愿君审计而定之！"丞相斯以为然，乃相与谋，诈为受始皇诏，立胡亥为太子；更为书赐扶苏，数以不能辟地立功，士卒多耗，反数上书，直言诽谤，日夜怨望不得罢归为太子；将军恬不矫正，知其谋，皆赐死，以兵属裨将王离。

扶苏发书，泣，入内舍，欲自杀。蒙恬曰："陛下居外，未立太子；使臣将三十万众守边，公子为监，此天下重任也。今一使者来，即自杀，安知其非诈！复请而后死，未暮也。"使者数趣之。扶苏谓蒙恬曰："父赐子死，尚安复请！"即自杀。蒙恬不肯死，使者以属吏，系诸阳周；更置李斯舍人为护军，还报。胡亥已闻扶苏死，即欲释蒙恬。会蒙毅为始皇出祷山川，还至。赵高言于胡亥曰："先帝欲举贤立太子久矣，而毅谏以为不可；不若诛之！"乃系诸代。

遂从井陉抵九原。会暑，辒车臭，乃诏从官令车载一石鲍鱼以乱之。从直道至咸阳，发丧。太子胡亥袭位。

九月，葬始皇于骊山，下锢三泉，奇器珍怪，徙藏满之。令匠作机弩，

有穿近者辄射之。以水银为百川、江河、大海，机相灌输。上具天文，下具地理。后宫无子者，皆令从死。葬既已下，或言工匠为机藏，皆知之，藏重即泄。大事尽，闭之墓中。

二世欲诛蒙恬兄弟。二世兄子子婴谏曰："赵王迁杀李牧而用颜聚，齐王建杀其故世忠臣而用后胜，卒皆亡国。蒙氏，秦之大臣、谋士也，而陛下欲一日弃去之。诛杀忠臣而立无节行之人，是内使群臣不相信而外使斗士之意离也！"二世弗听，遂杀蒙毅及内史恬。恬曰："自吾先人及至子孙，积功信于秦三世矣。今臣将兵三十余万，身虽囚系，其势足以倍畔。然自知必死而守义者，不敢辱先人之教以不忘先帝也！"乃吞药自杀。

【译文】

三十七年 （辛卯、公元前210年）

冬天，十月，癸丑日（农历初四），始皇出游，左丞相李斯随行，右丞相冯去疾留守。始皇有20多个儿子，幼子胡亥最受疼爱，请求跟随着去，始皇答应了他。

十一月，来到云梦，在九疑山祭祀虞舜。泛舟顺江而下，游藉柯，渡海渚，路过丹阳，到达钱塘，滨临浙江。因为波浪险恶，便西行120里，从狭窄处渡江。登上会稽，祭祀大禹，望见了南海；并树立石碑称颂功德。回程，经过吴县，从江乘渡船。傍海而上，北到琅邪、之罘。遇见大鱼，射杀了它。于是傍海西行，到平原津时，身患重病。

始皇厌恶谈死，群臣无人敢说死亡的事。病情到了非常严重的时候，才命令中车府令掌管符玺的赵高写信给扶苏说："回来参加丧礼，会合咸阳，商议埋葬的事。"书信已封，当时放在赵高处，还没有交给使者。这年秋天，七月，丙寅日始皇在沙丘平台逝世。丞相李斯因皇上在外去世，恐怕诸公子及天下人叛乱，于是密不发丧，将棺材放置在辒凉车中载回，由昔日宠信的宦官陪乘。所到之处，始皇的饮食、百官奏事都和从前相同，宦官只从车中准许他们奏请的事。只唯有胡亥、赵高及宠信的宦官五六人知道这件事。

初始，始皇尊宠蒙氏兄弟，十分信任他。蒙恬在外为将领，蒙毅常在朝中谋划国事，有忠信之誉，因而即使是诸将相也不敢和他争权。赵高天生没有生殖能力，始皇听说他力气很大，又精通狱政，用为中车府令，派他教导胡亥，审理诉讼案件，胡亥非常宠信他。赵高犯罪，始皇派蒙毅处理；蒙毅以为赵高依法当处死。始皇认为赵高治事勤勉，赦免其罪，恢复原职。赵高平素既受胡亥宠幸，又怨恨蒙氏，便游说胡亥，请他诈称始皇的命令杀扶苏而立胡亥为太子。胡亥以为他说得很好。赵高说："如不和丞相谋议，唯恐事情不能成功。"于是会见丞相李斯说："皇上所赐长子扶苏的书信和符玺，都在胡亥那里。立太子，全在你我二人的决定了。你看事情如何？"李斯说："怎可出此亡国的言论呢！这不是身为臣子者可以议论的事！"赵高说："你的才能好、谋虑深、功劳大、无怨仇，为扶苏信任，可是此五者与蒙恬相比如何？"李斯说："我比不上蒙恬。"赵高说："那么扶苏即位，肯定派蒙恬做丞相，你最后将无法身怀列侯的印玺，归还乡里！胡亥仁慈笃厚，可以作为嗣君。希望你深思，决定此事。"丞相李斯以为他说得不错，便和他们谋议，诈称受始皇的诏命，立胡亥为太子；更写信给扶苏，责怪他不能开辟疆土，建立功劳，使士兵多受损伤，反而屡次上书，直言诽谤，早与晚怨恨，盼望只怕不能回来做太子；将军蒙恬知道他的阴谋却不进行矫正，都一并赐死，军队交付给副将王离掌管。

扶苏展阅书信，哭着进入室内，想自杀。蒙恬说："皇上在外，并未更立太子；派我率领30万人镇守边境，公子来监督，这是天下的重任。现在随便听信一个使者的话，就轻生，怎知这不是阴谋呢？再上书请求，不准而后自杀，也不晚啊！"使者催促了好几次。扶苏对蒙恬说："父亲赐儿子死，不要需再请求！"就自杀而死。蒙恬不肯自杀，使者将他交付官吏，囚禁在阳周；派李斯的舍人为护军，然后回来报告。胡亥听说扶苏已死，想释放蒙恬。碰巧蒙毅为始皇出去祝祷山川回来，赵高对胡亥说："先帝想举贤能立为太子已经好久了，但是蒙毅进谏以为不可，不如杀掉他。"就将毅囚禁于代。

于是从井陉到九原。刚好是夏季，辒凉车发出臭味，于是诏令随从官员用车载一石鲍鱼来混乱尸臭。从直道回咸阳后才发丧，并由太子胡亥继承皇位。

九月，葬始皇于骊山，埋葬深入地下，及于泉水；珍贵奇异的器物，从府库迁来，以填满陵寝。命令工匠制作机关弓弩，有盗墓者接近陵寝的，便射杀他。又造作各种机关，在墓道旁边挖成百川、江河、大海，用水银转相灌注。上备天文，下备地理。后宫中没生孩子的嫔妃，下令全部殉葬。埋葬之后，有人说工匠制作机关，都知道其中奥秘，事关重大，怕他们泄露，因而在送终的大事完毕，将他们全部关入墓中。

二世想杀蒙恬兄弟。二世的侄儿子婴进谏说："赵王迁杀掉李牧而用颜聚，齐王建杀掉前代忠臣而用后胜，最后都使国家灭亡。蒙氏，是秦国的大臣和谋士，陛下却想将他们杀掉。杀掉忠臣而用没有操守的人，会使朝内群臣不信赖，外使将士们离心离德啊！"二世不听，下令杀蒙毅及内史蒙恬。蒙恬说："自我祖先至子孙，为秦国累积立功已经三代了。现在我率领30多万军队，虽然身被囚禁，势力也足以背叛。可是我自知必须遵守道义，不敢有辱祖先的教诲，而忘记先帝的恩德啊！"于是服药自杀。

汉纪三　太祖高皇帝中
五　年（己亥、公元前202年）

冬，十月，汉王追项羽至固陵，与齐王信、魏相国越期会击楚；信、越不至，楚击汉军，大破之。汉王复坚壁自守，谓张良曰："诸侯不从奈何？"对曰："楚兵且破，二人未有分地，其不至固宜；君王能与共天下，可立致也。齐王信之立，非君王意，信亦不自坚；彭越本定梁地，始，君王以魏豹故拜越为相国；今豹死，越亦望王，而君王不早定。今能取睢阳以北至穀城皆以王彭越，从陈以东傅海与韩王信。信家在楚，其意欲复得故邑。能出捐此地以许两人，使各自为战，则楚易破也。"汉王从之。于是韩信、彭越皆引兵来。

十一月，刘贾南渡淮，围寿春，遣人诱楚大司马周殷。殷畔楚，以舒屠六，举九江兵迎黥布，并行屠城父，随刘贾皆会。

十二月，项王至垓下，兵少，食尽，与汉战不胜，入壁；汉军及诸侯兵围之数重。项王夜闻汉军四面皆楚歌，乃大惊曰："汉皆已得楚乎？是何楚人之多也！"则夜起，饮帐中，悲歌慷慨，泣数行下；左右皆泣，莫能仰视。于是项王乘其骏马名骓，麾下壮士骑从者八百余人，直夜，溃围南出驰走。平明，汉军乃觉之，令骑将灌婴以五千骑追之。项王渡淮，骑能属者才百余人。至阴陵，迷失道，问一田父，田父绐曰："左。"左，乃陷大泽中，以故汉追及之。

项王乃复引兵而东，至东城，乃有二十八骑；汉骑追者数千人。项王自度不得脱，谓其骑曰："吾起兵至今，八岁矣；身七十余战，未尝败北，遂霸有天下。然今卒困于此，此天之亡我，非战之罪也！今日固决死，愿为诸君快战，必溃围，斩将，刈旗，三胜之，令诸君知天亡我，非战之罪也。"乃分其骑以为四队，四乡。汉军围之数重。项王谓其骑曰："吾为公取彼一将。"令四面骑驰下，期山东为三处。于是项王大呼驰下，汉军皆披靡，遂斩汉一将。是时，郎中骑杨喜追项王，项王瞋目而叱之，喜人马俱惊，辟易数里。项王与其骑会为三处，汉军不知项王所在，乃分军为三，复围之。项王乃驰，复斩汉一都尉，杀数十百人；复聚其骑，亡其两骑耳。乃谓其骑曰："何如？"骑皆伏曰："如大王言！"

项羽像，图出自明·天然撰《历代古人像赞》。

于是项王欲东渡乌江，乌江亭长杙船待，谓项王曰："江东虽小，地方千里，众数十万人，亦足王也。愿大王急渡！今独臣有船，汉军至，无以渡。"项王笑曰："天之亡我，我何渡为！且籍与江东子弟八千人渡江而西，今无一人还；纵江东父兄怜而王我，我何面目见之！纵彼不言，籍独不愧于心乎！"乃以所乘骓马赐亭长，令骑皆下马步行，持短兵接战。独籍所杀汉军数百人，身亦被十余创。顾见汉骑司马吕马童，曰："若非吾故人乎？"马童面之，指示中郎骑王翳曰："此项王也。"项王乃曰："吾闻汉购我头千金，邑万户；吾为若德。"乃刎而死。王翳取其头；余骑相蹂践争项王，相杀者数十人；最其后，杨喜、吕马童及郎中吕胜、杨武各得其一体；五人共会其体，皆是，故分其户，封五人皆为列侯。

楚地悉定，独鲁不下；汉王引天下兵欲屠之。至其城下，犹闻弦诵之声；为其守礼义之国，为主死节，乃持项王头以示鲁父兄，鲁乃降。汉王以鲁公礼葬项王于穀城，亲为发哀，哭之而去。诸项氏枝属皆不诛。封项伯等四人皆为列侯，赐姓刘氏；诸民略在楚者皆归之。

汉王还，至定陶，驰入齐王信壁，夺其军。

临江王共尉不降，遣卢绾、刘贾击虏之。

春，正月，更立齐王信为楚王，王淮北，都下邳。封魏相国建城侯彭越为梁王，王魏故地，都定陶。

令曰："兵不得休八年，万民与苦甚；今天下事毕，其赦天下殊死以下。"

诸侯王皆上疏请尊汉王为皇帝。二月甲午，王即皇帝位于汜水之阳。更王后曰皇后，太子曰皇太子；追尊先媪曰昭灵夫人。

诏曰："故衡山王吴芮，从百粤之兵，佐诸侯，诛暴秦，有大功；诸侯立以为王，项羽侵夺之地，谓之番君。其以芮为长沙王。又曰："故粤王无诸，世奉粤祀；秦侵夺其地，使其社稷不得血食。诸侯伐秦，无诸身率闽中兵以佐灭秦，项羽废而弗立。今以为闽粤王，王闽中地。"

帝西都洛阳。

夏，五月，兵皆罢归家。

诏："民前或相聚保山泽，不书名数。今天下已定，令各归其县，复故爵、田宅；吏以文法教训辨告，勿笞辱军吏卒；爵及七大夫以上，皆令食邑，非七大夫已下，皆复其身及户，勿事。"

帝置酒洛阳南宫，上曰："彻侯、诸将毋敢隐朕，皆言其情：吾所以有天下者何？项氏之所以失天下者何？"高起、王陵对曰："陛下使人攻城略地，因以与之，与天下同其利；项羽不然，有功者害之，贤者疑之，此其所以失天下也。"上曰："公知其一，未知其二。夫运筹帷幄之中，决胜千里之外，吾不如子房；填国家，抚百姓，给馈饷，不绝粮道，吾不如萧何；连百万之众，战必胜，攻必取，吾不如韩信。三者皆人杰，吾能用之，此吾所以取天下者也。项羽有一范增而不能用，此所以为我禽也。"群臣说服。

韩信至楚，召漂母，赐千金。召辱己少年令出胯下者，以为中尉；告诸将相曰："此壮士也。方辱我时，我宁不能杀之邪？杀之无名，故忍而就此。"

彭越既受汉封，田横惧诛，与其徒属五百余人入海，居岛中。帝以田横兄弟本定齐地，齐贤者多附焉；今在海中，不取，后恐为乱。乃使使赦横罪，召之。横谢曰："臣烹陛下之使郦生，今闻其弟商为汉将；臣恐惧，不敢奉诏，请为庶人，守海岛中。"使还报，帝乃诏卫尉郦商曰："齐王田横即至，人马从者敢动摇者，致族夷！"乃复使持节具告以诏商状，曰："田横来，大者王，小者乃侯耳；不来，且举兵加诛焉。"

横乃与其客二人乘传诣洛阳。未至三十里，至尸乡厩置。横谢使者曰："人臣见天子，当洗沐。"因止留，谓其客曰："横始与汉王俱南面称孤；今汉王为天子，而横乃为亡虏，北面事之，其耻固已甚矣。且吾烹人之兄，与其弟并肩而事主；纵彼畏天子之诏不敢动，我独不愧于心乎！且陛下所以欲见我者，不过欲一见吾面貌耳；今斩吾头，驰三十里间，形容尚未能败，犹可观也。"遂自刭，令客奉其头，从使者驰奏之。帝曰："嗟乎！起自布衣，兄弟三人更王，岂不贤哉！"为之流涕，而拜其二客为都尉；发卒二千人，以王者礼葬之。既葬，二客穿其冢傍孔，皆自刭，下从之。帝闻之，大惊。以横客皆贤，余五百人尚在海中，使使召之；至，则闻田横死，亦皆自杀。

初，楚人季布为项籍将，数窘辱帝。项籍灭，帝购求布千金；敢有舍匿，罪三族。布乃髡钳为奴，自卖于鲁朱家，朱家心知其季布也，买置田舍；身之洛阳见滕公，说曰："季布何罪！臣各为其主用，职耳；项氏臣岂可尽诛邪？今上始得天下，而以私怨求一人，何示不广也！且以季布之贤，汉求之急，此不北走胡，南走越耳。夫忌壮士以资敌国，此伍子胥所以鞭荆平之墓也。君何不从容为上言之！"滕公待间言于上，如朱家指。上乃赦布，召拜郎中，朱家遂不复见之。

布母弟丁公，亦为项羽将，逐窘帝彭城西。短兵接，帝急，顾谓丁公曰："两贤岂相厄哉！"丁公引兵而还。及项王灭，丁公谒见。帝以丁公徇军中，曰："丁公为项王臣不忠，使项王失天下者也。"遂斩之，曰："使后为人臣无效丁公也！"

齐人娄敬戍陇西，过洛阳，脱挽辂，衣羊裘，因齐人虞将军求见上。虞将军欲与之鲜衣。娄敬曰："臣衣帛，衣帛见；衣褐，衣褐见，终不敢易衣。"于是虞将军入言上；上召见，问之。娄敬曰："陛下都洛阳，岂欲与周室比隆哉？"上曰："然。"娄敬曰："陛下取天下与周异。周之先，自后稷封邰，积德累善，十有余世，至于太王、王季、文王、武王而诸侯自归之，遂灭殷为天子。及成王即位，周公相焉，乃营洛邑，以为此天下之中也，诸侯四方纳贡职，道里均矣。有德则易以王，无德则易以亡。故周之盛时，天下和洽，诸侯、四夷莫不宾服，效其贡职。及其衰也，天下莫朝，周不能制也；非唯其德薄也，形势弱也。今陛下起丰、沛，卷蜀、汉，定三秦，与项羽战荥阳、成皋之间，大战七十，小战四十；使天下之民，肝脑涂地，父子暴骨中野，不可胜数，哭泣之声未绝，伤夷者未起，而欲比隆于成、康之时，臣窃以为不侔也。且夫秦地被山带河，四塞以为固；卒然有急，百万之众可立具也。因秦之故，资甚美膏腴之地，此所谓天府者也。陛下入关而都之，山东虽乱，秦之故地可全而有也。夫与人斗，不搤其亢，拊其背，未能全其胜也；今陛下案秦之故地，此亦扼天下之亢而拊其背也。"帝问群臣，群臣皆山东人，争言："周王数百年，秦二世即亡。洛阳东有成皋，西有崤、渑，倍河，乡伊、洛，其固亦足恃也。"上问张良。良曰："洛阳虽有此固，其中小不过数百里，田地薄，四面受敌，此非用武之国也。关中左崤、函，右陇、蜀，沃野千里；南有巴、蜀之饶，北有胡苑之利。阻三面而守，独以一面东制诸侯；诸侯安定，河、渭漕挽天下，西给京师；诸侯有变，顺流而下，足以委输；此所谓金城千里，天府之国也。娄敬说是也。"上即日车驾西，都长安。拜娄敬为郎中，号曰奉春君，赐姓刘氏。

张良素多病，从上入关，即道引，不食谷，杜门不出，曰："家世相韩；及韩灭，不爱万金之资，为韩报雠强秦，天下振动。今以三寸舌为帝者师，封万户侯，此布衣之极，于良足矣。愿弃人间事，欲从赤松子游耳。"

六月，壬辰，大赦天下。

秋，七月，燕王臧荼反；上自将征之。

九月，虏臧荼。壬子，立太尉长安侯卢绾为燕王。绾家与上同里闬沔，绾生又与上同日；上宠幸绾，群臣莫敢望，故特王之。

项王故将利几反；上自击破之。

后九月，治长乐宫。

项王将钟离眛，素与楚王信善。项王死后，亡归信。汉王怨眛，闻其在楚，诏楚捕眛。信初之国，行县邑，陈兵出入。

【译文】

五　年　（己亥、公元前202年）

　　冬季，十月，汉王追击项羽到达了固陵，和齐王韩信、魏相国彭越约好时间在固陵会合攻打楚；但韩信、彭越却没有如期到达，因此楚军攻击汉军，大败汉军。汉王再度坚守壁垒不敢出。汉王对张良说："诸侯不愿追随我攻打楚，怎么办？"张良回答说："楚兵快要被攻破了，而韩信、彭越两人却还没有分到确定的领地，难怪他们不愿派兵前来；君王能够和他们共有天下的话，马上就可以招致他们前来。齐王韩信被立为齐王，并不是君王的本意，是他自请的假王，所以韩信向汉的心理也就不稳固；彭越本来就是平定梁地的人，开始的时候君王立魏豹为魏王，而彭越被封为魏相；现在魏豹已经死了，彭越也就继立为魏王，而君王您却不早点确定他的名分。现在君王如能把睢阳以北到谷城的土地，全部割给彭越，把陈以东到海边的土地给韩信，由于韩信的家乡在楚地，他想再回去自己故乡，一定会奋力抗楚。君王能拿出这些土地许诺给他们两人，派他们各自作战，那么楚就容易被击败了。"汉王接受张良的建议。于是韩信、彭越都带兵前来和汉王会合。

　　十一月，刘邦的堂兄刘贾向南渡过淮河，包围了寿春，并派人诱降楚的大司马周殷。周殷因而背叛了楚，用舒地的部众攻破了六地，率领全部的九江士兵迎接黥布，和黥布一起攻破了城父，并且随着刘贾和汉王军队会合。

　　十二月，项王到了垓下，士兵剩下很少，粮食也吃光了，和汉军作战得不到胜利，只好退入壁垒固守；汉军和诸侯军队包围楚军好几层。项王在夜间听到汉军的四面八方，都在唱楚地的歌谣，就非常惊恐地说："汉军都已占领楚地了吗？为什么楚人这么多呢？"就在夜里起身，在营帐中饮酒，悲伤地唱着歌，流下数行热泪，左右的将军们也都哭泣得抬不起头来。于是项王骑着他的名叫骓的骏马，旗下的壮士，骑马追随他的有800多人，乘着夜晚，击溃汉军的包围，向南飞驰脱走。天大亮的时候，汉军才发觉，汉王便命令骑将灌婴带领5000骑兵追逐。项王渡过淮河，骑兵里面到现在还能追随得上项王的，只有一百多人而已。项王逃到阴陵，迷了路，就问一个农夫，农夫骗他说："向左走。"项王真的向左走，结果陷入大沼泽里，所以汉军追上了项王。

项王就再带领骑兵向东走，到了东城，只剩下二十八个骑士追随；而追逐他的汉骑士有好几千人。项王料想是没有办法逃脱了，就对他的骑兵们说："我从起兵抗秦到现在，已经有八年了；身经七十多次的战阵，从来没有败北过，因此就称霸拥有了天下。可是现在终于被困在这里，这是上天要让我败亡，不是我不会作战的罪过！今天本来就一定要死的，但在死亡前，我愿意为你们奋力作战一番，一定要击溃汉军的包围，斩杀汉将，砍倒汉旗，连胜汉军三次，让诸位知道是上天要让我败亡，不是我不会作战的罪过。"说完就划分他剩下的二十八骑为四队，分四个方向反攻汉军，但汉军包围了好几层，项王就对他的骑兵说："我为你们斩杀一个汉将。"于是命令四面的骑士飞驰而下，约期会聚在山的东边，分为三个地方。于是项王大声呼叫，飞驰冲向汉军，汉军都纷纷溃乱，项王就斩杀了一个汉将。这时，汉的郎中骑杨喜由背后追击项王，项王回头怒目大喝一声，杨喜本人和他乘坐的马都很惊恐，惊慌退避了好几里。项王和他的骑士会合，分为三个地方，使得汉军不知道项王到底在那个地方，只好分全军为三部分，再度包围项王和他的骑士。项王又飞马攻向汉军，又斩杀了汉军的一个都尉，杀死数十到数百个汉军；再集合他的骑士，算算只不过损失两个骑士罢了。项王就对他的骑士说："怎么样？"骑士们都佩服得五体投地说："就像大王所说，果然不差！"

于是项王想要向东渡过乌江，乌江的亭长把船靠好岸，等待项王上船，并对项王说："江东虽然小，但地方圆足有千里，士众有数十万人，也足够让大王做一方之王了。希望大王快点渡江！现在只有我有船，汉军追到这里，没有船可以渡过。"项王笑着说："上天要让我败亡，我何必渡江！而且我项籍和八千江东子弟一同渡江西进，现在落得没有一个人生还；纵使江东的父老兄弟同情我而拥我为王，我又有什么面目见他们呢！纵是父老们不说什么，我项籍内心能够不感到惭愧吗！"于是把他所乘坐的骓马赐给亭长，命令骑士们都下马步行，拿着短兵器和汉军交战。项王一个人所杀的汉军就有好几百人，自己也受了十几处创伤。这时项王回头看见了汉骑司马吕马童，就说："你不是我的老朋友吕马童吗？"吕马童不忍看项王，背向着项王，指着项王对中郎骑王翳说："这位就是项王。"项王说："我听说汉军悬赏要拿我的头，价值千金，封邑万户，我这就给你好处吧！"说完就自杀而死。王翳割下项王的头，其他的骑士相互践踏，抢着项王的尸体，相互杀死的有几十人；到最后，杨喜、吕马童和郎中吕胜、杨武各得到项王尸体的一部分；5个人把抢得的尸体拼合在一起，果然是项王的身体，因此就分割原来悬赏的万户封地，分封这5人为列侯。

楚地都平定了，只有鲁县攻打不下。汉王带领天下兵马要屠灭鲁城。到达城下，还听到士子们弦歌诵书的声音。项王原先是鲁公，鲁是守礼义的，所以鲁人为主死守节义，不肯投降。汉王就拿着项王的头颅给鲁父老兄弟看，鲁人看到鲁公死了，才投降。汉王按鲁公的礼节，把项王埋葬在谷城，亲自为他发丧哀祭，痛哭之后才离开。许多项氏的支属亲族都不杀。封项伯等4个人为列侯（项伯为射阳侯，其他为桃侯、中皋侯、玄武侯。）赐他们姓刘，将过去被掳掠到楚国来的百姓们仍归他们统治。

汉王回军到定陶，飞马进入齐王韩信的营垒中，夺取了韩信的军队。

临江王共尉不投降，汉王派卢绾、刘贾加以攻击，并俘虏了共尉。

春，正月，改封齐王韩信为楚王，统辖淮北，定都在下邳。封魏宰相建城侯彭越为梁王，统辖魏原有的土地，定都在定陶。

汉王颁布命令："军队得不到休息已经有8年，百姓所受的痛苦非常深；现在统一天下的大事已完成，犯死罪以下的犯人全部赦免。"

所有诸侯王都上疏给汉王，要求尊汉王为皇帝。二月，甲午日（初三日），汉王在泛水之北就皇帝位。把王后更名为皇后，太子也更名为皇太子；追尊已逝世的汉王母亲为昭灵夫人。

帝颁布诏书说："以前的衡山王吴芮，率领百粤的军队，辅佐诸侯，一起诛灭残暴的秦，建立了大功业；诸侯因此立他为王，但项羽侵夺了他的土地，改称为番君。现在就命吴芮为长沙王。"又说："以前的粤王无诸，世世代代奉祀粤的祖先；但是秦侵夺了他们的土地，使得粤灭亡，宗庙无人祭祀。当诸侯讨伐暴秦时，无诸亲自率领闽中的军队，来辅佐诸侯消灭了秦，但项羽却废了他的王位不立。现在封他为闽粤王，统辖闽中地方。"

高祖建都在西边的洛阳。

夏，五月，军队解散，各自回到家乡。

帝颁下告令说："以前为避战乱而相聚在山泽的百姓，并没有登记他们的户籍。但现在天下已经安定,不再有战乱,所以命令他们各自回到自己的本籍,回复原有的官爵、田宅。官吏要把法律规章等布告百姓,让百姓知道,不可以鞭笞士兵吏卒;爵位在七大夫以上的,都有食邑(秦制:列侯才有食邑。)不是七大夫和以下的官吏,都免除他本人和一户之内所有的徭役,不再加以役使。"

高帝刘邦在洛阳南宫设置酒席,大宴群臣,皇上说:"各位侯、各位将军们不要在朕面前有所隐讳,大家都说真心话吧!我能够拥有天下是什么原因?项氏所以丧失天下又是什么原因?"高起、王陵回答:"陛下命令人攻打城池夺取土地后,顺便把夺得的土地封给攻下土地的人,和天下人共同享受利益;项羽就不是这样子,对有功的人加以杀害,人有才能就起疑心,不肯信任他,这就是项羽所以失去天下的原因。"皇上说:"你们只知其一,不知其二。谈到在帷帐中运筹谋划,而能在千里之外决定胜负,我是比不上张良的;镇守国家,安抚百姓,供给粮饷,使粮道不断绝,我比不上萧何;联结百万大军,每战必定胜利,每攻必定夺得敌人土地,我比不上韩信。这三个人都是人中豪杰,而我能够重用三人,这就是我所以夺取天下的原因。项羽有一个范增,但他却不能重用他,这是他被我所擒的原因。"群臣听了,都心悦诚服。

韩信到了自己的封国楚,把当年送饭给他吃的漂母找来,赐给他千金。又召来那位侮辱他、命令他从跨下爬过的少年,任命他为中尉,告诉他的部将们说:"这位是个壮士。当他侮辱我时,我难道不能把他杀了吗?但杀了他没什么道理,所以我忍了下来,才成就了今日的功业。"

彭越接受汉王封为梁王之后,田横怕被杀,就和他的徒众部属500多人逃

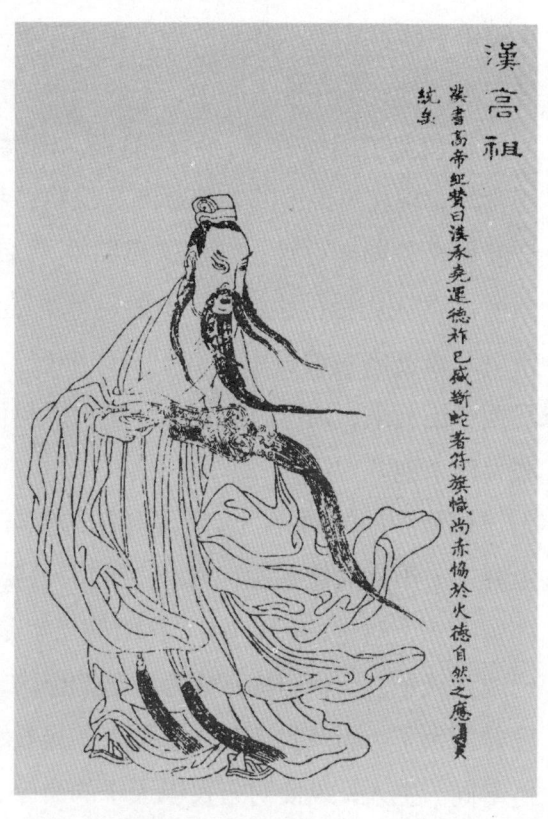

汉高祖刘邦像,图出自清·上官周绘《晚笑堂画传》。

入海中，住在岛上。高帝认为，田横兄弟本来是平定齐地的人，齐国的贤士大多归附了他；现在逃入海中，不收揽他的话，以后恐怕会作乱。因此，高帝就派使者赦免了田横的罪，召他前来。田横谢绝说："我曾经烹杀了陛下的使者郦食其，现在听说他的弟弟郦商是汉将；我害怕被杀，不敢接受诏令，我请求让我做个普通老百姓，守在这海岛中。"使者回报高祖，高帝就下令对卫尉郦商说："齐王田横很快就到，谁敢动他的随从人马，可要招致灭族之罪的！"高帝就又派使者拿着符节，向田横详细报告高帝下令给郦商的内容，说："田横只要奉诏前来，大可以封王，小也可以封侯，没有其他的事，但如果不来，将派兵诛杀他。"

田横和他的两位门客乘坐驿站的传车，前往洛阳。离洛阳30里，到达尸乡驿站。田横对使者说："做人家的臣子要见天子，应当先沐浴净身。"因而就停留下来，对他的门客说："我田横当年是和汉王一样南面称王的；现在汉王已成为天子，而我田横却成为亡国的俘虏，以臣礼侍奉汉王，这种耻辱本来就已非常大了。而且我还烹杀过别人的兄长，现在又要和被杀的人的弟弟，并肩侍奉同一主人；纵使对方畏惧天子的命令，不敢动我，难道我自己内心能不惭愧吗？再说陛下所以要见我，不过是要看一看我的面貌罢了。如果现在砍下我的头，飞驰30里到洛阳，形状容貌还不会腐败，陛下还可看看我是什么样子。"说完就自杀了，门客按他的命令拿着他的首级，跟随使者飞快地上奏高帝。高帝说："唉！田横兄弟出身于普通百姓，却能够三兄弟更替为王，真不简单，怎么会不贤呢！"高帝为田横的死痛哭流涕，而且赐田横的二位门客为都尉；派2000士卒，以王者的礼节埋葬了田横。埋葬之后，两位门客在田横墓旁挖洞，都自杀了，追随地下的田横而死。高帝听了这消息，非常惊讶。认为田横的门客都是贤人，其他的500人还留在海岛中，就派使者去召见他们。使者一到，门客听说田横已经死了，也都自杀。

当初，楚人季布作项籍的部将时，有好几次使汉王困窘受辱。等到项籍被灭亡，高帝以千金之赏购买季布首级。声言谁敢匿藏季布，就论罪抄灭三族。季布只好剃掉头发，带上颈箍，打扮成奴隶，卖身到鲁的大侠朱家。朱家心里已经知道他就是季布，就买下他，安置他在田里工作。然后朱家亲自到洛阳去见滕公夏侯婴，对他说："季布有什么罪呢？身为臣子，各被他的主人所用，所以季布为项籍使汉王窘困，是他职责所在。项氏的臣子怎么可能全部杀光？现在皇上刚得到天下，却因为私人仇怨而购求季布一个人的性命，为什么要表现出心胸这么狭窄，不能容人呢？而且以季布的贤能，汉王追捕他这么紧急，这就迫使他不向北逃到胡地去，也会往南逃到越地去的。妒忌壮士，迫使壮士逃到敌国而资助敌国，这就是伍子胥所以鞭楚平王尸的原因。您为什么不找个闲暇向皇上说明这道理呢？"滕公等到高帝闲暇时，照朱家所说的向皇上说明。皇上就赦免了季布，并召见他，拜他为郎中。朱家把事情做好后，也就不再见季布。

季布的舅父丁公，也做过项羽的部将，曾经在彭城西面追逐困窘过高帝。双方短兵接触，高帝情况很紧急，回头对丁公说："我们两人都是贤士，难道一定要如此相互围困吗？"丁公听了就带兵退回。等到项王被消灭之后，丁公进见高帝。高帝把丁公拉到军营中示众，向士卒告示说："丁公是项王的臣子，却不忠于项王，他是使项王丧失天下的人。"说完就斩杀了丁公，并宣称："让后代做人家臣子的，不要仿效丁公的作为！"

齐国人娄敬去驻守陇西，路过洛阳，解脱车前横木上的挽索，使车停止，穿着羊皮衣，通过齐人虞将军的推荐，要求晋见皇上。虞将军要给娄敬华美的衣服穿。娄敬说："我身上如果穿的是帛衣，就穿着帛衣晋见；如果身上穿的是粗布衣，就穿粗布衣晋见，我终究是不愿换掉衣服的。"于是虞将军入内禀告了皇上。皇上召见娄敬，问他有什么事。娄敬说："陛下建都在洛阳，难道是要和周朝比较兴隆的盛况吗？"皇上说："不错。"娄敬说："陛下取得天下的情形和周朝不一样。周朝的祖先，从后稷被尧封在邰地开始，积聚善德有十几代，直到太王、王季、文王、武王，诸侯自动前来归附，终于消灭殷纣而即天子位。后来成王即位，周公摄政辅助他，开始经营洛邑，以洛邑作为天下的中心，四方诸侯前来纳贡述职时，所走的路程是相等的。君王有德行修养就容易靠此统治天下，而没有德行修养的君王，因为没有险阻的地理可以凭恃，就容易灭亡。所以，在周朝最兴盛的时候，天下一片和乐融洽，诸侯和四方的夷狄没有不顺服，而不前来纳贡述职的。后来，周朝衰微时，天下诸侯、夷狄不再来朝拜，而周天子也不能控制他们。不只因为周天子的德行差，而且是因为形势较前衰弱的缘故。现在陛下在丰、沛起事，席卷蜀、汉，平定了三秦，和项羽在荥阳、成皋间作战，大战共有70次，小战有40次；使得天下的百姓，牺牲了很多生命，父子亲人的尸骨暴弃在荒野的，数也数不清楚，百姓哭泣的声音还没断绝，受到创伤的人还没回复，而陛下却想要和周成王、周康王的盛世比较兴隆的盛况，臣私下认为是很不相称的。而且秦地有山河的阻隔，4个关塞（东为函谷关，西为大散关，南为武关，北为萧关。）的险固，突然之间有什么紧急事件发生，百万的军队马上就可以聚集。凭借秦国旧有的形势，再利用那肥沃的土地，这真是一般人所说的'天府'（万物所藏集的地方叫做天府）了。陛下如果能进入关中，并且建都关中，那么华山以东的地区纵使有战乱，而秦国原有的土地却可以保全而拥有了。和人争斗，不扼住对方喉咙，不打击对方背部，是不能获得全胜的。现在陛下占据了秦旧有的土地，这就像扼住天下的喉咙而打击他的背部一样。"高祖问大臣们的意见。大臣们都是华山以东的人，所以都争辩着说："周朝建都在洛阳，统治天下有几百年，秦建都在咸阳，传位二代就灭亡。洛阳的东面有成皋，西边有崤山、渑池，北有黄河，南有伊、洛等阻隔，地理形势的险固，也足够依靠凭恃了。"高祖犹豫不决，就问张良，张良说："洛阳虽然有这些险固的地理形势，但它的腹地小，不过几百里而已，田地贫瘠，四面受到敌人攻击，这不是用武力作战的好地方。而关中左边有崤山、函谷关，右边有陇、蜀，肥沃的田野，有千里那样广阔；南边又有巴、蜀富饶的物产，北边有和胡人连接可以畜牧的大草原，三面有险阻可守，只要以东面就可控制诸侯；诸侯一安定，黄河、渭河的漕运可以输送天下的粮食，补给西边的京师；如果诸侯有叛变的事发生，那么顺着河、渭而下，可以转输粮食给出征的军队，这就是一般人所说的'金城千里，天府之国'。娄敬的建议是对的。"皇上听了张良的话后，就在当天起程，向西出发，建都在长安。又拜封娄敬为郎中，名号是

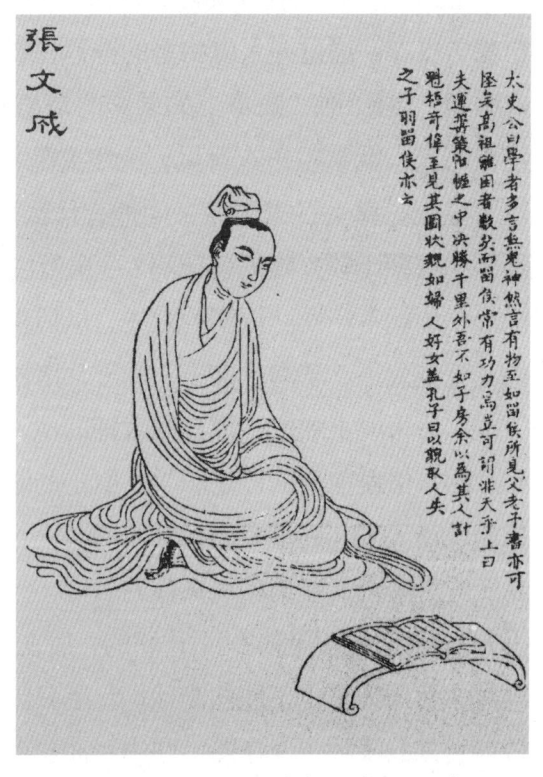

留侯张良像，图出自清·上官周绘《晚笑堂画传》。

奉春君，赐他姓刘。

张良向来多病，追随着高祖西入关中之后，就学习仙家的导引吐纳之术，不吃谷食，闭门不外出，他常常说："我家几代辅佐韩王，后来韩国被秦消灭了，不惜花费万金的资财（请了一位大力士刺杀秦王），为了报韩国的仇而对付强大的秦国，使得天下都震动了。现在我凭着三寸不烂之舌，成为皇帝的军师，被封为食邑万户的诸侯，这已经是一个平民的最高理想了，对我张良来说，心愿已满足了。我希望从此抛弃人间俗事，追随仙人赤松子仙游去了。"

六月，壬辰日（初三）高帝大赦天下。

秋，七月，燕王臧荼反叛；皇上亲自率兵讨伐。

九月，俘虏了燕王臧荼。壬子日（二十五日），另封太尉长安侯卢绾为燕王。卢绾的家乡和皇上同一里门，卢绾的生日又和皇上同日；所以皇上宠幸卢绾的程度，是其他大臣不敢希求的，所以利用这机会特地封他为王。

项王以前的部将利几反叛；皇上又亲自率兵击败了他。

九月后期，修建长乐宫。

项王部将钟离眛，向来和楚王韩信交情好。项王死后，钟离眛逃亡投靠韩信。汉王怨恨钟离眛，听说他在楚，就下令，楚王追捕钟离眛。韩信刚到自己的封国，巡视县邑，出入的时候，都有成队的士兵防卫。

六　年（庚子、公元前201年）

冬，十月，人有上书告楚王信反者。帝以问诸将，皆曰："亟发兵，坑竖子耳！"帝默然。又问陈平，陈平曰："人上书言信反，信知之乎？"曰："不知。"陈平曰："陛下精兵孰与楚？"上曰："不能过。"平曰："陛下诸将，用兵有能过韩信者乎？"上曰："莫及也。"平曰："今兵不如楚精而将不能及，举兵攻之，是趣之战也，窃为陛下危之！"上曰："为之奈何？"平曰："古者天子有巡狩，会诸侯。陛下第出，伪游云梦，会诸侯于陈。陈，楚之西界；信闻天子以好出游，其势必无事而郊迎谒；谒而陛下因禽之，此特一力士之事耳。"帝以为然；乃发使告诸侯会陈，"吾将南游云梦。"上因随以行。

楚王信闻之，自疑惧，不知所为。或说信曰："斩钟离眛以谒上，上必喜，无患。"信从之。十二月，上会诸侯于陈，信持昧首谒上；上令武士缚信，载后车。信曰："果若人言：'狡兔死，走狗烹；高鸟尽，良弓藏；敌国破，谋臣亡。'天下已定，我固当烹！"上曰："人告公反。"遂械系信以归，因赦天下。

田肯贺上曰："陛下得韩信，又治秦中。秦，形胜之国也，带河阻山，地势便利；其以下兵于诸侯，譬犹居高屋之上建瓴水也。夫齐，东有琅邪、即墨之饶，南有泰山之固，西有浊河之限，北有勃海之利；地方二千里，持戟百万；此东西秦也，非亲子弟，莫可使王齐者。"上曰："善！"赐金五百斤。

上还，至洛阳，赦韩信，封为淮阴侯。信知汉王畏恶其能，多称病，不朝从；居常鞅鞅，羞与绛、灌等列。尝过樊将军哙。哙跪拜送迎，言称臣，曰："大王乃肯临臣！"信出门，笑曰："生乃与哙等为伍！"

上尝从容与信言诸将能将兵多少。上问曰："如我能将几何？"信曰："陛下不过能将十万。"上曰："于君何如？"曰："臣多多而益善耳。"上笑曰："多多益善，何为为我禽？"信曰："陛下不能将兵而善将将，此乃信之所以为陛下禽也。且陛下，所谓'天授，非人力'也。"

甲申，始剖符封诸功臣为彻侯。萧何封酂侯，所食邑独多。功臣皆曰："臣等身被坚执锐，多者百余战，小者数十合。今萧何未尝有汗马之劳，徒持文墨议论，顾反居臣等上，何也？"帝曰："诸君知猎乎？夫猎，追杀兽兔者，狗也；而发纵指示兽处者，人也。今诸君徒能得走兽耳，功狗也；至如萧何，发纵指示，功人也。"群臣皆不敢言。张良为谋臣，亦无战斗功；帝使自择齐三万户。良曰："始，臣起下邳，与上会留，此天以臣授陛下；陛下用臣计，幸而时中。臣愿封留足矣，不敢当三万户。"乃封张良为留侯。封陈平为户牖侯，平辞曰："此非臣之功也。"上曰："吾用先生谋计，战胜克敌，非功而何？"平曰："非魏无知，臣安得进？"上曰："若子，可谓不背本矣？"乃复赏魏无知。

帝以天下初定，子幼，昆弟少，惩秦孤立而亡，欲大封同姓以填抚天下。春，正月，丙午，分楚王信地为二国：以淮东五十三县立从兄将军贾为荆王，以薛郡、东海、彭城三十六县立弟文信君交为楚王。壬子，以云中、雁门、代郡五十三县立兄宜信侯喜为代王；以胶东、胶西、临淄、济北、博阳、城阳郡七十三县立微时外妇之子肥为齐王；诸民能齐言者皆以与齐。

上以韩信材武，所王北近巩、洛，南迫宛、叶，东有淮阳，皆天下劲兵处；乃以太原郡三十一县为韩国，徙韩王信王太原以北，备御胡，都晋阳。信上书曰："国被边，匈奴数入寇；晋阳去塞远，请治马邑。"上许之。

上已封大功臣二十余人，其余日夜争功不决，未得行封。上在洛阳南宫。从复道望见诸将，往往相与坐沙中语。上曰："此何语？"留侯曰："陛下不知乎？此谋反耳！"上曰："天下属安定，何故反乎？"留侯曰："陛下起布衣，以此属取天下；今陛下为天子，而所封皆故人所亲爱，所诛皆生平所仇怨。今军吏计功，以天下不足遍封；此属畏陛下不能尽封，恐又见疑平生过失及诛，故即相聚谋反耳。"上乃忧曰："为之奈何？"留侯曰："上平生所憎、群臣所共知，谁最甚者？"上曰："雍齿与我有故怨，数尝窘辱我；我欲杀之，为其功多，故不忍。"留侯曰："今急先封雍齿，则群臣人人自坚矣。"于是上乃置酒，封雍齿为什方侯；而急趋丞相、御史定功行封。群臣罢酒，皆喜，曰："雍齿尚为侯，我属无患矣！"

列侯毕已受封，诏定元功十八人位次。皆曰："平阳侯曹参，身被七十创，攻城略地，功最多，宜第一。"谒者、关内侯鄂千秋进曰："群臣议皆误。夫曹参虽有野战略地之功，此特一时之事耳。上与楚相距五岁，失军亡众，跳身遁者数矣，然萧何常从关中遣军补其处，非上所诏令召，而数万众会。上之乏绝者数矣，又军无见粮；萧何转漕关中，给食不乏。陛下虽数亡山东，萧何常全关中以待陛下。此万世之功也。今虽无曹参等百数，何缺于汉；汉得之，不必待以全。奈何欲以一旦之功而加万世之功哉！萧何第一，曹参次之。"上曰："善！"于是乃赐萧何带剑履上殿，入朝不趋。上曰："吾闻'进贤受上赏'。萧何功虽高，得鄂君乃益明。"于是因鄂千秋所食邑；封为安平侯。是日，悉封何家父子兄弟十余人，皆有食邑；益封何二千户。

上归栎阳。

夏，五月，丙午，尊太公为太上皇。

初，匈奴畏秦，北徙十余年。及秦灭，匈奴复稍南渡河。

单于头曼有太子曰冒顿。后有所爱阏氏，生少子，头曼欲立之。是时，东胡强而月氏盛，乃使冒顿质于月氏。既而头曼急击月氏，月氏欲杀冒顿。冒顿盗其善马骑之，亡归；头曼以为壮，令将万骑。

冒顿乃作鸣镝，习勒其骑射。令曰："鸣镝所射而不悉射者，斩之！"冒顿乃以鸣镝自射其善马，既又射其爱妻；左右或不敢射者，皆斩之。最后以鸣镝射单于善马，左右皆射之。于是冒顿知其可用；从头曼猎，以鸣镝射头曼，其左右亦皆随鸣镝而射。遂杀头曼，尽诛其后母与弟及大臣不听从者。冒顿自立为单于。

东胡闻冒顿立，乃使使谓冒顿："欲得头曼时千里马。"冒顿问群臣，群臣皆曰："此匈奴宝马也，勿与！"冒顿曰："奈何与人邻国而爱一马乎！"遂与之。居顷之，东胡又使使谓冒顿："欲得单于一阏氏。"冒顿复问左右，左右皆怒曰："东胡无道，乃求阏氏！请击之"冒顿曰："奈何与人邻国爱一女子乎！"遂取所爱阏氏予东胡。东胡王愈益骄。东胡与匈奴中间，有弃地莫居，千余里，各居其边，为瓯脱。东胡使使谓冒顿："此弃地，欲有之。"冒顿问群臣，群臣或曰："此弃地，予之亦可，勿与亦可。"于是冒顿大怒曰："地者，国之本也，奈何予之！"诸言予之者，皆斩之。冒顿上马，令："国中有后出者斩！"遂袭击东胡。东胡初轻冒顿，不为备；冒顿遂灭东胡。

既归，又西击走月氏，南并楼烦、白羊河南王，遂侵燕、代，悉复收蒙恬所夺匈奴故地与汉关故河南塞至朝那、肤施。是时，汉兵方与项羽相距，中国罢于兵革，以故冒顿得自强，控弦之士三十余万威服诸国。

秋，匈奴围韩王信于马邑。信数使使胡，求和解。汉发兵救之，疑信数间使，有二心，使人责让信。信恐诛，九月，以马邑降匈奴。匈奴冒顿因引兵南逾句注，攻太原，至晋阳。

帝悉去秦苛仪法，为简易。群臣饮酒争功，醉，或妄呼，拔剑击柱，帝益厌之。叔孙通说上曰："夫儒者难与进取，可与守成。臣愿征鲁诸生，与臣弟子共起朝仪。"帝曰："得无难乎？"叔孙通曰："五帝异乐，三王不同礼；礼者，因时世、人情为之节文者也。臣愿颇采古礼，与秦仪杂就之。"上曰："可试为之，令易知，度吾所能行者为之！"

于是叔孙通使，徵鲁诸生三十余人。鲁有两生不肯行，曰："公所事者且十主，皆面谀以得亲贵。今天下初定，死者未葬，伤者未起，又欲起礼、乐。礼、乐所由起，积德百年而后可兴也。吾不忍为公所为；公去矣，无污我！"叔孙通笑曰："若真鄙儒也，不知时变！"遂与所征三十人西，及上左右为学者与其弟子百余人，为绵蕞，野外习之。月余，言于上曰："可试观矣。"上使行礼，曰："吾能为此。"乃令群臣习肄。

【译文】

六　年（庚子、公元前201年）

　　冬，十月，有人上书给皇上告发楚王韩信谋反。高祖因而问诸将的意见，大家都说："赶快发兵，去坑杀这小子吧！"高帝听了默默不说话。接着又问陈平的意见，陈平说："那人上书告韩信造反，韩信自己知道吗？"高帝说："不知道。"陈平说："陛下的精兵和楚国比，那个较强？"皇上说："不能超过。"陈平说："陛下诸将当中，带兵作战有能超过韩信的吗？"皇上说："没有人及得上他。"陈平说："现在陛下的军队比不上楚国精锐，而将领的用兵也不如韩信，如果发兵攻打他，就是迫使他作战，我私下为陛下的处境感到危险不安！"皇上说："那这事要怎么办呢？"陈平说："古时候天子有巡行天下，会合诸侯的事，只要陛下出去，假装说是巡游云梦，在陈地会合诸侯。陈在楚的西界；韩信听说天子因为心情愉快而出游，就必定是全国安稳无事，他必然会轻松无事的出郊欢迎，拜见陛下；在他晋见的时候，陛下利用机会把他捉起来，这是只要一个力士就可办到的事情罢了。"高帝认为陈平的建议很对，就派了使者去告示诸侯在陈州会合，向诸侯宣称："我要到南方游历云梦泽。"皇上就随在使者之后出发。

　　楚王韩信听了这消息，内心怀疑恐惧，不知道怎么办。有人就游说韩信说："把钟离眜斩杀去晋见皇上，皇上一定很高兴，那就没事了。"韩信接受这个建议。十二月，皇上在陈会见诸侯，韩信拿着钟离眜的首级晋见皇上；皇上命令武士把韩信捆绑起来，用后车载着。韩信说："果然像人家说的：'狡黠的兔子死了，捉兔子的狗就被宰吃掉了；高飞的鸟被猎光了，好的弓箭也就被收藏不用；敌国消灭了，谋臣也就被杀。'现在天下已经平定了，难怪我要被杀！"皇上说："有人告你要谋反。"就命人用枷锁把韩信缚起来回到洛阳，同时大赦天下。

　　田肯前来恭贺皇上说："陛下擒了韩信，又建都在秦中。关中秦地是得形势之利的地方，有河、山的阻隔，地理形势方便有利；以这样的地势发兵攻打诸侯，就好像在高屋上面，倾倒瓶水一样的居高临下势不可当了。至于齐地，东面有琅邪、即墨的富饶，南面有泰山的险固，西面有黄河的天然界限，北面有勃海的渔盐利益；土地方圆有2000里，持戟的武兵有百万之众；这和西边的秦地一样，都是富强之地，不是陛下亲生的子弟，不可让他做齐王。"皇上说："说得好！"就赐给他黄金500斤。

皇上回到了洛阳，赦放韩信，封他为淮阴侯。韩信知道汉王害怕、不喜他的才能，于是常常借口生病，不朝见高帝，也不随从出行；平常在家里都显得心意不快，以和绛侯周勃、灌婴地位相等而感到羞耻。韩信有一次去拜访樊哙将军。樊哙既跪又拜恭迎恭送韩信，对韩信自称臣，说："大王肯降临寒舍，是臣的光荣！"韩信出门后笑着说："我活着居然要和樊哙这种人为伍了！"

皇上曾经和韩信轻松的谈到将领们能带领多少士兵。皇上问说："像我能带领多少？"韩信说："陛下只不过能带领十万而已。"皇上说："那你能带领多少？"韩信说："臣是越多越好。"皇上笑着说："越多越好，怎么会被我捉住呢？"韩信说："陛下虽然不善于带领军队，却擅长驾驭将领，这就是我韩信被陛下捉住的原因。何况陛下是属于一般人所说的'才能是天生，不是人力可做到的'那种天才啊。"

甲申日（二十八日），开始分剖符节，封功臣们为彻侯。萧何被封为酂侯，所赏封的食邑最多。功臣们都说："我们身上穿着坚固的盔甲，手上拿着锐利的武器，所参加的战役，多的身经百余战，少的也几十次。现在萧何从来没有过战场上的汗马功劳，只不过会舞文弄墨，议论政事罢了，地位却反而在我们上面，为什么呢？"高帝说："你们知道打猎的事情吗？谈到打猎，追逐杀掉野

汉高祖像

兽、兔子的是狗；但放狗指示野兽所在的是人。现在诸侯只不过能捉到野兽罢了，就像有功的狗一样；至于萧何，放狗指示野兽所在，就像打猎的人所建的功劳一样。"群臣们不敢再说话了。张良是高帝谋臣，在战场上也没有实际战斗的功劳，高帝让他自己选择齐地3万户作为食邑。张良说："当年臣从下邳起兵，和陛下在留地相会，这是上天把臣送给陛下；陛下用臣的计谋，很幸运的顺应时机而成功了。臣只要封在留地就够了，不敢接受3万户的食邑。"高帝就封张良为留侯。封陈平为户牖侯，陈平说："这不是我的功劳所能够得到的啊！"皇上说："我用先生的策略，能够战胜而克制敌人，不是功劳是什么？"陈平说："如果没有魏无知的举荐，臣怎么能够进见陛下，而为陛下所用呢？"皇上说："像先生这样的人，可以说是不忘本了。"就又封赏了魏无知。

高帝因为天下刚刚平定，儿子年幼，兄弟少，想到秦因为孤单无援才灭亡的教训，所以要大封同姓宗亲为王，来镇守安抚天下。正月，丙午日（二十一日），分楚王韩信的土地为二国：把淮河以东53个县的地方封给堂兄将军刘贾，号为荆王，把薛郡、东海、彭城36个县封给弟弟文信君刘交，号为楚王。壬子日（二十七日）这一天，把云中、雁门、代郡53个县封给哥哥宜信侯刘喜，号为代王，把胶东、胶西、临淄、济北、博阳、城阳郡73个县，封给他未显达时，和同居的妇人所生的儿子刘肥，号为齐王，凡是会讲齐国话的百姓，都划给齐王治理。

皇上因为韩王信有才能而且勇武，所统辖的地方北方靠近巩、洛，南方紧临宛、叶，东方有淮阳，都是天下强兵所在地；因此就把太原郡31个县划为韩国，迁徙韩王信改辖太原以北地方，以防备抵御胡人，建都在晋阳。韩王信上书说："封国土地紧靠匈奴边境，匈奴常常入侵，晋阳离开关塞太远，不好防御，请求建都马邑。"皇上允许他的请求。

皇上已经封完功劳比较大的功臣20几个人，其他的人日夜都在吵着功劳谁大谁小，无法决定，所以一直没有举行封赏。皇上有次在洛阳南宫，从一天桥上看见将领们常常三人一群两人一伙坐在沙地上讲话。皇上问："他们在讲些什么话？"留侯张良说："陛下不知道吗？他们是在计划反叛啊！"皇上说："天下刚刚安定下来，他们为什么要谋反呢？"留侯说："陛下是平民出身，靠这些人才夺取了天下，现在陛下已就天子位，而所封的都是陛下的故交和陛下亲信，所诛杀的都是陛下平生所仇视讨厌的人。现在军吏计算这些人的功劳，认为即使把天下土地都划作封国也不能全部分封；这些人既害怕对他们不能全部封赏，又畏惧陛下因猜测他们平时的过错，甚至杀了他们，所以聚在一起计划反叛。"皇上担忧地问："这件事要怎么办呢？"留侯说："皇上平生所最憎恶，而且所有臣下都知道的人是谁呢？"皇上说："雍齿和我有旧怨，而且好几次困扰羞辱了我，我想杀他，但他有很多功劳，所以不忍心。"留侯说："现在陛下赶快先封了雍齿，其他的人就有坚定的信心，不会再谋反了。"于是皇上就置备酒席，封了雍齿，号为什方侯；而且急着敦促丞相、御史，快点算定功劳，分封群臣。群臣喝过酒回来，都很高兴，说道："连雍齿都被封为侯，我们没有什么可担心的了！"

列侯已经受封完了，再下诏令定下首功18人的地位名次。大家都说："平阳侯曹参，作战时受了70处创伤，攻下城池，占领土地，功劳最多，应该第一。"谒者、关内侯鄂千秋上前说："群臣的建议都错了。曹参虽然有野外作战，攻取土地的功劳，但这不过是战场上一时间的事。皇上和楚项王相对抗有五年之久，有几次丧失军队，轻身逃遁脱险；当时，萧何常常从关中派遣军队，补给皇上需要的地方，这些都不是皇上所下诏令召来的，却常常有好几万士卒开赴前线恰恰是陛下将少兵尽的时候。皇上有几次发生补给匮乏精神绝望的情况，军队里又没有现存的粮食。而萧何从关中转运粮食过来，使得皇上的粮食补给不缺乏。陛下虽然有几次丧失了崤山以东的土地，萧何却总能保全关中，等待陛下回来。这是万世不朽的功劳。现在纵使没有曹参等几百人，对于汉也没有什么损失；汉就是得到曹参等人，也不必一定需要他们才能保全。为什么要让只有短时间功劳的人，地位反而在万世之功的人士上面呢？萧何应该第一，曹参在萧何之后。"皇上说："好！"于是就赐萧何可以带剑穿皮鞋（古人穿草鞋或麻鞋，军人作战才穿皮鞋）上殿，进入朝廷不必快步奔趋。皇上说："我听说'推荐贤能的人应该接受最高的赏赐'。萧何功劳虽然很高，但得到鄂君的申辩，才更加显明。"于是就根据鄂千秋所已有的食邑，封他为安平侯。就在当天，全部封赐了萧何父子兄弟十几个人，每个人都有食邑；又加封萧何本人2000户食邑。

皇上回到栎阳。

夏，五月，丙午日（二十三日），尊皇上父亲太公为太上皇。

当年，匈奴因为害怕秦，向北迁徙了十几年。后来，秦被消灭了，匈奴又悄悄地向南渡过黄河的河套地区。

　　单于头曼有个太子，名叫冒顿。后来，单于对阏氏有所宠爱，又生下一个小儿子，头曼想立他为太子。当时，东胡国力强大，月氏部族也很兴盛，头曼就派冒顿到月氏去做人质。不久，头曼很快地攻击月氏，月氏要把人质冒顿杀掉。冒顿偷盗了良马骑着逃回来。头曼认为冒顿很勇敢，就任命他率领万人以上的骑兵。

　　冒顿制作了一种会鸣叫的箭，训练他的骑兵熟习射箭的技巧，使他们习惯听从自己的号令。命令他们说，看到我的"响箭所射到的目标，你们不全部跟着射过去的话，要被斩杀！"冒顿随即用响箭射杀自己的宝马，后来又射杀自己的爱妻；左右的骑士不敢跟着射箭的人，全部被斩杀。最后冒顿以响箭射了单于的宝马，左右也跟着射出去。于是，冒顿知道骑兵已训练好可加以利用了；他就随着头曼打猎，以响箭射向头曼，左右的骑士也跟着放箭，射杀了头曼，把后母、弟弟和不听从他的大臣全部杀了。冒顿就封自己为单于。

　　东胡听说冒顿弑父自立为单于，就派使者对冒顿说："我们东胡想要头曼生时所乘的千里马。"冒顿问群臣怎么办，群臣都说："这是匈奴的宝马，不能给他们！"冒顿说："和人家是相比邻的国家，怎么可以为爱惜一匹马而伤了和气！"就把宝马送给东胡。没有多久，东胡又派使者对冒顿说："我们想得到你们单于的一位后妃。"冒顿再问左右群臣的意见，左右群臣都愤怒地说："东胡这样不讲道理，居然要求得到我们单于的后妃！我们请求出兵攻击东胡！"冒顿说："和人家是比邻的国家，怎么可以为爱惜一个女人而伤了和气！"便把他所宠爱的后妃给了东胡。东胡王更加骄横起来。东胡和匈奴中间，有缓冲地带1000多里，没有人居住，东胡和匈奴各住一边，并且各自建造了瞭望台，东胡派使者对冒顿说："这是无用的缓冲地，我要占有。"冒顿问群臣的意见，群臣中有人说："这是不用的土地，给他们没有关系，不给他们也可以。"于是冒顿大发脾气说："土地是国家的根本，怎么可以随便给他们！"那些主张送给东胡的大臣，都被斩杀。冒顿骑上战马，下命令说："国中有那一个人落后不跟随我攻击东胡，一律斩杀！"随即领兵袭击了东胡。东胡起初轻视冒顿，所以没有防备；冒顿就把东胡消灭了。

　　冒顿获胜而归，又向西攻击月氏，把月氏赶走，向南吞并了黄河以南的楼烦、白羊二王，随即侵占了燕、代等地方，全部收复了秦时蒙恬所夺得的匈奴土地，和汉时边关上以前所设的河套以南关塞，一直到朝那县、肤施县等大片土地。这个时候，汉军正和项羽相抗，中原地区被战火弄得筋疲力竭，所以冒顿才得以强大起来，而拥有弓箭手30余万人，声威震慑了各国。

秋，匈奴在马邑把韩王信包围了。韩王信多次派使者到匈奴，要求和匈奴和解。汉派出军队援救韩王信，但怀疑韩王信好几次私下派遣使者到匈奴，可能有反叛之心，就派人去责备韩王信。韩王信害怕被杀。九月，韩王信在马邑投降匈奴了。匈奴单于冒顿就乘势带兵向南越过句注山，攻打太原，一直打到晋阳。

高帝全部废除秦时苛繁的礼仪，力求法度也改成简便易行。这时，群臣们喝酒，争夸自己的功劳。喝醉时，有的狂妄呼叫，拿着宝剑乱砍柱子。高帝渐渐厌烦。叔孙通于是劝高帝说："儒者虽然很难一起进取创业，却可以一起守成治国。我愿到鲁国去征召，找一些鲁国的儒生，和我的学生一起制订朝廷礼仪。"高帝说："不会有困难吗？"叔孙通说："五帝时所用音乐不同，三王时礼节也不一样；礼制的功用，随着时代、人情的不同变化，对人们的言行所确定的节制规范。所以古今不必相同。我愿意尽力采用古代的礼制，和秦时的仪法合在一起，制订出新的礼仪。"高帝说："可以尝试着看看，要让新的礼仪容易被人们了解，而且也要考虑到我能够实行的礼仪才制订！"

于是，叔孙通作为使者到鲁国，征召了鲁国30几个儒生。有两个儒生不肯走，他们说："您所侍奉的主人差不多有10个了，都是依靠当面阿谀，才得到亲赏尊贵。现在天下刚刚平定，战乱死亡的人还没埋葬，受伤的人也还没痊愈，又要制订礼、乐。礼乐的制订根源，要以德教化民，累积百年然后才能办得到的。我不忍做您要做的事，您回去吧，不要玷污我们！"叔孙通笑着说："你们真是不通时宜的儒生，不晓得随时变通！"叔孙通于是就和他所征召的30人向西出发，到了京师，就和皇上左右近臣中素有学问的人，连同自己的弟子共100多人，在野外用绵索和茅束演练朝廷礼仪。经过一个多月后，叔孙通对皇上说："现在陛下可以前往看看了。"皇上命令儒生们行起礼仪。看完演练后说："如果能够像这样子做。"就命令大臣们练习。

汉纪四　孝惠皇帝
元　年（丁未、公元前194年）

冬，十二月，帝晨出射。赵王年少，不能蚤起；太后使人持鸩饮之。帝还，赵王已死。太后遂断戚夫人手足，去眼，煇耳，饮瘖药，使居厕中，命曰："人彘。"居数日，乃召帝观人彘。帝见，问知其戚夫人，乃大哭，因病，岁余不能起。使人请太后曰："此非人所为。臣为太后子，终不能治天下。"帝以此日饮为淫乐，不听政。

徙淮阳王友为赵王。

【译文】
元　年（丁未、公元前194年）

冬，十二月，惠帝早晨出去打猎。赵王因年纪还小，不能早起同去；吕太后一看剩下赵王一人，就派人拿毒药给他喝。惠帝打猎回来，赵王已经被毒死了。太后就砍断戚夫人的手脚，挖去眼睛，用药熏耳，又逼她喝哑药，让她住到厕所中，称为"人猪"。过了几天，就召来惠帝看人猪。惠帝一看，知道那是戚夫人，就大声哭起来，因此就生病了，一年多不能起床。派人向吕太后请求说："这不是人做的事，我是太后的儿子，终究还是不能够治理天下。"惠帝从此以后就天天喝酒淫于逸乐，不理国家政事。

把淮阳王友改封为赵王。

二　年（戊甲、公元前193年）

冬，十月，齐悼惠王来朝；饮于太后前，帝以齐王，兄也，置之上坐。太后恐，酌鸩酒置前，赐齐王为寿。齐王起，帝亦起取卮；太后怒，自起泛帝卮。齐王怪之，因不敢饮，佯醉去；问知其鸩，大恐。齐内史士说王，使献城阳郡为鲁元公主汤沐邑。太后喜，乃罢归齐王。

陇西地震。

夏，旱。

邰阳侯仲薨。

酂文终侯萧何病，上亲自临视，因问曰："君即百岁后，谁可代君者？"对曰："知臣莫如主。"帝曰："曹参何如？"何顿首曰："帝得之矣，臣死不恨！"

秋，七月，辛未，何薨。何置田宅，必居穷僻处，为家，不治垣屋。曰："后世贤，师吾俭；不贤，毋为势家所夺。"

癸巳，以曹参为相国。参闻何薨，告舍人："趣治行！吾将入相。"居无何，使者果召参。始，参微时，与萧何善；及为将相，有隙；至何且死，所推贤惟参。参代何为相，举事无所变更，一遵何约束。择郡国吏木讷于文辞、重厚长者，即召除为丞相史；吏之言文刻深、欲务声名者，辄斥去之。日夜饮醇酒；卿、大夫以下吏及宾客见参不事事，来者皆欲有言，参辄饮以醇酒；问欲有所言，复饮之，醉而后去，终莫得开说，以为常。见人有细过，专掩匿覆盖之；府中无事。

参子窋为中大夫，帝怪相国不治事，以为"岂少朕与？"使窋归，以其私问参。参怒，笞窋二百，曰："趣入侍！天下事非若所当言也！"至朝时，帝让参曰："乃者我使谏君也。"参免冠谢曰："陛下自察圣武孰与高帝？"上曰："朕乃安敢望先帝！"又曰："陛下观臣能孰与萧何贤？"上曰："君似不及也。"参曰："陛下言之是也。高帝与萧何定天下，法令既明。今陛下垂拱，参等守职，遵而勿失，不亦可乎！"帝曰："善！"

参为相国，出入三年，百姓歌之曰："萧何为法，较若画一。曹参代之，守而勿失；载其清净，民以宁壹。"

【译文】

二 年（戊申、公元前193年）

冬，十月，齐悼惠王来朝见惠帝。在吕太后面前一起喝酒，惠帝认为齐王是自己的哥哥，就让他坐上座。吕太后一看很生气，让人斟了毒酒放在面前，赐给齐王，要他向她请安祝寿，喝下毒酒。齐王刚起身，惠帝也站起来先拿了毒酒向她祝寿。吕太后大惊，自己起身泼去惠帝所拿的毒酒。齐王觉得奇怪，因此不敢喝酒，假装已喝醉了而离开；后来，打听清楚那是毒酒时，心里很害怕。齐国一名内史中有名叫士的向齐王建议，让齐王献出了城阳郡给吕太后的女儿鲁元公主做为汤沐邑。吕太后很高兴，就放回了齐王。

陇西发生地震。

夏，发生旱灾。

酂文终侯萧何生病，惠帝亲自来探视病情，顺便问他说："你百年以后，那一个人可以代替你的职位？"萧何回答说："知道臣子能力的没有比国君更清楚的了。"惠帝说："曹参这个人怎么样？"萧何叩头说："皇上已经找人选了，我死了也没什么遗憾了！"

秋，七月，辛未日（初五），萧何过世。萧何生前购置田地宅院，必定选择穷乡僻壤的地方，整建房屋时，从来不建筑围墙。他说："如果我的后代子孙贤德，那就效法我的节俭；如果后代不贤，也可以不被权势人家所夺走。"

癸巳日（二十七日），朝廷任用曹参为相国。曹参听说萧何死了，就告诉家人说："快点整理行装，我将要入朝做宰相。"过了没有多久，使者果然召曹参入朝。起初曹参微贱的时候，和萧何相交甚好。后来做了宰相，两人有了隔阂。一直到萧何将死的时候，所推荐的贤人只有曹参。曹参代萧何做了相国，所有的政事都不加以变更，全部遵照萧何所制定的去做。他选择各郡国官吏中，把质朴不善言辞的稳重厚道长辈，召来任命为丞相史；官吏中言语文辞比较苛刻深求，专求虚名的，就加以斥退排除。然后他又整天喝着美酒。卿、大夫以下的官吏，和一般宾客看到曹参不治理丞相的事，都来求见，想要对他有所

曹参像

劝告，但一来曹参总是劝他们喝酒。在喝酒间隙中想要找机会有所建议，曹参总是劝喝酒，直到喝醉后离开，始终没有机会开口讲话，这样的情况是常事。曹参看到别人犯有小过错，专门替他隐瞒掩盖，因此相府里面，一直都平安无事。

曹参的儿子曹窋是中大夫，惠帝怨怪曹参不治理政事，常想"难道是我年纪小藐视我吗？"要曹窋回相府，私下问曹参看看。曹参很生气，用鞭抽打曹窋200下，说："赶快入宫侍候皇上吧！天下事不是你所应该说的！"到上朝时，惠帝责备曹参说："前日的那件事是我要曹窋劝告你的。"曹参摘下帽子谢罪说："陛下自己省察一下，您和高帝比起来，那一个较为圣明威武？"惠帝说："朕怎么敢和先帝比！"曹参又说："陛下再看我的能力和萧何比，那一个较好？"惠帝说："你好像比不上萧何。"曹参说："陛下说得很对。高帝和萧何平定天下后，法令已经颁布明确。如今陛下只要垂手治国，我曹参等人固守自己职务，遵照萧何的一切办法，不就可以了吗？"惠帝说："很好！"

曹参做相国，出入朝廷共有3年，百姓唱歌歌颂他说："萧何制定法令，整齐划一。曹参接替他，固守职责而没有偏失，实行清静无为的政治，百姓能够生活宁静安定。"

三　年（己酉、前192）

春，发长安六百里内男女十四万六千人城长安，三十日罢。

以宗室女为公主，嫁匈奴冒顿单于。是时，冒顿方强，为书，使使遗高后，辞极亵嫚。高后大怒，召将相大臣，议斩其使者，发兵击之。樊哙曰："臣愿得十万众横行匈奴中！"中郎将季布曰："哙可斩也！前匈奴围高帝于平城，汉兵三十万，哙为上将军，不能解围。今歌吟之声未绝，伤夷者甫起，而哙欲摇动天下，妄言以十万众横行，是面谩也。且夷狄譬如禽兽，得其善言不足喜，恶言不足怒也。"高后曰："善！"令大谒者张释报书，深自谦逊以谢之，并遗以车二乘，马二驷。冒顿复使使来谢，曰："未尝闻中国礼义，陛下并幸而赦之。"因献马，遂和亲。

夏，五月，立闽越君摇为东海王。摇与无诸，皆越王勾践之后也，从诸侯灭秦，功多，其民便附，故立之。都东瓯，世号东瓯王。

【译文】

三　年（己酉、公元前192年）

春，发动长安600里内的男女百姓146000六千人建筑长安城，30天结束。

惠帝把宗室女子作为公主，嫁给匈奴冒顿单于。那时候，冒顿势力正强大，派使者送书信给吕太后，文辞非常无礼傲慢。吕太后大为愤怒，召集将帅宰相大臣，讨论要把使者斩杀掉，再发动军队攻击。樊哙说："臣愿意带领10万兵众前往横扫匈奴！"中郎将季布说："樊哙该杀！以前匈奴把高帝包围在平城，那时候汉兵有30万，樊哙是上将军，却不能解围。如今四方百姓被围的呻吟声还没断绝，受伤的人刚痊愈能起身，而樊哙却要动摇天下百姓，胡言乱语说要用10万的兵众横扫匈奴，这是当面欺瞒太后、廷臣。况且夷狄就像禽兽一般，听了他的好话不值得高兴，坏话也不值得生气。"吕太后说："说得对！"就命令大谒者张释作书回报，书信内容非常谦虚恭逊，向匈奴谢罪，又送2辆车，8匹马。冒顿又派使者来谢罪，说："我们不懂中国礼义，感谢陛下能宽恕我的无礼。"因而献良马给汉朝，和汉结下亲戚关系。

夏，五月，把闽越君摇封为东海王。摇与无诸，都是越王勾践的后代，跟随诸侯消灭秦朝，建立很多功劳，当地老百姓称便，并且归附他，所以立他为王。建都在东瓯，所以世人都称之为东瓯王。

汉纪五　高皇后
元　年（甲寅、前187）

冬，太后议欲立诸吕为王，问右丞相陵，陵曰："高帝刑白马盟曰：'非刘氏而王，天下共击之。'今王吕氏，非约也。"太后不说，问左丞相平、太尉勃，对曰："高帝定天下，王子弟；今太后称制，王诸吕，无所不可。"太后喜，罢朝，王陵让陈平、绛侯曰："始与高帝啑血盟，诸君不在邪！今高帝崩，太后女主，欲王吕氏；诸君纵欲阿意背约，何面目见高帝于地下乎？"

陈平、绛侯曰："于今，面折廷争，臣不如君；全社稷，定刘氏之后，君亦不如臣。"陵无以应之。十一月，甲子，太后以王陵为帝太傅，实夺之相权；陵遂病免归。

乃以左丞相平为右丞相，以辟阳侯审食其为左丞相，不治事，令监宫中，如郎中令。食其故得幸于太后，公卿皆因而决事。

太后怨赵尧为赵隐王谋，乃抵尧罪。

上党守任敖尝为沛狱吏，有德于太后，乃以为御史大夫。

太后又追尊其父临泗侯吕公为宣王，兄周吕令武侯泽为悼武王，欲以王诸吕为渐。

春，正月，除三族罪、妖言令。

夏，四月，鲁元公主薨；封公主子张偃为鲁王，谥公主曰鲁元太后。

辛卯，封所名孝惠子山为襄城侯，朝为轵侯，武为壶关侯。

太后欲王吕氏，乃先立所名孝惠子彊为淮阳王，不疑为恒山王；使大谒者张释风大臣。大臣乃请立悼武王长子郦侯台为吕王，割齐之济南郡为吕国。

【译文】

元 年 （甲寅、公元前187年）

冬，太后想要封诸吕为王，问右丞相王陵，王陵说："高帝曾经杀白马，和大臣盟誓说：'不是姓刘的而称王，天下人都可以一起攻击他。'现在要封吕氏为王，就违背盟约。"太后不高兴，问左丞相陈平、太尉周勃，他们答复说："高帝平定天下，封子弟为王；现在太后临朝代理政事，封诸吕为王，没有什么不行的。"太后听了很高兴。退朝后，王陵责怪陈平、绛侯说："当初和高帝歃血为盟时，你们不是也在吗！如今高帝去世了，太后以女子而入主朝政，要封吕氏为王；你们就随意阿谀太后，背弃高帝盟约，有何面目在九泉之下见高帝呢？"陈平、绛侯说："现在当面指斥，据理力争，我们是不如你；但保全社稷，安定刘氏的后代子孙，你却比不上我们的。"王陵不能回答。十一月，甲子日（二十九日），太后任命王陵为惠帝的太傅，实是剥夺王陵的宰相权利；王陵于是就假称生病，免去职务而回返故国。

太后就任命左丞相陈平担任右丞相，以辟阳侯审食其为左丞相，不办理政事，让他监视宫中的事物，职位就如郎中令。审食其因此受到太后的宠幸，公卿等办理政事都要找他决定。

太后恨赵尧替赵王刘如意设谋，就判了赵尧的罪。

上党守任敖曾担任过沛县监狱官吏，对太后曾有恩；太后就任命他为御史大夫。

太后又追尊她的父亲临泗侯吕公为宣王，哥哥周吕令武侯吕泽为悼武王，想要由此逐渐的封诸吕为王。

春，三月，废除重罪抄杀三族和错误言论就被判为妖言的法令。

夏，四月，鲁元公主逝世，封公主的儿子张偃为鲁王，封公主谥号为鲁元太后。

辛卯日（二十八日），封挂名惠帝的儿子刘山担任襄城侯，刘朝为轵侯，刘武为壶关侯。

太后准备封吕氏为王，就先封挂名惠帝的儿子刘彊强为淮阳王，刘不疑为恒山王；让大谒者张释讽劝大臣支持。大臣就请求封悼武王长子郦侯吕台为吕王，分割齐国的济南郡充当吕国封地。

汉纪七　太宗孝文皇帝下
前十二年（癸酉、公元前168年）

冬，十二月，河决酸枣，东溃金堤、东郡；大兴卒塞之。

春，三月，除关，无用传。

晁错言于上曰："圣王在上而民不冻饥者，非能耕而食之，织而衣之也，为开其资财之道也。故尧有九年之水，汤有七年之旱，而国亡捐瘠者，以畜积多而备先具也。今海内为一，土地人民之众不减汤、禹，加以无天灾数年之水旱，而畜积未及者，何也？地有遗利，民有余力；生谷之土未尽垦，山泽之利未尽出，游食之民未尽农也。

夫寒之于衣，不待轻暖；饥之于食，不待甘旨；饥寒至身，不顾廉耻。人情，一日不再食则饥，终岁不制衣则寒。夫腹饥不得食，肤寒不得衣，虽慈母不能保其子，君安能以有其民哉！明主知其然也，故务民于农桑，薄赋敛，广畜积，以实仓廪，备水旱，故民可得而有也。民者，在上所以牧之；民之趋利，如水走下，四方无择也。

夫珠、玉、金、银，饥不可食，寒不可衣；然而众贵之者，以上用之故也。其为物轻微易藏，在于把握，可以周海内而无饥寒之患。此令臣轻背其主，而民易去其乡，盗贼有所劝，亡逃者得轻资也。粟、米、布、帛，生于地，长于时，聚于力，非可一日成也；数石之重，中人弗胜，不为奸邪所利，一日弗得而饥寒至。是故明君贵五谷而贱金玉。

今农夫五口之家，其服役者不下二人，其能耕者不过百畮，百畮收不过百石。春耕，夏耘，秋获，冬藏，伐薪樵，治官府，给徭役；春不得避风尘，夏不得避暑热，秋不得避阴雨，冬不得避寒冻，四时之间亡日休息；又私自送往迎来、吊死问疾、养孤长幼在其中。勤苦如此，尚复被水旱之灾，急政暴赋，赋敛不时，朝令而暮改。有者半贾而卖，无者取倍称之息，于是有卖田宅，鬻子孙以偿责者矣。而商贾，大者积贮倍息，小者坐列贩卖，操其奇赢，日游都市，乘上之急，所卖必倍。故其男不耕耘，女不蚕织，衣必文采，食必粱肉；无农夫之苦，有仟伯之得。因其富厚，交通王侯，力过吏势，以利相倾；千里游敖，冠盖相望，乘坚、策肥、履丝、曳缟。此商人所以兼并农人，农人所以流亡者也。

方今之务，莫若使民务农而已矣。欲民务农，在于贵粟；贵粟之道，在于使民以粟为赏罚。今募天下入粟县官，得以拜爵，得以除罪。如此，富人有爵，农民有钱，粟有所渫。夫能入粟以受爵，皆有余者也；取于有余以供上用，则贫民之赋可损，所谓损有余，补不足，令出而民利者也。今令民有车骑马一匹者，复卒三人；车骑者，天下武备也，故为复卒。神农之教曰：'有石城十仞，汤池百步，带甲百万，而无粟，弗能守也。'以是观之，粟者，王者大用，政之本务。令民入粟受爵至五大夫以上，乃复一人耳，此其与骑马之功相去远矣。爵者，上之所擅，出于口而无穷；粟者，民之所种，生于地而不乏。夫得高爵与免罪，人之所甚欲也；使天下人入粟于边以受爵、免罪，不过三岁，塞下之粟必多矣。"

帝从之，令民入粟边，拜爵各以多少级数为差。

错复奏言："陛下幸使天下入粟塞下以拜爵，甚大惠也。窃恐塞卒之食不足用，大渫天下粟。边食足以支五岁，可令入粟郡县矣；郡县足支一岁以上，可时赦，勿收农民租。如此，德泽加于万民，民愈勤农，大富乐矣。"

上复从其言，诏曰："道民之路，在于务本。朕亲率天下农，十年于今，而野不加辟，岁一不登，民有饥色；是从事焉尚寡，而吏未加务。吾诏书数下，岁劝民种树而功未兴，是吏奉吾诏不勤而劝民不明也。且吾农民甚苦而吏莫之省，将何以劝焉？其赐农民今年租岁之半。"

【译文】

前十二年（癸酉、公元前168年）

冬天，十二月，黄河在酸枣发生决口，向东流溢淹没了金堤、东郡；朝廷大举动员士卒阻塞水流。

春天，三月，除去在关隘检查行旅的政令，出入时不须使用符信（现今之通行证）。

晁错向皇上进言说："在上是圣明的国君，百姓就不会受冻挨饿，这并非圣明的国君能够自己耕种吃饭，自己织布穿衣，而是他能够替百姓开辟生产粮食物质的道路。虽然因此尧时有九年的水灾，汤时有七年的旱灾，而国内却没有互相捐弃和瘦病死亡的人，这是由于他们平时储蓄积存的粮食很多，而且先做好防备的工作。而今四海统一，土地人民的众多不少于汤、禹，加上好几年没有水、旱的天灾，可能储蓄积存的粮食仍然不够，是什么原因呢？这是由于土地还有剩余的利益没有利用，百姓还有空余的劳力没有使用；生产谷类的土地还没完全开垦，山林沼泽的利益还没完全开发，和四方游食的百姓没有全部回归务农的缘故。

"寒冷时对衣服的需求，不会奢求轻便暖和，饥饿时对食物的需求，不会奢求味道美好，寒冷饥饿临到身上，就顾不得廉耻。人之常情，是一天不吃两餐以上就会饥饿，一年到头不制作衣服就会寒冷。饿着肚子得不到食物吃，肌

晁错像

肤受冻得不到衣服穿，这样的话，就是再仁慈的母亲也不能够保护自己的儿女，国君怎能保有他的百姓呢！贤明的国君知道这种情形，因此务必要劝说百姓从事农作植桑，减少赋税，增加储蓄积存的粮食，来充实仓库，防备水灾、旱灾的发生，因此才可能保有百姓。人民，是国君所要治理的；百姓们的趋求财利，就如同水往下流一样，是不选择四边的方向的。

"那珍珠、宝玉、金、银等，饥饿时不可以当饭吃，寒冷时不能当衣服穿；但是大家都认为很珍贵，是因为皇上使用这些东西的缘故。这些东西重量轻，形体小，容易收藏，可以用手一把掌握住，带着它能够周游四海而不必担心饥饿寒冷。就由于这样，使得大臣轻易背弃国君，百姓容易离开家乡，而逃亡的人也可以轻易带走这些珠玉金银。粟、米、布、帛是生在地面，因四时而成长，靠人力收割库藏，并非一天就可以有结果的。数石重的粟米布帛，一般人搬不动，因此奸邪小人不认为有利，可是一天得不到这些东西，就会发生饥寒。所以贤明的国君是看重五谷而不喜金银珠玉的。

"现在五口之家的农夫，服公家徭役的不少于2个人，可以耕种的田地不会超过100亩，百亩田地的收成不超过100石。春天耕种，夏天耘草，秋天收获，冬天库藏，砍伐木柴，修缉官府厅堂，服徭役，春天时躲避不了风沙尘石，夏天不能躲避盛暑炎热，秋天不能够躲避阴雨，冬天不能躲避寒冷冰冻，四季没有一天可以休息；并且私下又有送旧迎新、吊祭死者慰问生者，和养育成长孤弱稚幼的花费，都包括在百亩田的收入里面。如此勤勉劳苦，尚且还要蒙受水灾旱灾的打击，并忍受那征调峻急、赋敛苛暴，法令随意更改的暴政。这样，有蓄积的人只能把粟米布帛半价出卖，没有的人只好以一倍本金的利息向富人借债，于是就有出卖田地宅院、妻子、儿女，来偿还债务的人了。而商人大一点的贮存物资，放高利贷，小一点的坐在市场贩卖货物，掌握那些珍奇并且能够赢利的物资，每天在都市里玩游，利用政府有急切需要的时机，所卖的价钱一定加倍。因此他们男的不必耕种耘草，女的不必养蚕织布，可是穿的一定是文彩锦绣，吃的一定是膏粱肥（美）肉，没有农夫的劳苦，却有千百倍农夫的收入。利用他们的富有，和王侯交往，使势力超过了一般的官吏，用财富互相倾轧；到千里外的地方游历，华丽的服饰车乘满路都是，乘坐坚固的车子，鞭策肥壮的良马，脚穿丝鞋，垂著缟（素缯之精白者）衣。以上就是商人兼并农人田宅，农人四处流浪逃亡的缘故。

"当今的急务，没有比设法让百姓务农更重要的事了。要百姓可以从事农事，在于政府要注重粮食；注重米谷的方法是让百姓能够用米谷作为赏罚的工具。现在劝募天下人向朝廷进献粮食，凡是进献的人能够封给爵位，可以免除所犯之罪。这样一来，富人有爵位，农民有钱财，米谷也有分散的路子。能够进献米谷而接受封爵的人，都是有盈余的人；向有盈余的人募取粮食，来供给朝廷使用，那么贫民的赋税能够减少，这就是所谓'减少富人财物，添补穷人的不足，政令一出百姓就蒙受好处'的办法。现在法令规定百姓献出可供战车用的马一匹，能够免除3人赋役；车子马匹是天下的武备，因此可以免除赋役。神农的教谕说：'有坚固的石头城10仞高（一仞八尺），沸汤一样严密的护城河百步宽，穿带甲衣的士卒100万，可是却缺少粮食的话，还是不能固守的。'从这一点看，米谷对君王的用处最大，也是治政的根本要务。现在百姓进献米谷接受五大夫以上爵位，仅仅免除一人的赋役罢了，这和呈献战车用良马的人比，功劳相差很大。爵位，是国君所专有的，能够从口中无穷尽的讲出；米谷是百姓所种植，在土地上生长，是不会匮乏的。得到高的爵位和免除罪责，是每一个人所想要的；让进献米谷给边境使用的天下百姓，能够接受封爵和免除罪责，那么不到3年，边境的米谷必定很多了。"

文帝接受晁错的建议，让百姓能够进献米谷到边境，所拜受爵位的等级按进献米谷的多少而决定。

晁错又上奏说："陛下有幸能让天下百姓进献米谷到边境，来接受封爵，这是很大的恩泽。可是臣私下还是担心边境的米谷还是不够用，因此还需大大地疏散天下的米谷。边境的粮食足够支持5年，应该让百姓进献米谷到郡县里；如果郡县的粮食足够支持1年以上，可以常常赦免百姓，不要收百姓的田赋。这样做的话，德泽可以加到百姓身上，而百姓就更加勤勉于农事，过着十分富有并且安居乐业的生活。"

皇上又接受晁错的建议，下召令说："引导百姓的方法，是在从事农桑的根本。朕亲自率领天下人务农，到现在已经10年，但是田野并没有开辟多少，年景一旦收成不好，百姓免不了挨饿；表明从事农事的人还少，而官吏也没有尽到责任。我诏书下了多次，每年都劝勉百姓种植桑树但功效却不佳，说明了官吏接受我的召令后，劝勉百姓务农并不卖力，而且农民生活艰苦，官吏却不反省检讨，又怎样劝勉百姓呢！就赐农民今年的田赋只缴一半吧。"

后七年（甲申、公元前157年）

夏，六月，己亥，帝崩于未央宫。遗诏曰："朕闻之：盖天下万物之萌生，靡不有死；死者，天地之理，万物之自然，奚可甚哀！当今之世，咸嘉生而恶死，厚葬以破业，重服以伤生，吾甚不取。且朕既不德，无以佐百姓；今崩，又使重服久临以罹寒暑之数，哀人父子，伤长老之志，损其饮食，绝鬼神之祭祀，以重吾不德，谓天下何！朕获保宗庙，以眇眇之身托于天下君王之上，二十有余年矣。赖天之灵，社稷之福，方内安宁，靡有兵革。朕既不敏，常畏过行以羞先帝之遗德，惟年之久长，惧于不终。今乃幸以天年得复供养于高庙，其奚哀念之有？其令天下吏民：令到，出临三日，皆释服；毋禁取妇、嫁女、祠祀、饮酒、食肉；自当给丧事服临者，皆无跣，绖带毋过三寸；毋布车及兵器；毋发民哭临宫殿中；殿中当临者，皆以旦夕各十五举音，礼毕罢；非旦夕临时，禁毋得擅哭临；已下棺，服大功十五日，小功十四日，纤七日，释服。他不在令中者，皆以此令比类从事。布告天下，使明知朕意。霸陵山川因其故，毋有所改。归夫人以下至少使。"乙巳，葬霸陵。

帝即位二十三年，宫室、苑囿、车骑、服御，无所增益；有不便，辄弛以利民。尝欲作露台，召匠计之，直百金。上曰："百金，中人十家之产也。吾奉先帝宫室，尝恐羞之，何以台为！"身衣弋绨；所幸慎夫人，衣不曳地；帷帐无文绣；以示敦朴，为天下先。治霸陵，皆瓦器，不得以金、银、铜、锡为饰；因其山，不起坟。吴王诈病不朝，赐以几杖。群臣袁盎等谏说虽切，常假借纳用焉。张武等受赂金钱，觉，更加赏赐以愧其心；专务以德化民。是以海内安宁，家给人足，后世鲜能及之。

丁未，太子即皇帝位。尊皇太后薄氏曰太皇太后，皇后曰皇太后。

九月，有星孛于西方。

是岁，长沙王吴著薨，无子，国除。

初，高祖贤文王芮，制诏御史："长沙王忠，其定著令。"至孝惠、高后时，封芮庶子二人为列侯，传国数世绝。

【译文】
后七年 （甲申、公元前157年）

夏天，六月，己亥日（农历初一），文帝在未央宫崩驾去世。留下召令说："朕听说：天下万物的出生萌长，没有不死；死，是天地的道理，是万物的自然本性，怎能过分哀伤呢！在现在这个世界，大家都赞美生而不喜欢死，因此优厚地埋葬死者，而使得家业破败，穿重丧的孝服以至于伤害活人，我非常不赞同。并且朕既已不德，不能治理好百姓；现在去世了，而且要臣下百姓穿重服长久哭丧，忍受寒天暑热不同节令的难堪。使百姓父子哀伤，长辈老人的心愿受害，饮食受损，断绝鬼神的祭祀，而增加我的不德，我怎么对得起天下人呢！朕能获得保护宗庙的机会，以细微的身份，而即天子之位，到现在已经二十几年了。靠上天的神灵，社稷的福佑，四方宁静，少有战事。朕既不聪敏，常常害怕自己错误的行为，给先帝的美德带来羞辱，因此年寿越长，越感到害怕。现在幸运地能终天年，获得供养祭祀于高祖的庙里追随先帝，有什么可哀伤悼念的呢！因此就颁令天下官吏百姓：从命令到后算起，出临我的丧葬3天就免去丧服。不得禁止百姓娶妇嫁女、祭祀、饮酒、吃肉等；应该参加丧事穿孝服的亲戚也不要光着脚；丧服的经带长度不要超过3寸；不要用丧服铺布在兵车和武器上；不要发动百姓到宫中哀哭；应该到宫中哀哭的，在早、晚前来，各哭15声行礼完毕就可以；不是在早晚时分吊丧的，禁止擅自哭泣；已经下葬之后，服大功服15日，小功服14日，纤（即禫，细布之服）7日，共36日就能除去丧服。其他不在这召令范围内的事，都比照这召令去做。布告天下官吏百姓，让他们了解我的心意。埋葬的地点霸陵，山陵河川都保留原状，不能有所改变。把宫中夫人以下一直到少使（共七级：夫人、美人、良人、八子、七子、长使、少使）都放回家。"乙巳日（农历初七），葬在霸陵。

文帝在位23年，宫室、苑囿、车骑、服御都未增加；有不方便的法令，就废除掉以便利百姓。曾经有回要建造露台，召来工匠计算所需经费，要花费百斤黄金。皇上说："100斤黄金是中等人家10家财产的总和。我奉守先帝的宫室，常常畏惧做错事给先帝带来羞辱，又何必做什么露台呢！"文帝身穿黑色的经袍，所宠爱的慎夫人，衣服长度不拖地，所用的帷帐也不用文彩锦绣，以显示敦厚朴素，做天下官吏百姓的模范。建造霸陵的墓园时，全部用土瓦器具，而不用金、银、铜、锡作为装饰，保留山川原有的形状，不再聚土为坟。吴王刘濞骗说生病不朝，皇上就赐给他几案手杖。群臣袁盎等所劝说的有时虽嫌急迫，皇上也经常借机采纳应用。张武等人接受金钱贿赂，事情被察觉了，皇上就更加赏赐他，使他内心感到羞愧；专心用道德来感化民众。因此四海之内安定宁静，百姓家家富足，后代很少可以超过他的成就的。

丁未日（农历初九），太子继皇帝位。尊称皇太后薄氏为太皇太后，皇后为皇太后。

九月，有彗星地西方出现。

这年，长沙王吴著逝世，没有儿子，封国被废。

最初，高祖以为文王芮是贤者，下召令给御史："长沙王尽忠于我，让他订车服爵士的制度，把这种规定写在法令上吧。"一直到孝惠、吕后时，封吴芮庶子两人为列侯，传国几代才断绝。

汉纪八　孝景皇帝下
前三年（丁亥、公元前 154 年）

冬，十月，梁王来朝。时上未置太子，与梁王宴饮，从容言曰："千秋万岁后传于王。"王辞谢，虽知非至言，然心内喜；太后亦然。詹事窦婴引卮酒进上曰："天下者，高祖之天下，父子相传，汉之约也；上何以得传梁王！"太后由此憎婴；婴因病免；太后除婴门籍，不得朝请。梁王以此益骄。

春，正月，乙巳，赦。

长星出西方。

洛阳东宫灾。

初，孝文时，吴太子入见，得侍皇太子饮、博。吴太子博争道，不恭；皇太子引博局提吴太子，杀之。遣其丧归葬，至吴，吴王愠曰："天下同宗，死长安即葬长安，何必来葬为！"复遣丧之长安葬。吴王由此稍失藩臣之礼，称疾不朝。京师知其以子故，系治、验问吴使者；吴王恐，始有反谋。后使人为秋请，文帝复问之，使者对曰："王实不病；汉系治使者数辈，吴王恐，以故遂称病。夫'察见渊中鱼不祥';唯上弃前过,与之更始。"于是文帝乃赦吴使者,归之,而赐吴王几杖,老,不朝。吴得释其罪,谋亦益解。然其居国,以铜、盐故,百姓无赋;卒践更,辄予平贾;岁时存问茂材,赏赐闾里;他郡国吏欲来捕亡人者,公共禁弗予。如此者四十余年。

晁错数上书言吴过,可削;文帝宽,不忍罚,以此吴日益横。及帝即位,错说上曰:"昔高帝初定天下,昆弟少,诸子弱,大封同姓,齐七十余城,楚四十余城,吴五十余城;封三庶孽,分天下半。今吴王前有太子之郤,诈称病不朝,于古法当诛。文帝弗忍,因赐几杖,德至厚,当改过自新;反益骄溢,即山铸钱,煮海水为盐,诱天下亡人谋作乱。今削之亦反,不削亦反。削之,其反亟,祸小;不削,反迟,祸大。"上令公卿、列侯、宗室杂议,莫敢难;独窦婴争之,由此与错有郤。及楚王戊来朝,错因言:"戊往年为薄太后服,私奸服舍,请诛之。"诏赦,削东海郡。及前年,赵王有罪,削其常山郡;胶西王卬以卖爵事有奸,削其六县。

廷臣方议削吴。吴王恐削地无已,因发谋举事;念诸侯无足与计者,闻胶西王勇,好兵,诸侯皆畏惮之,于是使中大夫应高口说胶西王曰:"今者,主上任用邪臣,听信谗贼,侵削诸侯,诛罚良重,日以益甚。语有之曰:'狧糠及米。'吴与胶西,知名诸侯也,一时见察,不得安肆矣。吴王身有内疾,不能朝请二十余年,常患见疑,无以自白,胁肩累足,犹惧不见释。窃闻大王以爵事有过。所闻诸侯削地,罪不至此;此恐不止削地而已!"王曰:"有之。子将奈何?"高曰:"吴王自以为与大王同忧,愿因时循理,弃躯以除患于天下,意亦可乎?"胶西王瞿然骇曰:"寡人何敢如是!主上虽急,固有死耳,安得不事!"高曰:"御史大夫晁错,营惑天子,侵夺诸侯,诸侯皆有背叛之意,人事极矣。彗星出,蝗虫起,此万世一时;而愁劳,圣人所以起也。吴王内以晁错为诛,外从大王后车,方洋天下,所向者降,所指者下,莫敢不服。大王诚幸而许之一言,则吴王率楚王略函谷关,守荥阳、敖仓之粟。距汉兵,治次舍,须大王。大王幸而临之,则天下可并,两主分割,不亦可乎?"王曰:"善!"归,报吴王,吴王犹恐其不果,乃身自为使者,至胶西面约之。胶西群臣或闻王谋,谏曰:"诸侯地不能当汉十二,为叛逆以忧太后，非计也。今承一帝，尚云不易；假令事成，两主分争，患乃益生。"王不听，遂发使约齐、菑川、胶东、济南，皆许诺。

初，楚元王好书，与鲁申公、穆生、白生俱受《诗》于浮丘伯；及王楚，以三人为中大夫。穆生不耆酒；元王每置酒，常为穆生设醴。及子夷王、孙王戊即位，常设，后乃忘设焉。穆生退，曰："可以逝矣！醴酒不设，王之意怠；不去，楚人将钳我于市。"遂称疾卧。申公、白生强起之，曰："独不念先王之德与？今王一旦失小礼，何足至此！"穆生曰："《易》称：'知几其神乎！几者，动之微，吉凶之先见者也。君子见几而作，不俟终日。'先王之所以礼吾三人者，为道存也；今而忽之，是忘道也。忘道之人，胡可与久处，岂为区区之礼哉！"遂谢病去。申公、白生独留。王戊稍淫暴，太傅韦孟作诗讽谏，不听，亦去，居于邹。戊因坐削地事，遂与吴通谋。申公、白生谏戊，戊胥靡之，衣之赭衣，使雅舂于市。休侯富使人谏王。王曰："季父不吾与，我起，先取季父矣！"休侯惧，乃与母太夫人奔京师。

及削吴会稽、豫章郡书至，吴王遂先起兵，诛汉吏二千石以下；胶西、胶东、菑川、济南、楚、赵亦皆反。楚相张尚、太傅赵夷吾谏王戊，戊杀尚、夷吾。赵相建德、内史王悍谏王遂，遂烧杀建德、悍。齐王后悔，背约城守。济北王城坏未完，其郎中令劫守，王不得发兵。胶西王、胶东王为渠率，与菑川、济南共攻齐，围临菑。赵王遂发兵住其西界，欲待吴、楚俱进，北使匈奴与连兵。

吴王悉其士卒，下令国中曰："寡人年六十二，身自将；少子年十四，亦为士卒先。诸年上与寡人同，下与少子等，皆发。"凡二十余万人。南使闽、东越，闽、东越亦发兵从。吴王起兵于广陵，西涉淮，因并楚兵，发使遗诸侯书，罪状晁错，欲合兵诛之。吴、楚共攻梁，破棘壁，杀数万人；乘胜而前，锐甚。梁孝王遣将军击之，又败梁两军，士卒皆还走。梁王城守睢阳。

初，文帝且崩，戒太子曰："即有缓急，周亚夫真可任将兵。"及七国反书闻，上乃拜中尉周亚夫为太尉，将三十六将军往击吴、楚，遣曲周侯郦寄击赵,将军栾布击齐;复召窦婴,拜为大将军,使屯荥阳监齐、赵兵。

初,晁错所更令三十章,诸侯讙哗。错父闻之,从颍川来,谓错曰:"上初即位,公为政用事,侵削诸侯,疏人骨肉,口语多怨,公何为也?"错曰:"固也;不如此,天子不尊,宗庙不安。"父曰:"刘氏安矣而晁氏危,吾去公归矣!"遂饮药死,曰:"吾不忍见祸逮身!"后十余日,吴、楚七国俱反,以诛错为名。

上与错议出军事,错欲令上自将兵而身居守;又言:"徐、僮之旁吴所未下者,可以予吴。"错素与吴相袁盎不善,错所居坐,盎辄避;盎所居坐,错亦避;两人未尝同堂语。及错为御史大夫,使吏按盎受吴王财物,抵罪;诏赦以为庶人。吴、楚反,错谓丞、史曰:"袁盎多受吴王金钱,专为蔽匿,言不反;今果反,欲请治盎,宜知其计谋。"丞、史曰:"事未发,治之有绝;今兵西向,治之何益!且盎不宜有谋。"错犹与未决。人有告盎,盎恐,夜见窦婴,为言吴所以反,愿至前,口对状。婴入言,上乃召盎。盎入见,上方与错调兵食。上问盎:"今吴、楚反,于公意何如?"对曰:"不足犹也!"上曰:"吴王即山铸钱,煮海为盐,诱天下豪杰;白头举事,此其计不百全,岂发乎?何以言其无能为也?"对曰:"吴铜盐之利则有之,安得豪杰而诱之!诚令吴得豪杰,亦且辅而为谊,不反矣。吴所诱皆无赖子弟、亡命、铸钱奸人,故相诱以乱。"错曰:"盎策之善。"上曰:"计安出?"盎对曰:"愿屏左右。"上屏人,独错在;盎曰:"臣所言,人臣不得知。"乃屏错。错趋避东厢,甚恨。上卒问盎,对曰:"吴、楚相遗书,言高皇帝王子弟各有分地,今贼臣晁错擅适诸侯,削夺之地,以故反,欲西共诛错,复故地而罢。方今计独有斩错,发使赦吴、楚七国,复其故地,则兵可毋血刃而俱罢。"于是上默然良久,曰:"顾诚何如?吾不爱一人以谢天下。"盎曰:"愚计出此,唯上孰计之!"乃拜盎为太常,密装治行。后十余日,上令丞相青、中尉嘉、廷尉欧劾奏错:"不称主上德信,欲疏群臣、百姓,又欲以城邑予吴,无臣子礼,大逆无道,错当要斩,父母、妻子、同产无少长皆弃市。"制曰:"可。"错殊不知。壬子,上使中尉召错,绐载行市,错衣朝衣斩东市。上乃使袁盎与吴王弟子宗正德侯通使吴。

谒者仆射邓公为校尉，上书言军事，见上，上问曰："道军所来，闻晁错死，吴、楚罢不？"邓公曰："吴为反数十岁矣；发怒削地，以诛错为名，其意不在错也。且臣恐天下之士拑口不敢复言矣。"上曰："何哉？"邓公曰："夫晁错患诸侯强大不可制，故请削之以尊京师，万世之利也。计画始行，卒受大戮；内杜忠臣之口，外为诸侯报仇，臣窃为陛下不取也。"于是帝喟然长息曰："公言善，吾亦恨之！"

袁盎、刘通至吴，吴、楚兵已攻梁壁矣。宗正以亲故，先入见，谕吴王，令拜受诏。吴王闻袁盎来，知其欲说，笑而应曰："我已为东帝，尚谁拜！"不肯见盎，而留军中，欲劫使将；盎不肯，使人围守，且杀之。盎得间，脱亡归报。

太尉亚夫言于上曰："楚兵剽轻，难与争锋，愿以梁委之，绝其食道，乃可制也。"上许之。亚夫乘六乘传，将会兵荥阳。发至霸上，赵涉遮说亚夫曰："吴王素富，怀辑死士久矣。此知将军且行，必置间人于崤、渑阨狭之间；且兵事上神密，将军何不从此右去，走蓝田，出武关，抵洛阳！间不过差一二日，直入武库，击鸣鼓。诸侯闻之，以为将军从天而下也。"太尉如其计，至洛阳，喜曰："七国反，吾乘传至此，不自意全。今吾据荥阳，荥阳以东，无足忧者。"使吏搜崤、渑间，果得吴伏兵。乃请赵涉为护军。

太尉引兵东北走昌邑，吴攻梁急，梁数使使条侯求救，条侯不许；又使使诉条侯于上。上使告条侯救梁，亚夫不奉诏，坚壁不出；而使弓高侯等将轻骑兵出淮泗口，绝吴、楚兵后，塞其饷道，梁使中大夫韩安国及楚相张尚弟羽为将军；羽力战，安国持重，乃得颇败吴兵。吴兵欲西，梁城守，不敢西；即走条侯军，会下邑，欲战。条侯坚壁不肯战；吴粮绝卒饥，数挑战，终不出。条侯军中夜惊，内相攻击，扰乱至帐下，亚夫坚卧不起，顷之，复定。吴奔壁东南陬，亚夫使备西北；已而其精兵果奔西北，不得入。吴、楚士卒多饥死叛散，乃引而去。二月，亚夫出精兵追击，大破之。吴王濞弃其军，与壮士数千人夜亡走；楚王戊自杀。

吴王之初发也，吴臣田禄伯为大将军。田禄伯曰："兵屯聚而西，无他奇道，难以立功。臣愿得五万人，别循江、淮而上，收淮南、长沙，入武关，与大王会，此亦一奇也。"吴王太子谏曰："王以反为名，此兵难以借人，人亦且反王，奈何？且擅兵而别，多它利害，徒自损耳！"吴王即不许田禄伯。

吴少将桓将军说王曰："吴多步兵，步兵利险；汉多车骑，车骑利平地。愿大王所过城不下，直去，疾西据洛阳武库，食敖仓粟，阻山河之险以令诸侯，虽无入关，天下固已定矣。大王徐行留下城邑，汉军车骑至，驰入梁、楚之郊，事败矣。"吴王问诸老将，老将曰："此年少，椎锋可耳，安知大虑！"于是王不用桓将军计。

王专并将兵。兵未渡淮，诸宾客皆得为将、校尉、候司马，独周丘不用。周丘者，下邳人，亡命吴，酤酒无行；王薄之，不任。周丘乃上谒，说王曰："臣以无能，不得待罪行间。臣非敢求有所将也，愿请王一汉节，必有以报。"王乃予之。周丘得节，夜驰入下邳；下邳时闻吴反，皆城守。至传舍，召令入户，使从者以罪斩令，遂召昆弟所善豪吏告曰："吴反，兵且至，屠下邳不过食顷；今先下，家室必完，能者封侯矣。"出，乃相告，下邳皆下。周丘一夜得三万人，使人报吴王，遂将其兵北略城邑；比至阳城，兵十余万，破阳城中尉军。闻吴王败走，自度无与共成功，即引兵归下邳，未至，疽发背死。

壬午晦，日有食之。

吴王之弃军亡也，军遂溃，往往稍降太尉条侯及梁军。吴王渡淮，走丹徒，保东越，兵可万余人，收聚亡卒。汉使人以利啖东越，东越即绐吴王出劳军，使人鈠杀吴王，盛其头，驰传以闻。吴太子驹亡走闽越。吴、楚反，凡三月，皆破灭，于是诸将乃以太尉谋为是；然梁王由此与太尉有隙。

三王之围临菑也，齐王使路中大夫告于天子。天子复令路中大夫还报，告齐王坚守，"汉兵今破吴楚矣。"路中大夫至，三国兵围临菑数重，无从入。三国将与路中大夫盟曰："若反言：'汉已破矣，齐趣下三国，不，且见屠。'"路中大夫既许,至城下,望见齐王曰:"汉已发兵百万,使太尉亚夫击破吴、楚,方引兵救齐;齐必坚守无下!"三国将诛路中大夫。齐初围急,阴与三国通谋,约未定;会路中大夫从汉来,其大臣乃复劝王无下三国。会汉将栾布、平阳侯等兵至齐,击破三国兵。解围已,后闻齐初与三国有谋,将欲移兵伐齐,齐孝王惧,饮药自杀。

胶西、胶东、菑川王各引兵归国。胶西王徒跣、席藁、饮水谢太后。王太子德曰:"汉兵还,臣观之,已罢,可袭,愿收王余兵击之!不胜而逃入海,未晚也。"王曰:"吾士卒皆已坏,不可用。"弓高侯韩颓当遗胶西王书曰:"奉诏诛不义:降者赦除其罪,复故;不降者灭之。王何处?须以从事。"王肉袒叩头,诣汉军壁谒曰:"臣卬奉法不谨,惊骇百姓,乃苦将军远道至于穷国,敢请菹醢之罪!"弓高侯执金鼓见之曰:"王苦军事,愿闻王发兵状。"王顿首膝行,对曰:"今者晁错天子用事臣,变更高皇帝法令,侵夺诸侯地。卬等以为不义,恐其败乱天下,七国发兵且诛错。今闻错已诛,卬等谨以罢兵归。"将军曰:"王苟以错为不善,何不以闻!及未有诏、虎符,擅发兵击义国!以此观之,意非徒欲诛错也。"乃出诏书,为王读之,曰:"王其自图!"王曰:"如卬等死有余罪!"遂自杀,太后、太子皆死。胶东王、菑川王、济南王皆伏诛。

郦将军兵至赵,赵王引兵还邯郸城守。郦寄攻之,七月不能下。匈奴闻吴、楚败,亦不肯入边。栾布破齐还,并兵引水灌赵城;城坏,王遂自杀。

帝以齐首善,以迫劫有谋,非其罪也,召立齐孝王太子寿,是为懿王。

济北王亦欲自杀,幸全其妻子。齐人公孙獝谓济北王曰:"臣请试为大王明说梁王,通意天子;说而不用,死未晚也。"公孙獝遂见梁王曰:"夫济北之地,东接强齐,南牵吴、越,北胁燕、赵。此四分五裂之国,权不足以自守,劲不足以捍寇,又非有奇怪云以待难也;虽坠言于吴,非其正计也。乡使济北见情实,示不从之端,则吴必先历齐,毕济北,招燕、赵而总之,如此,则山东之从结而无隙矣。今吴王连诸侯之兵,驱白徒之众,西与天子争衡;济北独底节不下,使吴失与而无助,跬步独进,瓦解土崩,破败而不救者,未必非济北之力也。夫以区区之济北而与诸侯争强,是以羔犊之弱而扞虎狼之敌也。守职不桡,可谓诚一矣。功义如此,尚见疑于上,胁肩低首,累足抚衿,使有自悔不前之心,非社稷之利也。臣恐藩臣守职者疑之!臣窃料之:能历西山,径长乐,抵未央,攘袂而正议者,独大王耳。上有全亡之功,下有安百姓之名,德沦于骨髓,恩加于无穷,愿大王留意详惟之!"孝王大悦,使人驰以闻;济北王得不坐,徙封于菑川。

帝欲以吴王弟德哀侯广之子续吴,以楚元王子礼续楚。窦太后曰:"吴王,老人也,宜为宗室顺善;今乃首率七国纷乱天下,奈何续其后?"不许吴,许立楚后。乙亥,徙淮阳王余为鲁王;汝南王非为江都王,王故吴地;立宗正礼为楚王;立皇子端为胶西王,胜为中山王。

【译文】

三　年（丁亥、公元前154年）

冬天,十月,梁王前来朝拜皇上。那时皇上还没设置太子,和梁王喝酒时,非常从容自然地说:"将来我过世之后,就把王位传给你。"梁王推辞道谢了,虽然知道皇上说的不是真心话,可是内心很高兴,太后也一样高兴。詹事窦婴拿着酒杯上前向皇上进酒说:"天下是高祖打下来的天下,父子传位,是汉朝的规矩;皇上怎能传位给梁王!"太后从此恨窦婴,窦婴因此借口生病免官;太后把窦婴的名字从天子宫门的名册里去掉,让他无法上朝请愿,梁王因而更加骄傲起来。

汉景帝像

春天,正月,乙巳日(二十二日),颁赦免令。

长星在西方出现。

洛阳东宫发生火灾。

最初,在孝文帝时,吴国太子入宫廷见皇上,得以侍候皇太子喝酒、下棋。吴太子为了棋路和皇太子发生争执,态度不恭敬,皇太子拿起棋盘掷打吴太子,把他杀掉了。尸体被送回埋葬,到了吴国,吴王生气地说:"天下是同一家的，死在长安就埋在长安，为何送回吴国埋葬！"又把尸体送回长安埋葬。吴王因此稍稍违背了藩臣的礼节，借口生病不早朝。京师知道他由于儿子被杀的缘故在生气，所以拘押、查问吴国的使者，想知道是否吴王真在生病；吴王心里害怕，开始有反叛的想法。后来他派人代行秋季的朝聘，皇上又责问吴王，使者回答说："吴王确实没有生病；由于汉拘押好几个吴使者，才使得吴王害怕，因此才借口生病不朝。但'眼光清楚到可以察见溪涧里的鱼是不吉祥的'，希望皇上抛弃前嫌，给他一个重新做人的机会。"于是文帝就赦免了吴国使者，让他回去，又赐给吴王倚几把手杖，直到老死都不必上朝。吴王得到免除他的罪，谋反的计划也就解除了。但是吴王封国的所在地因为拥有铜、盐的生产，百姓没有必要慰藉缴纳赋税；百姓自行去做戍边的更卒的，给予相当的佣金；每年按时去慰藉有才能的人，对乡里也时有赏赐；其他郡国官吏要来吴国捕捉犯人，吴国公然窝藏犯人，不交出人犯。像这样做了40几年。

晁错好几次上书说到吴王的过失，可以剥夺吴王的王位；但因文帝宽和，不忍罚他，因此吴王更加骄纵。到了景帝继位，晁错劝谏皇上说："以前高帝刚平定天下，兄弟少，儿子稚弱，所以大封同姓为侯王，封给齐70多城，楚40多城，吴50多城；封了3个庶母所生的儿子，就分封了天下一半土地。现在吴王先前就有太子被杀的嫌隙，骗说生病而不朝见皇上，按古法来说是当诛的。但文帝不忍心，赏赐他几案和手杖，对他的恩德很深厚，他应当改过自新才对；但他反而更加骄奢，利用铜山铸钱，煮海水制造盐，诱使天下逃犯想要反叛。现在削夺他的王位会反叛，不削夺他王位也会反叛。现在削夺他，立即就反叛，灾祸比较小；不削夺他，就比较慢反叛，祸害更大。"皇上命令公卿、列侯、宗室一起共同商议，没有人敢责难晁错的建议，只有窦婴反对而力争，因此窦婴和晁错有了嫌隙。后来，楚王戊来朝觐，晁错就说："戊以前为薄太后服丧的时候，在丧庐之处和人淫乱，请皇上杀了他。"景帝下令赦免了他，剥夺楚国的东海郡。到了前年，赵王有罪，削夺他的常山郡；胶西王卬因为出卖爵位事有欺骗，削夺他6个县城。

朝廷大臣正在讨论削夺吴国的土地。吴王担心土地被继续削夺，不会停止，因此计划发动谋反；想到诸侯没有能够一起计划的，听说胶西王很勇猛，喜欢打仗，诸侯都畏惧他，于是派中大夫应高口头游说胶西王说："现在天子重用邪恶的大臣，听信好进谗言贼臣的话，削夺诸侯土地，对诸侯的处罚确实很重，而且一天比一天厉害。俗谚说：'狗舔光了米糠，就会吃到米粒来。'吴国和胶西国是出名的诸侯，同时被监视，往后就不能安稳自由了。吴王身体有病，二十几年不能上朝请安，因此常常担心被怀疑，却无法陈述事情的真相，就是敛肩绑脚，战战兢兢，也还担心罪不被解除。而且我们也听说过大王因为卖爵的事犯了罪，被削了土地。我们所听到的诸侯，罪都没有大到要削夺土地，因此我们想朝廷不只是要削夺我们土地而已，可能进一步要消灭我们国家！"胶西王说："有这样的事。你认为如何办才好？"应高说："吴王自认为和大王有同样的忧患，他愿意顺应时势，按照道理行事，牺牲自己为天下人除去灾患，大王心意如何呢？"胶西王很恐惧地说："寡人怎么敢这样做呢！主上虽然逼得急，本来就只有一死罢了，怎么敢反叛不侍候呢！"应高说："御史大夫晁错迷惑天子，掠侵夺诸侯土地，诸侯都有反叛的心意，人事已坏到极点。彗星又出现，蝗虫之灾也发生了，这是万代难得一现的好时机；部属、百姓的愁恨劳苦，正是圣人所以产生的原因。吴王想对内以晁错为名，对外追随在大王车乘之后，纵横天下，所到的地方都会投降，所攻击的地方都可吸取，没有人敢不服从的。大王如果诚心许诺一句话，那么吴王就统率楚王攻下函谷关，守住荥阳、敖仓的粮食，以抗拒汉兵，修治军队驻扎的房舍，以等待大王来临。大王只要真的可以到来，那么天下就可以统一，两个君主分割治理天下，不也是可以的吗！"胶西王说："好！"应高回去向吴王报告，吴王还担忧胶西王不参与起事，就亲自作为使者，到胶西当面和胶西王约定。胶西的大臣们有人听到了胶西王的计划，就劝他说："诸侯的土地不到汉朝的十分之二，如果反叛，会给太后（胶西王太后）带来忧患，不是好计谋。现在侍候一个皇帝还那么不容易；如果事情成功了，两个国君为分土地而抗争，灾患会更加产生了。"胶西王不听劝告，就派出使者去邀约齐、菑川、胶东、济南等王，他们都答应了。

起初，楚元王喜好读书，和鲁申公、穆生、白生等都拜浮丘伯为师，接受《诗经》的教导；后来做了楚王，任命三人为中大夫。穆生不喜欢喝酒；元王每次设置酒席，常常为穆生另外准备甜酒。到了他儿子夷王，孙子戊即王位时，开始时还准备甜酒，后来就忘了。穆生退朝后说："可以离开了！不设甜酒，表明王的心意已经懈怠；不离开的话，楚人有一天会把我钳颈抓起来，在市朝上杀掉。"就借口生病高卧在床，不和王见面。申公、白生劝他起身，说：

"你不想想先王对我们的恩德吗？现在君王不过失掉一点小小的礼节，你何必如此呢！"穆生说："《易经》上说：'知道契机是神秘的吗！契机是事情发生时的隐微迹象，是吉凶发生时事先表现的先兆。所以君子看到有契机的征兆就动手去做，不必成天等待。'先王所以对我们三人礼貌，是因为道德还在；现在君王忽略了，表示他已忘了道义。忘记道义的人怎么可以和他长久相处，我难道是为了一点点失礼才离开的吗！"就借口生病辞谢离开。申公、白生留下来。君王戊略微淫荡残暴，太傅韦孟写诗讽劝，王不听，韦孟也就离开，住到邹。戊因为土地被削割之事，就与吴王一起计谋反叛。申公、白生劝戊，戊把他们用绳索连绑起来，给他们穿上囚衣，罚他们在街道上舂米舂个不停。休侯富派人劝君王戊，王说："叔父不赞同我的行动，我起事后，先取叔父性命！"休侯很害怕，就和母亲太夫人一起逃奔到京师。

后来，朝廷要削夺吴国会稽郡、豫章郡的书信到来，吴王就先起兵反叛，把汉2000石以下的官吏杀了；胶西、胶东、菑川、济南、楚、赵等国也都反了。楚宰相张尚、太傅赵夷吾劝止君王戊，戊把两人杀掉了。赵宰相建德、内史王悍劝赵王遂，于是把建德、王悍烧死。齐王后来懊悔了，背叛了诸侯的盟约而守住城池不动。济北王的城墙坏了，还没有修好，郎中下令劫持济北王守住城池，使济北王不能发兵。胶西王、胶东王为大帅，和菑川、济南一起进攻齐国，围困国都临淄。赵王于是发动军队住到西面的边境，要等待吴、楚军队一起前进，派遣使者到北方要求匈奴联合兵力。

吴王动员了全部士卒，颁令给国中百姓说："寡人年龄62岁，亲自率领军队；小儿子年龄14岁，也要身先士卒。因而凡是年龄大到和我相同，小到和我小儿子相等的人，都要征集。"总共征召了20几万人。派出使者到南方的闽、东越去，闽、东越也就发动军队追随吴王。吴王在广陵起兵，向西渡过淮水，所以和楚军会合；派出使者送给诸侯书信，数说晁错的罪状，要求会合诸侯军队诛杀晁错。吴、楚一起攻击梁国，攻破了棘壁，杀了好几万人；乘胜向前推进，锐不可当。梁孝王委派将军迎击，吴、楚联军又打败了梁两路军队，梁的士卒都败亡逃走。梁王只好死守睢阳城。

当初文帝要去世的时候，告诫太子说："如果有紧急的事情发生，周亚夫是真正可以带兵的人才。"等到七国反叛的书信呈报上来，皇上就任命中尉周亚夫为太尉，统领36位将军前往攻击吴、楚两国，派遣曲周侯郦寄攻击赵，将军栾布进攻齐，又召见窦婴，任命他为大将军，让他屯驻在荥阳，以监视齐、赵两国的军队。

起初，晁错所更改的法令多达30章，使得诸侯都大声喧嚣加以攻击。晁错的父亲听到了这件事，就从颍川赶到京师，对晁错说："皇上刚即天子位，你当权处理政事，侵占削夺诸侯土地，疏远了人家骨肉亲情，使大伙议论纷纷，带来很多仇怨，你何必这样做呢？"晁错说："本来就该这样做。不这样做的话，天子地位不受尊重，宗庙也就不安稳。"父亲说："刘氏家族安稳，但晁氏的家族却危险了，我要离开你走了。"就喝毒药而自杀，临死前说："我不忍看到灾祸落到身上！"十几天后，吴、楚七国全部反叛了，以诛杀晁错为借口。

皇上和晁错讨论出动军队的事情，晁错要让皇上亲自带兵而他自己留守在朝廷里。又说："徐、僮两县的旁边土地是吴国尚未攻下的，可以送给吴国。"晁错一向和吴国宰相袁盎不睦，晁错所住所坐的地方，袁盎往往就避开；袁盎所住所坐的地方，晁错也避开；两个人从没有在一起谈过话。后来，晁错做了御史大夫，派法吏审查袁盎接受吴王多少财物，判他有罪；皇上下召令赦免他，废他为百姓。吴、楚两国反叛，晁错告诉丞、史说："袁盎接受很多吴王的金钱，所以一心为吴王掩盖阴谋，说吴王不会反叛；但今天吴王毕竟反叛了，我请求定袁盎的罪，因为袁盎应该知道吴王的计谋。"丞、史说："反叛的事还没有发生前，办袁盎的罪是可以断绝反叛的行为的；但现在诸王的军队已经向西攻向京师来了，治袁盎的罪又有什么用！而且袁盎也不该会有所阴谋的。"晁错犹豫不决。有人把消息告诉袁盎，袁盎非常害怕，利用夜晚去见窦婴，向窦婴说明吴王反叛的原因，希望能到皇上跟前，亲口向皇上讲述。窦婴入宫向皇上说明袁盎的心愿，皇上就召见袁盎。袁盎入宫见皇上，皇上正和晁错计划如何调动军队食粮。皇上问袁盎："现在吴、楚反叛了，你心意如何？"回答说："没有什么可担忧的！"皇上说："吴王以铜山铸钱，煮海水为盐，引诱天下豪杰，到了白头垂老的年龄还做反叛的事，如果他的计谋不周密的话，怎么会发兵反叛呢！为什么你还说他没有能力有所作为呢？"袁盎回答："吴铜钱海盐的利益是有的，但怎么能得到豪杰加以引诱呢！就是真的让吴国得到豪杰，也会辅佐吴王行义，是决不会阴谋反叛的。吴所引诱的人都是年青的无赖、逃亡的犯人和铸造钱币的坏人，都是这些人在相互诱使而引起乱事的。"晁错说："袁盎分析得很好。"皇上说："你要替我出怎样的计谋呢？"

袁盎回答："希望皇上把左右大臣屏开。"皇上把他人屏开，只留下晁错在；袁盎说："臣所说的话，人臣不能够知道。"皇上就把晁错屏开。晁错避到东厢，心里痛恨袁盎。皇上终于问了袁盎的意见。袁盎回答说："吴、楚两国相互送了书信，言及高皇帝封子弟为王，每人都分到土地，现在贼臣晁错擅自谴责诸侯，削夺诸侯土地，因而诸侯才反叛，准备联合起来向西进发，共同诛杀晁错，恢复原有土地才作罢。当今之计只有把晁错斩杀了，派出使者赦免吴、楚七国的罪，恢复他们原有的土地，那么兵器不必沾血而七国就可以罢兵。"于是皇上沉默不语，过了很久才说："我在想斩杀晁错以后的结果是否能如愿？我是不会因爱惜一个人而不向天下诸侯谢罪的。"袁盎说："我的计谋就是这样，希望皇上仔细想想怎么做！"于是皇上任命袁盎为太常，秘密整治行装上任。十几天后，皇上命令丞相青、中尉嘉、廷尉欧，弹劾奏报晁错的过失："所作所为不符合主上的恩德威信，想使群臣、百姓的感情疏远；又想要拿城邑送给吴国，不合大臣的礼节，大逆不道。晁错本人应该判处腰斩，父母、妻子和同母兄弟不分老少长幼全部判处死刑。"皇上批道："可以。"而晁错还不知道要被杀了。壬午日（正月无此日），皇上委派中尉召见晁错，骗他一起乘车游行市区，晁错穿着官服就在东市被斩杀了。皇上委派袁盎和吴王弟弟的儿子宗正德侯通出使吴国。

谒者仆射邓公是校尉，上书信给皇上谈到军队作战的情形，和皇上见面后，皇上问他说："你路过吴军而来，听到晁错已经死了，吴、楚是否会罢兵？"邓公说："吴国阴谋造反已经有好几十年了；为了削夺土地而发怒，以诛晁错为借口，其实心意不在杀晁错。而且臣担心天下士人从此紧闭嘴巴不敢再说话了。"皇上说："为什么呢？"邓公说："晁错担心诸侯太强大没有办法加以控制，因而请求削夺诸侯土地来尊崇京师，这是对万代的子孙都有利的。计划刚要施行，却被杀了。这样一来，在朝廷内断绝了忠臣的进言，在朝廷外反而为诸侯报了仇，臣私下认为陛下这种做法不足取。"于是皇上喟然长叹说："你说得很对，我也很悔恨！"

袁盎、刘通到了吴国，吴、楚已经攻进梁的营垒了。宗正刘通因为和吴王有亲属关系，先入宫见吴王，晓示吴王，要他接受皇上诏令。吴王听说袁盎也来了，知道袁盎要劝说他，就笑着回答："我已经成为东方的皇帝，还要向谁下拜么？！"不肯见袁盎面，却把袁盎留在军中，要劫持他任他为将，袁盎不愿意，吴王派人包围守住他，且要杀他。袁盎得到机会，脱逃到京师回报。

太尉周亚夫对皇上说："楚兵剽悍轻捷，不易和他们争战，希望抛弃梁国不救，让梁国独当吴、楚，我再断绝吴、楚粮道，这样才可能制服住吴、楚。"皇上答应了。亚夫就乘坐传车6乘，预备在荥阳会兵。军队出发到灞上，赵涉暗中游说周亚夫说："吴王一向很富有，怀柔、招来敢死之士已经很久了。他知道将军你要有所行动，一定会在崤、渑困厄、狭窄的山道之间安排刺客杀你；而且打仗讲究的是神妙秘密，将军你为何不从这里向右进发，走向蓝田，经过武关，到达洛阳，间隔的时间不过差一两天，你把军队直接开入武库，大声击鼓。诸侯听到了，还以为你是从天而降的呢。"太尉依照赵涉的计划去做，到了洛阳，很高兴地说："七国谋反，我乘着传车到洛阳，想不到还能够安全抵达。现在我踞守荥阳，荥阳以东的地方都在我掌握之内，没有什么可担忧的了。"派出使者到崤、渑之间搜查，果然搜出了吴国的伏兵。就任命赵涉为护军。太尉带着军队向东北进发，到了昌邑，吴国进攻梁国，情势紧急，梁好几次派出使者向条侯周亚夫求救，条侯不答应出兵；梁又派出使者向皇上诉说条侯的坐视不救。皇上派人要求条侯出兵救梁，但是条侯周亚夫还是不接受诏令，坚守营垒不出兵；而只派弓高侯等人率领轻便的骑兵从淮泗口出发，把吴、楚军队后面的道路隔断，阻塞了吴、楚运粮的粮道。梁派中人夫韩安国和楚国宰相张尚弟张羽为将军；张羽竭力拼战，安国谨慎稳重，因而能够打败吴兵。吴兵要向西进攻，梁兵坚守城池，使得吴兵不敢向西进发，就攻向条侯的军队，在下邑会合，吴兵将要出战，但条侯坚守营垒，不肯出兵作战；吴国粮食断绝士卒饥饿，好几次挑战，条侯始终不出兵应战。条侯军营中夜晚士卒惊恐，在营内互相攻击，混乱的情况连接到条侯的帐幕边，但条侯亚夫还是坚决地高卧不起，没有多久，惊恐的情绪才稳定下来。吴兵攻向军营的东南角落，亚夫派令士卒预防西北方；不久，吴的精兵果然攻向西北，但攻不进去。吴、楚的士卒有很多因饥饿而死或反叛离散，吴王只好带兵离开。二月，周亚夫出动精兵追击吴、楚军，大败了他们。吴王濞抛弃了军队，和数千壮士乘夜晚逃走；楚王戊自杀而之。

吴王在刚开始发兵的时候，吴的大臣田禄伯是大将军。田禄伯说："军队屯聚在一起而向西进攻，没有别的奇妙的战术，是不容易战胜成功的。我愿意率领5万士卒，另外沿着江、淮上游前进，收复淮南、长沙，进入武关，和大王军队会合，这也是一支奇兵呢！"吴王太子劝说："大王有谋反之名，这种情形是不可以轻易把军队借给别人的，因为别人也可能反叛你，那时该怎么办？而且让别将带兵去另辟战场，会产生很多于敌有利于我有害的事情，这样做只不过是损害自己罢了！"吴王就没有应允田禄伯的要求。

吴少将桓将军游说吴王说："吴国多的是步兵，步兵善在险要的地方作战；汉多的是骑兵，骑兵利在平地作战。希望大王所经过的城市不必取下，直接往前进，很快地向西占领洛阳武器仓库，取得敖仓的粮食，凭借山河的险阻来号令诸侯，虽然没有入关，但天下就已经平定了。如果大王慢慢走而逗留在城邑，汉军的骑兵一到，飞驰进入梁、楚的郊野，那大事就坏了。"吴王问老将的看法，老将说："这不过是年轻人显露锋芒罢了，怎么知道考虑大局呢！"于是吴王没有采用桓将军的计谋。

吴王集中兵力亲自率领。军队还没渡过淮水，所有宾客都可以当上将、校尉、候、司马，只是不任用周丘。周丘是下邳人，逃亡到吴，喜欢喝酒没有什么善行，吴王看不起他，因而不任用他。周丘就谒见吴王，游说吴王说："臣因为没有才能，不能够在行伍里任职，臣不敢奢求能够带兵，请求王给臣一个汉的符节，臣一定会有所报答。"吴王就给了他。周丘得到符节，乘夜晚飞驰进入下邳；下邳那时候已听说吴造反，所以都紧守住城池。周丘到了住所，就召来下邳县令入门，命令随从人员以罪名把县令诛杀了，就召来他们兄弟所认识的贤豪官吏，告诉他们说："吴国造反，军队马上就到了，他们攻占下邳只要花一顿饭的时间；现在先投降，家室一定能够保全，有才能的人甚至还可封侯呢。"那些贤豪官吏一出去就互相转告，整个下邳就都投降了。周丘一个晚上就得3万人，派人向吴王报告，就带领军队向北攻取城邑；等到了阳城，军队已经10几万了，打败了阳城中尉的军队。但听说吴王失败逃走，自己料想无法和吴王共同建立功业，就带兵回到下邳，背上的疽发作而亡。

壬午晦日（三十日），发生日蚀。

吴王弃军逃亡后，军队就溃败离散，有些士卒就投降了太尉条侯周亚夫和梁军。吴王渡过淮水，向丹徒逃奔，想借东越自保，士卒差不多有1万多人，聚集了逃亡的士卒。汉派人以财利引诱东越，东越就骗吴王出来慰劳军队，然后派人用矛戟杀了吴王，盛着吴王头，用传车很快地向汉朝报告。吴的太子驹逃亡到闽越。吴、楚造反总共有3个月，彻底失败被消灭了，于是诸将才认为太尉周亚夫的计谋非常正确，可是梁王却因此和太尉有了嫌隙。

三王包围临菑的时候，齐王派遣路中大夫向天子报告。天子又命令路中大夫回报齐国，要齐国坚持守住，说："汉朝的军队现在已经攻破吴、楚两国的军队了。"路中大夫回到齐国，三国军队包围临菑有好几层，路中大夫无法进入临菑。三国的将军和路中大夫签订盟约说："你回去这样说：'汉兵已经被攻破了，齐要赶快向三国投降，不然会被屠杀。'"路中大夫答应了，但到了临菑城下，看见齐王时，却说："汉已启动百万军队，派出太尉周亚夫攻破了吴、楚，正带领军队要援救齐国。齐国一定要坚持守城不要投降！"三国要诛杀路中大夫。齐国最先被包围得很紧急时，暗中和三国互通计谋，但盟约没有定好。这时正好路中大夫从汉廷回来向齐王说了这些话。齐的大臣就又劝齐王不要向三国归降。正好汉将栾布、平阳侯等的军队到了齐国，击败了三国军队。解除齐国的包围之后，听说齐国最先和三国合计的，就要移动军队攻击齐国。齐孝王很害怕，就喝毒药自杀了。

胶西、胶东、菑川王各自领兵回国。胶西王赤着脚，坐在草席上，喝着水向母亲太后谢罪。胶西王太子德说："汉兵回还时，臣仔细观察，发现他们已经非常疲惫，可以偷袭，臣愿意收聚王剩下的军队攻击汉兵！失败时再逃入海，也不会太晚。"胶西王说："我的士卒都已经破败，不能再使用了。"弓高侯韩颓当送信给胶西王说："我遵奉天子诏令杀那不义的叛逆；投降的可以赦免，除掉所犯的罪，回复原有的故土；不投降的就消灭。你要怎么处理？我等着你决定才好办事。"胶西王袒身露体，到汉军营垒前叩头进谒弓高侯说："臣遵奉法令不谨慎，使得百姓受到骚扰，劳累了将军远道到了我们这穷困的国家，臣请求处我以碎肉之罪！"弓高侯手拿着金鼓和胶西王见面，说："你也为打仗的事所累，我愿意听听你发兵反叛的经过情形。"胶西王叩头膝行，回答说："那时晁错是天子用事的大臣，他随意改变高皇帝的法令，侵夺诸侯的土地。卬等人认为他是不义之人，唯恐他败乱了天下，所以七国联合发兵要诛杀晁错。而今听说晁错已经被杀，卬等恭谨地罢兵回去了。"将军说："你如果认为晁错不好，为什么不向皇上报告？而且又没有皇上诏令、兵符，就擅自发动军队攻击守义没有反叛的国家，从这点看，你的心意不只是要杀晁错罢了。"就拿出皇上诏书，向胶西王宣读，说："你自己处理吧！"胶西王说："像卬这样的人死有余辜！"就自杀身死，太后、太子也都死了。胶东王、菑川王、济南王都被诛杀。

郦将军的军队到了赵国，赵王领兵回到邯郸固守住城池。郦寄攻了7个月，还是攻不下。匈奴听说吴、楚失败了，也不愿意进入边境。栾布打败齐国带兵回还，和郦寄军队会合引接河水淹灌赵城；城被水灌坏，赵王就自杀而亡。

景帝因为齐国开始时并无叛逆之心，因为被迫才有反叛的计谋，不是齐国本身的过错，所以召见齐孝王太子寿，立他为懿王。

济北王也要自杀，希望能保全太太、儿女。齐人公孙玃对济北王说："臣愿试试看，能不能替大王向梁王说明白，让梁王把大王的心意传给天子；如果游说而不被采用，那时再死不迟啊！"公孙玃就去见梁王说："那济北土地，东面连接强大的齐国，南面被吴、越所制约，北面被燕、赵所胁迫。像这样子四方受敌的国家，靠权谋实在足以防守自己，靠武力也不够抵抗敌寇，又没有神灵怪异的方术来抗御国难；虽对吴王有答允反叛的失言之过，但只是权宜之计，并非济北王的本意。如果让济北王看清实情，向吴王表现出不愿顺从的迹象，那么吴王一定先绕过齐国，不必屯兵在齐坚城之下，而一举消灭了济北，招抚燕、赵，集中他们的兵力，那么山东诸侯的关系就结好，而没有间隙可乘了。现在吴王联合诸侯军队，驱使那些尚未受过训练的民众，向西和天子争夺权势；但济北却始终谨守臣节不投降，使得吴王失去盟国而得不到帮助，未能快速前进，最后像瓦土的溃散崩塌，破灭失败到不能拯救，这些未必不是济北的力量啊。以小小的济北和诸侯争强夺胜，等于是拿羔羊小牛的弱小身体，去抵抗虎狼一般的敌人。但济北王依然固守住职责不屈服于敌人。对天子的忠心可以说是真诚而专一了。像这样大的功劳和道义，还被皇上所怀疑，弄得敛肩低头，自缚双脚，手抚衣带以表悔恨，让他有懊悔不和吴王同谋，和不敢前往归汉的心理，这对汉朝社稷没有什么好处。臣担忧从此以后，那些守职的藩臣都要怀疑朝廷了。臣私下料想：能够经过西山，直接前往长乐宫，抵达未央宫，卷袖露臂力争正义的人，只有大王一个人罢了；大王如果应允的话，上可以获得保全国家的功劳，下也可以拥有安定百姓的名望，道德可以深入民心，恩泽可以加到无穷尽的后代子孙，希望大王仔细地想想吧！"梁孝王听了非常高兴，就派人飞马向皇上报告；济北王因此不受谋反之罪，而改封到菑川。

文帝准备以吴王弟弟德哀侯广的儿子继承吴国，以楚元王儿子礼继承楚国。窦太后说："吴王是年岁已大的老人，为了宗室应该恭顺和善才正确；但是他却首先率领七国反叛，使天下纷乱，怎么还立他的后代呢！"不允许吴，只允许楚立后代。乙亥日（二十五日），改封淮阳王馀为鲁王；汝南王非为江都王，封地是以前的吴国土地。封宗正礼为楚王；封皇帝儿子端为胶西王，胜为中山王。

汉纪九　世宗孝武皇帝
建元二年（壬寅、公元前139年）

冬，十月，淮南王安来朝。上以安属为诸父而材高，甚尊重之，每宴见谈语，昏暮然后罢。

太皇窦太后好黄、老言，不悦儒术。赵绾请毋奏事东宫。窦太后大怒曰："此欲复为新垣平邪！"阴求得赵绾、王臧奸利事，以让上；上因废明堂事，诸所兴为皆废。下绾、臧吏，皆自杀；丞相婴、太尉蚡免，申公亦以疾免归。

窦婴、田蚡既免，以侯家居。蚡虽不任职，以王太后故亲幸，数言事多效；士吏趋势利者，皆去婴而归蚡，蚡日益横。

春，二月，丙戌朔，日有食之。

三月，乙未，以太常柏至侯许昌为丞相。

上被霸上，还，过上姊平阳公主，悦讴者卫子夫。子夫母卫媪，平阳公主家僮也；主因奉送子夫入宫，恩宠日隆。陈皇后闻之，恚，几死者数矣；上愈怒。

子夫同母弟卫青，其父郑季，本平阳县吏，给事侯家，与卫媪私通而生青，冒姓卫氏。青长，为侯家骑奴。大长公主执囚青，欲杀之；其友骑郎公孙敖与壮士篡取之。上闻，乃召青为建章监、侍中，赏赐数日间累千金。既而以子夫为夫人，青为太中大夫。

夏，四月，有星如日，夜出。

初置茂陵邑。

时大臣议者多冤晁错之策，务摧抑诸侯王，数奏暴其过恶，吹毛求疵，笞服其臣，使证其君；诸侯王莫不悲怨。

【译文】

建元二年（壬寅、公元前139年）

冬，十月，淮南王刘安来朝见皇上。刘安是叔父而且才能高深，因此很受皇上的尊重，每次宴会见面谈话，都谈到日暮黄昏才停止。

太皇窦太后喜欢黄、老的思想，不喜欢儒家学术。赵绾请求不要在太后居住的东宫奏报政事。窦太后非常生气地说："这是要恢复新垣平以骗术骗国君的事件吧！"暗中得知赵绾、王臧贪利的事，来责备皇上；皇上就废弃建明堂的事，凡所有兴建的事都被废除。并把赵绾、王臧交给狱吏办罪，他们两人都自杀了；丞相窦婴、太尉田蚡被罢免官职，申公也因为生病被免官送回。

窦婴、田蚡被免职之后，在家等候朝廷安排。田蚡虽然不担任官职，但因为王太后的关系而获得皇上亲近宠爱，好几次向皇上谈论政事多被听用，那些追逐势利的士人官吏都离开窦婴而归附田蚡，田蚡就更加骄傲蛮横起来。

春，二月，丙戌朔日（初一），发生日蚀。

三月，乙未日，任命太常柏至侯许昌为丞相。

皇上到霸上举行除恶消灾的祭祀，回来时，顺访姐姐平阳公主，喜欢上了歌女卫子夫。子夫的母亲卫媪是平阳公主家的婢妾，平阳公主就把子夫送进宫里。子夫受到皇上的恩宠一天天在增加。陈皇后听了之后，非常生气，有

汉铜器

几次差点被气死；皇上对他更为不满了。

子夫的同母弟弟卫青的，父亲是郑季。郑季本来是平阳县的县吏，被委派到平阳侯家供给差事，和卫媪私通而生下卫青，冒用卫姓。卫青长大之后，在平阳侯家做车骑奴仆。大长公主（馆陶公主）妒忌卫子夫受宠有孕，把卫青捉住关了起来，要把卫青杀了；卫青的朋友骑郎公孙敖和壮士把卫青掠走。皇上听了这消息，就召来卫青任命为建章宫监兼侍中，对卫青的赏赐，不过几天就积累到千金。没多久就封子夫为夫人，卫青为太中大夫。

夏，四月，有颗星像太阳一样，在夜晚出现。

新设置茂陵邑。

那时候，议政的大臣都为晁错削弱诸侯反被害的事感到非常冤枉。他们设法摧折抑制诸侯王，好几次向皇上上奏诸侯的过错，甚至连小事也竭力搜索不曾放过，还鞭笞诸侯王的臣下，让臣下做证，证明他们国君的过失，使得诸侯王们没有不悲伤愁怨的。

元光六年（壬子、公元前129年）

冬，初算商车。

大司农郑当时言："穿渭为渠，下至河，漕关东粟径易，又可以溉渠下民田万余顷。"春，诏发卒数万人穿渠，如当时策；三岁而通，人以为便。

匈奴入上谷，杀略吏民。遣车骑将军卫青出上谷，骑将军公孙敖出代，轻车将军公孙贺出云中，骁骑将军李广出雁门，各万骑，击胡关市下。卫青至龙城，得胡首虏七百人；公孙贺无所得；公孙敖为胡所败，亡七千骑；李广亦为胡所败。胡生得广，置两马间，络而盛卧，行十余里；广伴死，暂腾而上胡儿马上，夺其弓，鞭马南驰，遂得脱归。汉下敖、广吏，当斩，赎为庶人；唯青赐爵关内侯。青虽出于奴虏，然善骑射，材力绝人；遇士大夫以礼，与士卒有恩，众乐为用，有将帅材，故每出辄有功。天下由此服上之知人。

夏，大旱；蝗。

【译文】

元光六年（壬子、公元前129年）

冬，开始征收商人车船的税金。

大司农郑当时提议说："穿过渭水建造渠道，一直到黄河，转运关东的粮食直接而且简单，又可以灌溉渠道附近的1万多亩百姓田地。"春，下诏令征召役卒几万人开凿渠道，遵循郑当时的建议做；做了3年，渠道开通，人人都认为很方便。

匈奴侵入上谷，屠杀劫掠官吏百姓。朝廷派遣车骑将军卫青从上谷出兵，骑将军公孙敖从代出兵，轻车将军公孙贺从云中出兵，骁骑将军李广从雁门出兵，每位将军各领1万骑兵在关市附近攻击胡人。卫青到了龙城，取得胡人首级和俘虏共700人；公孙贺没有所得；公孙敖被胡人击败，亡失7000名骑兵；李广也被胡人打败。胡人活捉了李广，把他置在两匹马之间，用网子网着，让他躺着，走了十几里；李广装死，突然跃上胡儿的马背，夺过胡儿的弓箭，鞭打着马向南飞驰，逃脱阻境回到汉朝。汉朝把公孙敖、李广交给廷吏处理，按律被判死刑，应当斩杀，后出钱赎罪，降为庶人；只有卫青获取赐给爵位，封为关内侯。卫青虽然出身于平阳公主家骑奴，但善于骑马射箭，才能勇力过人；对待士大夫很有礼节，对待士卒也有恩惠，所以士众乐于听他使唤，他又有将帅的才能，所以每次出兵往往都能建立奇功。天下臣子从此佩服皇上能了解、任用人才。

夏，发生大旱灾；蝗灾。

汉纪十三 世宗孝武皇帝
元封三年（癸酉、公元前108年）

冬，十二月，雷；雨雹，大如马头。

上遣将军赵破奴击车师。破奴与轻骑七百余先至，虏楼兰王，遂破车师，因举兵威以困乌孙、大宛之属。春，正月，甲申，封破奴为浞野侯。王恢佐破奴击楼兰，封恢为浩侯。于是酒泉列亭障至玉门矣。

初作角抵戏、鱼龙曼延之属。

汉兵入朝鲜境，朝鲜王右渠发兵距险。楼船将军将齐兵七千人先至王险。右渠城守，窥知楼船军少，即出城击楼船；楼船军败散，遁山中十余日，稍求退散卒，复聚。左将军击朝鲜浿水西军，未能破。天子为两将未有利，乃使卫山因兵威往谕右渠。右渠见使者，顿首谢："愿降，恐两将诈杀臣；今见信节，请复降。"遣太子入谢，献马五千匹，及馈军粮；人众万余，持兵方渡浿水。使者及左将军疑其为变，谓太子："已服降，宜令人毋持兵。"太子亦疑使者、左将军诈杀之，遂不渡浿水，复引归。山还报天子，天子诛山。

左将军破浿水上军，乃前至城下，围其西北。楼船亦往会，居城南。右渠遂坚守城，数月未能下。左将军所将燕、代卒多劲悍，楼船将齐卒已尝败亡困辱，卒皆恐，将心惭，其围右渠，常持和节。左将军急击之。朝鲜大臣乃阴间使人私约降楼船，往来言尚未肯决。左将军数与楼船期战，楼船欲就其约，不会。左将军亦使人求间隙降下朝鲜，朝鲜不肯，心附楼船，以故两将不相能。左将军心意楼船前有失军罪，今与朝鲜私善，而又不降，疑其有反计，未敢发。

天子以两将围城乖异，兵久不决，使济南太守公孙遂往正之，有便宜得以从事。遂至，左将军曰："朝鲜当下，久之不下者，楼船数期不会。"具以素所意告，曰："今如此不取，恐为大害。"遂亦以为然，乃以节召楼船将军入左将军营计事，即命左将军麾下执楼船将军，并其军；以报天子，天子诛遂。

左将军已并两军，即急击朝鲜。朝鲜相路人、相韩阴、尼豀相参、将军王峡相与谋曰："始欲降楼船，楼船今执，独左将军并将，战益急，恐不能与战；王又不肯降。"阴、豀、路人皆亡降汉，路人道死。夏，尼豀参使人杀朝鲜王右渠来降。王险城未下，故右渠之大臣成己又反，复攻吏。左将军使右渠子长，降相路人之子最告谕其民，诛成己。以故遂定朝鲜，为乐浪、临屯、玄菟、真番四郡。封参为澅清侯，阴为荻苴侯，峡为平州侯，长为几侯，最以父死颇有功，为涅阳侯。

左将军征至，坐争功相嫉乖计，弃市。楼船将军亦坐兵至列口，当待左将军，擅先纵，失亡多，当诛，赎为庶人。

【译文】

元封三年（癸酉、公元前108年）

冬季，十二月，打雷，下雹，大如马头。

皇上派遣将军赵破奴进攻车师。破奴率领700多骑兵先行，俘虏了楼兰王。于是击破了车师，又乘着战胜的军威围困乌孙、大宛这些小国家。春季，正月，甲申日，封赵破奴为浞野侯。王恢因为帮助赵破奴击破楼兰国有功，也被封为浩侯。于是从酒泉以西，都筑城置亭，布置了障塞，一直展延到敦煌郡的玉门关。

始作角抵戏和鱼龙漫衍等戏术。

刘彻像

汉兵进入朝鲜境内，朝鲜王右渠派兵占据了险要的地方来抵挡。楼船将军率领齐兵7000人先到王险。右渠在城上防守，探知楼船的兵力很少，就率军出城去攻打楼船。楼船的军队战败，四散逃走，在山中躲藏了十多天。慢慢地，好些败散的士兵才渐被收编起来，于是又集结在一起了。左将军带兵攻击朝鲜浿水西边的军队，可是都不能击破它。汉天子因为两位将军不能在战场上得利，就派卫山凭借着军队的威势去诏谕右渠。右渠见到了汉朝的使者，便叩头请罪说："我是愿意投降的，只因怕被两位将军所欺骗，而横遭杀害。现在看到汉天子的信符，就请接受我的投靠吧。"右渠于是派了太子要到汉廷去谢罪，并且献出了5000匹马，还馈赠了军粮。当朝鲜太子领着1万多军队，携带着兵器，正要渡过浿水时，汉使者和左将军因为怀疑他们会叛乱，就对朝鲜王的太子说："既然已经投降了，就应该下令你的随从人员不要携带武器。"太子也怀疑使者和左将军会用计谋杀害他们，就不肯渡过浿水，又率领着他的军队回去了。卫山回朝向天子汇报了这件事情，天子便诛杀了卫山。

左将军攻破了浿水上的敌军，就向前推进，直到城下，围困了城的西北方。楼船也前去会师，驻扎在城的南方。右渠于是固守着城池，相持了好几个月，城都不能攻下。左将军所率领的燕、代两地的士兵多半都很强悍，而楼船将军所率领的齐兵，因为已经尝试过战败、逃亡、受困、忍辱的滋味，所以兵众都很胆小害怕，将领也心怀羞愧而沮丧不振，当他包围右渠的时候，身边就经常携带着议和用的信符。左将军则极力地在进攻。朝鲜的大臣们就秘密地派遣使者，利用机会，私与楼船约降。正在来回商议，尚未作决定的时候，左将军便一再和楼船将军约期，要共同会战朝鲜。楼船将军因想达成朝鲜的约降，就不派兵去和左将军会师。左将军也派人利用机会去招降朝鲜，朝鲜不同意，心中只想要归附楼船将军，因此，汉朝的两位将军间就不能相亲睦。左将军心想，楼船前次作战，有失败的过失，现在竟和朝鲜暗中友好，而朝鲜又迟迟不肯降，因此怀疑楼船有背叛的阴谋，只是时机未到，还不敢行动而已。

天子以两位将军包围敌人的城邑，却彼此相乖违而不能团结一致，使得战争持久不停，便派济南太守公孙遂前往纠正，并且使他可以就形势的有利发展，得相机行事，作全权处置。公孙遂一到，左将军便说："朝鲜早就应当被攻下，所以持久而攻不下的原因，是因为多次约请楼船将军共同作战，他都不来。"同时把他一向所怀疑的事情，都一一向公孙遂做了汇报，并且说："现在到了这种情形，如还不逮捕他，恐怕会变成大祸变。"公孙遂也认为很对，就用天子所颁下的符节，去征召楼船将军到左将军的军营商议大事，同时命令左将军的部下当场逮捕楼船将军，兼并了楼船的部队，然后向天子报告。天子以为这样做是不对的，就杀死了公孙遂。

左将军兼并了两军以后，就急忙地进击朝鲜。朝鲜相路人、相韩阴、尼溪相参及将军王唊四人，共同计议说："原先我们要向楼船投降，楼船如今被捕，现在两路兵马都由左将军一个人率领，对我们的进攻比以前更加紧急，我们恐怕抵挡不了，而国王又不肯投降。"于是韩阴、王唊、路人便都逃向汉军去投奔，路人死在途中。夏季，尼溪相参派人刺杀朝鲜王右渠，然后奔来投降。由于王险城还没有被攻占，所以右渠的大臣成己又起来反叛，再次攻杀官吏。左将军就派遣右渠的儿子长和想奔来投降而死在途中的路人的儿子最，去告谕他们的人民，杀掉了成己。因此，终于平定了朝鲜，将它划分为乐浪、临屯、玄菟、真番四个郡。封参为赐清侯，阴为荻苴侯，唊为平州侯，长为几侯，最因为父亲首先起义来降,不幸死了,父子都建有十分的功劳,所以封为涅阳侯。

左将军被征召回来后,因为犯了作战时争夺功劳、互相嫉妒、计虑乖违的过失,被杀掉。楼船将军也犯了当他兵到列口时,本应当等待左将军会合后,才能够有所行动,却擅自先行纵兵与朝鲜交战,以致伤亡了很多兵士的过失,本当诛杀,结果是功过相抵,免为平民。

太初元年(丁丑、公元前104年)

冬,十月,上行幸泰山。十一月,甲子朔旦,冬至,祠上帝于明堂。东至海上,考入海及方士求神者莫验;然益遣,冀遇之。

乙酉,柏梁台灾。

十二月,甲午朔,上亲禅高里,祠后土,临勃海,将以望祀蓬莱之属,冀至殊廷焉。春,上还,以柏梁灾,故朝诸侯、受计于甘泉。甘泉作诸侯邸。

越人勇之曰:"越俗,有火灾复起屋,必以大,用胜服之。"于是作建章宫,度为千门万户。其东则凤阙,高二十余丈。其西则唐中,数十里虎圈。其北治大池,渐台高二十余丈,命曰太液池,中有蓬莱、方丈、瀛洲、壶梁,象海中神山、龟鱼之属。其南有玉堂、璧门、大鸟之属。立神明台、井幹楼,度五十丈,辇道相属焉。

太中大夫公孙卿、壶遂、太史令司马迁等言:"历纪坏废,宜改正朔。"上诏儿宽与博士赐等共议,以为宜用夏正。夏,五月,诏卿、遂、迁等共造汉《太初历》,以正月为岁首,色上黄,数用五,定官名,协音律,定宗庙百官之仪,以为典常,垂之后世云。

匈奴儿单于好杀伐,国人不安;又有天灾,畜多死。左大都尉使人间告汉曰:"我欲杀单于降汉,汉远,即兵来迎我,我即发。"上乃遣因杅将军公孙敖筑塞外受降城以应之。

汉使入西域者言:"宛有善马,在贰师城,匿不肯与汉使。"天子使壮士车令等持千金及金马以请之。宛王与其群臣谋曰:"汉去我远,而盐水中数败,出其北有胡寇,出其南乏水草,又且往往而绝邑,乏食者多,汉使数百人为辈来,而常乏食,死者过半,是安能致大军乎!无奈我何。贰师马,宛宝马也。"遂不肯予汉使。汉使怒,妄言,椎金马而去。宛贵人怒曰:"汉使至轻我!"遣汉使去,令其东边郁成王遮攻,杀汉使,取其财物。

于是天子大怒。诸尝使宛姚定汉等言:"宛兵弱,诚以汉兵不过三千人,强弩射之,可尽虏矣。"天子尝使浞野侯以七百骑虏楼兰王,以定汉等言为然;而欲侯宠姬李氏,乃拜李夫人兄广利为二师将军,发属国六千骑及郡国恶少年数万人,以往伐宛。期至二师城取善马,故号贰师将军。赵始成为军正,故浩侯王恢使导军,而李哆为校尉,制军事。

中尉王温舒坐为奸利,罪当族,自杀;时两弟及两婚家亦各自坐佗罪而族。光禄勋徐自为曰:"悲夫!古有三族,而王温舒罪至同时而五族乎!"

关东蝗大起,飞西至敦煌。

【译文】

太初元年（丁丑、公元前104年）

冬,十月,皇上巡行到了泰山。十一月,甲子朔日（初一）,冬至,在明堂祭祀上帝。向东到了海滨,考察那些方士和到海上去访求神仙的人追求神迹的情形,尽管没什么效验,都没见到什么,可是却反而派了更多的人去访求,希望能够遇到神仙。

乙酉日（二十二日）,柏梁台发生火灾。

十二月,甲午朔日（初一）,皇上亲自到高里山祭祀,祭拜了后土后,到了渤海,想要借着向蓬莱仙岛的遥祭,希望能因此得了蓬莱仙庭。春,皇上返回后,因为柏梁台发生了火灾,因而便接见了诸侯,在甘泉接受郡、国所呈上来的租税钱粮等会计簿记,并在甘泉兴建了诸侯官邸。

越国人勇之说:"按照越国的习俗,遭受火灾后再起造新屋,肯定要比旧房子高大些,用大胜小来压制它。"于是兴建了建章宫,设计了千门万户。东面为凤阙,高20多丈;西面为唐中,有周围几十里的虎圈;北面开凿了一个大池,中建渐台,高20多丈,叫做太液池,池中筑有蓬莱、方丈、瀛洲、壶梁,这些如同海中仙岛、龟鱼等类的东西;南面有玉堂、璧门和鸵鸟的形象等这一类东西。同时又建了神明台、井干楼，高50丈，有车道彼此相连着。

大中大夫公孙卿、壶遂、太史令司马迁等说："历法和纪年全都已经坏乱了，应该再改编历法。"皇上就下令要儿宽和博士赐等共同商量，认为应当改用夏朝的历法。夏，五月，命令卿、遂、迁等共同修造汉《太初历》，用正月为一年的开始，颜色以黄色为贵，印文的字数限用5个（张晏曰："用5，谓印文。"汉自命属土德，故尚黄色，土数为5，因而印文限用5个字。如丞相的印章，就用"丞相之印章"5个字，是印文不足5个字的，就用"之"字补足）又命定官名，协合音律，制订宗庙百官的礼仪，作为常法，永垂后世。

匈奴儿单于爱好杀伐，国人都很不安心；同时又闹天灾，生畜多半因此而死。左大都尉便派人伺机向汉朝报告说："我想要杀掉单于来投降汉朝，但汉朝离我们这里太远了，希望能赶快派兵来接应我，我马上就发难。"皇上就派因杅将军公孙敖建造了一个塞外受降城去接应他。

曾出使到西域的汉朝使者说："大宛有良马，就在贰师城，他们把它藏起来，不愿给汉朝的使者。"天子于是便派了壮士车令等带着千金和金马，去向大宛请求交换贰师城的良马。大宛国王就同他的大臣们商量说："汉朝离我国太远，而且汉使如果从盐水口的沙漠过来，那里不生草木，水又咸苦，路十分难走，所以行人常自陷于死亡；从北方来的话，那里又有匈奴的阻挠；从南方来，则缺乏水草，路途上又往往没有城郭居民，所以多半都会欠缺食物。汉朝的使者有几百人成批的来，就每因为得不到粮食，而死亡过半。像这种情形，他们又怎么能够派大军来呢？他们对我国是没什么办法的。说到那贰师城的马，是大宛国的宝贝呀！"因而就不肯送给汉使。汉使十分生气，便恣意大骂，而且锥破金马，然后离去。大宛国的贵人十分生气地说："汉朝的使者非常轻视我们啊！"于是遣走了汉使，便通知在大宛东边的郁成国去拦阻攻打他们，杀死了汉使，取走了他们的财物。

天子因而大为生气。所有曾经出使过大宛的人，像姚定汉等都说："大宛兵弱，汉兵如果真的派到大宛国去作战，不过3000人，用强弩去射击他们，就能把他们全部俘虏起来。"天子曾经命浞野侯率着700个骑兵去俘虏了楼兰王，所以以为姚定汉等人所说的话是对的，而且也为了想要封宠姬李氏的兄弟为侯，就命令李夫人的哥哥李广利为贰师将军，征调了属国的6000个骑兵，同郡国中游手好闲的少年几万人，前去攻打大宛。由于是期望到达贰师城去获得良马,所以就称为贰师将军。任赵始成为军正,曾任浩侯的王恢派为军队的向导,由李哆担任校尉,管制军事。

中尉王温舒为了获取不当利益而作奸犯法,罪应诛族,结果自杀了。当时,他的两个弟弟和二个弟妇家,也各因犯了其他的罪而诛族。光禄勋徐自为说:"真是悲哀呀!古时候有诛三族的,而王温舒的罪,却至于同时而刑及他自己和他的两个弟弟及两弟妇五族啊!"

关东发生了蝗虫大灾害,漫延到西边的敦煌。

二　年（戊寅、公元前103年）

春,正月,戊申,牧丘恬侯石庆薨。

闰月,丁丑,以太仆公孙贺为丞相,封葛绎侯。时朝廷多事,督责大臣,自公孙弘后,丞相比坐事死。石庆虽以谨得终,然数被谴。贺引拜为丞相,不受印绶,顿首涕泣不肯起。上乃起去,贺不得已拜,出曰:"我从是殆矣!"

夏,五月,籍吏民马补车骑马。

秋,蝗。

贰师将军之西也,既过盐水,当道小国各城守,不肯给食,攻之不能下;下者得食,不下者数日则去。比至郁成,士至者不过数千,皆饥罢。攻郁成,郁成大破之,所杀伤甚众。贰师将军与李哆、赵始成等计:"至郁成尚不能举,况至其王都乎!"引兵而还。至燉煌,士不过什一二。使使上书言:"道远乏食,且士卒不患战而患饥,人少,不足以拔宛,愿且罢兵,益发而复往。"天子闻之,大怒,使使遮玉门曰:"军有敢入者辄斩之!"贰师恐,因留燉煌。

上犹以受降城去匈奴远,遣浚稽将军赵破奴将二万余骑出朔方西北二千余里,期至浚稽山而还。浞野侯既至期,左大都尉欲发而觉,单于诛之,发左方兵击浞野侯。浞野侯行捕首虏,得数千人,还,未至受降城四百里,匈奴兵八万骑围之。浞野侯夜自出求水,匈奴间捕生得浞野侯,因急击其军,军吏畏亡将而诛，莫相劝归者，军遂没于匈奴。儿单于大喜，因遣奇兵攻受降城，不能下，乃寇入边而去。

【译文】

二 年 （戊寅、公元前103年）

春，正月，戊申日（正月无此日），牧丘恬侯石庆逝世。

闰月，丁丑日（二年无闰月，丁丑不知为何日），任太仆公孙贺为丞相，封为葛绎侯。当时朝廷正是多事的时候，因而经常去督察责备大臣。从公孙弘以后，丞相就每因事而遭受刑杀，石庆尽管因为做事谨慎，能得善终，可是也常常受到谴责。所以公孙贺被引拜为丞相时，不愿接受印绶，还叩头流泪而不愿起来。皇上便起身离去，公孙贺不得已，才接受了任命。出来后，对人说："我从此危险了。"

夏，五月，征用吏民的马匹来弥补车骑队马匹的不足。

秋，闹蝗虫灾害。

贰师将军西征，经过了盐水，沿途的小国都各守城池，不愿供给粮食，攻也攻不下。如果有攻下的，就能取得食物，攻不下的，过了几天以后，也就离开了。等到了郁成，能跟到这里来的士兵，不过几千人而已，每一个都又饥饿又疲乏。所以进攻郁成的时候，被郁成打得大败，许多士兵都被杀伤了。贰师将军便和李哆、赵始成等人共同商量："到了郁成这种小地方都还攻不下，何况是到了大宛的国都呢！"于是就带兵退了回去。到了敦煌，剩下的士兵不过十分之一二，便派了使者上书给天子说："由于路途太远，又缺乏粮食，士兵不是担心同敌人交战，而是忧虑饥饿，同时剩余的人也太少了，不足用来攻拔宛国，所以要求能暂时罢兵，等增派士卒以后，再去攻打。"天子听了，十分生气，就派使者阻拦在玉门，说是："如有军士敢进入玉门的，马上砍头。"贰师将军十分害怕，就因而停留在敦煌。

皇上还觉得受降城距离匈奴太远，就派浚稽将军赵破奴率2万多骑兵，远出到朔方西北2000多里的地方去，预期到达匈奴的浚稽山后再回来。浞野侯到了所预期的地方，匈奴的左大都尉便想要发动政变，却被发觉，单于就杀掉了他，又调派左方的军队去攻击浞野侯。浞野侯便也捕获斩杀了几千名匈奴人，然后返回。结果在还没到受降城四百里的地方，竟被匈奴的8万骑兵围住了。

浞野侯由于在夜里私自出去找水，匈奴便在偶然的机会，活捉了浞野侯，于是就急急去攻击他的部队。军吏们因害怕亡失将领而被诛杀，彼此间都没有相劝突围归汉的人，全军因而就被匈奴消灭。儿单于十分高兴，便派骑兵去攻打受降城，因打不下来，就入侵边塞，抢劫一番，然后离去。

汉纪十四　世宗孝武皇帝
后元二年（甲午、公元前87年）

春，正月，上朝诸侯王于甘泉宫。二月，行幸盩屋五柞宫。

上病笃，霍光涕泣问曰："如有不讳，谁当嗣者？"上曰："君未谕前画意邪？立少子，君行周公之事！"光顿首让曰："臣不如金日磾！"日磾亦曰："臣，外国人，不如光；且使匈奴轻汉矣！"乙丑，诏立弗陵为皇太子，时年八岁。丙寅，以光为大司马、大将军，日磾为车骑将军，太仆上官桀为左将军，受遗诏辅少主，又以搜粟都尉桑弘羊为御史大夫，皆拜卧内床下。光出入禁闼二十余年，出则奉车，入侍左右，小民谨慎，未尝有过。为人沈静详审，每出入、下殿门，止进有常处，郎、仆射窃识视之，不失尺寸。日磾在上左右，目不忤视者数十年；赐出宫女，不敢近；上欲内其女后宫，不肯；其笃慎如此，上尤奇异之。日磾长子为帝弄儿，帝甚爱之。其后弄儿壮大，不谨，自殿下与宫人戏；日磾适见之，恶其淫乱，遂杀弄儿。上闻之，大怒。日磾顿首谢，具言所以杀

霍光像

弄儿状。上甚哀，为之泣；已而心敬日䃅。上官桀始以材力得幸，为未央厩令；上尝体不安，及愈，见马，马多瘦，上大怒曰："令以我不复见马邪！"欲下吏。桀顿首曰："臣闻圣体不安，日夜忧惧，意诚不在马。"言未卒，泣数行下。上以为爱己，由是亲近，为侍中，稍迁至太仆。三人皆上素所爱信者，故特举之，授以后事。丁卯，帝崩于五柞宫；入殡未央宫前殿。

帝聪明能断，善用人，行法无所假贷。隆虑公主子昭平君尚帝女夷安公主。隆虑主病困，以金千斤、钱千万为昭平君豫赎死罪，上许之。隆虑主卒，昭平君日骄，醉杀主傅，系狱；廷尉以公主子上请。左右人人为言："前又入赎，陛下许之。"上曰："吾弟老有是一子，死，以属我。"于是为之垂涕，叹息良久，曰："法令者，先帝所造也，用弟故而诬先帝之法，吾何面目入高庙乎！又下负万民。"乃可其奏，哀不能自止，左右尽悲。待诏东方朔前上寿，曰："臣闻圣王为政，赏不避仇雠，诛不择骨肉。《书》曰：'不偏不党，王道荡荡。'此二者，五帝所重，三王所难也，陛下行之，天下幸甚！臣朔奉觞昧死再拜上万寿！"上初怒朔，既而善之，以朔为中郎。

戊辰，太子即皇帝位。帝姊鄂邑公主共养省中，霍光、金日䃅、上官桀共领尚书事。光辅幼主，政自己出，天下想闻其风采。殿中尝有怪，一夜，群臣相惊，光召尚符玺郎，欲收取玺。郎不肯授，光欲夺之。郎按剑曰："臣头可得，玺不可得也！"光甚谊之。明日，诏增此郎秩二等。众庶莫不多光。

三月，甲辰，葬孝武皇帝于茂陵。

夏，六月，赦天下。

秋，七月，有星孛于东方。

冬，匈奴入朔方，杀略吏民；发军屯西河，左将军桀行北边。

【译文】

二　年（甲午、公元前87年）

春，正月，皇上在甘泉宫接受诸侯王朝见。二月，到了盩厔县的五柞宫。

皇上病重，霍光流泪问道："如果有不测，谁可继立？"皇上说："你还没理解到以前给你的那张图画的意思吗？要立少子，你就像周公一样来辅佐他。"光叩头推让着说："我比不上金日䃅啊！"日䃅也说："我，是一个外国人，不如霍光；并且如此会让匈奴轻视汉朝啊！"己丑日（十二日），下诏书立弗陵为皇太子，时年8岁。丙寅日（十三日），任霍光为大司马、大将军，金日䃅为车骑将军，太仆上官桀为左将军，拜受遗命，辅佐少主，又任命搜粟都尉桑弘羊为御史大夫，全是在皇帝卧房的床前拜受遗命。霍光侍奉武帝，在宫廷内出入了20多年，当皇帝出行时，就敬持皇帝的座车，在宫中则经常随侍在皇帝左右，小心谨慎，未曾犯有过失，为人稳重谦虚，处事周密，每次出入宫廷，以及下殿出门，行止都有一定的规矩，守卫宫门的郎官和仆射曾私下辨识观察他，发现位置的准确，居然没有分毫的差别。日䃅虽然常常在皇上左右，但是几十年来眼睛都不敢正视皇上；赐给他的宫女，也不敢亲近；皇上想要把他的女儿接纳到后宫，他也不愿；金日䃅的笃厚谨慎如此，所以皇上十分看重他。日䃅的大儿子是皇帝的弄儿（相与嬉狎的儿童），皇帝十分喜爱他，后来弄儿长大了，不太谨慎，有一次在殿下和宫人嬉戏，正好被日䃅看到了，由于厌恶他的淫乱，就把他杀掉。皇上知道以后，非常生气。日䃅叩头谢罪，详细报告了所以杀死弄儿的情形。皇上十分哀痛，为此而流泪；之后，心里很敬重日䃅。上官桀原先是由于很有气力，所以得到皇帝的宠爱，任命他为未央厩令。皇上身体曾由于生病，后来好了，发现所呈上的马多很瘦弱，便很生气地说："未央厩令以为我再也看不到马了吗？"就想要把他交给有司去审理。桀叩头说："我听说皇上生病，日夜忧愁担心，心意实在并未放在养马上！"话没说完，流下了几行眼泪。皇上认为他很关心自己，因此便亲近了他，任命为侍中，又慢慢地提升为太仆。这三个人都是皇上平日所喜爱亲信的人，所以特别举用了他们，交付给他们身后辅佐幼主的任务。丁卯日（十四日），皇帝在五柞宫逝世，停灵在未央宫前殿。

  皇帝聪明能断，善于用人，执法严格，毫不宽恕。隆虑公主的儿子昭平君娶皇帝的女儿夷安公主，隆虑公主后来因为病重，就拿了千斤黄金和1000万钱要预先为昭平君预赎死罪，希望他以后要是真犯了法，能免掉一死，皇上答应了。隆虑公主死后，昭平君日渐骄恣，终于因醉酒杀死了公主的保姆，被拘囚；由于他是隆虑公主的儿子，廷尉便请皇上来定罪。左右的每一个人都为他向皇上求情说："以前他已曾经预先赎过罪，陛下答应了他。"皇上说："我妹妹到了相当大的年纪才怀孕生了这么一个儿子，死后又把他托付给我。"说完就为了这件事情流下眼泪，叹息了很久，又说："不过法令是先帝所定下来的，如果由于我妹妹的缘故而枉曲了先帝的法令，那我死后还有什么脸入祀高庙呢？并且这样做，也对不住在下的万民。"于是就准许了廷尉的上奏，心里却哀伤得不得了，左右的人也都因之同悲。这时待诏宦者署东方朔上前祝寿说："臣听说圣王施政，有奖赏的时候，并不由于是仇敌，就避开不奖赏他；有所诛责，也不因为是有骨肉之亲的，就有所分别。《尚书》上说：'一个当国君的人，应无偏私，无阿党，王家所行的正道，是十分平坦开阔的。'这两样是五帝所重视，三王所难能可贵的呀，而陛下做到了，天下人民真是荣幸得很！臣朔捧酒，冒死再拜，祝万岁寿！"皇上开始对东方朔很生气，经责问朔后，了解了朔的用心，便任命朔为中郎。

戊辰日（十五日），太子即皇帝位。皇帝的姐姐鄂邑公主在宫中抚养年才8岁的皇帝，霍光、金日䃅、上官桀同掌尚书事。霍光辅佐幼主，一切政令全由自己发布，当时，天下人民都在盼望着，期待霍光能有良好的措施和表现。殿中曾发生怪事，有一天夜里，群臣全都受了惊，霍光恐有变难，就把掌管皇帝玺印的尚符玺郎找来，想要收管皇帝的玺印。尚符玺郎不愿把玺印交给霍光，光想去强取，郎按剑说："我宁可被杀死，也不能把玺印交给你！"霍光十分赏识他的尽忠职守，认为他做得很对。第二天，下令把这名郎官的官等连升了二级。百姓知晓了这件事情没有不更加敬重霍光的。

三月，甲辰日（二十二日），在茂陵安葬了孝武皇帝。

夏，六月，赦免天下。

秋，七月，在东方出现了彗星。

冬，匈奴侵入朔方，屠杀当地的官吏百姓；汉调动军队驻屯西河，左将军上官桀到北方的边塞去巡视。

汉纪十五　孝昭皇帝上
始元元年（乙未、公元前86年）

夏，益州夷二十四邑、三万余人皆反。遣水衡都尉吕破胡募吏民及发犍为、蜀郡奔命往击，大破之。

秋，七月，赦天下。

武帝初崩，赐诸侯玉玺书。燕王旦得书不肯哭，曰："玺书封小，京师疑有变。"遣幸臣寿西长、孙纵之、王孺等之长安，以问礼仪为名，阴刺候朝廷事。及有诏褒赐旦钱三十万，益封万三千户，旦怒曰："我当为帝，何赐也！"遂与宗室中山哀王子长、齐孝王孙泽等结谋，诈言以武帝时受诏，得职吏事，修武备，备非常。郎中成轸谓旦曰："大王失职，独可起而索，不可坐而得也。大王壹起，国中虽女子皆奋臂随大王。"旦即与泽谋，为奸书，言："少帝非武帝子，大臣所共立；天下宜共伐之！"使人传行郡国以摇动百姓。泽谋归发兵临菑，杀青州刺吏隽不疑。旦招来郡国奸人，赋敛铜铁作甲兵，数阅其车骑、材官卒，发民大猎以讲士马，须期日。郎中韩义等数谏旦，旦杀义等凡十五人。会缾侯成知泽等谋，以告隽不疑。八月，不疑收捕泽等以闻。天子遣大鸿胪丞治，连引燕王。有诏，以燕王至亲，勿治；而泽等皆伏诛。迁隽不疑为京兆尹。

不疑为京兆尹，吏民敬其威信。每行县、录囚徒还，其母辄问不疑："有所平反？活几何人？"即不疑多有所平反，母喜笑异于他时；或无所出，母怒，为不食。故不疑为吏，严而不残。

九月，丙子，秺敬侯金日䃅薨。初，武帝病，有遗诏，封金日䃅为秺侯，上官桀为安阳侯，霍光为博陆侯；皆以前捕反者马何罗等功封。日䃅以帝少，不受封，光等亦不敢受。及日䃅病困，光白封，日䃅卧受印绶；一日薨。日䃅两子赏、建俱侍中，与帝略同年，共卧起。赏为奉车，建驸马都尉。及赏嗣侯，佩两绶，上谓霍将军曰："金氏兄弟两人，不可使俱两绶邪？"对曰："赏自嗣父为侯耳。"上笑曰："侯不在我与将军乎？"对曰："先帝之约，有功乃得封侯。"遂止。闰月，遣故廷尉王平等五人持节行郡国，举贤良，问民疾苦、冤、失职等。冬，无冰。

【译文】
始元元年（乙未、前86）

夏，益州夷24邑、3万余人皆反。遣水衡都尉吕破胡募吏民及发犍为、蜀郡奔命往击，大破之。

秋，七月，赦天下。

武帝初崩，赐诸侯玉玺书。燕王旦得书不肯哭，曰："玺书封小，京师疑有变。"遣幸臣寿西长、孙纵之、王孺等之长安，以问礼仪为名，阴刺候朝廷事。及有诏褒赐旦钱30万，益封1万3千户，旦怒曰："我当为帝，何赐也！"遂与宗室中山哀王子长、齐孝王孙泽等结谋，诈言以武帝时受诏，得职吏事，修武备，备非常。郎中成轸谓旦曰："大王失职，独可起而索，不可坐而得也。大王壹起，国中虽女子皆奋臂随大王。"旦即与泽谋，为奸书，言："少帝非武帝子，大臣所共立；天下宜共伐之！"使人传行郡国以摇动百姓。泽谋归发兵临菑，杀青州刺史隽不疑。旦招来郡国奸人，赋敛铜铁作甲兵，数阅其车骑、材官卒，发民大猎以讲士马，须期日。郎中韩义等数谏旦，旦杀义等15人。会缾侯成知泽等谋，以告隽不疑。八月，不疑收捕泽等以闻。天子遣大鸿胪丞治，连引燕王。有诏，以燕王至亲，勿治；而泽等皆伏诛。迁隽不疑为京兆尹。

不疑为京兆尹，吏民敬其威信。每行县、录囚徒还，其母辄问不疑："有所平反？活几何人？"即不疑多有所平反，母喜笑异于他时；或无所出，母怒，为不食。故不疑为吏，严而不残。

九月，丙子，秺敬侯金日磾薨。初，武帝病，有遗诏，封金日磾为秺侯，上官桀为安阳侯，霍光为博陆侯；皆以捕反者马何罗等功封。日磾以帝少，不受封，光等亦不敢受。及日磾病重，光白封，日磾卧受印绶；一日薨。日磾两子赏、建俱侍中，与帝略同年，共卧起。赏为奉车，建驸马都尉。及赏嗣侯，佩两绶，上谓霍将军曰："金氏兄弟两人，不可使俱两绶邪？"对曰："赏自嗣父为侯耳。"上笑曰："侯不在我与将军乎？"对曰："先帝之约，有功乃得封侯。"遂止。闰月，遣故廷尉王平等5人持节行郡国，举贤良，问民疾苦、冤、失职等。冬，无冰。

汉纪十七　中宗孝宣皇帝
元康四年（己未、公元前62年）

春，正月，诏："年八十以上，非诬告、杀伤人，它皆勿坐。"

右扶风尹翁归卒，家无余财。秋，八月，诏曰："翁归廉平乡正，治民异等。其赐翁归子黄金百斤，以奉祭祀。"

上令有司求高祖功臣子孙失侯者，得槐里公乘周广汉等百三十六人，皆赐黄金二十斤，复其家，令奉祭祀，世世勿绝。

丙寅，富平敬侯张安世薨。

初，扶阳节侯韦贤薨，长子弘有罪系狱，家人矫贤令，以次子大河都尉玄成为后。玄成深知其非贤雅意，即阳为病狂，卧便利，妄笑语，昏乱。既葬，当袭爵，以狂不应召。大鸿胪奏状，章下丞相、御史案验。案事丞相史乃与玄成书曰："古之辞让，必有文义可观，故能垂荣于后。今子独坏容貌，蒙耻辱为狂痴，光曜暗而不宣，微哉子之所托名也！仆素愚陋，过为丞相执事，愿少闻风声；不然，恐子伤高而仆为小人也。"玄成友人侍郎章亦上疏言："圣王贵以礼让为国，宜优养玄成，勿枉其志，使得自安衡门之下。"而丞相、御史遂以玄成实不病，劾奏之，有诏勿劾，引拜；玄成不得已，受爵。帝高其节，以玄成为河南太守。

初，武帝开河西四郡，隔绝羌与匈奴相通之路，斥逐诸羌，不使居湟中地。及帝即位，光禄大夫义渠安国使行诸羌；先零豪言："愿时度湟水北，逐民所不田处畜牧。"安国以闻。后将军赵充国劾安国奉使不敬。是后羌人旁缘前言，抵冒度湟水，郡县不能禁。

既而先零与诸羌种豪二百余人解仇、交质、盟诅，上闻之，以问赵充国，对曰："羌人所以易制者，以其种自有豪，数相攻击，势不壹也。往三十余岁西羌反时，亦先解仇合约攻令居，与汉相距，五六年乃定。匈奴数诱羌人，欲与之共击张掖、酒泉地，使羌居之。间者匈奴困于西方，疑其更遣使至羌中与相结。臣恐羌变未止此，且复结联他种，宜及未然为之备。"后月余，羌侯狼何果遣使至匈奴藉兵，欲击鄯善、燉煌以绝汉道。充国以为"狼何势不能独造此计，疑匈奴使已至羌中，先零、罕、开乃解仇作约。到秋马肥，变必起矣。宜遣使者行边兵，豫为备敕，视诸羌毋令解仇，以发觉其谋。"于是两府复白遣义渠安国行视诸羌，分别善恶。

【译文】

元康四年（己未、公元前62年）

春天，正月，诏令说："在80岁以上的人，假如不是由于诬告罪，或是杀伤了人，其余的过错都不论罪。"

右扶风尹翁归去世了，家中毫无积蓄。秋，八月，皇上下诏令说："翁归为人廉洁清贫，做事很公正，管理百姓，政绩很优异。因此现在要赐给翁归的儿子100斤黄金，使他能够去祀神祭祖。"

皇上命令有司去追查当时已经失去侯爵的高祖时候的功臣子孙们，结果查到了在槐里的公乘周广汉等136人。皇上都赏给他们每人20斤黄金，还免除他们的徭役，使他们能够去奉祀祖先，世世代代，永不衰竭。丙寅日（十一日），富平敬侯张安世故去。

原先，扶阳节侯韦贤去世，长子弘因罪被囚禁在监牢里，家人就假托是韦贤的遗命，要立次子大河郡都尉玄成为承袭爵位的后嗣。玄成很明白这不是他父亲韦贤的心意，便装疯卖狂，躺到大、小便上，还胡言乱语，显出昏乱的样子来。等韦贤安葬了以后，该有人去承继韦贤的爵位时，玄成就以病狂不去接受征召。大鸿胪就将这种情形呈奏上去，皇上就把它交给丞相和御史去查办。负责查办这件事情的丞相属官就给玄成一封信说："古人的辞让，必须有他的文采义理可供观览，因而能够流芳后世。现在你却只是毁坏容貌，蒙受屈辱，装疯卖傻而已，光彩暗然而不彰，这确实在没什么意义啊！你的托词，是丝毫道理也没有的。我这个人素来就很愚笨鄙陋，如今谬为丞相的属吏，来调查这件事情，希望你能稍微听听外界对你的猜疑，自知悔改；否则，等到被纠举出是装病，唯恐就会有损你的清高，也会让我变成一个不肖的小人啊！"玄成的朋友侍郎章也上奏疏说："圣明的君王是贵在能以礼让来治国的，因此应该要厚待玄成，不要委屈了他的心志，应让他能安贫乐道，悠然自得。"但是丞相和御史却以玄成实际上并没得狂病，而把实情呈奏上去要弹劾他。皇帝就下令免罪，要召他来接受任命；玄成不得已，接受了爵位。皇帝嘉奖他的志节，委任他为河南太守。

原先，武帝开设了武威、张掖、酒泉、敦煌等河西的4个郡，截断了羌和匈奴相通的道路，也驱逐了羌人，不让他们居住在湟水左右的肥美地带。到了宣帝即位，光禄大夫义渠安国奉旨到羌人住的地方去巡行；先零族的酋长就说："希望能不时让我们渡过湟水，到湟水的北边去，允许我们在民众所不耕种的地方去放牧。"安国就同意把这件事情呈奏给汉天子。后将军赵充国便弹劾安国奉使在外，办事不谨慎。此后，羌人就依照从前所提的这些请求，抵法冒禁的去强渡湟水，郡县不能去禁止他们。

自此，先零便和其他的羌人首领200多人，消除了过去的仇恨，互相交换了人质以取信，还订立誓约，彼此自相亲结，想要入汉为寇。皇上知道了这件事，便问赵充国。充国回答说："羌人以前所以容易被控制，是由于他们没有大君长，诸羌种都各自有他们的酋长，不时互相攻击，权势不能合一。30多年前，西羌反叛时，他们也是相互先解除仇恨，订立合约，再去进攻令居，之后与汉相抗衡，经过了五六年才被平定。匈奴常常在引诱羌人，要让他们一起去攻击张掖、酒泉等地，之后就让羌人住在那里。近来匈奴被困在西方，我担心他们曾经又派了使者到羌中去和他们相勾结。臣恐怕羌人的变乱不只这些，他们将会和其他的种族再次联合起来，所以应该在他们还没叛乱的时候，预先设法去防备他们。"以后经过了1个多月，羌侯狼何果真派遣使者到匈奴去借兵，要去攻击鄯善和敦煌，来截断汉朝到西域各国的通路。充国认为："依狼何的势力，是不能独自想出这个计谋的，我怀疑匈奴的使者已经到达羌中，先零、罕、开诸羌种才会解除仇恨，互相订立盟约。到了秋天马肥的时候，必定会发生羌人叛乱的。现在我们应当派遣使者去巡视守卫在边境上的部队，让他们预先防备，还要命令他们去监视各羌族的动静，要打破诸羌彼此间的联盟，注意发现羌人的阴谋。"因此，丞相和御史两府又建议派遣义渠安国去巡视观察各羌人的动态，辨别他们逆顺的情况。

汉纪十九　中宗孝宣皇帝
甘露三年（庚午、公元前51年）

春，正月，上行幸甘泉，郊泰畤。

匈奴呼韩邪单于来朝，赞谒称藩臣而不名；赐以冠带、衣裳、黄金玺、盭绶，玉具剑、佩刀，弓一张，矢四发，乐橐戟十，安车一乘，鞍勒一具，马十五匹，黄金二十斤，钱二十万，衣被七十七袭，锦绣、绮縠、杂帛八千匹，絮六千斤。礼毕，使使者道单于先行宿长平。上自甘泉宿池阳宫。上登长平阪，诏单于毋谒，其左右当户皆得列观，及诸蛮夷君长、王、侯数万，咸迎于渭桥下，夹道陈。上登渭桥，咸称万岁。单于就邸长安。置酒建章宫，飨赐单于，观以珍宝。二月，遣单于归国。单于自请"愿留居幕南光禄塞下；有急，保汉受降城。"汉遣长乐卫尉、高昌侯董忠、车骑都尉韩昌将骑万六千，又发边郡士马以千数，送单于出朔方鸡鹿塞。诏忠等留卫单于，助诛不服，又转边谷米糒，前后三万四千斛，给赡其食。先是，自乌孙以西至安息诸国近匈奴者，皆畏匈奴而轻汉；及呼韩邪朝汉后，咸尊汉矣。

上以戎狄宾服，思股肱之美，乃图画其人于麒麟阁，法其容貌，署其官爵、姓名；唯霍光不名，

中宗孝宣皇帝像

曰："大司马、大将军、博陆侯，姓霍氏。"其次张安世、韩增、赵充国、魏相、丙吉、杜延年、刘德、梁丘贺、萧望之、苏武，凡十一人，皆有功德，知名当世，是以表而扬之，明著中兴辅佐，列于方叔、召虎、仲山甫焉。

凤皇集新蔡。

三月，己巳，建成安侯黄霸薨。五月，甲午，于定国为丞相，封西平侯。太仆沛郡陈万年为御史大夫。

诏诸儒讲五经同异，萧望之等平奏其议，上亲称制临决焉。乃立梁丘《易》、大、小夏侯《尚书》、谷梁《春秋》博士。

乌孙大昆弥元贵靡及鸱靡皆病死。公主上书言："年老土思，愿得归骸骨，葬汉地！"天子闵而迎之。冬，至京师，待之一如公主之制。后二岁卒。

皇太子所幸司马良娣病，且死，谓太子曰："妾死非天命，乃诸娣妾、良人更祝诅杀我。"太子以为然。及死，太子悲恚发病，忽忽不乐。帝乃令皇后择后宫家人子可以娱侍太子者，得元城王政君，送太子宫。政君，故绣衣御史贺之孙女也，见于丙殿；壹幸，有身。是岁，生成帝于甲馆画堂，为世适皇孙。帝爱之，自名曰骜，字大孙，常置左右。

【译文】

甘露三年 （庚午、公元前51年）

春，正月，皇上到甘泉宫去祭祀泰畤。

匈奴呼韩邪单于到甘泉宫来朝见天子，谒见时只称他是藩臣，而不称他的姓名；汉天子赏赐给他冠带、衣裳、金制的印玺、用庚草浸染过的丝绶，用玉装饰的剑、佩刀，以及1张弓、4发箭、10件仪仗的棨戟、1辆安车、1套骑垫和马辔、15匹马、20斤黄金、20万钱、77副衣被和8000匹锦绣、绮縠、杂帛等丝织品，还有6000斤棉絮。行过了朝见的礼仪以后，便派遣使臣引导单于到陕西池阳县西南的长平阪去休息。皇上也从甘泉宫移住到池阳县的离宫池阳宫。当皇上登上长平阪接见单于时，令单于不用下拜，单于的左右当户以下众官，都允许列队观礼，各蛮夷君长、王、侯共有几万人，都在渭桥下迎接，排列在道路的两旁。皇上登上渭桥时，大家都高呼万岁。单于后来又移住到长安，皇上于是在建章宫设宴款待，并且拿了很多珍宝给他看。到了二月，派遣单于回匈奴国去。单于自己要求，"希望能留住在漠南的光禄塞；因为如有郅支单于来袭击的事情发生，汉朝在五原郡边界上筑有受降城，便可以入城以求自保。"汉天子于是派遣长乐卫尉、高昌侯董忠和车骑都尉韩昌，率领1万6千名骑兵，又调发好几千名边郡的士卒及马匹，护送单于到朔方郡的鸡鹿塞。要董忠等留下来护卫单于，帮助他诛除叛逆不顺服的人，又运送边郡里的谷物干粮，前后共有3万4千斛，送给他们食用。起初，从乌孙以西到安息的那些靠近匈奴的国家，都很畏惧匈奴而轻视汉朝，待等到呼韩邪朝汉以后，大家便改尊汉朝了。

因为戎狄已经平服了，皇上想起那些曾经辅佐的大臣都非常尽忠，便在未央宫中的麒麟阁墙壁上，把那些得力大臣摹绘了下来，不但模仿他们的容貌，还在上面注明他们的官职、爵位和姓名；只有霍光不标出名字，只说是"大司马、大将军、博陆侯、姓霍氏"。其余依次为张安世、韩增、赵充国、魏相、丙吉、杜延年、刘德、梁丘贺、萧望之、苏武，一共11人，都立有相当的功业，是当世知名的贤臣，因此用壁画的形式来表彰褒扬他们，明确地指出这些有功于宣帝中兴的辅佐大臣，可以同周宣王时的中兴功臣方叔、召虎和仲山甫等人相提并论。

凤凰飞聚在汝南郡的新蔡县。

三月，己巳日，建成安侯黄霸去世。五月，甲午日（十二日），任命于定国为丞相，封为西平侯。太仆沛郡人陈万年为御史大夫。

宣帝下令群臣讨论五经的异同，再经萧望之等人将每个人的议论加以辨析以后，把结果呈奏宣帝，由皇上亲自裁决。于是设置了梁丘贺的《易学》博士、夏侯胜和夏侯建叔侄二人的《尚书学》博士和谷梁赤的《春秋学》博士。

乌孙国的大昆弥元贵靡和鸱靡都病死了。公主便上书对汉天子说："我现在已经老了，很想念故乡，希望能让我回去，将来得以葬身汉地！"天子很同情她，便同意把她迎接回来。冬，回到了京师，楚公主本作为宗室女嫁到乌孙，所以便用皇女一般的仪制来礼待她。两年后病逝。

皇太子所宠爱的司马良娣病重，要死的时候，对太子说："我的死，并非死于天命，而是因为那些娣妾和良人竞相诅咒我，害死我的。"太子认为她说得很对。等到司马良娣死后，便很悲伤，以致生了病，精神恍惚，心中闷闷不乐。皇帝便让皇后到后宫去挑选可以服侍太子，让太子高兴的宫人，结果发现了魏郡元城县人王政君，便送到太子宫中。政君，是从前的绣衣御史王贺的孙女，现在丙殿；一受到皇太子的宠幸，就有了身孕。这一年，在甲馆的画堂生了成帝，成为正统的嫡皇孙。皇帝很喜欢他，亲自取名为骜，字叫大孙，经常带在身边。

黄龙元年（壬申、公元前49年）

匈奴呼韩邪单于来朝；二月，归国。始，郅支单于以为呼韩邪兵弱降汉，不能复自还，即引其众西，欲攻定右地。又屠耆单于小弟本侍呼韩邪，亦亡之右地，收两兄余兵，得数千人，自立为伊利目单于；道逢郅支，合战，郅支杀之，并其兵五万余人。郅支闻汉出兵谷助呼韩邪，即遂留居右地；自度力不能定匈奴，乃益西，近乌孙，欲其并力，遣使见小昆弥乌就屠。乌就屠杀其使，发八千骑迎郅支。郅支觉其谋，勒兵逢击乌孙，破之；因北击乌揭、坚昆、丁令，并三国。数遣兵击乌孙，常胜之。坚昆东去单于庭七千里，南至车师五千里，郅支留都之。

三月，有星孛于王良、阁道，入紫微宫。

帝寝疾，选大臣可属者，引外属侍中乐陵侯史高、太子太傅萧望之、少傅周堪至禁中，拜高为大司马、车骑将军，望之为前将军、光禄勋，堪为光禄大夫，皆受遗诏辅政，领尚书事。冬，十二月，甲戌，帝崩于未央宫。

癸巳，太子即皇帝位，谒高庙，尊皇太后曰太皇太后，皇后曰皇太后。

【译文】

黄龙元年（壬申、公元前49年）

匈奴呼韩邪单于来朝见汉天子，到二月才回国。起初，郅支单于认为呼韩邪单于因为兵弱才投降汉朝，是不会再回来的，便带领他的部众西进，想要攻取右地这一块地方。还有屠耆单于的小弟，本来是侍奉呼韩邪的，也跑到右地去，收编了屠耆单于和闰振单于两位兄长的余众，共得了几千人，自立为伊利目单于；路上遇到郅支单于，双方便展开混战，结果，郅支杀死了伊利目单于，收降了他5万多名兵众。郅支听说汉朝派兵护卫呼韩邪回匈奴，又送给他粮食，便留居在右地；后来自量能力不足统治匈奴全境，就改向西移，接近了乌孙，很希望乌孙能跟他合作，便派了使者去见乌孙的小昆弥乌就屠。乌就屠把他的使者杀了，还调派8000名骑兵要去攻击郅支。郅支发觉乌孙的阴谋，便停止军队的前进，并准备还击乌孙。结果郅支击败了乌就屠；又向北攻打乌揭、坚昆和丁令，并且并吞了这三国。然后就屡次派兵攻打乌孙，总是击败乌孙。坚昆向东距离单于朝廷有7000里路，南到车师有5000里远，郅支单于便因此留居在坚昆。

匈奴骑士

三月，有彗星出现在王良和阁道两星座间，然后消失在紫微星座旁。

皇帝病重，于是想挑选可吩咐后事的大臣，所以就把外戚侍中乐陵侯史高、太子太傅萧望之和少傅周堪都带到宫中天子居住的地方去，任命高为大司马、车骑将军，望之为前将军、光禄勋，堪为光禄大夫，都拜受了遗诏，准备辅佐国事，掌领尚书事，职典枢机。冬，十二月，甲戌日（初七），皇帝在未央宫逝世。

癸巳日（二十六日），太子即皇帝位，谒见了高庙，尊奉皇太后为太皇太后，皇后为皇太后。

汉纪二十一　孝元皇帝
永光四年（辛巳、公元前40年）

夏，六月，戊寅晦，日有食之。上于是召诸前言日变在周堪、张猛者责问，皆稽首谢；因下诏称堪、猛之美，征诣行在所，拜为光禄大夫，秩中二千石，领尚书事；猛复为太中大夫、给事中。中书令石显管尚书，尚书五人皆其党也；堪希得见，常因显白事，事决显口。会堪疾瘖，不能言而卒。显诬谮猛，令自杀于公车。

初，贡禹奏言："孝惠、孝景庙皆亲尽宜毁，及郡国庙不应古礼，宜正定。"天子是其议。

诸陵分属三辅。以渭城寿陵亭部原上为初陵；诏勿置县邑及徙郡国民。

【译文】
永光四年（辛巳、公元前40年）

夏，六月，戊寅晦日（三十日），又发生了日蚀。皇上于是把以前说因为任用周堪和张猛，才发生日蚀的那些人找来责问，他们都叩头认错谢罪；皇上便下诏令称赞堪、猛的善美，把他们征召到出巡时所住宿休息的来，任命堪为光禄大夫，俸禄为中2000石，典领尚书事；猛仍为太中大夫、给事中。可是因为当时是中书令石显主管尚书，5名尚书员包括石显、牢梁、五鹿充宗、伊嘉、陈顺都为一党，堪因此不容易见到皇帝，事情常常是经由石显转奏，如有决定，也由石显亲口转达。后来又有周堪因为患了失音症，喉咙沙哑，不能言语，最后病死。石显又诬告张猛，逼迫他在公车里自杀。

起初，贡禹上奏说："孝惠帝和孝景帝两庙，都因为亲属关系已经很疏远了，所以应予毁弃，还有在郡国中所设立的那么多的祖庙，如有不合古礼的，也应该重新加以整理订正。"天子很赞赏他的意见。

各帝王的陵园，不再像过去一样直属于中央机关的太常，而改变为分属到所在的三辅各地方机关。又指定渭城北原上的寿陵亭一带为元帝预置的陵寝所在，同时下令不必在那里设置县邑，也不用像诸帝陵一样，把各郡国的豪户富民都迁徙到那里去。

五　年（壬午、公元前39年）

秋，颖川水流杀人民。

冬，上幸长杨射熊馆，大猎。

十二月，乙酉，毁太上皇、孝惠皇帝寝庙园，用韦玄成等之议也。

上好儒术、文辞，颇改宣帝之政；言事者多进见，人人以为得上意。又傅昭仪及子济阳王康爱幸，逾于皇后、太子。太子少傅匡衡上疏曰："臣闻治乱安危之机，在乎审所用心。盖受命之王，务在创业垂统，传之无穷；继体之君，心存于承宣先王之德而褒大其功。昔者成王之嗣位，思述文、武之道以养其心，休烈盛美归之二后，而不敢专其名，是以上天歆享，鬼神佑焉。陛下圣德天覆，子爱海内，然而阴阳未和、奸邪未禁者，殆议者未丕扬先帝之盛功，争言制度不可用也，务变更之，所更或不可行而复复之，是以群下更相是非，吏民无所信。臣窃恨国家释乐成之业而虚为此纷纷也！愿陛下详览统业之事，留神于遵制扬功，以定群下之心。《大雅》曰：'无念尔祖，聿修厥德，'盖至德之本也。《传》曰：'审好恶，理情性，而王道毕矣。'治性之道，必审己之所有余而强其所不足，盖聪明疏通者戒于太察，寡闻少见者戒于壅蔽，勇猛刚强者戒于太暴，仁爱温良者戒于无断，湛静安舒者戒于后时，广心浩大者戒于遗忘。必审己之所当戒而齐之以义，然后中和之化应，而巧伪之徒不敢比周而望进。唯陛下戒之，所以崇圣德也！

"臣又闻室家之道修，则天下理得，故《诗》始《国风》，《礼》本冠、婚。始乎《国风》，原情性以明人伦也；本乎冠、婚，正基兆以防未然也；故圣王必慎妃后之际，别适长之位，礼之于内也。卑不逾尊，新不先故，所以统人情而理阴气也；其尊适而卑庶也，适子冠乎阼，礼之用醴，众子不得与列，所以贵正体而明嫌疑也。非虚加其礼文而已，乃中心与之殊异，故礼探其情而见之外也。圣人动静游燕所亲，物得其序，则海内自修，百姓从化。如当亲者疏，当尊者卑，则佞巧之奸因时而动，以乱国家。故圣人慎防其端，禁于未然，不以私恩害公义。《传》曰：'正家而天下定矣！'"

初，武帝既塞宣房，后河复北决于馆陶，分为屯氏河，东北入海，广深与大河等，故因其自然，不堤塞也。是岁，河决于清河灵鸣犊口，而屯氏河绝。

【译文】

五　年（壬午、公元前39年）

秋，颍川郡闹大水，淹死了很多人。

冬，皇上到长杨宫的射熊馆去打猎。

十二月，乙酉日（十六日），皇上采用韦玄成等人的建议，毁弃了太上皇和孝惠帝的陵寝庙园。

皇上因为喜好儒术和文辞，更改了宣帝时的一些施政办法。好议论的人很多都能觐见皇帝，提出他的建议，每个人都自以为能了解皇上的心意。还有傅昭仪和她的儿子济阳王康都深受皇帝的喜爱宠幸，皇帝对他们的恩宠甚至超过了皇后和太子。于是太子少傅匡衡便上疏说："臣听说国家治乱安危的枢纽，在于用心要谨慎。那承受天命的开国君主，贵在开创基业，为后世垂示统绪，永传不朽；继统袭位的帝王，要能全心去继承宣扬先王的功德，光大他的事业。从前周成王承继王位，就能全心继承文王和武王的道统，以修养他的心性，有了善美的功业，便归给文、武二帝，不敢据为自己的功劳，所以上天能够接受他的祭祀祷告，神灵都能保佑他。陛下天赋圣德，慈爱百姓，可是天地的寒暑变化却不能调和，这些有的奸佞邪恶仍未能禁止的原因，大概是因为那些议论国事的人，不能去弘扬先帝的盛德，只在那里争论制度的可否，他们强调要有所变更，可是所改变的，却阻碍难行，于是便又更改回来，弄得群臣只在那里争论是非，搬弄口舌，使得吏民不知何去何处。臣私下里很遗憾国家竟然会废弃了那已有的成就，舍弃了那为人心所信乐的事功不管，却盲目地去尝试那些尚在争辩不休，毫无实情可依据的变更。所以请求陛下能去详细观览有关创业垂统的事理，注意遵从先帝的法制，宣扬先帝的功业，以稳定群众的心理。《诗经》说：'能不想念你的祖先吗？我们要能继承发扬我们祖宗的功德啊！'这才是圣德的根本所在。解诗的《传》上这样说：'能审查好恶，顺应情性，一切治理国家平定天下的道理，便全在这里了。'修治德行的方法，一定要能审知自己的长处，并且要能勉行弥补自己所欠缺的。一般来说，聪明通达的人，不要太过于苛求别人的短处；见闻浅陋的人，要警惕不要使自己遭到蒙蔽；勇猛刚强的人，不要变得过于凶暴；仁爱善良的人，不要变得优柔寡断；沉静安和的人，不要因为迟缓，而丧失时机；心思宽广的人，要戒于遗忘，以免挂一漏万。凡事一定要先确定自己所应引为鉴戒的，再依义理行事，以求能补足自己的短失，然后一切才能显得中正祥和，那些弄巧使诈的佞人，才不敢结党营私，冀求亲近。请陛下察鉴，这就是用来崇尚圣德的方法啊！

"臣又听说，如果能注意讲究齐整家庭的方法，那么自然就能明白平治天下的道理。因此，《诗经》编排的顺序，是从《国风》的《关雎》开始，《礼经》则以冠礼和婚礼为礼的根本。《诗经》之所以从《国风》开始，是在探讨情性，以明人伦；《礼经》所以拿冠礼和婚礼为根本，这是在端正本源，以防不测。因此圣王一定要分清后妃的不同，区别嫡长子的地位，这是以礼来齐家。使得地位卑下的人，凡事都不能超过地位尊贵的人；后娶的妃子，凡事都不得先于原有的皇后，这是用来统理人情，顺应阴气的办法。尊重嫡子，屈降众子的方法是，让嫡子站在殿前的主阶上去行冠礼，用甜酒去招待，庶子便不得如此，这就是用来珍视正统而辨明嫌疑，以避免被迷惑啊！这并不是只在外表上去虚行这些礼仪而已，而是在内心里，对于亲旧尊卑，便持有不同的态度。因此，礼文可以探知一个人的内情，然后再让它表现于外。圣人的一切言行动静，包括在闲暇自适的时候，凡所亲近的人事，如能使得他的尊卑都有次序，那么天下自然修治，百姓便能遵从教化。如果是应当亲近的，反而疏远了，应当尊重的，反而贬低了，那么那些佞邪巧诈的小人，便会伺机而动，来扰乱国家。所以圣人要事先预防这些事情的发生，不因为私人的恩情，妨害了大义。所以解释《易经·家人卦》的象辞说：'能端正家道，然后天下才能大治!'"

起初，在元封二年，武帝已派人去堵塞了瓠子河，在上面建造了一座宣房。后来，黄河在北边属于魏郡的陶馆县决堤，从这里分出了一条所谓的屯氏河，向东北流到渤海郡的章武县从那里入海，这条河的宽度和深度同原来的黄河一样，所以便顺着这条河由它流着，不筑堤阻塞它了。这一年，黄河又在清河郡的灵县西边的鸣犊河口决口，屯氏河便因此又干涸了。

汉纪二十二　孝成皇帝
建始二年（庚寅、公元前31年）

春，正月，罢雍五畤及陈宝祠，皆从匡衡之请也。辛巳，上始郊祀长安南郊。赦奉郊县及中都官耐罪徒；减天下赋钱，算四十。

闰月，以渭城延陵亭部为初陵。

三月，辛丑，上始祠后土于北郊。

丙午，立皇后许氏。后，车骑将军嘉之女也。元帝伤母恭哀后居位日浅而遭霍氏之辜，故选嘉女以配太子。

上自为太子时，以好色闻；及即位，皇太后诏采良家女以备后宫。大将军武库令杜钦说王凤曰："礼，一娶九女，所以广嗣重祖也；娣侄虽缺不复补，所以养寿塞争也。故后妃有贞淑之行，则胤嗣有贤圣之君；制度有威仪之节，则人君有寿考之福。废而不由，则女德不厌；女德不厌，则寿命不究于高年。男子五十，好色未衰；妇人四十，容貌改前；以改前之容待于未衰之年，而不以礼为制，则其原不可救而后徕异态；后徕异态，则正后自疑而支庶有间适之心；是以晋献被纳谗之谤，申生

孝成皇帝像

蒙无罪之辜。今圣主富于春秋，未有适嗣，方乡术入学，未亲后妃之议。将军辅政，宜因始初之隆，建九女之制，详择有行义之家，求淑女之员，毋必有声色技能，为万世大法。夫少戒之在色，《小卞》之作，可为寒心。唯将军常以为忧！"凤白之太后，太后以为故事无有；凤不能自立法度，循故事而已。

夏，大旱。

匈奴呼韩邪单于嬖左伊秩訾兄女二人；长女颛渠阏氏生二子，长曰且莫车，次曰囊知牙斯；少女为大阏氏，生四子，长曰雕陶莫皋，次曰且麋胥，皆长于且莫车，少子咸、乐二人，皆小于囊知牙斯。又他阏氏子十余人。颛渠阏氏贵，且莫车爱，呼韩邪病且死，欲立且莫车。颛渠阏氏曰："匈奴乱十余年，不绝如发，赖蒙汉力，故得复安。今平定未久，人民创艾战斗。且莫车年少，百姓未附，恐复危国。我与大阏氏一家共子，不如立雕陶莫皋。"大阏氏曰："且莫车虽少，大臣共持国事。今舍贵立贱，后世必乱。"单于卒从颛渠阏氏计，立雕陶莫皋，约令传国与弟。

【译文】

建始二年（庚寅、公元前31年）

春，正月，又依匡衡的奏请，罢废了在雍县的五畤以及在陈仓的陈宝祠。辛巳日（二十三日），皇帝开始在长安南郊举行祭天的庆典，赦免了负责祭天的县份，以及在京师各官府服刑的那些仍可以留有鬓毛，没被全剃去头发的轻罪囚徒；减免了天下人民的赋税，本来是年纳120文，现在减去40，只纳80文。

闰月，皇帝把渭城延陵亭一带，划为初陵，开始营陵。

三月，辛丑日（十四日），皇上开始在长安北郊举行祭地礼。

丙午日（十九日），封了许皇后。皇后许氏是车骑将军许嘉的女儿。元帝因为感伤母亲恭哀后为宣帝皇后的日子很短，就遭到霍氏的残害，所以选了许嘉的女儿许配给太子。

皇上从身为太子时，便以好色著名；到了即位，皇太后就颁下诏令去选择良家女子充入后宫。大将军的下属官员武库令杜钦规劝王凤说："依照礼制，一次的聘娶，可以同时娶来九个陪嫁女子，这是用来广添后嗣，尊重祖先的；如果原来配偶去世，就用其他年幼的娣侄来继室，如果没有娣侄，便不再补，这样就可以用来延长年寿，阻塞争端。如果后妃有贞洁善美的德行，那么后代便会有贤达神圣的国君；在制度上有了长幼先后的节度，那么君王便会有长命寿考的福禄。如果废弃了这种礼制，就会好色而不知节制；好色而不知节制，那么寿命自然很短。男人到了50岁，还是非常喜好女色；而妇人过了40岁，容貌不如从前；用那逐渐衰颓的容貌，去侍奉仍在好色之年的男人，如不以礼去节制他，就将无法消除他那原本好色的心意，而且以后对待妻子的态度，也会与从前大不相同；恩爱的态度变了，原配便会起疑心，而妾妇庶子，也会产生疏远嫡子的意念；因此晋献公听信了骊姬诽谤世子的谗言，申生就蒙受了冤枉。现在圣上正是年轻的时候，还没有后嗣，正在专心学术，尚未接触到纳娶后妃的建议。将军帮助天子施政之时，应该趁着皇上刚刚即位之时的隆盛，立下一娶九女的制度，谨慎地去选择有德行，符合道义的家庭，寻求本质善良的女子，不必去计较有没有美色或音乐技能，以为后代万世立下大法。一个人在年少的时候，不能好色而无节，《诗经》中的那首《小卞》之诗，讥刺了幽王的废去申后，改立褒姒，哀太子被放逐，而怜悯周室的衰败，实在是值得警惕的啊！请将军能常以此事为念！"王凤便向太后禀告。太后认为这样做并没有往例可循，王凤也不能自己设法度，于是便只有遵守成例去做。

夏，发生了大旱灾。

匈奴呼韩邪单于溺爱左伊秩訾的哥哥的两个女儿：长女是颛渠阏氏，生了2个儿子，大儿子叫且莫车，二儿子叫囊知牙斯；小女儿是大阏氏，生了4个儿子，大儿子叫雕陶莫皋，二儿子叫且麋胥，年纪都比且莫车大，另外两个小的咸、乐，都比囊知牙斯小。还有其他的阏氏生的儿子一共有10多个人。颛渠阏氏的地位比较显贵，而且莫车也比较受到宠爱，呼韩邪病重将死时，想要立且莫车为太子。颛渠阏氏说："匈奴危乱了10多年，国运不绝如缕，幸承蒙汉朝的扶持，才得又稳定下来。现在刚安定不久，人民都非常畏惧战斗，非常想休养生息。且莫车年纪太小，百姓还不能顺从他，恐怕又会陷国家于危亡。我和大阏氏是亲姐姐，本是一家人，两人视彼此所生的儿子，就如同自己生的一样，所以不如改立雕陶莫皋。"大阏氏说："且莫车年纪虽然小，有大臣可以共同辅佑他施政。现在如果弃贵立贱，后代必然生乱。"单于最后还是照着颛渠阏氏的意思，改立了雕陶莫皋，约定将来再传位给弟弟。

河平三年（乙未、公元前26年）

春，正月，楚王嚣来朝。二月，乙亥，诏以嚣素行纯茂，特加显异，封其子勋为广戚侯。

丙戌，犍为地震，山崩，壅江水，水逆流。

秋，八月，乙卯晦，日有食之。

上以中祕书颇散亡，使谒者陈农求遗书于天下。诏光禄大夫刘向校经传、诸子、诗赋，步兵校尉任宏校兵书，太史令尹咸校数术，侍医李柱国校方技。每一书已，向辄条其篇目，撮其指意，录而奏之。

刘向以王氏权位太盛，而上方向《诗》《书》古文，向乃因《尚书》《洪范》，集合上古以来，历春秋、六国至秦、汉符瑞、灾异之记，推迹行事，连傅祸福，著其占验，比类相从，各有条目，凡十一篇，号曰《洪范五行传论》，奏之。天子心知向忠精，故为凤兄弟起此论也；然终不能夺王氏权。

河复决平原，流入济南、千乘，所坏败者半建始时。复遣王延世与丞相史杨焉及将作大匠许商、谏大夫乘马延年同作治，六月乃成。

【译文】

河平三年（乙未、公元前26年）

春，正月，宣帝的儿子楚王嚣来朝见天子。二月，乙亥日（十六日），皇上下诏令说，因为嚣素来的德行纯美良好，因此特别加以褒扬，封他的儿子勋为广戚侯。

丙戌日（二十七日），犍为发生地震，使得山岳崩溃，江水阻塞，水流泛滥。

秋，八月，乙卯晦日（二十九日），又发生日蚀。

皇上因为宫中所藏的书籍散佚了不少，便派光禄勋中，掌管奉诏出使的谒者陈农，到天下各地去访求遗书。还下诏命令光禄大夫刘向，校定经传、诸子、诗赋各种典籍；掌上林苑门屯兵的步兵校尉任宏，负责校订兵书；隶属太常，掌领诸史以及星历占算的太史令尹咸，校定数术等占卜星历的图书；属少府太医令，掌帝后疾病诊疗的侍医李柱国，负责校定方术等医书。每一书校定完毕，刘向便分别说明这本书篇目的多少，摘要列述这本书的旨意等等，笔录奏呈。

因为王氏的地位太过于显盛，而皇上正一心向慕《诗》《书》等古文，刘向便从《尚书》的《洪范篇》中，集合上古以来，经历春秋时代、六国时代，以至秦朝、汉朝等有关符瑞和灾异的记录，推演当时的行事，符合因果祸福的关系，显扬它的灵验，分门别类，各加上篇目，一共11篇，称为《洪范五行传论》，呈奏给皇上。天子心里知道刘向对汉室的一片忠诚，是在借故反对王凤兄弟的威盛，写这一本书来劝告他，可是终究不能剥夺王氏的权位。

黄河又在平原郡决口，泛滥到济南、千乘两郡，所毁坏的财物，多达建始四年时的一半。于是又派遣王延世和丞相长史杨焉以及掌治宫室等建筑的将作大匠许商，还有谏大夫乘马延年等人共同前去整治。经过6个月，才修订完成。

卷三十一至卷六〇

汉纪二十三　孝成皇帝上之下
阳朔三年（己亥、公元前 22 年）

春，三月，壬戌，陨石东郡八。

夏，六月，颍川铁官徒申屠圣等百八十人杀长吏，盗库兵，自称将军，经历九郡。遣丞相长史、御史中丞逐捕，以军兴从事，皆伏辜。

秋，王凤疾，天子数自临问，亲执其手涕泣曰："将军病，如有不可言，平阿侯谭次将军矣！"凤顿首泣曰："谭等虽与臣至亲，行皆奢僭，无以率导百姓，不如御史大夫音谨敕，臣敢以死保之！"及凤且死，上疏谢上，复固荐音自代，言谭等五人必不可用；天子然之。初，谭倨，不肯事凤，而音敬凤，卑恭如子，故凤荐之。八月，丁巳，凤薨。九月，甲子，以王音为大司马、车骑将军，而王谭位特进，领城门兵。安定太守谷永以谭失职，劝谭辞让，不受城门职；由是谭、音相与不平。

【译文】

阳朔三年　（己亥、公元前 22 年）

春，三月，壬戌日，在东郡坠落了 8 颗陨石。

夏，六月，颍川郡铁官里的囚徒申屠圣等 180 人，杀了长吏，盗取了军械库里的兵器造反，侵扰了 9 个郡（荀悦《汉纪》作经历郡国；一疑"郡"是"县"）。长帝于是便派遣丞相长吏和御史中丞前去追捕，依军法征用财物，以供军需，凡不从命的，都以军法治罪。申屠圣全部伏诛。

秋，王凤生病，长帝常常亲自前往探问，握着王凤的手，哭泣着说："将军生了重病，如果有个三长两短的，就由平阿侯谭来接替将大军。"王凤叩头哭泣说："王谭等虽然和臣情属至亲，可是他们的生活行为都很奢侈僭越，无法成为百姓的表率，不如御史大夫王音言行较为严谨修敕，臣敢用生命去担保他。"等到王凤病危将死时，又再三推荐王音来取代他自己的职位，说王谭等5个人是一定不可以任用的。成帝同意了他的建议。从前，王谭很倨傲无礼，不肯曲事王凤，而王音却很尊敬王凤，对他是谦卑恭敬得就像是他的一个儿子一样，所以王凤推荐了他。八月，丁巳日（二十四日），王凤去世。九月，甲子日（初二），任命王音为大司马、车骑将军，而王谭位为特进掌领长安12个城门的驻军。安定太守谷永觉得王谭以至戚贤舅的身份，不应处在王音之下，而来执管城门兵，便劝他辞职退位，不去接受这个职务。自此王谭、王音互相不满，结下怨恨。

鸿嘉元年（辛丑、公元前20年）

春，正月，癸巳，以薛宣为御史大夫。

二月，壬午，上行幸初陵，赦作徒；以新丰之戏乡为昌陵县，奉初陵。

上始为微行，从期门郎或私奴十余人，或乘小车，或皆骑，出入市里郊野，远至旁县甘泉、长杨、五柞、斗鸡、走马，常自称富平侯家人。富平侯者，张安世四世孙放也。放父临，尚敬武公主，生放，放为侍中、中郎将，娶许皇后女弟，当时宠幸无比，故假称之。

三月，庚戌，张禹以老病罢，以列侯朝朔、望，位特进，见礼如丞相；赏赐前后数千万。

是岁，匈奴复株累单于死，弟且糜胥立，为搜谐若鞮单于；遣子左祝都韩王昫留斯侯入侍，以且莫车为左贤王。

【译文】
鸿嘉元年（辛丑、公元前20年）

春，正月，癸巳日（初九），任命薛宣为御史大夫。

二月，壬午日（二十八日），成帝到初陵去巡视，赦免了那些在那里修建的囚徒，还把新丰的戏乡改名为昌陵县，以供奉初陵。

成帝开始微服出行，只跟随期门郎或私奴，有时候乘坐小车，或全部骑着马，在市街郊外来往出入，甚至远到长安附近各县甘泉、长杨、五柞去看斗鸡赛马，成帝经常自称是富平侯的家人。富平侯就是张安世的第四代孙张放。张放的父亲张临娶了敬武公主为妻，生下了张放。张放官为侍中、中郎将，娶了许皇后的妹妹为妻，当时非常受宠，所以就冒称是张放的家人。

三月，庚戌日（二十七日），张禹因为年老多病而免官，以诸侯的身份得在每月的初一、十五上朝晋见皇帝，位为特进，受到丞相一般的礼遇，所获得的赏赐，前后达数千万之多。

这一年，匈奴复株累单于死了，他的弟弟且糜胥继立为搜谐若鞮单于，单于派遣儿子左祝都韩王昫留斯侯入侍汉朝，单于又任命莫车为左贤王。

二　年（壬寅、公元前19年）

三月，博士行大射礼。有飞雉集于庭，历阶登堂而雊；后雉又集太常、宗正、丞相、御史大夫、车骑将军之府，又集未央宫承明殿屋上。车骑将军音、待诏宠等上言："天地之气，以类相应；谴告人君，甚微而著。雉者听察，先闻雷声，故《月令》以纪气。《经》载高宗雊雉之异，以明转祸为福之验。今雉以博士行礼之日大众聚会，飞集于庭，万阶登堂，万众睢睢，惊怪连日，径历三公之府，太常、宗正典宗庙骨肉之官，然后入宫，其宿留告晓人，具备深切；虽人道相戒，何以过是！"后帝使中常侍晁闳诏音曰："闻捕得雉，毛羽颇摧折，类拘执者，得无人为之？"音复对曰："陛下安得亡国之语！不知谁主为佞谄之计，诬乱圣德如此者！左右阿谀甚众，不待臣音复谄而足。公卿以下，保位自守，莫有正言。如今陛下觉寤，惧大祸且至身，深责臣下，绳以圣法，臣音当先诛，岂有以自解哉！今即位十五年，继嗣不立，日日驾车而出，失行流闻；海内传之，甚于京师。外有微行之害，内有疾病之忧，皇天数见灾异，欲人变更，终已不改。天尚不能感动陛下，臣子何望！独有极言待死，命在朝暮而已。如有不然，老母安得处所，尚何皇太后之有！高祖天下当以谁属乎！宜谋于贤智，克己复礼，以求天意，继嗣可立，灾变尚可销也。"

初，元帝俭约，渭陵不复徙民起邑；帝起初陵，数年后，乐霸陵曲亭南，更营之。将作大匠解万年使陈汤为奏，请为初陵徙民起邑，欲自以为功，求重赏。汤因自请先徙，冀得美田宅。上从其言，果起昌陵邑。

夏，徙郡国豪桀赀五百万以上五千户于昌陵。

五月，癸未，陨石于杜邮三。

【译文】

二　年（壬寅、公元前19年）

三月，在博士行士大射礼的时候，雉鸟飞集到庭院来，然后循着台阶一级一级登上了厅堂，在那里鸣叫。然后雉鸟又飞集到太常、宗正、丞相、御史大夫、车骑将军各府上去，接着又飞到未央宫承明殿的屋顶上。车骑将军王音和待诏宠等人便联名上奏说："天地之气，是以同类事物来相感应的。它对人君的警告，看似很微小，其实很显著。雉鸟能听察探闻，会先听到雷声，雷始鸣动，雉便啼叫，所以在《月令》上所载的季冬之月，便用雉鸟的鸣叫来记录节气。《书经》上也写到了高宗武丁祭成汤时，有飞雉升上鼎耳去鸣叫的不详异象，就劝勉要改修德政，以求能转祸为福。现在雉鸟在博士行大射礼之日，循着台阶；登上厅堂，在众人的仰视，连日的惊怪下，一直飞到三公的府邸，以及太常、宗正这些掌管宗庙和骨肉亲属的官府去，然后到了未央宫。这种现象，明示给人们的意义是非常深刻的。即使用人事来劝诫，也没有比这更清楚的了！"后来成帝派遣中常侍晁闳下诏书给王音说："听说捕捉到了雉鸟，发现很多羽毛都折断了，好像是由人们抓来施放，不是自然飞来的。莫非是有人故意这么做，来制造所谓的灾变吗？"王音回答："陛下哪里得来这种亡国的言论！不知是谁设下这个谄媚的诡计，如此的诬乱圣德？现在陛下左右阿谀的人很多，是不必等我王音再去逢迎也已足够。从公卿以下，大家都只顾守职自保，没有人敢于直言。如果能让陛下觉悟，都怕大祸将至，会深责臣下，拿圣法去处置他，我王音是当首先受到诛罚的，哪能自求解脱呢？现在陛下即位已经15年了，却仍没有继承皇位的嗣子，而天天只管驾车出游，过失的传闻，远到海内的传闻，比在京师所听到的，还要厉害。外面既留下了微服出行时的种种不是,本身又有屡遭疾病的忧愁,上天常显示灾异,要陛下能有所改进,可是却始终没看到有什么改进。上天尚且还不能感动陛下,臣子能有什么期望呢?只有极力冒死进言,终日战战兢兢而已。万一国家有什么不测,我的老母不知将安身何处,所以到那时还能谈什么皇太后,顾得了皇太后呢?到那时,高祖所打的天下,又当谁属呢?因此陛下应该赶紧和那些贤智的人去商议,如能约束自己,克制私欲,践行天理,使一切都合乎礼义,来遵循天意,那么,继嗣可以建立,灾变也可望消除。"

当初,汉元帝非常的俭省节约,他所兴筑的渭陵,曾下诏不调迁郡国民众徙居,也不置县邑。而成帝既建了初陵,几年后,因为喜欢霸陵曲亭南边的那一片地方,于是又在那里营建陵寝。将作大匠解万年便要陈汤替上奏皇上,请求能为初陵调徙郡国民众前往居住,并且在那里设置县邑,想要自显功劳,谋得重赏。陈汤就自己请求先行迁徙,希望能寻得一个美好的田地住宅。皇上接纳了他们的建议,果然兴建了昌陵邑。

夏天,下令迁徙了郡国中拥有家财500万以上的豪富5000户到昌陵去。

五月,癸未日(初六),在杜邮坠落3颗陨石。

三　年(癸卯、公元前18年)

夏,四月,赦天下。

大旱。

王氏五侯争以奢侈相尚。成都侯商尝病,欲避暑,从上借明光宫。后又穿长安城,引内沣水,注第中大陂以行船,立羽盖,张周帷,楫棹越歌。上幸商第,见穿城引水,意恨,内衔之,未言。后微行出,过曲阳侯第,又见园中土山、渐台,象白虎殿,于是上怒,以让车骑将军音。商、根兄弟欲自黥、劓以谢太后。上闻之,大怒,乃使尚书责问司隶校尉、京兆尹,知成都侯商等奢僭不轨,藏匿奸猾,皆阿纵,不举奏正法;二人顿首省户下。又赐车骑将军音策书曰:"外家何甘乐祸败!而欲自黥、劓,相戮辱于太后前，伤慈母之心，以危乱国家！外家宗族强，上一身寖弱日久，今将一施之，君其召诸侯，令待府舍！"是日，诏尚书奏文帝诛将军薄昭故事。车骑将军音藉藁请罪，商、立、根皆负斧质谢，良久乃已。上特欲恐之，实无意诛也。

初，许皇后与班倢伃皆有宠于上。上尝游后庭，欲与倢伃同辇载，倢伃辞曰："观古图画，贤圣之君皆名臣在侧，三代末主乃有嬖妾；今欲同辇，得无近似之乎！"上善其言而止。太后闻之，喜曰："古有樊姬，今有班倢伃！"班倢伃进侍者李平得幸，亦为倢伃，赐姓曰卫。

其后，上微行过阳阿主家，悦歌舞者赵飞燕，召入宫，大幸；有女弟，复召入，姿性尤醲粹，左右见之，皆啧啧嗟赏。有宣帝时披香博士淖方成在帝后，唾曰："此祸水也，灭火必矣！"姊、弟俱为倢伃，贵倾后宫。许皇后、班倢伃皆失宠。于是赵飞燕谮告许皇后、班倢伃挟媚道，祝诅后宫，詈及主上。冬，十一月，甲寅，许后废处昭台宫，后姊谒等皆诛死，亲属归故郡。考问班倢伃，倢伃对曰："妾闻'死生有命，富贵在天'。修正尚未蒙福，为邪欲以何望！使鬼神有知，不受不臣之诉；如其无知，诉之何益！故不为也。"上善其对，赦之，赐黄金百斤。赵氏姊、弟骄妒，倢伃恐久见危，乃求共养太后于长信宫。上许焉。

广汉男子郑躬等六十余人攻官寺，篡囚徒，盗库兵；自称山君。

【译文】

三　年（癸卯、公元前18年）

夏，四月，赦免天下。

发生大旱灾。

王氏五侯争比奢侈。成都侯商曾因生病，想要避暑，便向皇上借用在长乐宫后的明光宫。以后竟又凿穿长安城墙，引纳北经上林苑的沣水水流，灌注到宅第中的大池里去供行船游乐，船上编羽为顶盖，四周都围上帷帐，令执桨撑船的人吹唱越歌。成帝到了王商的住宅，看到他竟然穿城引水，心里很是生气怨恨，但是并没说出来。以后微服出行时，经过曲阳侯的宅第，又看到他园中筑有假山和建在水中的台榭，模仿白虎殿。于是成帝大怒，就责问掌管国柄的车骑将军王音。王商、王根兄弟便想要自请黥面、割鼻，在太后面前谢罪。成帝听说如此，更加生气，就派尚书去责问掌察三辅的司隶校尉和治理京邑的京兆尹，明知成都侯王商等人奢侈僭越，不守礼法，又隐藏奸猾亡命之徒，却都阿谀纵容，不举板揭发将他们绳之以法。司隶校尉和京兆尹二人吓得直在宫门下叩头请罪。成帝又颁下策书给车骑将军王音说："外家舅舅为什么竟然都如此僭越，甘取祸败，然后又想要自请黥面、割鼻，相率取辱于太后跟前，大伤慈母之心，以致危乱国家。外家宗族在朝廷上已经拥有很强盛的权势，朕一身孤立，积弱日久，所以我要对他们将要一一施刑罚，来惩戒他们，你去召集王商、王根等那些诸侯，让他们待在府舍等候诏命。"当天，便下诏令给尚书，奏上文帝诛杀将军薄昭的故事。车骑将军王音就坐在垫有草席的地上，请罪待刑，王商、王立、王根也都自请诛戮。经过了很长的一段时间以后，才赦免了他们。因为成帝只是想要吓唬他们，让他们有所畏惧，有所收敛而已，实在没有意思要诛杀他们。

　　起初，许皇后和班婕妤都受得到皇上的宠爱。有一次，成帝在后宫游乐，曾想要和婕妤一同乘坐一辆车子。婕妤推辞说："我观看古时候的图画，贤圣的国君，都是名臣陪侍在旁边。到了夏、商、周三代的最末一个君主，才有宠妾在旁随侍；现在皇上想要和我同车并坐，不是就和三代的末世君主相似了吗？"成帝很赞赏她的话，便打消了这个念头。太后听到了这件事情，很高兴地说："古时候有一个能以不吃兽肉去进谏楚庄王好田猎的樊姬，现在也有一个贤德的班婕妤。"班婕妤曾推荐一个侍者李平给皇帝，也得到皇上的宠幸，被封为婕妤，赐姓卫。

　　后来，成帝微服出行，经过阳阿主家，喜欢上了一名歌舞女赵飞燕，就召入宫里，大加宠爱；她有一个妹妹，也被召到宫里，姿色秉性尤其纯美无疵，连成帝左右的人看见她，都无不众口啧啧称赞。有一个宣帝时在后宫为披香博士的淖方成，站在成帝身后，不屑一顾地骂她们："这是一种祸水啊！一定会灭掉汉王朝的火种！"赵飞燕姐妹两人都被封为婕妤，受到的尊贵荣宠，压倒了后宫中所有的女人，许皇后和班婕妤因此失宠。于是，赵飞燕就进谗诬谄许皇后和班婕妤，说她们用法术蛊惑皇上，诅咒后宫的人，还骂到了皇上。冬，十一月，甲寅日（十六日），许皇后被废，移居到上林苑的昭台宫去，皇后的姐姐许谒等人都被处死，亲属们都遣归原籍山阳郡。又考问了班婕妤，婕妤回答说："臣妾听说：'生死有命，富贵由天。'修养正道的人，都还不能蒙受到幸福，邪恶的人又哪能有什么希望呢？假使让鬼神有知，便不会接受祝诅主上，不守臣道的人的祈求；如果鬼神是无知的话，那祷告了又有什么用呢？所以我是不会去做这种事的。"成帝很同意她的辩解，就赦免了她，还赐给她100斤黄金。赵氏姐妹越来越骄纵妒忌，婕妤恐怕时日一久，会遭到危害，就请求到长信宫去侍奉太后。皇上答应了。

益州广汉郡的男子郑躬等60多人，攻打政府官署，劫走了囚徒，盗取了库中的兵器，郑躬自称为山君。

汉纪二十五　孝成皇帝下
绥和二年（甲寅、公元前7年）

二月，壬子，丞相方进薨。

时荧惑守心，丞相府议曹平陵李寻奏记方进，言："灾变迫切，大责日加，安得保斥逐之戮！阖府三百余人，唯君侯择其中，与尽节转凶。"方进忧之，不知所出。会郎贲丽善为星，言大臣宜当之。上乃召见方进，还归，未及引决，上遂赐册，责让以政事不治，灾害并臻，百姓穷困，曰："欲退君位，尚未忍，使尚书令赐君上尊酒十石，养牛一，君审处焉！"方进即日自杀。上秘之，遣九卿策赠印绶，赐乘舆秘器、少府供张，柱槛皆衣素。天子亲临吊者数至，礼赐异于他相故事。

丙戌，帝崩于未央宫。

帝素强无疾病，是时，楚思王衍、

汉哀帝像

梁王立来朝，明旦，当辞去，上宿供张白虎殿；又欲拜左将军孔光为丞相，已刻侯印，书赞。昏夜，平善，乡晨，傅绔袜欲起，因失衣，不能言，昼漏上十刻而崩。民间讙哗，咸归罪赵昭仪。皇太后诏大司马莽杂与御史、丞相、廷尉治，问皇帝起居发病状；赵昭仪自杀。

是日，孔光于大行前拜受丞相、博山侯印绶。

皇太后诏南、北郊长安如故。

夏，四月，丙午，太子即皇帝位，谒高庙；尊皇太后曰太皇太后，皇后曰皇太后。大赦天下。

哀帝初立，躬行俭约，省减诸用，政事由己出，朝廷翕然望至治焉。

己卯，葬孝成皇帝于延陵。

太皇太后令傅太后、丁姬十日一至未央宫。

有诏问丞相、大司空："定陶共王太后宜当何居？"丞相孔光素闻傅太后为人刚暴，长于权谋，自帝在襁褓，而养长教道至于成人，帝之立又有力；光心恐傅太后与政事，不欲与帝旦夕相近，即议以为："定陶太后宜改筑宫。"大司空何武曰："可居北宫。"上从武言。北宫有紫房复道通未央宫，傅太后果从复道朝夕至帝所，求欲称尊号，贵宠其亲属，使上不得由直道行。高昌侯董宏希指，上书言："秦庄襄王，母本夏氏，而为华阳夫人所子，及即位后，俱称太后。宜立定陶共王后为帝太后。"事下有司，大司马王莽、左将军、关内侯、领尚书事师丹劾奏宏："知皇太后至尊之号，天下一统，而称引亡秦以为比喻，诖误圣朝，非所宜言，大不道！"上新立，谦让，纳用莽、丹言，免宏为庶人。傅太后大怒，要上，欲必称尊号。上乃白太皇太后，令下诏尊定陶恭王为恭皇。

五月，丙戌，立皇后傅氏，傅太后从弟晏之子也。

成帝之世，郑声尤甚，黄门名倡丙彊、景武之属富显于世，贵戚至与人主争女乐。帝自为定陶王时疾之，又性不好音，六月，诏曰："孔子不云乎：'放郑声，郑声淫。'其罢乐府官；郊祭乐及古兵法武乐在《经》，非郑、卫之乐者，条奏别属他官。"凡所罢省过半。然百姓渐渍日久，又不制雅乐有以相变，豪富吏民湛沔自若。

王莽荐中垒校尉刘歆有材行，为侍中，稍迁光禄大夫，贵幸；更名秀。

上复令秀典领《五经》，卒父前业；秀于是总群书而奏其七略，有《辑略》，有《六艺略》，有《诸子略》，有《诗赋略》，有《兵书略》，有《术数略》，有《方技略》。凡书六略，三十八种，五百九十六家、万三千二百六十九卷。其叙诸子，分为九流：曰儒，曰道，曰阴阳，曰法，曰名，曰墨，曰从横，曰杂，曰农，以为："九家皆起于王道既微，诸侯力政，时君世主好恶殊方，是以九家之术蜂出并作，各引一端，崇其所善，以此驰说，取合诸侯，其言虽殊，譬如水火相灭，亦相生也；仁之与义，敬之与和，相反而皆相成也。《易》曰：'天下同归而殊涂，一致而百虑。'今异家者推所长，穷知究虑以明其指，虽有蔽短，合其要归，亦《六经》之支与流裔；使其人遭明王圣主，得其所折中，皆股肱之材已。仲尼有言：'礼失而求诸野。'方今去圣久远，道术缺废，无所更索，彼九家者，不犹愈于野乎！若能修《六艺》之术而观此九家之言，舍短取长，则可以通万方之略矣。"

河间惠王良能修献王之行，母太后薨，服丧如礼；诏益封万户，以为宗室仪表。

初，董仲舒说武帝，以"秦用商鞅之法，除井田，民得卖买，富者田连阡陌，贫者亡立锥之地，邑有人君之尊，里有公侯之富，小民安得不困！古井田法虽难卒行，宜少近古，限民名田以赡不足，塞并兼之路；去奴婢，除专杀之威；薄赋敛，省徭役，以宽民力，然后可善治也！"及上即位，师丹复建言："今累世承平，豪富吏民訾数巨万，而贫弱愈困，宜略为限。"天子下其议，丞相光、大司空武奏请："自诸侯王、列侯、公主名田各有限；关内侯吏、民名田皆毋过三十顷；奴婢毋过三十人。期近三年。犯者没入官。"时田宅、奴婢贾为减贱，贵戚近习皆不便也，诏书："且须后。"遂寝不行。又诏："齐三服官：诸官，织绮绣难成、害女红之物，皆止，无作输。除任子令及诽谤诋欺法。掖廷宫人年三十以下，出嫁之；官奴婢五十以上，免为庶人，益吏三百石以下俸。"

上置酒未央宫，内者令为傅太后张幄，坐于太皇太后坐旁。大司马莽按行，责内者令曰："定陶太后，藩妾，何以得与至尊并！"彻去，更设坐。傅太后闻之，大怒，不肯会，重怨恚莽；莽复乞骸骨。秋，七月，丁卯，上赐莽黄金五百斤，安车驷马，罢就第。公卿大夫多称之者，上乃加恩宠，置中黄门，为莽家给使，十日一赐餐。又下诏益封曲阳侯根、安阳侯舜、新都侯莽、丞相光、大司空武邑户各有差。以莽为特进、给事中、朝朔望，见礼如三公。又还红阳侯立于京师。

傅太后从弟右将军喜，好学问，有志行。王莽既罢退，众庶归望于喜。初，上之官爵外亲也，喜独执谦称疾；傅太后始与政事，数谏之；由是傅太后不欲令喜辅政。庚午，以左将军师丹为大司马，封高乡亭侯；赐喜黄金百斤，上右将军印绶，以光禄大夫养病；以光禄勋淮阳彭宣为右将军。大司空何武、尚书令唐林皆上书言："喜行义修洁，忠诚忧国，内辅之臣也。今以寝病一旦遣归，众庶失望，皆曰：'傅氏贤子，以论议不合于定陶太后，故退，'百寮莫不为国恨之。忠臣，社稷之卫；鲁以季友治乱，楚以子玉轻重，魏以无忌折冲，项以范增存亡。百万之众，不如一贤，故秦行千金以间廉颇，汉散万金以疏亚父。喜立于朝，陛下之光辉，傅氏之废兴也。"上亦自重之，故寻复进用焉。

建平侯杜业上书诋曲阳侯根、高阳侯薛宣、安昌侯张禹而荐朱博。帝少而闻知王氏骄盛，心不能善，以初立，故且优之。后月余，司隶校尉解光奏："曲阳侯，先帝山陵未成，公聘取掖庭女乐五官殷严、王飞君等置酒歌舞，及根兄子成都侯况，亦聘取故掖庭贵人以为妻，皆无人臣礼，大不敬，不道！"于是天子曰："先帝遇根、况父子，至厚也，今乃背恩忘义！"以根尝建社稷之策，遣就国；免况为庶人，归故郡。根及况父商所荐举为官者皆罢。

九月，庚申，地震，自京师到北边郡国三十余处，坏城郭，凡压杀四百余人。上以灾异问待诏李寻，对曰："夫日者，众阳之长，人君之表也。君不修道，则日失其度，晻昧亡光。间者日尤不精，光明侵夺失色，邪气珥、蜺数作。小臣不知内事，窃以日视陛下，志操衰于始初多矣。唯陛下执乾刚之德，强志守度，毋听女谒、邪臣之态。诸保阿、乳母甘言卑辞之托，断而勿听。勉强大谊，绝小不忍；良有不得已，可赐以货财，不可私以官位，诚皇天之禁也！

"臣闻月者，众阴之长，妃后、大臣、诸侯之象也。间者月数为变，此为母后与政乱朝，阴阳俱伤，两不相便；外臣不知朝事，窃信天文，即如此,近臣已不足杖矣。唯陛下亲求贤士,无强所恶,以崇社稷,尊强本朝!

"臣闻五行以水为本,水为准平,王道公正修明,则百川理,落脉通;偏党失纲,则涌溢为败。今汝、颍漂涌,与雨水并为民害,此《诗》所谓'百川沸腾',咎在皇甫卿士之属。唯陛下少抑外亲大臣!

"臣闻地道柔静,阴之常义也。间者关东地数震,宜务崇阳抑阴以救其咎,固志建威,闭绝私路,拔进英隽,退不任职,以强本朝!夫本强则精神折冲;本弱则招殃致凶,为邪谋所陵。闻往者淮南王作谋之时,其所难者独有汲黯,以为公孙弘等不足言也。弘,汉之名相,于今亡比,而尚见轻,何况亡弘之属乎!故曰朝廷亡人,则为贼乱所轻,其道自然也。"

骑都尉平当使领河堤,奏:"九河今皆寘灭。按经义,治水有决河深川而无堤防壅塞之文。河从魏郡以东多溢决;水迹难以分明,四海之众不可诬。宜博求能浚川疏河者。"上从之。

待诏贾让奏言:"治河有上、中、下策。古者立国居民,疆理土地,必遗川泽之分,度水势所不及。大川无防,小水得入,陂障卑下,以为污泽,使秋水多得其所休息,左右游波宽缓而不迫。夫土之有川,犹人之有口也,治土而防其川,犹止儿啼而塞其口,岂不遽止,然其死可立而待也。故曰:'善为川者决之使道,善为民者宣之使言。'盖堤防之作,近起战国,雍防百川,各以自利。齐与赵、魏以河为竟,赵、魏濒山,齐地卑下,作堤去河二十五里,河水东抵齐堤则西泛赵、魏;赵、魏亦为堤,去河二十五里,虽非其正,水尚有所游荡。时至而去,则填淤肥美,民耕田之;或久无害,稍筑宫宅,遂成聚落;大水时至,漂没,则更起堤防以自救,稍去其城郭,排水泽而居之,湛溺自其宜也。今堤防,狭者去水数百步,远者数里,于故大堤之内复有数重,民居其间,此皆前世所排也。河从河内黎阳至魏郡昭阳,东西互有石堤,激水使还,百余里间,河再西三东。迫厄如此,不得安息。

今行上策,徙冀州之民当水冲者,决黎阳遮害亭,放河使北入海;河西薄大山,东薄金堤,势不能远。泛滥,期月自定。难者将曰:'若如此,败坏城郭、田庐、冢墓以万数,百姓怨恨。'昔大禹治水,山陵当路者毁之,故凿龙门,辟伊阙,析底柱,破碣石,堕断天地之性,此乃人功所造,何足言也!今濒河十郡,治堤岁费且万万;及其大决,所残无数。如出数年治河之费以业所徙之民，遵古圣之法，定山川之位，使神人各处其所而不相奸；且大汉方制万里，岂其与水争咫尺之地哉！此功一立，河定民安，千载无患，故谓之上策。

若乃多穿漕渠于冀州地，使民得以溉田，分杀水怒，虽非圣人法，然亦救败术也。可从淇口以东为石堤，多张水门。恐议者疑河大川难禁制，荥阳漕渠足以卜之。冀州渠首尽，当仰此水门，诸渠皆往往股引取之：旱则开东方下水门，溉冀州；水则开西方高门，分河流，民田适治，河堤亦成。此诚富国安民、兴利除害，支数百岁，故谓之中策。

若乃缮完故堤，增卑倍薄，劳费无已，数逢其害，此最下策也！"

孔光何武奏："迭毁之次当以时定，请与群臣杂议。"于是光禄勋彭宣等五十三人皆以为"孝武皇帝虽有功烈，亲尽宜毁。"太仆王舜、中垒校尉刘歆议曰："《礼》，天子七庙。七者其正法数，可常数者也。宗不在此数中，宗变也。苟有功德则宗之，不可预为设数。臣愚以为孝武皇帝功烈如彼，孝宣皇帝崇立之如此，不宜毁！"上览其议，制曰："太仆舜、中垒校尉歆议可。"

何武后母在蜀郡，遣使归迎；会成帝崩，吏恐道路有盗贼，后母留止。左右或讥武事亲不笃，帝亦欲改易大臣，冬，十月，策免武，以列侯归国。癸酉，以师丹为大司空。丹见上多匡改成帝之政，乃上书言："古者谅闇不言，听于冢宰；三年无改于父之道。前大行尸柩在堂，而官爵臣等以及亲属，赫然皆贵宠，封舅为阳安侯，皇后尊号未定，预封父为孔乡侯；出侍中王邑、射声校尉王邯等。诏书比下，变动政事，卒暴无渐。臣纵不能明陈大义，复曾不能牢让爵位，相随空受封侯，增益陛下之过。间者郡国多地动水出，流杀人民，日月不明，五星失行，此皆举错失中，号令不定，法度失理，阴阳溷浊之应也。

臣伏惟人情无子，年虽六七十，犹博取而广求。孝成皇帝深见天命，烛知至德，以壮年克己，立陛下为嗣。先帝暴弃天下，而陛下继体，四海安宁，百姓不惧，此先帝圣德，当合天人之功也。臣闻'天威不违颜咫尺'，愿陛下深思先帝所以建立陛下之意，且克己躬行，以观群下之从化。天下者，陛下之家也，肺附何患不富贵，不宜仓卒若是，其不久长矣。"丹书数十上,多切直之言。

傅太后从弟子迁在左右,尤倾邪,上恶之,免官,遣归故郡。傅太后怒;上不得已,复留迁。丞相光与大司空丹奏言:"诏书前后相反,天下疑惑,无所取信。臣请归迁故郡,以销奸党。"卒不得遣,复为侍中。其逼于傅太后,皆此类也。

议郎耿育上书冤讼陈汤曰:"甘延寿、陈汤,为圣汉扬钩深致远之威,雪国家累年之耻,讨绝域不羁之君,系万里难制之虏,岂有比哉!先帝嘉之,仍下明诏,宣著其功,改年垂历,传之无穷。应是,南郡献白虎,边垂无警备。会先帝寝疾,然犹垂意不忘,数使尚书责问丞相,趣立其功;独丞相匡衡排而不予,封延寿、汤数百户,此功臣战士所以失望也。孝成皇帝承建业之基,乘征伐之威,兵革不动,国家无事,而大臣倾邪,欲专主威,排妒有功,使汤块然被见拘囚,不能自明,卒以无罪老弃,燉煌正当西域通道,令威名折冲之臣,旋踵及身,复为郅支遗虏所笑,诚可悲也!至今奉使外蛮者,未尝不陈郅支之诛以扬汉国之盛。夫援人之功以惧敌,弃人之身以快谗,岂不痛哉!且安不忘危,盛必虑衰,今国家素无文帝累年节俭富饶之畜,又无武帝荐延枭俊禽敌之臣,独有一陈汤耳!假使异世不及陛下,尚望国家追录其功,封表其墓,以劝后进也。汤幸得身当圣世,功曾未久,反听邪臣鞭逐斥远,使亡逃分窜,死无处所。远览之士,莫不计度,以为汤功累世不可及,而汤过人情所有,汤尚如此,虽复破绝筋骨,暴露形骸,犹复制于唇舌,为嫉妒之臣所系虏耳。此臣所以为国家尤戚戚也。"书奏,天子还汤,卒于长安。

汉哀帝像

【译文】

绥和二年（甲寅、公元前7年）

二月，壬子日（十三日），丞相方进去世。

这时火星接近心宿，留守不去，丞相府议曹平陵人李寻上书给方进，说："天灾地变日益迫近，上天的谴责一天比一天加重，怎么还能保住斥责逐退的耻辱！丞相全府官属300多人，希望君侯能选择其中适宜的人，来竭尽忠心，转移凶险。"方进为这件事感到忧虑，不知道该怎么办。恰好郎官贲丽通晓天文，擅长占卜，说大臣应当以身抵挡其祸，以消弭灾变。皇上就召见方进。回到家里，还来不及自裁，皇上就赐下策书，指责政事不能治好，灾害一起到达，人民贫穷困乏，说："想罢退你的职位，还不忍心，派尚书令赐给你10石上尊酒，1头养牛，你谨慎地处理这个问题吧！"方进当天自杀。皇上将这件事情秘而不宣，派遣九卿携策书，赠送印章组绶，赐给车子、棺材，少府陈设一切，屋柱和轩前的栏杆都拿白布包起来。天子亲自驾临吊祭好几次，礼数赏赐都比过去的丞相优厚。

丙戌日（十八日），皇帝在未央宫去世。

皇帝平素身体强健没有疾病，这时，楚思王刘衍、梁王刘立来到京城朝请，第二天早晨，当他们辞别离开时，皇上还在白虎殿，陈设帷帐等用具；又要任命左将军孔光为丞相，侯印已刻好，赞辞也全写在策书上了。夜晚，平安无事，第二天早晨，穿裤袜要起床，却掉下衣服，说不出话语，壶漏浮在昼漏十刻处而去世。民间哗然，都将罪过归在赵昭仪身上。皇太后诏大司马王莽会合御史、丞相、廷尉来审理这件事，查问皇帝日常生活以及疾病发生的情况；赵昭仪自杀而死。

当天，孔光在大行皇帝的灵柩前跪拜按受丞相、博山侯的印信。

皇太后下诏恢复像过去在长安所举行祭祀天地的礼仪。

夏，四月，丙午日（初八），太子继承皇帝的位置，祭告高庙；尊称皇太后为太皇太后，皇后为皇太后。大赦天下。

哀帝刚登基时，实践俭约，节省很多费用，政事都由自己裁决，朝廷一致希望能将政务办得很好。

己卯日，将孝成皇帝安葬在延陵。

太皇太后命令傅太后、丁姬每10天到未央宫来一次。

有诏书问丞相、大司空:"定陶共王太后应当住在那个宫里?"丞相孔光早知傅太后为人暴戾,擅长权谋,从皇帝是婴儿时起,就养育长大,一直到教育成人,又于皇帝的被立也曾出过力;孔光深怕傅太后参与政事,不想她和皇帝早晚接近,就建议为:"定陶太后应改建宫室。"大司空何武说:"可住在北宫。"皇上采纳何武的建议。北宫有紫房阁道通到未央宫,傅太后果然早晚从阁道到皇帝的住处,要求称尊号,尊贵宠爱她的宗亲,让皇上不能按照常规行事。高昌侯董宏迎合皇上的意思,上书说:"秦国庄襄王的母亲本是夏氏,却被华阳夫人所抚养,等到继承帝位后,称为太后。应册立定陶共王后为帝太后。"事情交给主办官吏。大司马王莽、左将军、关内侯、兼管尚书事师丹举折上奏参劾董宏:"明知道皇太后是最尊贵的称号,现在天下统一,却称述引用亡秦的事例来作比喻,欺蒙当今皇上,实在不是他所应该说的,犯了'大不敬'的罪!"皇上刚即位,卑谦退让,采用王莽、师丹的话,将董宏免职为平民。傅太后大怒,要求皇上一定要称尊号。皇上于是报告太皇太后,太皇太后就命令皇上下诏尊称定陶恭王为恭皇。

五月,丙戌日(十九日),册封傅氏为皇后,傅氏是傅太后堂弟傅晏的女儿。

成帝的时候,郑国的音乐尤其盛行,黄门著名的乐人丙强、景武等人都在当代富有并且显贵,贵戚甚至和人君争夺歌妓。皇帝从做定陶王时就厌恶它,又本性不喜欢音乐,六月,诏说:"孔子不是说过吗!'禁绝郑国的音乐,因为郑国的音乐淫乱。'应当撤除乐府官;郊祭时所奏的音乐及古代兵法所奏的武乐都在《经》书里,不是郑国、卫国的音乐,可另外归属他官。"一共被废除超过一半。可是,由于人民浸润的时日很太久,又不能制作雅正的音乐来加以改变,于是巨富官民沉湎于郑国的音乐,一如既往。

王莽推荐中垒校尉刘歆有才能德行,为侍中,渐升光禄大夫,获取尊位,而被国君亲近;改名为秀。皇上又命令刘秀统领修订《五经》,完成父亲先前的事业;刘秀于是总合群书而上奏他的七略、有《辑略》,有《六艺略》,有《诸子略》,有《诗赋略》,有《兵书略》,有《术数略》,有《方技略》。一共书分6略、38种、596家、13629卷。其中叙述诸子的,分为九流:是儒,是道,是阴阳,是法,是名,是墨,是纵横,是杂,是农,认为"九家都是在王道衰微之后、诸侯用武力互相征伐的时候兴起的,当时的君王好恶有所不同，因而九家的学说一起纷纷兴起，分别引述自己一方面的意见，推崇他，认为好的，用此来奔走游说，希望能投合诸侯的爱好而被取用。他们的学说虽然不同，好比水和火互相克制，也互相滋生；仁与义，敬与和，彼此相反，也都彼此相成。《易经》说：'天下归趋相同，可是，途径却不相同；目标一致，可是，思虑却繁多。'现在儒家以外的各家，分别推崇自己的长处，用尽知虑，以阐明他们学说的要旨，即使各有偏见和短处，但是，统领他们的要旨归趣，也全是六经所分化出来的。如果他们遇到了圣明的国君，能折中而实行他们的道术，都可成为辅佐的良臣。仲尼曾说过：'都城里的人礼仪失去了，可从乡野中去求得。'当前距离圣人的时代很远，道术也残缺废弃，没有办法从其他地方另外求取，那么，采用他们九家的学说，不是比从乡野中去寻求要来得好吗？假如能够修明六经的道术，而且参考这九家的学说，舍弃他们的短处，采纳他们的长处，那么，也就可以通晓各种治道了。"

河间惠王刘良能修明献王的德行，母太后去世，服行丧事能符合礼制；下诏增加1万户封邑，以为皇族的表率。

往前，董仲舒向武帝进谏说，认为"秦国采用商鞅的方法，废除井田制度，人民能够自由买卖田地，结果有钱人家的田亩多得前后相连，贫穷人家却连一点点田地也没有，城邑中有像国君一般尊贵的人，乡里中有像公侯那样富有的人，小民怎么能够不穷困呢！古代的井田制度虽然很难突然实行，然而也应稍近古制，限制百姓占田，来资补不足，堵塞兼并的途径；废去奴婢，废除擅杀奴婢的刑罚，减轻赋税，省除徭役，而让人民的财力与劳力宽绰，然后才可将国家治好！"等到皇上登基，师丹又建议说："如今历代承继太平，巨富官民的钱财有万万之多，而贫穷孤弱的却更加困苦，应该略加限制才是。"天子将他的建议交给相府办理。丞相孔光、大司空何武上奏请求："从侯王、列侯、公主占田分别有其限制；关内侯、吏、民占田都不能超过30顷；奴婢不能超过30人，时间以3年为限，不遵守此令的，没收而入官府。"这时田宅、奴婢的价格低廉，帝王的贵戚和亲近都认为对自己不便，于是又下诏书暂缓，终于搁置不行。又诏："齐国的三服官及诸织官，那些绮绣是很难织成的，而且是有害女红的东西，都予以停止，不要输送。废除2000石以上官吏做事满3年、可保子弟为郎以及诽谤诬欺的法令。掖庭中年纪在30岁以下的宫女，可出宫嫁人；官府中年纪在50岁以上的奴婢，都免罪为平民。增加300石以下的官吏的薪俸。"

皇上在未央宫设置酒会,内者令为傅太后陈设大帐,摆座于太皇太后的座位旁边,大司马王莽按次序行列,指责内者令说:"定陶太后,是藩臣之妾,怎么能和天子并坐在一起!"撤去座位,另外设置座位。傅太后知道了,大怒,不肯参加未央宫的酒会,于是更加怨恨王莽;王莽又请求辞职。秋,七月,丁卯日(初一)皇上赐给王莽500斤黄金,4匹马所拖的安坐之车,罢职而退居私第。公卿大夫很多称赞王莽,皇上就给予特殊的宠遇,在王莽家设置中黄门,以供使令,每10天赐餐一次。又下诏加封曲阳侯王根、安阳侯王舜、新都侯王莽、丞相孔光、大司空何武食邑各有等差。任命王莽做特进、给事中,初一、十五朝见天子,见礼比照三公一样。又将红阳侯王立召回京城。

傅太后堂弟右将军傅喜,喜爱读书,志向品行很高。王莽免职以后,大家就将希望集中在傅喜身上。此前,皇上将官职爵位赐给外家之亲,傅喜唯独称病谦辞;傅太后刚参与政事时,傅喜好几次劝谏她;因而傅太后不想使傅喜辅助朝政。庚午日(初四),派左将军师丹做大司马,封为高乡亭侯;赐给傅喜100斤黄金,交回右将军印信,以光禄大夫身份养病;派光禄勋淮阳人彭宣做右将军。大司空何武、尚书令唐林都上书说:"傅喜的品行道德,修饰洁净,忠正诚实,为国忧劳,可以成为朝廷辅弼的臣子。现在因为他卧病而一下子将他送回到故乡去,大家将会感到失望,都说:'傅氏是个贤子,由于议论和定陶太后不合,所以被罢免。'百官没有一个不为国家而抱恨。忠诚的臣子,是国家的护卫;鲁国用季友决定治乱,楚国以子玉影响轻重,魏国以无忌来御敌,项羽因范增判定存亡。这样说来,百万之人,还不如一个贤者;因而秦国用千金向赵国行贿,来离间廉颇;汉朝用万金向敌国施惠,来疏远亚父(即范增)。傅喜能在朝廷任职,这是陛下的光耀,也是傅氏兴废的关键。"皇上自己也很看重他,所以不久又任用他。

建平侯杜业上书诋毁曲阳侯王根、高阳侯薛宣、安昌侯张禹而推荐朱博。皇帝从小就知道王氏骄横,内心不喜欢他们,因为刚登基,所以暂时容忍他们。一个多月后,司隶校尉解光上奏:"曲阳侯,在先帝陵墓还没完成时,公开聘娶掖庭女乐五官殷严、王飞君等,设酒歌舞,还有王根侄子成都侯王况,也聘娶前掖庭贵人做自己的妻子,都没有臣子的礼节,大不敬,是犯了不道的罪名!"于是天子说:"先帝对待王根、王况父子,十分优厚,如今竟然背弃恩德，忘却大义！"因王根曾立社稷的策略（指立哀帝为嗣），所以遣回原国；将王况免为平民，令回原郡。王根及王况的父亲王商所推举任官的都予免职。

九月，庚申日（二十五日），地震，从京城到北边郡国30多处，城郭都遭毁坏，一共压死400多人。皇上就拿灾殃变异问待诏李寻，李寻答说："太阳，是众阳之首，是国君的表征。国君不修德，那么太阳就会失去它的常度，暗昧无光。近来太阳更加不明亮，光明被夺取而失去光彩，邪气珥、霓屡次兴起，小臣不知宫里之事，私下以太阳来比陛下，是意志节操在当初就衰落很多。希望陛下执持阳刚之德，坚强心志，慎守法度，不要听从女子、邪臣的巧言，那些保姆、阿母、乳母甜言谦辞的请托，要断绝而不听，力行大义。断绝小小的不忍，实在是不得已，可赐给货物，钱财，不可乱授官职爵位，这实在是上天所禁止的！

臣听说月亮是众阴之首，是妃后、大臣、诸侯的表征。近来，月亮多次变易，这是母后参与政治、扰乱朝廷使然，阴阳都受伤害，彼此都不相宜；外臣不知道朝廷之事，私下相信天文，假如这样，近臣也就不值倚重了。希望陛下能亲自求取贤德之士，不要使那些可恶的邪佞之人强盛，而使国家兴盛，本朝尊显强大！

臣听说五行是以水为根本，水是用来量平的。帝王的大道公正修明，那么，百川就会顺畅，经脉就流通；偏颇私党，失去纲纪，那么，水势就翻腾外溢，成为灾祸。如今汝水、颍水激流汹涌，同雨水一道成为人民的祸害，这就是《诗经》所说的'百川涌起'，罪在皇甫卿士等人。希望陛下能稍稍压抑外戚大臣！

臣听说地道柔和平静，是阴道的常则。近来关东发生好几次地震，一定要专力崇尚阳道，抑制阴道，以拯救它的灾祸，坚强心志，建立威势，关闭杜绝私谒之路，提拔引进才俊之士，免除不能胜任者职务，来强盛朝廷！根本强盛了，那么，生机就会充沛，可抵制为害的；根本微弱了，那么，就会招到灾祸，获致凶险，被不正的计谋所欺凌。听说过去淮南王谋反的时候，他所认为难以对付的只有汲黯，认为公孙弘等人是不值得挂齿的。公孙弘，是汉朝著名的丞相，到现在还没有人可同他相比，可是，还被看轻，更何况没有像公孙弘这样的人呢！所以说朝廷没有人才，就会被贼子乱臣所轻视，这个道理是很自然的。"

骑都尉平当为河堤使,治理河堤之事,上奏:"九河现在都填灭。按照常理,治水有分泄河水,疏浚河川,而没有防备堵塞的记载。黄河从魏郡以东很多满溢决口;水道难加以分清,四海之内的人,是不能欺诬的。应多方求取能挖深水道、疏通河水的人。"皇上听从了他的建议。

待诏贾让上奏说:"治河有上、中、下三种方案。古代建立国家,安居人民,划分经界,辨别土宜,一定要放弃川泽之水所流聚之处,而选择估计水势达不到的地方。大

陈汤像

川没有堤防,小水能够流入,而筑堤在地势低下的地方,作为湖泊池泽,使秋天水多的时候能得到它作为蓄水的地方,左右起伏的水波可宽大舒缓而不急迫。说到土地之有河川,就好比人之有嘴;治理土地而防止它的河川,就好比阻止小儿啼哭而塞住他的嘴,怎会不立即停止? 可是,他距死亡也已经不远了。所以说:'擅长治河的要使它分泄而通畅,擅长治民的要人民畅所欲言。'大概堤防的建筑,是起自距今不久的战国,壅塞百川,分别让自己受利。齐国和赵国、魏国以黄河为境,赵国、魏国以山岭为界,齐国地势低下,建筑堤防,距离黄河25里,河水向东流到齐国的堤防,就向西流到赵国、魏国;赵国、魏国也建筑堤防,离黄河25里,虽然不是它的正道,但是河水还是有流动的地方。黄河之水在一定的时候流来而离开,使河道填满淤泥而肥美,人民就利用它来耕田;或者经过很长的时间却没有灾害,就渐建屋宅,最后成为村落邑里;大水按时到来,将民宅淹没,人民就另建堤防来拯救自己,渐离他们的城郭,将水泽的水排出而居住下来,沉溺其间,自然也是应该的。如今的堤防,近的距离河水只有几百步,远的是几里,在旧有的大堤防之内又有好几层,人民居住在这里面,这都是前代将水排出所形成的。黄河从河内黎阳到魏郡昭阳,东西相对有石头堤防,使得河水相激而还,100多里之间,黄

河二次转西，三次折东，如此急迫困厄，而不得平静。

"现在最好的方案，是将面临水流冲击的冀州百姓迁走，在黎阳县遮害亭开个缺口，将黄河的水放出，使它向北流入大海；黄河的西边连接大山，东边靠近金堤，水势不能冲击很远，横流1个月也就自动平定下来。责难的人将会说：'如果像这样，毁坏城郭、田宅、坟墓，数以万计算，人民将会怨恨。'从前大禹治理洪水，挡住河道的山陵，就加以开凿，所以穿凿龙门山，打通伊阙山，中分底柱山，剖开碣石山，毁坏割绝天地的本体，但这些城郭、田宅、坟墓只是人力所建的，有什么好说的呢！如今靠近黄河的10个郡，每年治理堤防的费用，将近万万；可是，一旦它严重开裂，所残害的也就没法计算了。如果拿出几年治理黄河的费用，以作迁移人民之用，遵行古代圣人的方法，确定山川的位置，使神人各得其处而不相干；而且大汉有万里方正之地，何须与河水去争这些许的土地呢！这功业一经建立，黄河就会治好，人民就安定，千年将无灾害，所以说是最好的方案。

"至于在冀州之地开凿很多运河，使人民能利用它们来灌溉耕田，减少水患，虽然不是圣人的做法，但也能减轻损毁。可以从淇口以东建筑石头堤防，设置许多水门。恐怕议论的人会怀疑黄河水大很难治理。而荥阳县的运河足以使它流下。冀州河头的水光了，可靠此水门，那些河渠都经常分别引取其水：天旱时，就开启东方水流向下的水闸，灌溉冀州之田；水盛时，就开启西方的高闸，将河水分别流去，使人民的耕田适时治好，黄河的堤防也就完成。这实在可使国家富有，人民安定，振兴利益，除去灾祸，能支持几百年，所以说是中等的方案。

至于将旧有的堤防修补完善，低下的增加它的高度，单薄的增加它一倍的厚度，所花的劳力和费用将无止境，而且将屡次遭遇灾害，这是最差的方案！"

孔光、何武上奏："互毁亲尽之庙，应按时决定，请和众臣合议。"于是光禄勋彭宣等53人都认为"孝武皇帝虽有功业，然而亲尽当毁。"太仆王舜、中垒校尉刘歆议说："依据《礼》(指《礼记》)天子有七庙。七是他确定的礼数，应该是个不变的数字。宗不在这数字之内，因宗不是个常数。如有功德就尊崇他，不可预先为此设定数目。臣愚认为孝武皇帝功业是那样显赫，而孝宣皇帝又是这样尊崇建立他的庙号，实不应毁！"皇上看了他的奏章，下诏说："太仆王舜、中垒校尉刘歆所议颇对。"

何武的继母在蜀郡，派属下将她迎回来；正好遇到成帝去世，属下怕路上有盗贼，继母就留在原地，没有迎来。天子身旁的近臣有的就讥刺何武侍奉母亲不淳厚，皇帝也想改换大臣。冬，十月，下策将何武免职，以列侯的身份回到原来的国家。癸酉日（初九），派师丹做大司空。师丹看到皇上改正了许多成帝的政令，就上书说："古代天子居丧，不发政令，听取太宰的意见；守丧3年之内，要不改变他父亲生前的所为。"往前先帝的尸柩停在堂上，可是，官职爵位颁给臣子们以及亲属，居然都是宠爱的外戚，封舅父为阳安侯，皇后的尊号还没确定，预封她的父亲为孔乡侯。征召侍中王邑、射声校尉王邯等前来治政，诏书频频颁下，改变政事，且过分急遽。臣纵然不能明白陈述大义，又竟然不能坚持逊让爵位，跟着凭空封侯，增加陛下的过错，近来郡国有很多地震水灾，漂走杀死人民，太阳、月亮不光明，五星失去它们的行度，这都是举措失当，号令不一定，法度失去道理，阴阳混浊的应验。

"臣恭敬地想，在一般人情上，没有儿子，虽然年纪超过六七十，还多娶妻妾，而设法求得。孝成皇帝深知上天的命令，确知陛下具有很高的德行，在壮年的时候，能克制自己的私欲，而册立陛下为继承人。先帝无疾而崩，然后陛下继承帝位，天下平安，人民不惧，这是先帝圣明的德行，应当使天人之功相合。臣听说'天子的威严近在咫尺之间'，希望陛下深深思念先帝为何建立陛下的心意，并且克制自己的私欲，亲自力行，来观察百官的顺从感化。天下，是陛下的家，亲戚哪里怕不富贵呢！实在不应该如此急促分封他们，将不能长久。"师丹上书几十次，有很多急切正直的言论。

傅太后堂弟的儿子傅迁在皇帝的身旁，特别行为不正，皇上很厌恶他，将他官职免了，送回原郡。傅太后很生气，皇上不得已，又将傅迁留下来。丞相孔光和大司空师丹奏说："诏书前后相反，天下人将怀疑而迷惑，无法让人相信。臣请求将傅迁送回原郡，来消除奸党。"最后还是不能将他送回原郡，又任命他为侍中。他被傅太后的相逼，都是像这个样子。

议郎耿育上书替陈汤讼冤说："甘延寿、陈汤，能够为大汉深入敌国、远诛异族而扬威，洗雪国家多年的耻辱，讨伐远国不受羁绊的君主，捕取万里之外、难以制服的胡虏，哪里有人可和他们相比呢！先帝嘉奖他们，多次下诏，宣扬他们的功劳，使匈奴改元竟宁，垂示历法，传世不尽。瑞应当是这样的，南郡进献白虎，边境不必警戒防备。恰好碰到先帝卧病，可是，关注之意不妄，屡次派尚书责问丞相，催促立议而序其功；只有丞相匡衡排除干扰，最后封延寿、陈汤食邑100户，这就是功臣战士为何失望的原因。孝成皇帝承受建业的根基，趁着征伐的威势，平息战事，国家就能安定，可是，大臣不正，想专有国君的权威，排斥有功之臣，使陈汤被囚禁而独处，不能表明自己，最后无罪而年老被弃。敦煌正好是在通往西域的道路上，使具有威名、抵御外侮的臣子，一下子罪加其身，又被郅支余虏所讥笑，实在让人悲哀！至今奉命出使异族的，无不用远诛郅支，来显扬汉国的强盛。引用别人的功劳，来使敌人惧怕，却远弃其人，而让逸人愉快，难道不悲痛吗？并且安定的时候不可忘记危险，兴盛的当儿必须思虑衰微，如今国家原本没有文帝那样富足的府库，又没有武帝使群臣推荐贤才而延纳他们的措施，而枭将擒敌的臣子，只不过一个陈汤罢了！假如陈汤过世不能赶上陛下的时代，还希望国家能追记他的功劳，为其修墓，表彰其功，鼓励后世。陈汤幸好能身处当代，刚立新功，可是，反而听任邪臣将他驱逐疏远，使他亡命躲避，离散逃窜，死无其地。远见之士，没有一个不认为陈汤的功劳是历代所不能赶得上的，而陈汤的过错却是人情所共有而不能避免的，陈汤尚且这样，后继者虽然能为国家牺牲生命，马革裹尸，可是仍会被吏议所钳制，被妒忌的臣子所排挤或囚禁！这是臣为什么替国家忧戚不安的原因。"书上奏，天子就将陈汤赦免，而在长安去世。

汉纪二十八　孝平皇帝下
元始三年（癸亥、公元3年）

夏，安汉公奏车服制度，吏民养生、送终、嫁娶、奴婢、田宅、器械之品，立官稷，及郡国、县邑、乡聚皆置学官。

初，莽长子宇非莽隔绝卫氏，恐久后受祸，即私与卫宝通书，教卫后上书谢恩，因陈丁、傅旧恶，冀得至京师。莽白太皇太后，诏有司褒赏中山孝王后，益汤沐邑七千户。卫后日夜啼泣，思见帝面，而但益户邑；宇复教令上书求至京师。莽不听。宇与师吴章及妇兄吕宽议其故，章以莽不可谏而好鬼神，可为变怪以惊惧之，章因推类说令归政卫氏。宇即使宽夜持血洒莽第，门吏发觉之；莽执宇送狱，饮药死。宇妻焉怀子，系狱，须产子已，杀之。甄邯等白太后，下诏曰："公居周公之位，辅成王之主，而行管、蔡之诛，不以亲亲害尊尊，朕甚嘉之！"莽尽灭卫氏支属，唯卫后在。吴章要斩，磔尸东市门。

初，章为当世名儒，教授尤盛，弟子千余人。莽以为恶人党，皆当禁锢不得仕宦，门人尽更名他师。平陵云敞时为大司徒掾，自劾吴章弟子，收抱章尸归，棺殓葬之，京师称焉。

莽于是因吕宽之狱，遂穷治党与，连引素所恶者悉诛之。元帝女弟敬武长公主素附丁、傅，及莽专政，复非议莽；红阳侯王立，莽之尊属；平阿侯王仁，素刚直；莽皆以太皇太后诏，遣使迫守，令自杀。莽白太后，主暴病薨；太后欲临其丧，莽固争而止。甄丰遣使者乘传案治卫氏党与，郡国豪杰及汉忠直臣不附莽者，皆诬以罪法而杀之。何武、鲍宣及王商子乐昌侯安、辛庆忌三子护羌校尉通、函谷都尉遵、水衡都尉茂、南郡太守辛伯皆坐死。凡死者数百人，海内震焉。北海逢萌谓友人曰："三纲绝矣，不去，祸将及人！"即解冠挂东都城门，归，将家属浮海，客于辽东。

【译文】

元始三年（癸亥、公元3年）

夏，安汉公上奏车服制度，吏民养生、送终、嫁娶、奴婢、田宅、器械的品级，设立官稷，以及郡国、县邑、乡聚都设置学官。

以前，王莽的长子王宇反对王莽隔离卫氏，怕经过一段时间后，会遭受祸患，就私下和卫宝通信，教卫后上书皇上，感谢恩德，趁机陈说丁、傅两家过去的不好，希望能到京城。王莽告诉太后，令主管官员褒扬赏赐中山孝文后，另封邑7000户。卫后日夜哭泣，想见皇帝的面，然而只是增加封邑的户数；王宇又教他上书，请求到京城。可是王莽未予理睬。王宇和老师吴章以及大舅子吕宽商讨此事，吴章认为王莽不能接受劝谏而喜好鬼神，可用神鬼怪异试试，吴章就根据灾变怪异而推言事类，劝说王莽还权于卫氏。王宇就令吕宽在夜里拿血洒王莽的门户，结果被看门的官吏发现；王莽将王宇抓起来，投入监狱，王宇喝毒致死。王宇的妻子名焉，有孕在身，关进监狱，小孩生后，将她杀了。甄邯等人告诉太后，下诏说："安汉公处于周公旦的位置，扶助国君成了皇帝，而施行管叔、蔡叔的诛灭，不因为亲爱亲人而损害尊敬应该尊敬的人，朕很嘉奖他！"王莽将卫氏的亲属完全族灭，只留下卫氏。吴章被腰斩，在东市门被五马分尸。

往前，吴章是当代著名的儒学家，教授很盛，学生有1000多人。王莽认为是恶人党，都应当监禁起来，不能做官，于是，学生都改认别人做老师。平陵人云敞当时做大司徒掾，就检讨自己的过错，说是吴章的学生，为吴章收尸而抱回去，准备棺材，将他的尸体收敛安葬，使京城的人都称赞他。

王莽于是趁着吕宽的案子，就彻底查究他的同党，涉及平时所厌恶的，一律革杀。元帝的妹妹敬武长公主平素亲近丁、傅二家，等到王莽专权的时候，又非议王莽；红阳侯王立，是王莽的叔父；平阿侯王仁，平素刚正阿直；王莽都用太皇太后的诏书，指派使臣威逼恐吓，使他们自杀身亡。王莽告诉太后，敬武长公主暴病而死；太后想亲自去她家吊祭，王莽坚决反对，而使她没去成。甄丰派遣使臣乘驿马赶去处理卫氏同党的案子。郡国豪杰以及汉朝正直的臣子不亲附王莽的，都用刑罚处罚并诬告陷害他们，而将他们杀了。何武、鲍宣以及王商的儿子乐昌侯王安、辛庆忌的三个儿子护羌校尉辛通、函谷都尉辛遵、水衡都尉辛茂、南郡太守辛伯都因犯罪而被处死。一共死了几百人，全国震惊。北海人逢萌对他的朋友说："君臣、夫妇、父子的伦常已经废弃，不离开，祸患将殃及自身！"就脱下帽子挂在东都城门上，回去，带着家人出海，客居在辽东郡。

四　年（甲子、公元4年）

春，正月，郊祀高祖以配天，宗祀孝文以配上帝。

改殷绍嘉公曰宋公，周承休公曰郑公。

二月，丁未，遣大司徒宫、大司空丰等奉乘舆法驾迎皇后于安汉公第，授皇后绂玺，入未央宫。大赦天下。

遣太仆王恽等八人各置副，假节，分行天下，览观风俗。

夏，太保舜等及吏民上书者八千余人，咸请"如陈崇言，加赏于安汉公。"章下有司，有司请"益封公以召陵、新息二县及黄邮聚、新野田；采伊尹、周公称号，加公为宰衡，位上公，三公言事称'敢言之'；赐公太夫人号曰功显君；封公子男二人安为褒新侯，临为赏都侯；加后聘三千七百万，合为一万万，以明大礼；太后临前殿亲封拜，安汉公拜前，二子拜后，如周公故事。"莽稽首辞让。莽乃起视事，止减召陵、黄邮、新野之田而已。

莽复以所益纳征钱千万遗太后左右奉共养者。莽虽专权，然所以诳耀媚事太后，下至旁侧长御，方故万端，赂遗以千万数。白尊太后姊、妹号皆为君，食汤沐邑。以

王莽像

故左右日夜共誉莽。莽又知太后妇人，厌居深宫中，莽欲虞乐以市其权，乃令太后四时车驾巡狩四郊，存见孤、寡、贞妇，所至属县，辄施恩惠，赐民钱帛、牛酒，岁以为常。太后旁弄儿病，在外舍，莽自亲候之。其欲得太后意如此。

太保舜奏言："天下闻公不受千乘之土，辞万金之币，莫不乡化。蜀郡男子路建等辍讼，惭怍而退，虽文王却虞、芮何以加！宜报告天下。"于是孔光愈恐，固称疾辞位。太后诏："太师毋朝，十日一入省中，置几杖，赐餐十七物，然后归；官属按职如故。"

莽奏起明堂、辟雍、灵台，为学者筑舍万区，制度甚盛。立《乐经》；益博士员，经各五人。征天下通一艺、教授十一人以上，及有《逸礼》、古书、天文、图谶、钟律、月令、兵法、史篇文字，通知其意者，皆诣公车。网罗天下异能之士，至者前后千数，皆令记说廷中，将令正乖谬，壹异说云。

又征能治河者以百数，其大略异者，长水校尉平陵关并言："河决率常于平原、东郡左右，其地形下而土疏恶。闻禹治河时，本空此地，以为水猥盛则放溢，少稍自索，虽时易处，犹不能离此。上古难识。近察秦、汉以

来，河决曹、卫之域，其南北不过百八十里。可空此地，勿以为官亭、民室而已。"御史临淮韩牧以为："可略于《禹贡》九河处穿之，纵不能为九，但为四、五，宜有益。"大司空掾王横言："河入勃海地，高于韩牧所欲穿处。往者天常连雨，东北风，海水溢，西南出，寖数百里，九河之地已为海所渐矣。禹之行河水，本随西山下东北去。《周谱》云：'定王五年，河徙。'则今所行非禹之所穿也。又秦攻魏，决河灌其都，决处遂大，不可复补。宜却徙完平处更开空，使缘西山足，乘高地而东北入海，乃无水灾。"司空掾沛国桓谭典其议，为甄丰言："凡此数者，必有一是；宜详考验，皆可豫见。计定然后举事，费不过数亿万，亦可以事诸浮食无产业民。空居与行役，同当衣食，衣食县官而为之作，乃两便，可以上继禹功，下除民疾。"时莽但崇空语，无施行者。

莽自以北化匈奴，东致海外，南怀黄支，唯西方未有加，乃遣中郎将平宪等多持金币诱塞外羌，使献地愿内属。宪等奏言："羌豪良愿等种可万二千人，愿为内臣，献鲜水海、允谷、盐池，平地美草，皆予汉民；自居险阻处为藩蔽。问良愿降意，对曰：'太皇太后圣明，安汉公至仁，天下太平，五谷成孰，或禾长丈余，或一粟三米，或不种自生，或茧不蚕自成；甘露从天下，醴泉自地出；凤凰来仪，神爵降集。从四岁以来，羌人无所疾苦，故思乐内属。'宜以时处业，置属国领护。"事下莽，莽复奏："今已有东海、南海、北海郡，请受良愿等所献地为西海郡。分天下为十二州，应古制。"奏可。冬，置西海郡。又增法五十条，犯者徙之西海。徙者以千万数，民始怨矣。

分京师置前辉光、后丞烈二郡。更公卿、大夫、八十一元士官名、位次及十二州名、分界。郡国所属，罢置改易，天下多事，吏不能纪矣。

【译文】
四　年（甲子、公元4年）

春，正月，在郊外祭祀高祖以配上天，在明堂祭祀孝文帝以配上帝。

改派殷绍嘉公为宋公，周承休公为郑公。

二月，丁未日（初七），派遣大司徒马宫、大司空甄丰等奉命挟持天子的车子，到安汉公家里去迎皇后，封授给皇后印玺，迎进未央宫。大赦天下。

派遣太仆王恽等8人分别设置副使，授以符节，分道巡察天下，观察风俗。

夏，太保王舜等人以及吏民上书的，有8000多人，都请求"依照陈崇所说的，增加安汉公的赏赐。"奏章交给下面的主办官吏，主办官吏请求"加封安汉公召陵、新息二县以及黄邮聚、新野县的田地；采用伊尹、周公旦的称号，加公做宰衡，地位是上公，三公对他论事，要称'敢言之'；赐公太夫人号为功显君；封公儿子二人：王安做褒新侯，王临做赏都侯；增加皇后聘礼为3700万，合起来是1万万，来彰明大礼；太后亲至前殿加封和任命，安汉公跪拜在前，二子跪拜在后，比照周公旦的旧例。"王莽叩首推辞谦让，王莽于是出来莅官治事，只是减掉召陵县、黄邮聚、新野县的封田。

王莽又拿所增加纳征的1000万钱送给太后的亲信以奉供养。王莽虽独揽大权，可是，用来欺骗迷惑讨好侍奉太后和讨好百官的费用颇多，上至太后，下至左右长御，贿赂有千万之多。很多次进言尊崇太后的姐、妹称号为君，封汤沐邑。结果是，太后两侧的人一天到晚赞扬王莽。王莽深知太后厌恶住在深宫里，就想用游观之乐来篡夺她的权力，就像市场买卖一般，使太后四季坐车到四郊游玩，慰问救助孤儿、寡妇、贞妇，所到各县，施行恩惠，赐给人民钱、帛、牛、酒，每年都有一定的时间。太后身边住在外舍的戏狎的小儿病了，王莽就亲自侍候他们，以得到太后的欢心。

太保王舜上奏说："天下人听说安汉公不接受百里的封地，退回女儿的聘金，所有人都钦佩。蜀郡男子路建等人停止诉讼，惭羞而退，即使周文王使虞、芮二国国君退回所争的田地，又怎能比得上呢！应该公告天下。"于是，孔光更加害怕，推辞有病，要辞去职位。太后下诏说："太师不必上朝，每10天入朝一次即可，设置倚几和手杖，赐给有17种食物的美餐，然后回去；官属各依旧职不迁动。"

王莽上奏建筑明堂、辟雍、灵台，为学生盖屋一万处，规模很大。设立《乐经》；增加博士员额，每经各五人。征求天下精通一艺，教授十一人以上，以及有《逸礼》、古书、天文、图谶、锺律、《月令》、兵法、《史篇》文字，而通达了解其意义的，都到公车署来。罗织天下奇才之士，前后到的有1000多人，都令他们到朝廷里，记下他们的说法，而且令他们改正谬误，使不同的说法趋于一致。

又召集能治黄河的，以百计算，其中大约相异的，有长水校尉平陵人关并，他说"黄河决口通通在平原郡、东郡的两边，它的地形低下，而且土质粗劣。听说大禹治理黄河的时候，原本空出这块地方，不使人民居住，认为水隈的水，多了就任它放溢，少了就渐渐自竭，虽然时代变更，然而还是不离这个原则。上古遥远，很难了解，兹就近考察秦、汉以来，黄河在曹、卫地区决口，它的南北不超过80里，可以空出这个地方，不要作为官亭、民屋也就可以了。"御史临淮人韩牧认为："只要约略在《禹贡》九河的地方予以穿凿，直的不必有九道，只要有四，五道，应该就很好了。"大司空掾王横说："黄河流入浡海，地面高出韩牧所想穿凿的。过去，天常连着下雨，吹东北风，海水就从西南溢出，扩散几百里。如此，黄河入海的地区，已被海水逐渐覆盖。大禹疏导黄河之水，原本顺着西山向东北流去。《周谱》说：'定王五年，黄河改道。'那么，如今黄河所经的河道，就不是大禹所凿的了。又秦国攻打魏国，将黄河决堤，水淹它的都城，决口的地方也就逐渐增大，不能再加修补。应该退迁到平坦的地区，另外开通河道，使黄河顺着西山的山麓，趁着高地而向东北流入大海，才没有水灾。"司空掾沛国人桓谭主持这次研讨，替甄丰说："一共这几种方案，一定有 种是对的；应该详细考核，就能推究利弊得失。计划决定，然后才动工，花费不过几亿万，也可令那些游手好闲，没有产业的人服役。游手好闲，没有产业的人，端居无为和发行力役，都是需要衣食的，现在县官供给他们衣食，而使他们修治河道，实是公私两便，可以向上继承大禹的功绩，向下除去人民的祸害。"这时王莽只是空许诺言，并没有加以施行。

王莽上奏，请尊孝宣庙为中宗，孝元庙为高宗；又奏请孝宣皇考庙不要修治；除去南陵、云陵而设为县。上奏被准许。

王莽自以为向北感化匈奴，向东交结海外，向南怀柔黄支国，只有西方还没归顺，就派遣中郎将平宪等人拿着很多金币去诱降塞外的羌人，使他们呈献出土地，归附朝廷。平宪等人奏说："羌人权豪良愿等种族，太约1万2000人，愿意做属国，献上鲜水海、允谷、盐池，土地平坦，水草鲜美的地方，都给汉民；自己居住在险峻的地方，愿为藩离屏障，询问良愿投降的意愿，回答说：'太皇太后圣通明达，安汉公十分仁德，天下太平，五谷丰收，有的禾高1丈多，有的个粒粟内含3粒米，有的不种而自己长成，有的茧不经养而自己结成；甘露从天降下，美泉从地涌出；凤凰飞来而有容仪，神雀下降而会集。自从辅佐朝政4年以来，羌人没有什么灾难，所以乐意归属朝廷。'应该及时使他们居住便地，安于生产，设置属国管理。"事情交给王莽，王莽又奏说："如今已有东海、南海、北海3个郡，请求接受良愿等所进献的土地为西海郡。将天下划分为12州。以合古代的制度。"上奏被核可。冬，设置西海郡。又增订法律51条，犯法的被发配到西海郡。被迁去的人，以千万计算，民怨丛生。

划分京城，设置前煇光、后丞烈两个郡。更改公卿、大夫、81元士的官名、位次以及12个州的名称。划分郡、国的区域。罢除、设置、改动、变易、天下多出很多事，连官吏都记不清楚。

五　年（乙丑、公元5年）

春，正月，祫祭明堂。

安汉公又奏复长安南、北郊。三十余年间，天地之祠凡五徙焉。

诏曰："宗室子自汉元至今十余万人，其令郡国各置宗师以纠之，致教训焉。"

夏，四月，乙未，博山简烈侯孔光薨，赠赐、葬送甚盛，车万余辆。以马宫以太师。

吏民以莽不受新野田而上书者前后四十八万七千五百七十二人，及诸侯王公、列侯、宗室见者皆叩头言："宜亟加赏于安汉公。"

五月，策命安汉公莽以九锡，莽稽首再拜，受绿韨，衮冕，衣裳，瑒琫、瑒珌，句履，鸾路、乘马，龙旗九旒，皮弁、素积，戎路、乘马，彤弓矢，卢弓矢，左建朱钺，右建金戚，甲、胄一具，秬鬯二卣，圭瓒二，九命青珪玉二，朱户，纳陛，署宗官、祝官、卜官、史官，虎贲三百人。

王恽等八人使行风俗还，言天下风俗齐同，诈为郡国造歌谣、颂功德，凡三万言。闰月，丁酉，诏以羲和刘秀等四人使治明堂、辟雍，令汉与文王灵台、周公作洛同符。太仆王恽等八人使行风俗，宣明德化，万国齐同，皆封为列侯。

时广平相班穉独不上嘉瑞及歌谣；琅邪太守公孙闳言灾害于公府。甄丰遣属驰至两郡，讽吏民，而劾"闳空造不祥，穉绝嘉应，嫉害圣政，皆不道。"穉，班倢伃弟也。太后曰："不宣德美，宜与言灾害者异罚。且班穉后宫贤家，我所哀也。"闳独下狱，诛。穉惧，上书陈恩谢罪，愿归相印，入补延陵园郎；太后许焉。

莽又奏为市无二贾，官无狱讼，邑无盗贼，野无饥民，道不拾遗，男女异路之制；犯者象刑。

莽复奏言："共王母、丁姬，前不臣妾，冢高与元帝山齐，怀帝太后、皇太太后玺绶以葬。请发共王母及丁姬冢，取其玺绶；徙共王母归定陶，葬共王冢次。"太后以为既已之事，不须复发。莽固争之，太后诏因故棺改葬之。莽奏："共王母及丁姬棺皆名梓宫，珠玉之衣，非藩妾服。请更以木棺代，去珠玉衣；葬丁姬媵妾之次。"奏可。公卿在位皆阿莽指，入钱帛，遣子弟及诸生、四夷凡十余万人，操持作具，助将作掘平共王母、丁姬故冢；二旬间，皆平。莽又周棘其处，以为世戒云。又隳坏共皇庙，诸造议者泠褒、段犹皆徙合浦。

征师丹诣公车，赐爵关内侯，食故邑。数月，更封丹为义阳侯；月余，薨。

初，哀帝时，马宫为光禄勋，与丞相、御史杂议傅太后谥曰孝元傅皇后。及莽追诛前议者，宫为莽所厚，独不及。宫内惭惧，上书言："臣前议定陶共王母谥，希指雷同，诡经僻说，以惑误主上，为臣不忠。幸蒙洒心自新，诚无颜复望阙廷，无心复居官府，无宜复食国邑。愿上太师、大司徒、扶德侯印绶，避贤者路。"秋，八月，壬午，莽以太后诏赐宫策曰："四辅之职，为国维纲，三公之任，鼎足承君；不有鲜明固守，无以居位。君言至诚，不敢文过，朕甚多之。不夺君之爵邑，其上太师、大司徒印绶使者，以侯就第。"

"时帝春秋益壮，以卫后故，怨不悦。冬，十二月，莽因腊日上椒酒，置毒酒中；帝有疾。莽作策，请命于泰畤，愿以身代，藏策金縢，置于前殿，敕诸公勿敢言。丙午，帝崩于未央宫。大赦天下。莽令天下吏六百石以上皆服丧三年。奏尊孝成庙曰统宗；孝平庙曰元宗。敛孝平，加元服，葬康陵。

以长乐少府平晏为大司徒。

太后与群臣议立嗣。时元帝世绝，而宣帝曾孙有见王五人，列侯四十八人。莽恶其长大，曰："兄弟不得相为后。"乃悉征宣帝玄孙，选立之。

是月，前辉光谢嚣奏武功长孟通浚井得白石，上圆下方，有丹书著石，文曰："告安汉公莽为皇帝"。符命之起，自此始矣。莽使群公以白太后，太后曰："此诬罔天下，不可施行！"太保舜谓太后曰："事已如此，无可奈何；沮之，力不能止。又莽非敢有他，但欲称摄以重其权，填服天下耳！"太后心不以为可，然力不能制，乃听许。舜等即共令太后下诏曰："孝平皇帝短命而崩，已使有司征孝宣皇帝玄孙二十三人，差度宜者，以嗣孝平皇帝之后。玄孙年在襁褓，不得至德君子，孰能安之！安汉公莽，辅政三世，与周公异世同符。今前辉光嚣、武功长通上言丹石之符，朕深思厥意，云'为皇帝'者，乃摄行皇帝之事也。其令安汉公居摄践祚，如周公故事，具礼仪奏！"于是群臣奏言："太后圣德昭然，深见天意，诏令安汉公居摄。臣请安汉公践祚，服天子韨冕，背斧依立于户牖之间，南面朝群臣，听政事；车服出入警跸，民臣称臣妾，皆如天子之制。郊祀天地，宗祀明堂，共祀宗庙，享祭群神，赞曰'假皇帝'，臣民谓之'摄皇帝'，自称曰'予'。平决朝事，常以皇帝之诏称'制'。以奉顺皇天之心，辅翼汉室，保安孝平皇帝之幼嗣，遂寄托之义，隆治平之化。其朝见太皇太后、帝皇后皆复臣节。自施政教于宫家国采，如诸侯礼仪故事。"太后诏曰："可。"

【译文】

五 年（乙丑、公元5年）

春，正月，毁庙之主，都放在明堂和太祖合食；28个诸侯王、20个列侯、900多个宗室子，被征召助祭。祭礼完成，都增加食邑户数，赐给爵位以及金帛，增加官禄，补上官位，各有等级差别。

安汉公又奏说恢复长安南、北郊的祭礼。30多年以来，天地的祭祀，一共迁移了5次。

下诏说："皇帝家室子女从汉初至今，有10多万人，可令郡、国分别设置宗师来监督检察他们的日常行为，使他们不致危害国家，获得教训。"

夏，四月，乙未日（初一）博山简烈侯孔光去世，赠赐、葬送很多，车子有1万辆。派马宫做太师。

吏民因为王莽不接受新野县的封地而上书的，前后总共有48万7千5百72人，以及诸侯王、公、列侯、宗室见存的，都磕头说："应该赶快赏赐安汉公。"于是，王莽上书说："臣民们所上奏章而交下属机构商议的，有关赏赐之事都搁置而不要呈上，使臣王莽能竭尽全力，完成制礼作乐；事情完成，希望准许告老还乡，让贤者得到任用。"甄邯等人告诉太后，下诏说："安汉公每次觐见，都是流泪磕头说，希望不要接受赏赐；即使给予赏赐，也不敢承受此位。他正在制订礼乐还没完成，而事须公正而果断，故暂且听从公制订礼乐；等全部完成，群公告知，再完成前议。那九赐的礼仪须尽快上奏！"

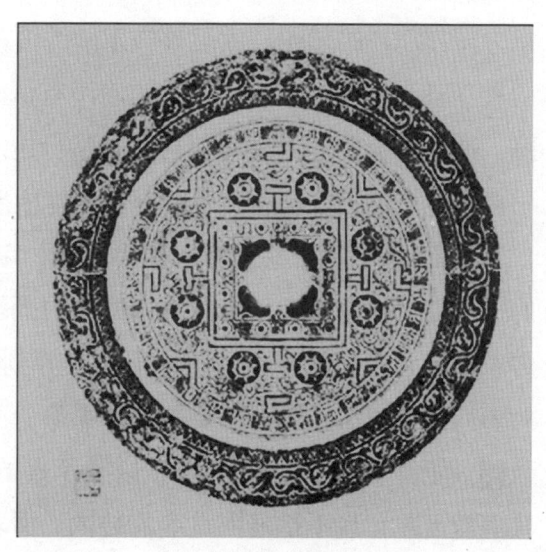

王莽铜镜

五月，用策书任命安汉公王莽，赐给九锡，王莽叩首再拜，接受绿韨、衮冕、衣裳、瑒珌、瑒琫、句履、鸾路乘马、龙旗九旒、皮弁素积、戎路乘马、彤弓矢、卢弓矢、左边插立红色大斧，右边插立金色大斧，一套战甲、头盔、两尊祭祀之酒、两个玉柄的酒器、两块上公的青色玉珪，住以朱户，纳陛于霤，设署宗官、祝官、卜官、史官，以及勇士300人。

王恽等八人奉命到各地巡察风俗回来，说天下风俗划一相同，假造郡、国歌谣，颂扬功德，一共3万字。闰月，丁未日（十四日），下诏派羲和刘秀等4人，命令他们建明堂、辟雍，使汉朝与周文王筑灵台，周公旦建洛邑，相映成趣。太仆王恽等8人奉命巡视风俗，宣扬彰明道德礼教，使诸侯各国划一相同，都被封为列侯。

这时广平王之相班穉唯独不呈献吉端和歌谣，琅邪郡太守公孙闳在官府说灾害。甄丰派遣属官赶快前往广平、琅邪二郡，示意吏民进呈吉端而躲过灾害，而弹劾"王闳捏造不祥之事，班穉断绝吉瑞之兆，都犯不道之罪。"班穉，是班婕妤的弟弟。太后说："不宣扬美好的道德，应该和说灾害的处罚不同。而且班穉和后宫贤德的班婕妤是一家，是我所怜悯的。"只将公孙闳关进监狱，诛杀。班穉惊惧，上书陈表世受国恩，并认罪，愿意归还相印，进延陵，补个掌守园寝门户的园郎。太后答应了他的请求。

王莽又上奏订市价无二，官府没有诉讼案子，城邑没有盗贼，乡野没有饥民，道上不拾取他人遗物，男女分路行走的制度；凡是冒犯的，都不加刑，而只在服色上加以区别，以示耻辱。史称象刑，表示象征性刑罚。

王莽又奏说："共王的母亲、丁姬，以前不遵守臣妾的道理，冢墓和元帝的一样高，挟着帝太后、皇太帝的印信而埋葬。请求打开共王的母亲以及丁姬的冢墓，拿走印信；将共王的母亲安葬到定陶县，葬在共王的墓旁。"太后认为事情已经过去，没有必要再打开冢墓。王莽极力争论，太后下诏就其旧棺而改葬。王莽奏说："共王的母亲以及丁姬的棺材都是由上等的香梓制成的，并且珠襦玉匣，也不是藩臣之妾的装饰。请求改用普通木材的棺材，除去珠襦玉匣；将丁姬葬在从嫁女子的墓旁。"上奏被核可。在位的公卿都阿谀奉迎王莽的意旨，进献钱帛，派遣子弟以及诸生、四夷共10多万人，拿着畚锸等工具，一同将共王的母亲、丁姬的旧墓铲平；20天间，都铲平了。王莽又用荆棘环绕四周，作为世人的警戒。又毁坏共王庙，那些当年创议的冷褒、段犹都被贬到合浦郡去。

征召师丹到公车府，赐给关内侯的爵位，封旧邑。几月后，改封师丹为义阳侯；一个多月后，去世。

以前，哀帝时，马宫做光禄勋，和丞相、御史合议傅太后的谥号为孝元傅皇后。等到王莽追究诛杀以前所议论的人，马宫为王莽所厚待，唯独没被杀。马宫内心感到惭愧害怕，上书说："臣以前商议决定陶共王母亲的谥号，承受上意，大抵相同，违背常规常法胡乱发表意见，而惑乱皇上，是臣的不忠。希望能有洗心革面的机会，实在没有脸面再到朝廷议政，也没有心情再在官府任职，不应该再享用地的封赐。希望交上太师、大司徒、扶德侯的印信，以让贤者。"八月，壬午日（二十日），王莽用太后的诏书赐给马宫的策书说："四辅的职位，是国家的支柱；三公的任务，是辅佐国君的；不能明洁坚守，就无法任职。你说的话十分真诚，不敢掩饰过错，朕非常尊重你的操守。不夺去你的封地爵位等，可交上太师、大司徒的印信给使臣，以诸侯的身份回家。"

这时皇帝年龄逐渐增长,因为卫后不能到京城的原因,就怨恨王莽而郁闷不乐。冬,十二月,王莽趁冬至后从第三个戌日进献椒酒的时候,将毒药放在酒里。皇帝有病,王莽作策文,在泰畤向天神求福,愿意自己代替皇帝而死,将策文藏在绑着金缄的匣子里,放在前殿,敕令诸公不可说。丙午日(十二月无此日),皇帝在未央宫去世。大赦天下。王莽命令天下600石以上的官吏,都穿孝服3年。上奏尊称孝成庙为统宗;孝平庙为元宗。将孝平帝入殓,穿戴成人的衣冠,葬在康陵。

派长乐少府平晏做大司徒。

太后和臣子们商议另立新君。这时元帝没有后代,然而宣帝的曾孙封王还健在的有5个、列侯有48个。王莽怨恨他们已经长大,说:"兄弟不能继承为后代。"就征召所有宣帝的玄孙,遴选而立为帝王。

这一个月,前煇光郡人谢嚣奏说武功长孟通在浚井的时候,获得一块白色的石头,上面是圆的,下面是方的,有红色的字刻在石头上,文字是"告安汉公王莽为皇帝。"上天赐给帝王的祥瑞征兆的兴起,从此而开始。王莽使众公将这件事情告诉太后,太后说:"这是欺骗天下人,不能实行!"太保王舜对太后说:"事情已经到了这个地步,没有什么办法了,要破坏它、阻止它、力量又不够,而且王莽不敢有别的企图,只是想称摄政来加重自己的权势,管理天下罢了!"太后认为不可以。可是,力量不够牵制它,就只好顺应了。王舜等人就一起令太后下诏说:"孝平皇帝夭折,已使主管官吏召孝宣皇帝的23个玄孙,选择其中合适的,来继承孝平皇帝的后裔。玄孙年纪幼小,如得不到很有道德的君子来辅佐他,谁能使他安居帝位呢!安汉公王莽,辅助三代的国政,和周公旦的时代虽然不同;可是效果却相同一致。如今前煇光郡人谢嚣、武功长孟通上奏说白石红字的符命,推究它的意思,所谓'为皇帝'的意思,就是代理皇帝的政事。特令安汉公替代天子之位而行其事,就像过去周公旦时期一样,讨论准备礼仪,上奏我知!"于是,臣子们上奏说:"太后圣德昭明,远见天意,而诏令安汉公代居天子之位治理天下。臣请求安汉公登上天子之位,穿戴天子的冠服,将书有斧纹的屏风放置在户牖之间,面向南方,接见众臣,听取政事;天子进出,要清道阻止路人行走,民臣称为臣妾,都比照天子的制度。在郊外祭祀天地,明堂祭祀宗亲,宗庙祭祀先人,献祭众神,祝祭之辞是'假皇帝',民臣称他为'摄皇帝',自称是'予'。公平处理朝中之政，平时以皇帝之诏称为'制'，来奉行顺从上天的意旨，辅助汉室，保护安定孝平皇帝的幼子，以成寄托幼孤的大义，崇尚国家安定的教化。他朝见太皇太后、帝皇后，都行臣子的礼节。在自己的宫、家、国、采施行政治教化，就比照诸侯礼仪的往例。"太后下诏说："可。"

王莽上
居摄元年（丙寅、公元6年）

春，正月，王莽祀上帝于南郊，又行迎春、大射、养老之礼。

三月，己丑，立宣帝玄孙婴为皇太子，号曰孺子。婴，广戚侯显之子也。年二岁；托以卜相最吉，立之。尊皇后曰皇太后。

四月，安众侯刘崇与相张绍谋曰："安汉公莽必危刘氏，天下非之，莫敢先举，此乃宗室之耻也。吾帅宗族为先，海内必和。"绍等从者百余人遂攻宛；不得入而败。

群臣复白："刘崇等谋逆者，以莽权轻也；宜尊重以填海内。"五月，甲辰，太后诏莽朝见太后称"假皇帝"。

冬，十月，丙辰朔，日有食之。

是岁，西羌庞恬、傅幡等怨莽夺其地，反攻西海太守程永；永奔走。莽诛永，遣护羌校尉窦况击之。

【译文】
居摄元年（丙寅、公元6年）

春，正月，王莽在南郊祭祀上帝，又举行迎春、大射、养老等礼仪。

三月，己丑朔日（初一），立宣帝的玄孙刘婴做皇太子，号孺子。刘婴，是广戚侯刘显的儿子，年龄2岁；用占卜相术试之，最吉利，所以就尊他为皇子。尊皇后为皇太后。

四月，安众侯刘崇和其相张绍合议说："安汉公王莽一定会危害刘氏，天下人都认为他不好，只是没有一个人敢首先举事，这是宗室的耻辱。我率领宗族首先举事，全国一定会响应。"张绍等人和100多个随从，进攻宛县；可是，攻不进而失败。

臣子们又说："刘崇等人阴谋叛逆，是因为王莽权轻的缘故。应该尊崇加重王莽的权力，来安定天下人。"五月，甲辰日（十七日），太后诏令王莽入朝觐见太后称为"假皇帝"。

冬，十月，丙辰朔日（初一），日蚀。

这一年，西羌人庞恬、傅幡等人怨恨王莽掠夺他们的土地，就反攻西海郡太守程永；程永逃走。王莽杀程永，派遣护羌校尉窦况去攻击他们。

二　年（丁卯、公元7年）

春，窦况等击破西羌。

五月，更造货：错刀，一直五千；契刀，一直五百；大钱，一直五十；与五铢钱并行，民多盗铸者。禁列侯以下不得挟黄金，输御府受直；然卒不与直。

东郡太守翟义，方进之子也，与姊子上蔡陈丰谋曰："新都侯摄天子位，号令天下，故择宗室幼稚者以为孺子，依托周公辅成王之义，且以观望，必代汉家，其渐可见。方今宗室衰弱，外无强蕃，天下倾首服从，莫能亢扜国难。吾幸得备宰相子，身守大郡，父子受汉厚恩，义当为国讨贼，以安社稷；欲举兵西，诛不当摄者，选宗室子孙辅而立之。设令时命不成，死国埋名，犹可以不惭于先帝。今欲发之，汝肯从我乎？"丰年十八，勇壮，许诺。义遂与东郡都尉刘宇、严乡侯刘信、信第武平侯刘璜结谋，以九月都试日斩观令，因勒其车骑、材官士，募郡中勇敢，部署将帅。信子匡时为东平王，乃并东平兵，立信为天子；义自号大司马、柱天大将军；移檄郡国，言："莽鸩杀孝平皇帝，摄天子位，欲绝汉室。今天子已立，共行天罚！"郡国皆震。比至山阳，众十余万。

莽闻之，惶惧不能食。太皇太后谓左右曰："人心不相远也。我虽妇人，亦知莽必以此自危。"莽乃拜其党、亲轻车将军、成武侯孙建为奋武将军，光禄勋、成都侯王邑为虎牙将军，明义侯王骏为强弩将军，春王城门校尉王况为震威将军，宗伯、忠孝侯刘宏为奋冲将军，中少府、建威侯王昌为中坚将军，中郎将、震羌侯窦况为奋威将军，凡七人，自择除关西人为校尉、军吏，将关东甲卒，发奔命以击义焉。复以太仆武让为积弩将军，屯函谷关；将作大匠蒙乡侯逯并为横壄将军，屯武关；羲和、红休侯刘秀为扬武将军，屯宛。

三辅闻翟义起，自茂陵以西至汧二十三县，盗贼并发。槐里男子赵朋、霍鸿等自称将军，攻烧官寺，杀右辅都尉及斄令，相与谋曰："诸将精兵悉东，京师空，可攻长安！"众稍多至十余万，火见未央宫前殿。莽复拜卫尉王级为虎贲将军，大鸿胪、望乡侯阎迁为折冲将军，西击朋等。

莽日抱孺子祷郊庙，会群臣，称曰："昔成王幼，周公摄政，而管、蔡挟禄父以叛。今翟义亦挟刘信而作乱。自古大圣犹惧此，况臣莽之斗筲！"群臣皆曰："不遭此变，不章圣德！"冬，十月，甲子，莽依《周书》作《大诰》曰："粤其闻日，宗室之俊有四百人，民献仪九万夫，予敬以终此谋继嗣图功。"遣大夫桓谭等班行谕告天下，以当反位孺子之意。

诸将东至陈留菑，与翟义会战，破之，捕得义，尸磔陈都市；卒不得信。

【译文】
二 年（丁卯、公元7年）

春，窦况等人击败西羌。

五月，改制贷币：一个错刀，价值是5000钱；1把契刀，价值是500钱；1个大钱，价值是50钱；和五铢钱同时通行，人民伪造的很多。禁令列侯以下不能挟带黄金，可送到御府去兑换；可是，始终没有兑换给人。

东郡太守翟义，是方进的儿子。和外甥上蔡人陈丰计谋说："新都侯代居天子的位置，向天下人发号施令，故意选择宗族幼小的作为孺子，假借周公旦辅助成王的故例，暂且来观察天下人心的向背，将来一定会取代汉家，他的征兆是可以看出来的。当今宗室衰微，外面没有强大的同姓诸侯，可使天下人仰慕服从，而不能抵御国家的灾难。我幸运地能够做个宰相的儿子，本身守

王莽钱币

着大郡,父子承受汉朝的大恩,在道义上应当替国家讨伐贼寇,来安定社稷。想兴兵向西,诛灭那不应代居天子之位的,而选择宗室子孙,重振汉室。假如当代的使命不能完成,为国牺牲,也应当身埋而名立,还可以不愧对先帝。如今正想起兵,你肯跟从我吗?"陈丰18岁,勇武雄壮,答应下来。翟义于是和东郡都尉刘宇、严乡侯刘信、刘信的弟弟武平侯刘璜合谋,在九月都试那天,将观县县令杀了,趁机控制他的车马、武卒,招募郡里勇敢的人,安排将帅。刘信的儿子刘匡,这时做东平王,就联合东平国的军队,立刘信做天子;翟义自称大司马、柱天大将军;用檄文通告郡国,说:"王莽毒死孝平皇帝,代居天子之位,想断绝汉室。如今天子已经确立,恭敬地来奉行上天的惩罚!"郡国都震动,进到山阳郡,人数有10多万。

  王莽知道这件事惶恐惧怕得不能进食。太皇太后对近臣说:"人心所见相同。我即使是个妇人,也知道王莽一定会因此而使自己陷入灾难。"王莽就任命他的同党、亲戚、轻车将军、成武侯孙建做奋武将军,光禄勋、成都侯王邑做虎牙将军,明义侯王骏做强弩将军,春王城门校尉王况做震威将军,宗伯、忠孝侯刘宏做奋冲将军,中少府、建威侯王昌做中坚将军,中郎将、震羌侯窦况做奋威将军,一共7人,亲自选择真除关西人做校尉、军吏,率领关东甲兵,发出紧急命令,去攻打翟义。又派太仆武让做积弩将军,驻兵函谷关;将作大匠蒙乡侯逯并做横壄将军,驻兵武关;羲和、红休侯刘秀做扬武将军,驻兵宛县。

三辅（即京兆尹、左冯翊、右扶风）知道翟义起兵，从茂陵县以西到汧县23个县，盗贼都兴起。槐里县男子赵朋、霍鸿等人自称将军，进攻并且火烧官府，杀死右辅（即右扶风）都尉以及盩厔县县令，互相商议说："将领们的精锐部队都到东边去了，京城空虚，可以进攻长安城！"人数渐渐增加到10多万，战火出现在未央宫的前殿。王莽又任命卫尉王级做虎贲将军，大鸿胪、望乡侯阎迁做折冲将军，向西攻击赵朋等人。

王莽每天和孺子在郊庙里祈祷，汇集臣子们，称说："从前周成王年幼，由周公旦代行其政，然而管叔、蔡叔却挟持纣子禄夫而叛变。如今翟义也挟持刘信而作乱。自古以来，圣人尚且为此而惧怕，何况是材器短小的臣子王莽呢！"众臣都说："不经这次变故，不能彰明圣德！"冬，十月，甲子日（十五日），王莽按照《周书》作《大诰》，说："接到翟义造反奏书的那一天，宗室才俊之士，有400人；可作臣民楷模的贤士，有9万人；我恭敬地任用这些人，一起谋划国事，最后完成大业。"派遣大夫桓谭等人颁布施行，告示天下人顺应将帝位还给孺子的意思。

将领们向东进攻陈留郡菑县，和翟义交战，将他打败，翟义被逮捕，在陈县的闹市中尸体被车裂，而始终抓不到刘信。

初始元年（戊辰、公元8年）

春，地震。大赦天下。

王邑等还京师，西与王级等合击赵朋、霍鸿。二月，朋等殄灭，诸县息平。还师振旅，莽乃置酒白虎殿，劳飨将帅。诏陈崇治校军功，第其高下，依周制爵五等，以封功臣为侯、伯、子、男，凡三百九十五人，曰："皆以奋怒，东指西击，羌寇、蛮盗、反虏、逆贼，不得旋踵，应时殄灭，天下咸服"之功封云。其当赐爵关内侯者，更名曰附城，又数百人。义等既败，莽于是自谓威德日盛，大获天人之助，遂谋即真之事矣。

九月，莽母功显君死。莽自以居摄践阼，奉汉大宗之后，为功显君缌缞弁而加麻环绖，如天子吊诸侯服。凡壹吊再会；而令新都侯宗为主，服丧三年云。

司威陈崇奏：莽兄子衍功侯光私报执金吾窦况，令杀人；况为收系，致其法。莽大怒，切责光。光母曰："汝自视孰与长孙、中孙！"长孙、中孙者，宇及获之字也。遂母子自杀，及况皆死。初，莽以事母、养嫂、抚兄子为名，及后悖虐，复以示公义焉。令光子嘉嗣爵为侯。

是岁，广饶侯刘京言齐郡新井，车骑将军千人扈云言巴郡石牛，太保属臧鸿言扶风雍石；莽皆迎受。十一月，甲子，莽奏太后曰："陛下遇汉十二世三七之厄，承天威命，诏臣莽居摄。广饶侯刘京上书言：'七月中，齐郡临淄县昌兴亭长辛当一暮数梦，曰："吾，天公使也。天公使我告亭长：'摄皇帝当为真。'即不信我，此亭中当有新井。"亭长晨起视亭中，诚有新井，入地且百尺。'十一月，壬子，直建冬至，巴郡石牛，戊午，雍石文，皆到于未央宫之前殿。臣与太保安阳侯舜等视，天风起，尘冥，风止，得铜符帛图于石前，文曰：'天告帝符，献者封侯，'骑都尉崔发等视说。孔子曰：'畏天命，畏大人，畏圣人之言。'臣莽敢不承用！臣请共事神祇、宗庙，奏言太皇太后、孝平皇后，皆称'假皇帝'；其号令天下，天下奏言事，毋言'摄'；以居摄三年为始初元年；漏刻以百二十为度；用应天命。臣莽夙夜养育隆就孺子，令与周之成王比德，宣明太皇太后威德于万方，期于富而教之。孺子加元服，复子明辟，如周公故事。"奏可。众庶知其奉符命，指意群公博议别奏，以示即真之渐矣。

梓潼人哀章学问长安，素无行，好为大言，见莽居摄，即作铜匮，为两检，署其一曰"天帝行玺金匮图"，其一署曰"赤帝玺某传予皇帝金策书"。其者，高皇帝名也。书言王莽为真天子，皇太后如天命。图书皆书莽大臣八人，又取令名王兴、王盛，章因自窜姓名，凡十一人，皆署官爵，为辅佐。章闻齐井、石牛事下，即日昏时，衣黄衣，持匮至高庙，以付仆射。仆射以闻。戊辰，莽至高庙拜受金匮神禅，御王冠，谒太后，还坐未央宫前殿，下书曰："予以不德，托于皇初祖考黄帝之后，皇始祖考虞帝之苗裔，而太皇太后之末属。皇天上帝隆显大佑，成命统序，符契、图文、金匮策书，神明诏告，属予以天下兆民。赤帝汉氏高皇帝之灵，承天命，传国金策之书，予甚祗畏，敢不钦受！以戊辰直定，御王冠，即真天子位，定有天下之号曰新。其改正朔，易服色，变牺牲，殊徽帜，异器制。以十二月朔癸酉为始建国元年正月之朔；以鸡鸣为时。服色配德上黄，牺牲应正用白，使节之旄幡皆纯黄，其署曰'新使五威节'，以承皇天上帝威命也。"

莽将即真，先奉诸符瑞以白太后，太后大惊。是时以孺子未立，玺臧长乐宫。及莽即位、请玺，太后不肯授莽。莽使安阳侯舜谕指。舜素谨敕，太后雅爱信之。舜既见太后，太后知其为莽求玺，怒骂之曰："而属父子宗族，蒙汉家力，富贵累世，既无以报，受人孤寄，乘便利时夺取其国，不复顾恩义。人如此者，狗猪不食其余，天下岂有而兄弟邪！且若自以金匮符命为新皇帝，变更正朔、服制，亦当自更作玺，传之万世，何用此亡国不祥玺为，而欲求之！我汉家老寡妇，且暮且死，欲与此玺俱葬，终不可得！"太后因涕泣而言，旁侧长御以下皆垂涕。舜亦悲不能自止，良久，乃仰谓太后："臣等已无可言者。莽必欲得传国玺，太后宁能终不与邪！"太后闻舜语切，恐莽欲胁之，乃出汉传国玺投之地，以授舜曰："我老已死，如而兄弟今族灭也！"舜既得传国玺，奏之；莽大说，乃为太后置酒未央宫渐台，大纵众乐。

莽又欲改太后汉家旧号，易其玺绶，恐不见听；而莽疏属王谏欲谄莽，上书言："皇天废去汉而命立新室，太皇太后不宜称尊号，当随汉废，以奉天命。"莽以其书白太后，太后曰："此言是也！"莽因曰："此悖德之臣也，罪当诛！"于是冠军张永献符命铜璧文，言太皇太后当为新室文母太皇太后；莽乃下诏从之。于是鸩杀王谏而封张永为贡符子。

【译文】

初始元年（戊辰、公元8年）

春，地震。大赦天下。

王邑等人班师回朝，向西和王级等人联合攻击赵朋、霍鸿。二月，赵朋等人被斩尽杀绝，众县之乱就平息。军队凯旋而归，王莽就在白虎殿设置酒会，犒劳将帅。诏令陈崇办理评论军队的功劳，评列他们的功劳高低，依照周朝五等爵的制度，而授封有功的臣子做侯、伯、子、男，一共395人，说"都因为振奋威怒，由东指挥，向西攻击，羌寇、蛮盗、叛虏、逆贼顷刻之间，灰飞烟灭，天下都顺应服从"，叙功封爵的策命是如此说的。其中应该赏赐爵位为关内侯的,改称为附城,又有几百人。翟义等人失败以后,王莽于是自认为权势一天比一天盛大,就阴谋正式即天子位。

九月,王莽的母亲功显君仙逝,王莽自认为代居天子之位而行政,是新君嗣位,承继汉朝大宗的后代,为功显君穿缌衰的丧服,帽子上加了麻制的环绖,就像天子吊祭诸侯的丧服。一共吊祭一次,相见两次,而命令新都侯王宗主祭,守丧3年。

司威陈崇上奏:王莽的侄子衍功侯王光暗地里命令执金吾窦况,命他杀人;窦况就为他将此人抓起来,施以酷刑。王莽大怒,严厉斥责王光。王光的母亲说:"你自己和长孙、中孙相比,哪一个和王莽比较亲呢?"长孙、中孙、是王宇和王护的字。于是,母子就自杀,加上窦况都身首异处。以前,王莽因为侍奉母亲、供养嫂嫂、抚养侄儿而出名,等到后来悖逆苛刻,又假装用公义彰明给天下人看。命令王光的儿子王嘉继承爵禄为侯。

这一年,广饶侯刘京说齐郡有新井,车骑将军千人扈云说巴郡有石牛,太保属臧鸿说扶风郡雍县有石;王莽都接受。十一月,甲子日(二十一日),王莽向太后奏说:"陛下罹难汉朝12代,210年的困厄,承受上天威严的命令,诏令臣王莽夺天子之位而行其事。广饶侯刘京上书说,七月中,齐郡临淄县兴亭长辛当一晚做了好几次梦,说:'我是天公的使者。天公授意我告诉亭长:摄皇帝应当铲除。假如不相信我,这亭里应当有口新井。'亭长第二天早晨起来,到亭里去看,真的有口新井,深将近一百尺。十一月,壬子日(初九),是冬至日,巴郡的石牛,戊午日(十五日),雍县的石文,都运到了未央殿的前殿。臣和太保安阳侯王舜等人去看,这时天刮狂风,尘土飞扬,天色为之昏暗,当风停

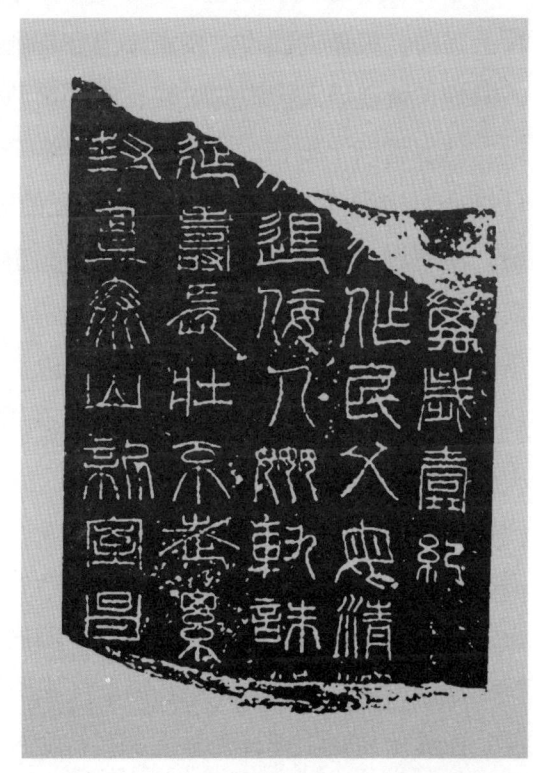

王莽封禅玉版

止时，在石前看到铜制的符命和有图的布帛，文字是：'上天下告的帝符，进献的封侯。'骑都尉崔发等人看了这些文字而道出它的意思。孔子说：'敬畏上天所授以的命令，敬畏高位的大人，敬畏圣人高深的话。'臣王莽敢不承受施行！臣请求一起侍奏天神地祇、宗庙、向太皇太后、孝平皇后奏言，都称'假皇帝'；他对天下人发号施令，天下人向他奏说事情，不用说'摄'，以居摄3年改为初始元年，计时的漏刻以120刻为标准，来顺应上天的命令。臣王莽早夜养育成就孺子，使他和周朝的成王比美道德，并向天下宣扬彰明太皇太后的威严和恩泽，来等到百姓富足之后，再加训导。等孺子长大成人，再将明君之政还给他，就像周公旦过去的事例一般。"上奏被核可。众人知道他是奉行符命的意思，众公又广采众议，另外上奏，以显示真除的现象逐渐形成。

梓潼人哀章到长安城求学，平素没有德行，喜欢讲大话，看到王莽代居天子之位管理天下，就做铜匮，做了两张标签，其中一张写的是"天帝行玺金匮图"，另一张写的是"赤帝玺某传予皇帝金策书"。某：是高皇帝的名字。策书是说王莽做真天子，皇太后遵从上天的命令。图书写的都是王莽的1个大臣，又取了好名字王兴、王盛，哀章趁机将自己的名字写在里面，一共11人，都写上官爵，来辅佐朝政。哀章知道齐郡新井、巴郡石牛的事情已经授意下面的人办理，就在当天傍晚的时候，穿了黄色的衣服，拿着铜匮到高庙去，交给仆射。仆射就向上报告。戊辰日（二十五日），王莽到高庙，跪拜接受铜匮，听从神命，接受汉朝的禅位，头戴帝王的冠冕，拜谒太后，还坐在未央宫的前殿，下书说："我因德行不高，凭着皇初祖考黄帝的后代，皇始祖考虞帝的后裔，而且是太皇太后的支属。皇天上帝，使他高显，大加保佑，完成天命，继承帝统，符契、图文、铜匮、策书，以及神灵的诏告，都将广大的臣民交付给我。赤帝汉氏高皇帝的神灵，转达上天的旨意，传下铜匮策书，我十分敬畏，不敢不谨慎接受！因戊辰正好是定日，就戴上帝王的冠冕，登上真天子宝座，决定天下的称号为新。应更改历法，变易服色，改换祭品，更易旌旗，变易礼器制度。以十二月癸酉朔日（初一）作为始建国元年正月的初一；以丑时作为十二时的开始，服装颜色配合五德，崇尚黄色；祭品应该正用白色；使节的旗帜都是纯黄色，上书'新使五威节'来承继皇天上帝威严的命令。"

王莽即将真除掉，先呈上那些符命祥瑞，向太后陈说，太后大吃一惊。这时，因为孺子还没有成人，传国的印玺收藏在长乐宫里。等到王莽登位，请求交出传国的印玺，太后拒绝交给王莽。王莽命安阳侯王舜告知旨意。王舜向来严谨，太后很信任他。王舜拜见太后，太后知道他是来替王莽求取传国印玺的，就怒骂说："你们父子宗族，蒙受汉家的崇信，荣华富贵了好几代，还没有办法报答，反倒接受别人的托孤寄国，趁着对自己有利的时机，篡取别人的国家，不再考虑到恩情道义。一个人到这程度，即使是狗猪也会憎恶他们的，天下那里有你们兄弟这样的人呢！而且王莽自认为凭着铜匮符命而做起新皇帝，改变历法、服装制度，也应当自己另外做颗传国的印玺，流传万代，那里要用这颗亡国不祥的传国印玺，却要向我索取呢！我是汉家的老寡妇，早晚将死，而想和这颗传国的印玺一起埋葬，竟然办不到！"太后因此哭泣而说，身旁两侧常侍以下都落泪。王舜也悲伤得不能自持，很久，才抬头对太后说："臣等已经没什么好说了。王莽一定想得到传国的印玺，太后哪里能始终坚持不给呢？"太后听王舜所讲的话十分真切，恐怕王莽要迫害她，就拿出汉家传国的印玺，摔掷在地上，而交给王舜说："我年老可早死，然而知道你们兄弟即将尽灭其族！"王舜得到传国的印玺之后，进呈给王莽；王莽非常高兴，就在未央宫渐台为太后设置酒会，使大家尽情地作乐。

　　王莽又想更改太后汉家原有的称号，变易她的印信，恐怕她不顺从，然而王莽的远族王谏想讨好王莽，就上书说："皇天废除汉朝而命令建立新室，太皇太后不应该称尊号，应当随着汉朝而废去，来奉行上天的命令。"王莽拿他的奏书告诉太后，太后说："这话是对的！"王莽趁机说："这是悖乱德行的臣子，其罪当杀！"于是，冠军人张永献上符命铜璧的文书，说太皇太后应当是新室文母太皇太后，王莽就下诏采纳。于是，毒杀王谏而封张永做贡符子。

汉纪二十九　王莽中
始建国元年（己巳、公元9年）

　　莽乃策命孺子为定安公，封以万户，地方百里；立汉祖宗之庙于其国，与周后并行其正朔、服色；以孝平皇后为定安太后。读策毕，莽亲执孺子手，流涕歔欷曰："昔周公摄位，终得复子明辟；今予独迫皇天威命，不得如意！"哀叹良久。中傅将孺子下殿，北面而称臣。百僚陪位，莫不感动。

又按金匮封拜辅臣：以太傅、左辅王舜为太师，封安新公；大司徒平晏为太傅，就新公；少阿、羲和刘秀为国师，嘉新公；广汉梓潼哀章为国将，美新公；是为四辅，位上公。太保、后承甄邯为大司马，承新公；丕进侯王寻为大司徒，章新公；步兵将军王邑为大司空，隆新公；是为三公。太阿、右拂、大司空甄丰为更始将军，广新公；京兆王兴为卫将军，奉新公；轻车将军孙建为立国将军，成新公；京兆王盛为前将军，崇新公；是为四将。凡十一公。王兴者，故城门令史；王盛者，卖饼；莽按符命求得此姓名十余人，两人容貌应卜相，径从布衣登用，以示神焉。

改明光宫为定安馆，安定太后居之；以大鸿胪府为定安公第；皆置门卫使者监领。敕阿乳母不得与婴语，常在四壁中，至于长大，不能名六畜；后莽以女孙宇子妻之。

莽因汉承平之业，府库百官之富，百蛮宾服，天下晏然，莽一朝有之，其心意未满，狭小汉家制度，欲更为疏阔。乃自谓黄帝、虞舜之后，至齐王建孙济北王安失国，齐人谓之王家，因以为氏；故以黄帝为初祖，虞帝为始祖。追尊陈胡公为陈胡王，田敬仲为田敬王，济北王安为济北愍王。立祖庙五，亲庙四。天下姚、妫、陈、田、王五姓皆为宗室，世世复，无所与。封陈崇、田丰为侯，以奉胡王、敬王后。

以汉高庙为文祖庙。汉氏园寝庙在京师者，勿罢，祠荐如故。诸刘勿解其复，各终厥身；州牧数存问，勿令有侵冤。

莽以刘之为字"卯、金、刀"也，诏正月刚卯、金刀之利皆不得行，乃罢错刀、契刀及五铢钱，更作小钱，径六分，重一铢，文曰："小钱直一"，与前"大钱五十"者为二品，并行。欲防民盗铸，乃禁不得挟铜、炭。

夏，四月，徐乡侯刘快结党数千人起兵于其国。快兄殷，故汉胶东王，时为扶崇公。快举兵攻即墨，殷闭城门，自系狱。吏民距快；快败走，至长广死。莽赦殷，益其国满万户，地方百里。

莽曰："古者一夫田百亩，什一而税，则国给民富而颂声作。秦坏圣制，废井田，是以兼并起，贪鄙生，强者规田以千数，弱者曾无立锥之居。又置奴婢之市，与牛马同阑，制于民臣，颛断其命，缪于'天地之性人为贵'之义。减轻田租，三十而税一，常有更赋，罢癃咸出；而豪民侵陵，分田劫假。厥名三十税一，实什税五也。故富者犬马余菽粟，骄而为邪；贫者不厌糟糠，穷而为奸；俱陷于辜，刑用不错。今更名天下田曰'王田'，奴婢曰'私属'，皆不得卖买。其男口不盈八而田过一井者，分余田予九族、邻里、乡党。故无田、今当受田者，如制度。敢有非井田圣制、无法惑众者，投诸四裔，以御魑魅，如皇始祖考虞帝故事！"

秋，遣五威将王奇等十二人班符命四十二篇于天下：德祥五事，符命二十五，福应十二。五威将奉符命，赍印绶，王侯以下及吏官名更者，外及匈奴、西域、徼外蛮夷，皆即授新室印绶，因收故汉印绶。大赦天下。

五威将乘乾文车，驾坤六马，背负鸟之毛，服饰甚伟。每一将各置五帅，将持节，帅持幢。其东出者至玄菟、乐浪、高句骊、夫余；南出者逾徼外，历益州，改句町王为侯；西出至西域，尽改其王为侯；北出至匈奴庭，授单于印，改汉印文，去玺曰章。

冬，雷，桐华。

【译文】
始建国元年（己巳、公元9年）

王莽就用下文命孺子做定安公，封1万户，地方百里；在他的封国里建立汉朝祖宗的庙，以及周朝的后人，同在自己的国内施用周、汉的历法和服色，不遵从新莽的制度；以孝平皇后做定安太后。策文读完，王莽握着孺子的手，流泪哀叹说："从前周公旦代居天子之位而行其事，最后还是能够把明君之政还给成王；如今我只是被上天威严的命令所逼迫，不能按自己的意思行事！"悲戚久久，中傅带着孺子走下殿去，面北而称臣。百官在席上陪同，没有一个不感伤的。

又按照哀章过去所献金匮图、金策图所列11人，都加以封赏和任命官职，派太傅、左辅王舜做太师，封他为安新公；大司徒平晏做太傅，封为就新公；少阿、羲和刘秀做国师，封为嘉新公；广汉郡梓潼人哀章做国将，封为美新公。这就是四辅，秩位是上公。太保、后承甄邯做大司马，封为承新公；丕进侯王寻做大司徒，封为章新公；步兵将军王邑做大司空，封为隆新公。这就是三公。太阿、右拂、大司空甄丰做更始将军，封为广新公；京兆人王兴做卫将军，封为奉新公；轻车将军孙建做立国将军，封为成新公；京兆人王盛做前将军，封为崇新公。这就是四辅三公四将。一共是11个公。王兴，以前是城门令史；王盛，是卖饼的；王莽根据命符找到10多个和此命运相同的，其中两个的容貌符合占卜和观相的要求，就直接从平民晋升录用，来显示是神的意旨。

改明光宫为定安宫，给定安太后居住；以大鸿胪府为定安公宅，都设置门卫使者监督管理。敕令阿保和乳母不能和刘婴（即孺子）交谈，长期居住在空荡荡的宫殿里，直至长大成人，不能说出六畜的名称；后来，王莽将孙女，即王宇的女儿嫁给他。

王莽因为承继汉室稳定的事业，拥有富裕的府库和众多的文武官员，所有的异族都顺从，天下安定，然而王莽即使拥有这些，他的心意还不满足，认为汉家的制度狭隘，因想变更，使其扩大。就说自己是黄帝、虞舜的后裔，甚至齐王田建的孙子田安丧失封国，齐人称他是王家，因此作为氏；所以认黄帝是始祖，虞帝是始祖。追加陈胡公的尊号为陈胡王，田敬仲的尊号为田敬王，济北王田安的尊号为济北愍王。设立五所祖庙、四所亲庙。天下姚、妫、陈、田、王五姓都是宗室，世世代代免除徭役赋税，不得更改。封陈崇、田丰为侯，以承继胡王、敬王的后裔。

将汉高庙作为文祖庙。在京城的汉氏园寝庙，都不撤除，祭祠进贡像过去一般。众姓刘的不解除他们所免去的徭役赋税，一直保持到身故；州牧须多派使者往候，不可使他们有蒙受侵辱和冤屈。

王莽认为刘字是由"卯、金、刀"构成的，就下诏命令避邪的"正月刚卯"和钱币"金刀"都不允许通行，于是废止错刀、契刀以及五铢钱，另行铸造小钱，直径六分，重十铢，文字是'小钱直一'，和以前"大钱五十"别为两类，同时通行。为了防止人民偷铸，就禁止人民挟带铜、炭。

夏，四月，徐乡侯刘快集结同党几千人，在他的封国举兵起义。刘快的哥哥刘殷，是以前汉朝的胶东王，这时做扶崇公。刘快起兵攻打即墨县，刘殷关闭城门，把自己关进监狱。由吏民抵抗刘快；刘快被打败逃走，到了长广县就死了。王莽赦免刘殷之罪，增加他封国的食邑满1万户，土地是百里上下。

王莽说："古代一个成年人的耕地是100亩，抽十分之一的税，国家就充实，人民就富有，而赞美之声也就不绝于耳。秦朝破坏圣人的制度，废弃井田

四神瓦当

制施,因此并吞就兴起,贪婪就诞生,强有力的人分划田地,以千亩来计量,而微弱的竟连一点可供住留的田地也没有。又设置奴婢市场,和牛马关在同一个栏圈里,专断他们的生命和'天地之性,以人为贵'的道理完全相悖。汉氏减轻租税,每30分抽取1分,然而经常有其他的赋税,年老体弱的也都要按人头征收,而且以强凌弱,由穷人分种富人的田地,而共同分享它的收获,富人却持势侵扰,抢劫田租。其名义上是30分征收1分税,实际上是10分征收50%的税。所以有钱人家狗马有吃不完的豆粟,骄纵而且常干坏事;贫穷人家却连糟糠都吃不饱,由于困窘而违反法令;如今改称天下的田地为'王田',奴婢为'私属',都不允许买卖。其中男子人数不满8个,然而田地超过900亩,就必须将多余的田地分给亲族、邻里、乡党。所以过去没有田产的,如今应当拥有田地,按照制度办理。有谁敢毁坏井田措施、圣人制度、不守法纪、蛊惑大众的,就将谁放逐到边远之处,去防御鬼怪,就像皇始祖考虞帝的往例一般!"

秋,委派五威将王奇等12人,向天下人颁行42篇符命:德祥有5件事、符命有25件事、福兆有12件事。五威将捧着符命，带着信函，凡王侯以下以及官名已经更改的，外国远至匈奴、西域、边徼之外的异族，都立即授给新室的印信，而借此机会收回过去汉朝的印信。大赦天下。

五威将乘着画有乾卦之纹的车子，驾着6匹牝马，后面插有锦鸡的羽毛，服饰非常雄奇。每一将分别设置五个帅，由将拿旄节，帅拿旌旗。他们向着东方出行，到玄菟郡、乐浪郡、高句丽县、夫余国；向着南方出行，越过边界，经历益州郡，将句町王改为侯；向西方出行，到西域，将他们所有的王都称为侯；向北方出行，到匈奴王庭颁给单于印信，更改汉朝印章的文字，即不用玺字而用章字。

冬，打雷，桐树开花。

汉纪三十一　汉淮阳王
更始二年（甲申、公元24年）

春，正月，大司马秀以王郎新盛，乃北徇蓟。

申屠建、李松自长安迎更始迁都；二月，更始发洛阳。初，三辅豪杰假号诛莽者，人人皆望封侯；申屠建既斩王宪，又扬言"三辅儿大黠，共杀其主。"吏民惶恐，属县屯聚；建等不能下。更始至长安，乃下诏大赦，非王莽子，他皆除其罪，于是三辅悉平。

时长安唯未央宫被焚，其余宫室、供帐、仓库、官府皆按堵如故，市里不改于旧。更始居长乐宫，升前殿，郎吏以次列庭中；更始羞怍，俛首刮席，不敢视。诸将后至者，更始问："虏掠得几何？"左右侍官皆宫省久吏，惊愕相视。

李松与棘阳赵萌说更始宜悉王诸功臣；朱鲔争之，以为高祖约，非刘氏不王。更始乃先封诸宗室：祉为定陶王，庆为燕王，歙为元氏王，嘉为汉中王，赐为宛王，信为汝阴王；然后立王匡为泚阳王，王凤为宜城王，朱鲔为胶东王，王常为邓王，申屠建为平氏王，陈牧为阴平王，卫尉大将军张卬为淮阳王，执金吾大将军廖湛为穰王，尚书胡殷为随王，柱天大将军李通为西平王，五威中郎将李轶为舞阴王，水衡大将军成丹为襄邑王，骠骑大将军宗佻为颍阴王，尹尊为郾王。唯朱鲔辞不受；乃以鲔为左大司马，宛王赐为前大司马，使与李轶等镇抚关东。又使李通镇荆州，王常行南阳太守事。以李松为丞相，赵萌为右大司马，共秉内任。

更始纳赵萌女为夫人，故委政于萌，日夜饮宴后庭；群臣欲言事，辄醉不能见，时不得已，乃令侍中坐帷中与语。韩夫人尤嗜酒，每侍饮，见常侍奏事，辄怒曰："帝方对我饮，正用此时持事来邪！"起，抵破书案。赵萌专权，生杀自恣。郎吏有说萌放纵者，更始怒，拔剑斩之，自是无敢复言。以至群小、膳夫皆滥授官爵，长安为之语曰："灶下养，中郎将。烂羊胃，骑都尉。烂羊头，关内侯。"军师将军李淑上书谏曰："陛下定业，虽因下江、平林之势，斯盖临时济用，不可施之既安。唯名与器，圣人所重；今加非其人，望其裨益万分，犹缘木求鱼，升山采珠。海内望此，有以窥度汉祚！"更始怒，囚之。诸将在外者皆专行诛赏，各置牧守；州郡交错，不知所从。由是关中离心，四海怨叛。

更始征隗嚣及其叔父崔、义等。嚣将行，方望以更始成败未可知，固止之；嚣不听，望以书辞谢而去。嚣等至长安，更始以嚣为右将军，崔、义皆即旧号。

耿况遣其子弇奉奏诣长安，弇时年二十一。行至宋子，会王郎起，弇从吏孙仓、卫包曰："刘子舆，成帝正统；舍此不归，远行安之！"弇按剑曰："子舆弊贼，卒为降虏耳！我至长安，与国家陈上谷、渔阳兵马，归发突骑，以轥乌合之众，如摧枯折腐耳。观公等不识去就，灭族不久也！"仓、包遂亡，降王郎。

弇闻大司马秀在卢奴，乃驰北上谒；秀留署长史，与俱北至蓟。王郎移檄购秀十万户，秀令功曹令史颍川王霸至市中募人击王郎，市人皆大笑，举手邪揄之，霸惭懅而反。秀将南归，耿弇曰："今兵从南方来，不可南行。渔阳太守彭宠，公之邑人；上谷太守，即弇父也。发此两郡控弦万骑，邯郸不足虑也。"秀官属腹心皆不肯，曰："死尚南首，奈何北行入囊中！"秀指弇曰："是我北道主人也。"

会故广阳王子接起兵蓟中以应郎，城内扰乱，言邯郸使者方到，二千石以下皆出迎。于是秀趣驾而出，至南城门，门已闭；攻之，得出，遂晨夜南驰，不敢入城邑，舍食道傍，至芜蒌亭，时天寒烈，冯异上豆粥。至饶阳，官属皆乏食。秀乃自称邯郸使者，入传舍，传吏方进食。从者饥，争夺之。传吏疑其伪，乃椎鼓数十通，绐言"邯郸将军至"；官属皆失色。秀升车欲驰，既而惧不免，徐还坐，曰："请邯郸将军入。"久，乃驾去，晨夜兼行，蒙犯霜雪，面皆破裂。

至下曲阳，传闻王郎兵在后，从者皆恐。至滹沱河，候吏还白"河水流澌，无船，不可济"。秀使王霸往视之。霸恐惊众，欲且前，阻水还，即诡曰："冰坚可度。"官属皆喜。秀笑曰："候吏果妄语也！"遂前，比至河，河冰亦合，乃令王霸护度，未毕数骑而冰解。至南宫，遇大风雨，秀引车入道傍空舍，冯异抱薪，邓禹爇火，秀对灶燎衣，冯异复进麦饭。

进至下博城西，惶惑不知所之。有白衣老父在道旁，指曰："努力！信都郡为长安城守，去此八十里。"秀即驰赴之。是时郡国皆已降王郎，独信都太守南阳任光、和戎太守信都邳彤不肯从。光自以孤城独守，恐不能全，闻秀至，大喜；吏民皆称万岁。邳彤亦自和戎来会，议者多言可因信都兵自送，西还长安。邳彤曰："吏民歌吟思汉久矣，故更始举尊号而天下响应，三辅清宫除道以迎之。今卜者王郎，假名因势，驱集乌合之众，遂振燕、赵之地，无有根本之固。明公奋二郡之兵以讨之，何患不克！今释此而归，岂徒空失河北，必更惊动三辅，堕损威重，非计之得者也。若明公无复征伐之意，则虽信都之兵，犹难会也。何者？明公既西，则邯郸势成，民不肯捐父母、背成主而千里送公，其离散亡逃可必也！"秀乃止。

秀以二郡兵弱，欲入城头子路、力子都军中；任光以为不可。乃发傍县，得精兵四千人，拜任光为左大将军，信都都尉李忠为右大将军，邳彤为后大将军，和戎太守如故，信都令万修为偏将军，皆封列侯。留南阳宗广领信都太守事；使任光、李忠、万修将兵以从；邳彤将兵居前。任光乃多作檄文曰："大司马刘公将城头子路、力子都兵百万众从东方来，击诸反虏！"遣骑驰至巨鹿界中。吏民得檄，传相告语。秀投暮入堂阳界，多张骑火，弥满泽中，堂阳即降；又击贳县，降之。城头子路者，东平爰曾也，寇掠河、济间，有众二十余万，力子都有众六七万，故秀欲依之。昌城人刘植聚兵数千人据昌城，迎秀；秀以植为骁骑将军。耿纯率宗族宾客二千余人，老病者皆载木自随，迎秀于育；拜纯为前将军。进攻下曲阳，降之。众稍合，至数万人，复北击中山。耿纯恐宗家异心，乃使从弟䜣宿归，烧庐舍以绝其反顾之望。

秀进拔卢奴，所过发奔命兵，移檄边郡共击邯郸；郡县还复响应。时真定王杨起兵附王郎，众十余万，秀遣刘植说杨，杨乃降。秀因留真定，纳杨甥郭氏为夫人以结之。进击元氏、防子，皆下之。至鄗，击斩王郎将李恽；至柏人，复破郎将李育。育还保城；攻之，不下。

南郑人延岑起兵据汉中；汉中王嘉击降之，有众数十万。校尉南阳贾复见更始政乱，乃说嘉曰："今天下未定，而大王安守所保，所保得无不可保乎？"嘉曰："卿言大，非吾任也。大司马在河北，必能相用。"乃为书荐复及长史南阳陈俊于刘秀。复等见秀于柏人，秀以复为破虏将军，俊为安集掾。

秀舍中儿犯法，军市令颍川祭遵格杀之，秀怒，命收遵。主簿陈副谏曰："明公常欲众军整齐，今遵奉法不避，是教令所行也。"乃贳之，以为刺奸将军，谓诸将曰："当备祭遵！吾舍中儿犯法尚杀之，必不私诸卿也。"

初，王莽既杀鲍宣，上党都尉路平欲杀其子永；太守苟谏保护之，永由是得全。更始徵永为尚书仆射，行大将军事，将兵安集河东、并州，得自置偏裨。永至河东，击青犊，大破之。以冯衍为立汉将军，屯太原，与上党太守田邑等缮甲养士以扞卫并土。

或说大司马秀以守柏人不如定巨鹿，秀乃引兵东北拔广阿。秀披舆地图，指示邓禹曰："天下郡国如是，今始乃得其一；子前言以吾虑天下不足定，何也？"禹曰："方今海内殽乱，人思明君，犹赤子之慕慈母。古之兴者在德薄厚，不以大小也！"

蓟中之乱，耿弇与刘秀相失，北走昌平，就其父况，因说况击邯郸。时王郎遣将徇渔阳、上谷，急发其兵，北州疑惑，多欲从之。上谷功曹寇恂、门下掾闵业说况曰："邯郸拔起，难可信向。大司马，刘伯升母弟，尊贤下士，可以归之。"况曰："邯郸方盛，力不能独拒，如何？"对曰："今上谷完实，控弦万骑，可以详择去就。恂请东约渔阳，齐心合众，邯郸不足图也！"

况然之，遣恂东约彭宠，欲各发突骑二千匹、步兵千人诣大司马秀。

安乐令吴汉、护军盖延、狐奴令王梁亦劝宠从秀，宠以为然；而官属皆欲附王郎，宠不能夺。汉出止外亭，遇一儒生，召而食之，问以所闻。生言："大司马刘公，所过为郡县所称；邯郸举尊号者，实非刘氏。"汉大喜，即诈为秀书，移檄渔阳，使生赍以诣宠，令具以所闻说之。会寇恂至，宠乃发步骑三千人，以吴汉行长史，与盖延、王梁将之，南攻蓟，杀王郎大将赵闳。

冠恂还，遂与上谷长史景丹及耿弇将兵俱南，与渔阳军合，所过击斩王郎大将、九卿、校尉以下，凡斩首三万级，定涿郡、中山、巨鹿、清河、河间凡二十二县。前及广阿，闻城中车骑甚众，丹等勒兵问曰："此何兵？"曰："大司马刘公也。"诸将喜，即进至城下。城下初传言二郡兵为邯郸来，众皆恐。刘秀自登西城楼勒兵问之；耿弇拜于城下，即召入，具言发兵状。秀乃悉召景丹等入，笑曰："邯郸将帅数言我发渔阳、上谷兵，吾聊应言'我亦发之'，何意二郡良为吾来！方与士大夫共此功名耳。"乃以景丹、寇恂、耿弇、盖延、吴汉、王梁皆为偏将军，使还领其兵，加耿况、彭宠大将军；封况、宠、丹、延皆为列侯。

吴汉为人，质厚少文，造次不能以辞自达，然沈厚有智略，邓禹数荐之于秀，秀渐亲重之。

更始遣尚书令谢躬率六将军讨王郎，不能下；秀至，与之合军，东围巨鹿，月余未下。王郎遣将攻信都，大姓马宠等开门内之。更始遣兵攻破信都，秀使李忠还，行太守事。王郎遣将倪宏、刘奉率数万人救巨鹿，秀逆战于南栾，不利。景丹等纵突骑击之，宏等大败。秀曰："吾闻突骑天下精兵，今见其战，乐可言邪！"

耿纯言于秀曰："久守巨鹿，士众疲弊；不如及大兵精锐，进攻邯郸，若王郎已诛，巨鹿不战自服矣。"秀从之。夏，四月，留将军邓满守钜鹿；进军邯郸，连战，破之，郎乃使其谏大夫杜威请降。威雅称郎实成帝遗体，秀曰："设使成帝复生，天下不可得，况诈子舆者乎！"威请求万户侯，秀曰："顾得全身可矣！"威怒而去。秀急攻之，二十余日；五月，甲辰，郎少傅李立开门内汉兵，遂拔邯郸。郎夜亡走，王霸追斩之。秀收郎文书，得吏民与郎交关谤毁者数千章；秀不省，会诸将军烧之；曰："令反侧子自安！"

秀部分吏卒各隶诸军，士皆言愿属大树将军。大树将军者，偏将军冯异也，为人谦退不伐，敕吏士非交战受敌，常行诸营之后。每所止舍，诸将并坐论功，异常独屏树下，故军中号曰"大树将军"。

更始遣使立秀为萧王，悉令罢兵，与诸将有功者诣行在所；遣苗曾为幽州牧，韦顺为上谷太守，蔡充为渔阳太守，并北之部。

萧王居邯郸宫，昼卧温明殿，耿弇入，造床下请间，因说曰："吏士死伤者多，请归上谷益兵。"萧王曰："王郎已破，河北略平，复用兵何为？"弇曰："王郎虽破，天下兵革乃始耳。今使者从西方来，欲罢兵，不可听也。铜马、赤眉之属数十辈，辈数十百万人，所向无前，圣公不能办也，败必不久。"萧王起坐曰："卿失言，我斩卿！"弇曰："大王哀厚弇如父子，故敢披赤心。"萧王曰："我戏卿耳，何以言之？"弇曰："百姓患苦王莽，复思刘氏，闻汉兵起，莫不欢喜，如去虎口得归慈母。今更始为天子，而诸将擅命于山东，贵戚纵横于都内，房掠自恣，元元叩心，更思莽朝，是以知其必败也。公功名已著，以义征伐，天下可传檄而定也。天下至重，公可自取，毋令他姓得之！"萧王乃辞以河北未平，不就征，始贰于更始。

是时，诸贼铜马、大肜、高湖、重连、铁胫、大枪、尤来、上江、青犊、五校、五幡、五楼、富平、获索等各领部曲，众合数百万人，所在寇掠。萧王欲击之，乃拜吴汉、耿弇俱为大将军，持节北发幽州十郡突骑；苗曾闻之，阴敕诸郡不得应调。吴汉将二十骑先驰至无终，曾出迎于路，汉即收曾，斩之。耿弇到上谷，亦收韦顺、蔡充，斩之。北州震骇，于是悉发其兵。

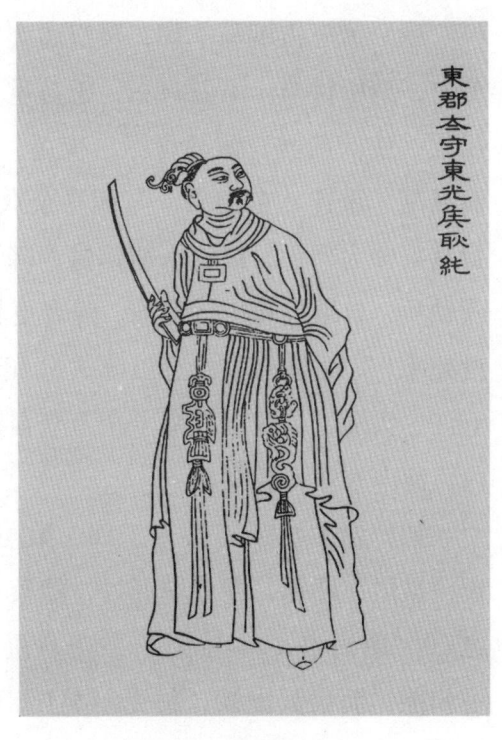

耿纯像

秋，萧王击铜马于鄡，吴汉将突骑来会清阳，士马甚盛，汉悉上兵簿于莫府，请所付与，不敢自私，王益重之。王以偏将军沛国朱浮为大将军、幽州牧，使治蓟城。铜马食尽，夜遁，萧王追击于馆陶，大破之。受降未尽，而高湖、重连从东南来，与铜马余众合；萧王复与大战于蒲阳，悉破降之，封其渠帅为列侯。诸将未能信贼，降者亦不自安；王知其意，敕令降者各归营勒兵，自乘轻骑按行部陈。降者更相语曰："萧王推赤心置人腹中，安得不投死乎！"由是皆服，悉以降人分配诸将，众遂数十万。赤眉别帅与青犊、上江、大彤、铁胫、五幡十余万众在射犬，萧王引兵进击，大破之；南徇河内，河内太守韩歆降。

初，谢躬与萧王共灭王郎，数与萧王违戾，常欲袭萧王，畏其兵强而止；虽俱在邯郸，遂分城而处，然萧王有以慰安之。躬勤于吏职，萧王常称之曰："谢尚书，真吏也。"故不自疑。其妻知之，常戒之曰："君与刘公积不相能，而信其虚谈，终受制矣！"躬不纳。既而躬率其兵数万还屯于邺。及萧王南击青犊，使躬邀击尤来于隆虑山，躬兵大败。萧王因躬在外，使吴汉与刺奸大将军岑彭袭据邺城。躬不知，轻骑还邺，汉等收斩之，其众悉降。

更始遣柱功侯李宝、益州刺史张忠将兵万余人徇蜀、汉；公孙述遣其弟恢击宝、忠于绵竹，大破走之。述遂自立为蜀王，都成都，民、夷皆附之。

赤眉樊崇等将兵入颍川，分其众为二部，崇与逢安为一部，徐宣、谢禄、杨音为一部。赤眉虽数战胜，而疲弊厌兵，皆日夜愁泣，思欲东归；崇等计议，虑众东向必散，不如西攻长安。于是崇、安自武关，宣等从陆浑关，两道俱入。更始使王匡、成丹与抗威将军刘均等分据河东、弘农以拒之。

萧王将北徇燕、赵，度赤眉必破长安，又欲乘衅并关中，而未知所寄，乃拜邓禹为前将军，中分麾下精兵二万人，遣西入关，令自选偏裨以下可与俱者，时朱鲔、李轶、田立、陈侨将兵号三十万，与河南太守武勃共守洛阳；鲍永、田邑在并州。萧王以河内险要富实，欲择诸将守河内者而难其人，问于邓禹。邓禹曰："寇恂文武备足，有牧民御众之才，非此子莫可使也。"乃拜恂河内太守，行大将军事。萧王谓恂曰："昔高祖留萧何关中，吾今委公以河内；当给足军粮，率厉士马，防遏它兵，勿令北渡而已！"拜冯异为孟津将军，统魏郡、河内兵于河上，以拒洛阳。萧王亲送邓禹至野王，禹既西，萧王乃复引兵而北。寇恂调粮、治器械以供军；军虽远征，未尝乏绝。

隗崔、隗义谋叛归天水；隗嚣恐并及祸，乃告之。更始诛崔、义，以嚣为御史大夫。

梁王永据国起兵，招诸郡豪杰，沛人周建等并署为将帅，攻下济阴、山阳、沛、楚、淮阳、汝南，凡得二十八城。又遣使拜西防贼帅山阳佼彊为横行将军，东海贼帅董宪为翼汉大将军，琅邪贼帅张步为辅汉大将军，督青、徐二州，与之连兵，遂专据东方。

邔人秦丰起兵于黎丘，攻得邔、宜城等十余县，有众万人，自号楚黎王。

汝南田戎攻陷夷陵，自称扫地大将军；转寇郡县，众数万人。

【译文】
更始二年 （甲申、公元24年）

春，正月，大司马刘秀因为王郎新近壮盛，就向北攻掠蓟县。

申屠建、李松从长安迎接更始迁都；二月，更始从洛阳出发。往前，三辅豪杰借汉将军之号诛杀王莽的，每个人都希望封侯；申屠建杀了王宪后，又公开说："三辅少年太桀黠，要一起杀掉他们的主人。"于是，吏民惶恐，所隶各县，加快聚集，使申屠建等人攻不下。更始到达长安，就下诏大赦，只要不是王莽的儿子，其他的都免除他们的罪，于是，三辅全被平定。

这时，长安只有未央宫被烧，其余宫室、供帐、仓库、官府都未迁动，像以前一样，市里也不改变原来的模样，更始住在长乐宫，到前殿，郎吏按照次序排列在庭里；更始羞惭变色，低头擦席，不敢抬头看人。众将后到的，更始问："掳掠所得有多少？"两侧侍从之官全都是在宫中很长时间的官吏，为之而惊异相视。

李松和棘阳人赵萌向更始进言，说应当将那些有功的臣子都封为王；朱鲔为这件事争论，以为高祖有约定，不是姓刘的，不能封王。更始就先封那些宗室：刘祉做定陶王，刘庆做燕王，刘歙做元氏王，刘嘉做汉中王，刘赐做宛王，刘信做汝阴王；然后立王匡做泚阳王，王凤做宜城王，朱鲔做胶东王，王常做邓王，申屠建做平氏王，陈牧做阴平王，卫尉大将军张卬做淮阳王，执金吾大将军廖湛做穰王，尚书胡殷做随王，柱天大将军李通做西平王，五威中郎将李轶做舞阴王，水衡大将军成丹做襄邑王，骠骑大将军宗佻做颍阴王，尹尊做郾王，唯有朱鲔推辞不受；于是派朱鲔做左大司马，宛王刘赐做前大司马，协助李轶等人镇压安抚函谷关以东。又派李通镇守荆州，王常兼管南阳郡太守之事。任李松做丞相，赵萌做右大司马，一同在朝廷之内，秉持国政。

更始帝娶赵萌的女儿做为妻夫人，因此将朝政都委托赵萌处理。更始帝则日夜在后庭饮酒作乐。臣子们想谈事情，更始总是喝醉而不能得见，有时不得已，就命令侍中坐在帐中讲话。韩夫人更是爱好喝酒，每当侍候喝酒，见到中常侍前来上呈奏事，就发怒说："皇帝正好和我对饮，为何这个时候来奏事呢？"站起来，将书桌弄坏。赵萌独揽朝纲，有生杀大权。郎官有说赵萌任意胡乱的，更始就发怒，拔剑给他杀了，从此再无人敢说了。以至成群的小人、膳夫都乱授官职爵位给他们，长安因此有这样话："灶下养，中郎将。烂羊胃，骑都尉；烂羊头，关内侯。"（意思是说：灶烹调的厨师，可做中郎将；能把羊胃煮烂的，就可做骑都尉；能将羊头煮烂的，可做关内侯。）军师将军李淑上书劝谏说："陛下完成大业，尽管是靠着下江兵、平林兵的势力；但这大概只能在临时有所帮助，不可在安定后继续施行。只有爵号和车服，是圣人所看重的；现在所赐给的，都不是该得之人，希望他们对国家有万分之一的帮助，这就如爬到树上去求鱼，到高山去采珠。国人埋怨这种事，有窥伺算计汉室江山的！"更始发怒，把他囚禁起来。众将在外面自作主张实行诛杀和赏赐，各自设立州牧和太守；州、郡行政错综复杂，不知该遵照谁去做。从此关中离心离德，全国怨恨而反叛。

更始征召隗嚣和他的叔父隗崔、隗义等人。隗嚣将要启程，方望认为更始的成败还不能确切知道，就极力阻止他；可是，隗嚣不听，方望就留书辞职而离开。隗嚣等人来到长安，更始派隗嚣为右将军，隗崔、隗义都按其旧号而接受它。

耿况派遣他的儿子耿弇捧着奏书到长安，耿弇这时年龄只有21。来到宋子县，恰好王郎起兵，耿弇的随从之吏孙仓、卫包说："刘子舆，是成帝的嫡传嗣子；舍弃他而不归顺，要远走到去哪里？"耿弇按着剑说："子舆是个败贼，最后肯定会做投降的俘虏！我到长安去，是为国家部署上谷、渔阳二郡的兵马，等回来发动冲突军阵的骑兵，来攻打那些无组织的军队，就像摧折枯木腐物一样。我看你们不知取舍。不久就会被灭掉全族！"孙仓、卫包于是逃亡，投降王郎。

耿弇听说大司马刘秀在庐奴县，就赶到北方去拜见；刘秀将他留在官府做长史，和他一同向北到蓟县。王郎致檄文到各地，用10万户来悬赏捕捉刘秀，刘秀命令功曹令史颍州人王霸到市里去招募人攻打王郎，市人都大笑，举手嘲侮他，王霸惭愧地回来。刘秀打算到南方去，耿弇说："现在军队从南方来，不可向南方去。渔阳郡太守彭宠，是你同邑之人；上谷郡太守，就是我的家父。发动这两郡1万个骑兵，邯郸城也就不值得忧虑了。"刘秀的心腹部将都不愿意，说："死尚且关要向南方，怎么能到北方去，进入袋囊之中呢？"刘秀指着耿弇说："这是我北道的主宰之人。"

恰好前广阳王的儿子刘接在蓟县兴起军队，来响应王郎，城里很乱，说邯郸城的使者刚到，2000石以下的官吏都出城迎接。于是，刘秀急忙驾车而出，到了南城门，门已经关闭。攻打它，才能出城，就当夜向南驰行，不敢进入城邑，在道路旁食宿。到了芜蒌亭，这时天气十分寒冷，冯异捧上豆粥。到饶阳县，属官都缺少粮食。刘秀就自称是邯郸城派来的使者，进入客馆，客馆中的官吏正在吃饭，随从的人因为饥饿，就争先恐后抢东西来吃。客馆中的官吏怀疑他们是假的，就打鼓几十下，骗说"邯郸将军到"；属官全都被吓得变了脸色。刘秀登上车子，想马上离开，后来又怕逃不掉，就慢慢地回到座位，说："请邯郸将军进来。"经过一段很较长的时间，才驾车离开。当夜加快速度行走，冒着霜雪艰难行进，面部都开裂。

到了下曲阳县，传说王郎的军队在后面，随从的人都惧怕。到滹沱河，负责候望的小吏回来报告说："河水解冰，没有船只，不能渡过去。"刘秀派王霸去看个仔细。王霸怕惊动大家，想往前走，但被河水所阻而回，就骗说："冰结得很硬，可以渡过去。"属官全都高兴。刘秀笑着说："候望小吏真的是胡说！"就向前进。等到接近河边，河中冰也凝结了，就命令王霸监护大家过河，最后有几个骑士还没来得及渡过去，冰面开裂而塌陷。到达南宫县，碰到大风雨，刘秀带领车子进入路旁的空屋，冯异抱着柴薪，邓禹烧火，刘秀对着炉灶烘衣服，冯异又进上麦饭。

进到下博县的城西，惶恐疑惑，不知该去哪里。在道旁有个穿白衣的的老人，指着说："努力！信都郡为长安城防守，离这里是80里。"刘秀就骑马赶去。这时，郡、国都已投降王郎，只有信都郡太守南阳人任光、和戎郡太守信都人邳彤不愿顺从。任光自认为孤城防守，恐怕不能保住，听说刘秀到了，非常高兴，吏民都喊万岁。邳彤也从和戎郡来会合，大部分人认为说可利用信都郡的军队，护送自己，向西回到长安。邳彤说："官吏歌颂思念汉室已很久了，从而更始举起尊号，天下人就响应，三辅打扫宫室、清洁道路来迎接。现在卜者王郎，假借名义，利用形势，驱赶乌合之众，就攻克燕、赵二地，基础还没有巩固。你率领二郡的军队前去讨伐他，还怕什么不能取胜呢！现在放下这个不做，却打算回去，那只是白白地失去河北县，而且必定惊动三辅，严重损毁威严，不是好计策。如你不再有讨伐的意思，那么，即使是信都郡的军队，会合还是很难的。为什么？当你到了西边，邯郸城的势力已形成，人民将不会抛弃父母，背叛已经登位的国君，却送你远走千里，你们的离散逃亡是一定的！"刘秀就停止进军。

因为二郡的军队不强，刘秀想进入城头子路、力子都的军队里去；任光认为这样行不通。刘秀接受建议，发动邻近的县，得到4000个精兵，任命任光做左大将军，信都郡都尉李忠做右大将军，邳彤做后大将军，和戎太守照旧，信都县令万修做偏将军，都封为列侯。留下南阳人宗广兼管信都郡太守的事务，命令任光、李忠、万修率领军队随行。邳彤率军队在前开路，任光就写了很多檄文说："大司马刘公率领城头子路、力子都100多万军队从东面来，攻击众叛贼！"派骑

汉光武帝刘秀像

兵赶到钜鹿郡界去。官吏得到檄文，互相告诉。刘秀在傍晚的时候进入堂阳县界，布置很多骑兵，拿着火把，布满在草泽中，堂阳县受其迷惑马上投降；又攻击贳县，贳县也投降。城头子都，是东平人爰曾，在黄河、济水一带抢劫，部下有20多万人，力子都有六、七万人颇具实力，所以刘秀想依附他。昌城人刘植占据昌城县，聚集军队几千人迎接刘秀；刘秀派刘植做骁骑将军。耿纯率领宗族宾客2000多人，年老有病的都随身带着棺材，在育县迎接刘秀；刘秀任命耿纯做前将军。进攻下曲阳县，下曲阳县投降，人数渐合，到了几万人，又向北进击中山国。耿纯怕宗室怀有谋叛的心意而不决，就派堂弟耿诉当天夜里回去，将屋子烧掉，断绝他们反悔的念头。

刘秀攻下卢奴县，凡所经之处，就紧急派兵，寄出檄文交给边塞之郡，号令他们一起攻打邯郸城；郡、县纷纷响应。这时，真定王刘起召集军队，亲附王郎，人数有十多万。刘秀就派刘植去游说服刘杨，刘杨投降。刘秀因此留在真定县，纳刘杨外甥女郭氏为夫人，以相结交。进攻元氏县、防子县，均告捷。到达鄡县，击杀王郎部将李恽；到达柏人县，又打败王郎部将李育。李育逃转汉中郡；刘秀进攻，没有攻下。

南郑人延岑占据汉中郡，召集起军队；汉中人王嘉发兵攻打，迫使他投降，从而拥有几十万人。校尉南阳人贾复见更始政治混乱，就说服王嘉说："如今天下还没安定，大王都安守汉中郡，汉中郡恐怕未必能保吧！"刘嘉说："你说的话，很有道理，安守汉中郡不是我能胜任的。大司马在河北县，一定能用我们。"就写信推荐贾复和长史南阳人陈俊给刘秀。贾复等人在柏人县见到刘秀，刘秀派贾复做破虏将军，陈俊做安集掾。

刘秀舍里少年犯法，军市令颍川人祭遵将他处死，刘秀发怒，下令逮捕祭遵。主簿陈副劝谏说："你常想军士们遵守纪律，如今祭遵奉法行事，而不规避，这是施行教令。"于是赦免祭遵，派他做刺奸将军，并对众将说："应当严守法纪！我舍中少年犯法，尚且被祭遵杀，他一定不会对你们有所偏私的。"

往前，王莽杀了鲍宣，上党郡都尉路平想杀死鲍宣的儿子鲍永；上党郡太守苟谏保护他，鲍永因而能够保全。更始征召鲍永做尚书仆射，兼管大将军事，率领军队在河东郡、并州平安聚集，有权能自行设立小将。鲍永到达河东郡，攻打青犊兵，将其大败。派冯异做立汉将军，驻兵太原郡，和上党郡太守田邑等人修治兵甲，训练兵士，来保卫并州土地。

　　有人游说大司马刘秀，认为防守柏人县还不如平定钜鹿郡，刘秀觉得有理就率领军队向东北去，攻下广阿县。刘秀打开地图，指给邓禹看，说："天下郡、国照旧，如今才得到其中的一个；你以前说我不值得为天下忧虑，是什么道理？"邓禹说："当今天下混乱，人们渴望贤明的国君，好比赤子渴望慈母一般。古代有为之人的兴起的人，都决定在道德的厚薄上，而并非在占土地的大小上！"

　　蓟县混乱，耿弇和刘秀失散，向北跑到昌平县，到他父亲耿况那儿去，他建议耿况去攻打邯郸城。这时，王郎派遣将军攻掠渔阳郡、上谷郡，紧急派出他的军队，北方各州都犹豫观望，很多想顺从他。上谷郡功曹寇恂、门下掾闵业说服田况说："邯郸城即使被攻下，还很难使人心归向我们。大司马，是刘伯升的同母弟，尊敬贤者，礼待士人，可以归附向他。"田况说："邯郸方面势力正大，凭我们力量不能单独抵御，怎么办？"寇恂回答："如今上谷郡坚固充实，有一万骑兵，有充分时间做出选择。我请求向东联络渔阳郡，大家同心协力，不分彼此，邯郸城实在不值得图谋！"田况认为很对，就派寇恂向东联合彭宠，打算各自派出2000冲锋的骑兵、1000步兵，去见大司马刘秀。

　　安乐县令吴汉、护军盖延、狐奴县令王梁也劝彭宠归顺刘秀，彭宠认为这个建议很对；可是，他的部属都想归附王郎，彭宠不能违背他们的意思。吴汉出城，驻守城外的亭子里，遇到一个儒生，就激他一起吃饭，问他所听到的。儒生说："大司马刘公，所经之处，赞美之词四起；邯郸自上尊号的，实在不是刘氏。"吴汉非常高兴，就假冒刘秀的书信，将檄文送到渔阳郡，命儒生拿了去见彭宠，并叫他将所听到的详详细细告诉彭宠。兵恰好寇恂也赶到，彭宠就拨出3000步兵骑，派吴汉兼长史，和盖延、王梁一起率领，向南攻打蓟县，杀死王郎的大将赵闳。

　　寇恂回来，就和上谷郡长史景丹以及耿弇率领军队，一起往南杀，和渔阳郡的军队会合军队，所经之处，杀王郎的大将、九卿、校尉以下，一共砍了3万个首级，平定涿郡、中山国、钜鹿郡、清河郡、河间国共22个县。兵至广阿县，听到城里车骑很多，景丹等人停下兵马，问："这是谁的军队？"答说："是大司马刘公的。"众将都十分兴奋，就进到城下。城下起初传说上谷、渔阳二郡的军队是邯郸城王郎的部下，大家都很惶恐。刘秀亲自登上西城楼指挥军队，问他们是那里来的；耿弇在城下拜见，刘秀就将他召进来，耿弇详细说明派出军队的情形。刘秀就将景丹等人全召进来，笑着说："邯郸将士好几次说我劝说发动渔阳、上谷二郡的军队，我姑且答说'我已发动了'，那里想到二郡兵马确是为我而来！正要和士大夫一起享有这平定天下的功名了。"就派景丹、寇恂、耿弇、盖延、吴汉、三梁都做偏将军，命令他们回去统领各自的军队，加耿况、彭宠做大将军；封封耿况、彭宠、景丹、盖延都做列侯。

　　吴汉为人，朴质敦厚，少文饰，仓促之际，不善用言辞表达自己的意思；但他深沉稳重，有智能谋略，邓禹好几次将他推荐给刘秀，通过接触了解刘秀渐渐地亲近敬重他。

　　更始派遣尚书令谢躬率六将去讨伐王郎，不能攻克；刘秀到，和他们军队合并，向东包围钜鹿郡，一个多月也不能攻下。王郎派遣将领攻打信都郡，豪门大族马宠等人打开城门，迎接王郎军。随后更始派遣军队攻下信都郡，刘秀命李忠回信都，兼管太守之事。王郎派遣将军倪宏、刘奉等率领几万人去援助钜鹿郡，刘秀在南栾县迎战，结果失利。景丹等派出突骑（冲锋部队）发动攻击，倪宏等人大败。刘秀说："我听说突骑是天下的精锐部队，今天看到他们作战，果然名不虚传！"

　　耿况对刘秀说："长久围困钜鹿郡，兵士们必然疲惫；不如率领大军及精锐部队，攻打邯郸城，如王郎被杀，钜鹿郡不战可下。"刘秀听从了他的意见。夏，四月刘秀，命将军邓满留守钜鹿郡；自率军进军邯郸城，一连交战多次，最终将王朗军打败，王郎派他的谏大夫杜威请求投降。杜威大力称赞王朗，称其确是成帝的儿子，刘秀说："假使成帝复活，也不能获得天下，何况是骗人的子舆呢！"杜威为王郎请求封万户侯，刘秀说："他能保全性命也就不错了！"杜威发怒离开。刘秀急攻邯郸城，攻了20多天；五月，甲辰日（初一），王郎少傅李立打开城门，放进汉军，于是，邯郸城被攻下。王郎乘夜而逃，王霸追上来，将他杀了。刘秀收集王郎的文书，得到官民给王郎相互毁谤对方的，大约有几千件；刘秀看也不看，集合众将军，当面将这些文书烧掉，说："使那些不安的人自行安定下来吧！"

　　刘秀分配士卒归属各军，大家都说愿意跟随大树将军。大树将军，就是偏将军冯异，为人谦虚，不夸耀功劳，敕令吏卒不是交战或受敌攻击，都常走在众营之后。每停留一个地方，众将都坐下谈论战功，只有冯异常独自在树下休息，所以大家都称他是"大树将军"。

更始派遣使臣立刘秀做萧王，命令他们停战，并召集有功的将领到京城；派遣苗曾做幽州牧，韦顺做上谷郡太守，蔡充做渔阳郡太守，并为北方的州、郡。

萧王住在邯郸城的宫里，白天睡在温明殿。耿弇入殿，趁着无人，就对他说："吏卒死伤很多，请暂回上谷郡去增加兵卒。"萧王答道："王郎已死，河北也扫荡平定，那里还要用兵呢！"耿弇说："王郎虽被攻破，可是，战事却刚刚开始。现在使者从西方来，想停战，这是缓兵之计。铜马、赤眉有几十支队伍，每队人数有几十万人，如果你不能制服他们，那么，不久将一定失败。"萧王坐起说："你说错话，我要斩你！"耿弇说："大王怜爱厚待我，像父亲一般，所以才敢说真心话。"萧王说："我只是跟你开玩笑罢了，你打算怎么办？"耿弇说："百姓以王莽为忧苦，又思念刘氏，听说汉军兴起，没有一个不高兴，如今更始做天子，而众将在华山以东，故胡作非为，不受节制；贵戚在京城里，不守法纪，任意掳掠，人民更思念王莽的朝代，因此知道他也一定失败。你功业名声已经十分显著，用义来讨伐，天下就可平定。天下是最重要的，你一定要自行夺取，而不要使其他的人得到它！"萧王就以河北尚未平定为借口而推辞，不接受征召，从此便开始与更始帝分裂。

这时，铜马、大肜、高湖、重连、铁胫、大枪、尤来、上江、青犊、五校、五幡、五楼、富平、获索等贼寇，各自率领部队，人数合起来共有几百万，到处掠夺。萧王决定攻击他们，就任命吴汉、耿弇都做大将军，拿着符节向北发动幽州10个郡的突骑；苗曾听到这个命令，暗中敕令众郡不要接受调令。于是吴汉率领20个骑士先赶到无终县，趁着苗曾出城到路上迎接，吴汉就将其抓起来，斩了。耿弇到达了上谷郡，也将韦顺、蔡充抓起来，并且斩了。听到这个消息北方各州为之震惊，于是，派出所有的军队前来攻打。

这年的秋天，萧王在鄡县攻击铜马贼，同时吴汉率领突骑到清阳县会合，于是兵马更壮大，吴汉到幕府呈上所有军士名册，请求交给公家，不敢私自留用，萧王更加敬重他。萧王派偏将军沛国人朱浮做大将军、幽州牧，命令他治理蓟城。铜马贼粮食吃光，趁夜逃走，萧王追击到馆陶县，将他们打得大败。接受铜马贼投降的事还没完毕，高湖、重连等贼寇从东南方面来，和铜马贼剩余兵马合在一处；萧王又和他们在蒲阳县大战，又将他们全部打败并降服，封他们的魁首做列侯。众将领不相信贼寇，投降的贼寇自己也不安心；萧王看透了他们的心思，便命令投降的贼寇各自回到营地，整编队伍，而自己一个人骑马，不带武器，按照次序巡视部队。投降的贼寇就改变了心意，互相说："萧王用诚心待人，怎么能不为他牺牲生命呢！"从此都一心一意为萧王做事，将所有投降的人分配给众将，人数有几十万。赤眉贼在射犬聚的军队，和青犊、上江、大肜、铁胫、五幡等贼，这共有十多万人，萧王率领军队，前去攻击，将他们打得大败；向南招抚河内郡，河内郡太守韩歆投降。

  往前，谢躬和萧王一起消灭王郎，多次和萧王意见不一致，经常想偷袭萧王；但是，怕他军队强大而终止；即使都在邯郸县，就在城里分开居住，然而萧王常想法安慰他。谢躬对公事十分勤勉，萧王常赞扬他说："谢尚书，真是一个好官吏！"所以谢躬也就不怀疑。他的妻子知道这件事，时常告诫他说："你和刘公长久不相容，却相信他的空话，最终将会被他制服！"谢躬不接受她的劝告。后来，谢躬带领他几万军卒回到邺城驻守。等到萧王向南攻打青犊贼，命谢躬在隆虑山拦击尤来贼，谢躬的军队被打得大败。萧王趁着谢躬在城外，命吴汉和刺奸大将军岑彭偷袭邺城而占领。谢躬不知道，轻装骑马回到邺城，吴汉等人将他抓起来杀掉了，他的部下也就都投降。

  更始派遣柱功侯李宝、益州刺史李忠带领1万余兵卒去攻打蜀郡、汉中郡；公孙述派他的弟弟公孙恢在绵竹县攻打李宝、李忠，将他们打得大败，使他们逃跑，公孙述自立为蜀王，以成都郡为都城，百姓、蛮夷都归顺他。

  赤眉贼樊崇等人带领军队进入颍川郡，把他的兵卒分为二队，樊崇和逄安是一队，徐宣、谢禄、杨音是一队。赤眉贼虽然多次战胜，但疲困之至，厌恶作战，都日夜忧愁哭泣，想要回到东边去；樊崇等人计谋，考虑众人想向东边去，肯定会解散，还不如向西攻打长安。于是，樊崇、逄安从武关、徐宣等人从陆浑关两路一起进攻。更始派王匡、成丹和抗威将军刘均等人分别占据河东郡、弘农郡来抵抗。

  萧王想向北夺取燕、赵二地，估计赤眉贼一定会攻破长安，又想趁此空隙并合关中，却不知该任命谁，就任命邓禹做前将军，平分部下2万精兵，命他向西进入函谷关，命他自选副将以下可以和他一同去的。这时，朱鲔、李轶、田立、陈侨率领军队，号称30万人，和河南郡太守武勃一起防守洛阳；鲍永、田邑在并州。由于河内郡险要富足，萧王想选择众将可防守河内郡的，但是却很难找到适当的人，就问邓禹。邓禹说："寇恂文武兼备，有治人御众的才能，不由他出任，就没有其他人可派！"就任命寇恂做河内郡太守，兼领大将军之事。萧王对寇恂说："从前汉高祖将萧何留守关中，我现在委托你在河内郡。应该使粮食充足，相率训练兵马，防止其他的军队，只要不使他们渡河向北也就行了！"任命冯异做孟津将军，统领魏郡、河内郡在黄河附近的军队，来抗击洛阳。萧王亲自送邓禹到野王县，邓禹到西边去以后，萧王就又率领军队到北边去。寇恂调度粮食，制造兵器，供军队使用。军队向远方征伐，军粮也不曾缺少断绝过。

隗崔、隗义计谋叛变，回到天水郡；隗嚣深怕受牵连，就告发他们。更始杀掉隗崔、隗义，派隗嚣做御史大夫。

梁王刘永占据封国，兴起军队，招揽众郡的豪杰。沛人周建等人都代理做将帅，攻克济阴郡、山阳郡、沛郡、楚郡、淮阳城、汝南郡，总共得到28个城邑。又派使者任命西防县贼帅山阳人佼疆做横行将军，东海郡贼帅董宪做翼汉大将军，琅邪郡贼帅张步做辅汉大将军，督察青、徐二州，和他们的军队会合，于是，擅据东边。

邔人秦丰在黎丘乡兴起军队，攻下邔、宜城等10余个县，人数有1万，自称楚黎王。

汝南人田戎攻克夷陵县，自称扫地大将军；辗转掠夺郡、县，人数好几万。

汉纪三十三　世祖光武皇帝上之下
建武三年（丁亥、公元 27 年）

春，正月，甲子，以冯异为征西大将军。邓禹惭于受任无功，数以饥卒徼赤眉战，辄不利；乃率车骑将军邓弘等自河北度至湖，要冯异共攻赤眉。异曰："异与贼相拒数十日，虽虏获雄将，余众尚多，可稍以恩信倾诱，难卒用兵破也。上今使诸将屯渑池，要其东，而异击其西，一举取之，此万成计也！"禹、弘不从，弘遂大战移日。赤眉阳败，弃辎重走；车皆载土，以豆覆其上，兵士饥，争取之。赤眉引还，击弘，弘军溃乱；异与禹合兵救之，赤眉小却。异以士卒饥倦，可且休；禹不听，复战，大为所败，死伤者三千余人，禹以二十四骑脱归宜阳。异弃马奔走，上回溪阪，与麾下数人归营，收其散卒，复坚壁自守。

辛巳，立四亲庙于雒阳，祀父南顿君以上至舂陵节侯。

壬午，大赦。

闰月，乙巳，邓禹上大司徒、梁侯印绶；诏还梁侯印绶，以为右将军。

冯异与赤眉约期会战，使壮士变服与赤眉同，伏于道侧。旦日，赤眉使万人攻异前部，异少出兵以救之；贼见势弱，遂悉众攻异，异乃纵兵大战。日昃，贼气衰，伏兵卒起，衣服相乱；赤眉不复识别，众遂惊溃；追击，大破之于崤底，降男女八万人。帝降玺书劳异曰："始虽垂翅回溪，终能奋翼渑池，可谓失之东隅，收之桑榆。方论功赏，以答大勋。"

赤眉余众东向宜阳。甲辰，帝亲勒六军，严陈以待之。赤眉忽遇大军，惊震不知所谓，乃遣刘恭乞降曰："盆子将百万众降陛下，何以待之？"帝曰："待汝以不死耳！"丙午，盆子及丞相徐宣以下三十余人肉袒降，上所得传国玺绶。积兵甲宜阳城西，与熊耳山齐。赤眉众尚十余万人，帝令县厨皆赐食。明旦，大陈兵马临洛水，令盆子君臣列而观之。帝谓樊崇等曰："得无悔降乎？朕今遣卿归营，勒兵鸣鼓相攻，决其胜负，不欲强相服也。"徐宣等叩头曰："臣等出长安东都门，君臣计议，归命圣德。百姓可与乐成，难与图始，故不告众耳。今日得降，犹去虎口归慈母，诚欢诚喜，无所恨也！"帝曰："卿所谓铁中铮铮，庸中佼佼者也！"戊申，还自宜阳。帝令樊崇等各与妻子居

冯异像

雒阳，赐之田宅。其后樊崇、逢安反，诛；杨音、徐宣卒于乡里。帝怜盆子，以为赵王郎中；后病失明，赐荥阳均输官地，使食其税终身。刘恭为更始报仇，杀谢禄，自系狱；帝赦不诛。

二月，刘永立董宪为海西王。永闻伏隆至剧，亦遣使张步为齐王。步贪王爵，犹豫未决。隆晓譬曰："高祖与天下约，非刘氏不王；今可得为十万户侯耳！"步欲留隆，与共守二州；隆不听，求得反命，步遂执隆而受永封。隆遣间使上书曰："臣隆奉使无状，受执凶逆；虽在困阨，授命不顾。又，吏民知步反畔，心不附之，愿以时进兵，无以臣隆为念！臣隆得生到阙廷，受诛有司，此其大愿。若令没身寇手，以父母、昆弟长累陛下。陛下与皇后、太子永享万国，与天无极！"帝得隆奏，召其父湛，流涕示之，曰："恨不且许而遽求还也！"其后步遂杀之。

涿郡太守张丰反，自称无上大将军，与彭宠连兵。朱浮以帝不自征彭宠，上疏求救。诏报曰："往年赤眉跋扈长安，吾策其无谷必东；果来归附。今度此反虏，势无久全，其中必有内相斩者。今军资未充，故须后麦耳！"浮城中粮尽，人相食，会耿况遣骑来救，浮乃得脱身走，蓟城遂降于彭宠。宠自称燕王，攻拔右北平、上谷数县，赂遗匈奴，借兵为助；又南结张步及富平、获索诸贼，皆与交通。

帝自将征邓奉，至堵阳；奉逃归淯阳，董䜣降。夏，四月，帝追奉至小长安，与战，大破之；奉肉袒因朱祐降。帝怜奉旧功臣，且衅起吴汉，欲全宥之。岑彭、耿弇谏曰："邓奉背恩反逆，暴师经年，陛下既至，不知悔善，而亲在行陈，兵败乃降；若不诛奉，无以惩恶！"于是斩之。复朱祐位。

延岑既破赤眉，即拜置牧守，欲据关中。时关中众寇犹盛，岑据蓝田，王歆据下邽，芳丹据新丰，蒋震据霸陵，张邯据长安，公孙守据长陵，杨周据谷口，吕鲔据陈仓，角闳据汧，骆延据盩厔，任良据鄠，汝章据槐里，各称将军，拥兵多者万余人，少者数千人，转相攻击。冯异且战且行，屯军上林苑中。延岑引张邯、任良共击异；异击，大破之，诸营保附岑者皆来降，岑遂自武关走南阳。时百姓饥饿，黄金一斤易豆五升，道路断隔，委输不至，冯异军士悉以果实为粮。诏拜南阳赵匡为右扶风，将兵助异，并送缣、谷。异兵谷渐盛，乃稍诛击豪杰不从令者，褒赏降附有功劳者，悉遣诸营渠帅诣京师，散其众归本业，威行关中。唯吕鲔、张邯、蒋震遣使降蜀。其余悉平。

吴汉率骠骑大将军杜茂等七将军围苏茂于广乐；周建招集得十余万人救之。汉迎与之战，不利，堕马伤膝，还营；建等遂连兵入城。诸将谓汉曰："大敌在前，而公伤卧，众心惧矣！"汉乃勃然裹创而起，椎牛飨士，慰勉之，士气自倍。旦日，苏茂、周建出兵围汉；汉奋击，大破之，茂走还湖陵。睢阳人反城迎刘永，盖延率诸将围之；吴汉留杜茂、陈俊守广乐，自将兵助延围睢阳。

车驾自小长安引还，令岑彭率傅俊、臧宫、刘宏等三万余人南击秦丰。五月，己酉，车驾还宫。

乙卯晦，日有食之。

六月，壬戌，大赦。

延岑攻南阳，得数城；建威大将军耿弇与战于穰，大破之。岑与数骑走东阳，与秦丰合；丰以女妻之。建义大将军朱祐率祭遵等与岑战于东阳，破之；岑走归秦丰。祐遂南与岑彭等军合。

延岑护军邓仲况拥兵据阴具，而刘歆孙龚为其谋主。前侍中扶风苏竟以书说之，仲况与龚降。竟终不伐其功，隐身乐道，寿终于家。

秦丰拒岑彭于邓，秋，七月，彭击破之。进围丰于黎丘，别遣积弩将军傅俊将兵徇江东，扬州悉定。

盖延围睢阳百日，刘永、苏茂、周建突出，将走酂；延追击之急，永将庆吾斩永首降。苏茂、周建奔垂惠，共立永子纡为梁王。佼强奔保西防。

冬，十月，壬申，上幸舂陵，祠园庙。

十一月，乙未，帝还自舂陵。

是岁，李宪称帝，置百官，拥九城，众十余万。

帝谓太中大夫来歙曰："今西州未附，子阳称帝，道里阻远，诸将方务关东，思西州方略，未知所在，奈何！"歙曰："臣尝与隗嚣相遇长安。其人始起，以汉为名。臣愿得奉威命，开以丹青之信，嚣必束手自归；则述自亡之势，不足图也！"帝然之，始令歙使于嚣。嚣既有功于汉，又受邓禹爵署，其腹心议者多劝通使京师，嚣乃奉奏诣阙。帝报以殊礼，言称字，用敌国之仪，所以慰藉之甚厚。

【译文】

建武三年（丁亥、公元27年）

春，正月，甲子日（初六），派遣冯异做征西大将军，因为受任无功而惭愧，邓禹屡次用饥饿的兵卒向赤眉军求战，总是失利，就率车骑将军邓弘等人从河北县渡河到湖县，要求冯异一同去攻打赤眉军。冯异说："我和贼寇相抗几十天，虽然俘虏雄将，但是，还剩下很多人，可渐用恩信去诱服他们。很难用军队去打败他们。皇上现在派众将驻兵在渑池县，迎击他的东边，而我攻击他的西边，一次作战就可以成功，这是万无一失的好计策！"邓禹、邓弘不听从，邓弘就和赤眉军大战到黄昏。赤眉军假装被打败，抛弃粮草装备而逃走。实际上，车子上载的都是土，只是用豆盖在它的上面，士卒饥饿，就纷纷拿豆子吃。赤眉军又率军队回来，攻击邓弘，邓弘的军队被打得溃散混乱；冯异和邓禹联合军队一起去救他，赤眉军稍稍后退。冯异认为士兵饥饿疲倦，可暂且休息；但是，邓禹不听，又战，被赤眉军打得大败，死伤3000多人，邓禹只带了24个骑士脱险回到宜阳县。冯异弃马奔跑，登上回谿阪，和几个部下回到营地，收集散兵，再加强壁垒，保卫自己。

辛巳日（二十三日），在洛阳修建4座亲庙，祭祀父亲南顿君以上到春陵节侯。

壬午日（二十四日），大赦。

闰月，乙巳日，邓禹递上大司徒、梁侯的印信；下诏归还梁侯的印信，派做右将军。

冯异和赤眉军约好日期交战，让壮士换上和赤眉军相同的服装，埋伏在路边。第二天，赤眉军派出1万人进攻冯异的前部，冯异以少数军队去迎击它。贼寇看到冯异势力微弱，就派出所有的人马去攻打冯异，冯异就放纵军队去大战。接近黄昏的时候，贼寇的气势衰竭，冯异埋伏的壮士突然杀出来，因衣服相同，无法区分敌我，众人纷纷逃散；冯异率军追赶攻击，在崤谷之底把他们打得大败，降服8万个男女。皇帝颁下玺书慰劳冯异说："往前，虽然在回谿阪止息，但如今终于能在渑池县高飞，可说是在开始时有所损失，然而，最终却获取了成果。朕要评论功勋赏赐，来犒赏你的大功。"

赤眉剩余人马向东边宜阳县逃去。甲辰日，皇帝亲自率全军，列好严密的阵势来等待赤眉军。赤眉军忽然遇到东汉大军，惊慌得不知该怎么办，就派刘恭请求投降，说："盆子率领100万人马投降陛下，陛下将如何对待他呢？"皇帝说："不将你们处死好了"丙午日，盆子和丞相徐宣以下30多人全都脱去上衣，露出手臂而投降，交上所得的传国印信。在宜阳城的西边堆积的赤眉军兵器战甲，和熊耳山一样高。赤眉军的人数还有10多万，皇帝让宜阳县的厨子为他们准备食物，赐给他们。第二天早晨，在洛水边陈列大批兵，使盆子君臣列队观看，皇帝对樊崇等人说："你们不后悔投降吗？朕现在派你们回营，带兵击鼓相攻，决定彼此的胜败，不想强迫你们服从。"徐宣等人磕头说："臣等走出长安东都门，君臣协议，归顺圣上。百姓只能和他们享受现有的成果，却无法和他们在一件事情的开始时加以商议，所以没有告诉大家。今天能投降，如同离开虎口，回到慈母身边一般，实在太高兴了，没有一点怨恨！"皇帝说："你所说的话真是如铁掷地铮铮有声，佣中的佼佼！"戊申日，从宜阳县回来。皇帝让樊崇等人各自和妻子居住洛阳，赐给他们田地住宅。后来，樊崇、逢安造反，被诛杀；杨音、徐宣在家乡去世。皇帝可怜盆子，派他担任赵王的郎中。后来，生病，瞎了眼睛，就派他做荥阳县的均输官，并且将均输官的田地赐给他，让他终身享用。刘恭替刘玄报仇，将谢禄杀了，自首而被关进监狱。皇帝赦免其罪，没有杀他。

二月，刘永立董宪做海西王。刘永明知道白伏隆到达剧县，就派遣使者立张步做齐王。张步贪图王爵，迟疑而不能决定。伏隆解释说："高祖和天下人讲好，不是刘氏就不能封王。现在已能做个10万户的侯了！"张步想留下伏隆，和他共同防守青、徐二州；但是，伏隆不听，要求回去报告使命的执行情况，张步就将伏隆抓起来，而接受刘永的封赐。伏隆派了一个人伺机向皇帝上书说："臣子伏隆奉命出使，表现不好，被凶恶的叛徒拘禁；虽然在困顿的境遇里，但是，牺牲生命，在所不惜。同时，吏民知道张步叛逆，内心全都不归附他，希望能够按时进军，不要以臣子伏隆为念！臣子伏隆能够活着回到朝廷，接受主管官吏的惩处或诛杀，这是我最大的愿望。倘若死在贼寇手中，那么，父母、兄弟就要长久托付给陛下照应。愿陛下和皇后、太子永远享受万国的朝贡，和上天永无穷尽！"皇帝得到伏隆的奏疏，召见他的父亲伏湛，哭着对他看，说："恨不暂且答应而立刻请求他回来！"后来，张步就把伏隆杀了。

涿郡太守张丰造反，自称是无上大将军，和彭宠的军队相合。由于皇帝不亲自征伐彭宠，朱浮就上奏疏求救，下诏回答说："前几年，赤眉贼在长安反叛，我计算他没有粮食，一定会到东边来；果然前来归向亲附。现在衡量这些叛贼，在形势上不能长久生存，他们一定有互相拼杀的现象。现在军需不充实，所以在等待后继之粮食！"朱浮城里的粮食用光了，人吃人。正好耿况派遣军骑来救授，朱浮才能脱离险境而逃走，蓟城就投降彭宠。彭宠自称燕王，攻取右北平郡、上谷郡几县，以财物赠送匈奴，向他借兵相助。又向南联合张步和富平、获索众贼寇，都和他们往来。

皇帝亲自率兵讨伐邓奉，到堵阳县；邓奉逃回到淯阳县，而董䜣投降。夏，四月，皇帝追赶邓奉一直到小长安，和他交战，将他打得大败。邓奉亦裸露上身，借着朱祐而投降。皇帝可怜邓奉是过去有功的臣子，而且嫌隙是由吴汉而发生，想完全宽恕他。岑彭、耿弇劝谏说："邓奉背恩叛乱，暴露军队，整整1年，陛下到达堵阳以后，又不知后悔而改错，而且军队被打败才投降，假如不杀邓奉，就没法惩戒恶人！"因而，将他斩了，恢复朱祐的官位。

延岑打败赤眉军以后，就任命设置州牧、太守，想占有关中。这时，关中的贼寇还很强大，延岑占据蓝田县，王歆占据下邽县，芳丹占据新丰县，蒋震占据霸陵县，张邯占据长安县，公孙守占据长陵县，杨周占据谷口县，吕鲔占据陈仓县，角闳占据汧县，骆延占据盩厔县，任良占据鄠县，汝章占据槐里县，分别称将军，拥有军队多的总共1万多人，少的是几千人，辗转相互攻击。冯异一边作战，一边行进，驻军在上林苑里。延岑带领张邯、任良一同攻打冯异；冯异奋力还击，把他们打得大败。那些亲附延岑的营堡都来投降，延岑就从武关逃到南阳郡。这时，人民饥饿，1斤黄金换5升豆，道路断绝阻隔，运输的东西无法到达。冯异的军卒全都拿果实做粮食。诏令南阳人赵匡做右扶风率军队去帮助冯异，并且输送缣、谷。冯异的军粮逐渐增多，就对那些不服从命令的豪杰稍加击杀，而投降亲附有功的加以奖赏，将众营的首领全部送到京城，解散他们的队伍，让他们去从事旧业，威严流传关中。唯有吕鲔、张邯、蒋震派遣使者投降蜀国公孙述，其他的全部都被平定。

吴汉率骠骑大将军杜茂等7个将军到广乐城，包围苏茂；周建招募收集10多万人去援救他。吴汉迎上前去，和他交战，失利，从马上摔下来，伤了膝部，回到营地；周建等人就联合军队，一起进入城邑。将军们对吴汉说："强敌在前，而你受伤躺在床上，军心就慌乱！"吴汉就包扎伤口，很快起身，杀牛飨士，犒赏大家，于是，士气倍增。次日，苏茂、周建派出军队，包围吴汉；吴汉奋力攻击，把他们打得大败，苏茂逃回湖陵县。睢阳人占城反叛，迎接刘永，盖延率众将包围他；吴汉留下杜茂、陈俊防守广乐城，自己率领军队去支援盖延，包围睢阳县。

皇帝从小长安聚带领人马回来，命令岑彭率领傅俊、臧宫、刘宏等3万多人，向南进攻秦丰。五月，己酉日（二十四日），皇帝回宫。

乙卯晦日（三十日），出现日蚀。

六月，壬戌日（初七），大赦。

延岑攻打南阳郡，占领几座城，建威大将军耿弇和他在穰县作战，将他打得大败。延岑和几个骑兵逃至东阳聚，和秦丰相合；秦丰将女儿嫁给他。建议大将军朱祐率祭遵等人和延岑在东阳聚作战，把他打败。延岑逃回到秦丰那儿。朱祐就向南和岑彭等军队相合。

延岑的护军邓仲况拥有军队，占拥阴县，同时刘歆的孙子刘龚是他的主谋其事之人。前侍中扶风人苏竟用书信说服他，仲况和刘龚投降，苏竟一直不夸耀自己的功劳，隐居起来，以道为乐，在家寿终。

秦丰在邓县抗御岑彭。秋，七月，岑彭击败他。进攻黎丘城，包围秦丰，另外派遣积弩将军傅俊率军队招抚长江以东，扬州全部都被平定。

盖延包围睢阳县100天，刘永、苏茂、周建突围而出，将逃至鄛县；盖延追击他们很急迫，刘永的将军庆吾就斩下刘永的首级来投降。苏茂、周建逃到垂惠聚，一些立刘永的儿子刘纡做梁王。佼强逃到西防县去防守。

冬，十月，壬申日（十九日）皇上驾临舂陵县，祭祀寝庙。

十一月，乙未日（十二日），皇帝自舂陵县回来。

这一年，李宪称皇帝，开设文武百官，拥有9座城，人数有10多万。

皇帝对太中大夫来歙说："现在西州还没平定，子阳自称皇帝，路程险阻遥远，众将正专力从事函谷关以东的军事，想到西州的策略，真不知在何处？"来歙说："臣曾经和隗嚣在长安相遇。这个人刚起兵的时候，是以汉为名义。臣愿能遵奉着威严的命令，用确然不移的诚信来开导他，隗嚣肯定会自缚双手，主动来归。那么，公孙述自取灭亡的形势，也就不值得图谋了！"皇帝以为很对，开始命令来歙出使到隗嚣那儿去。隗嚣既对汉室有功，同时又接受邓禹爵位的封赏，那些议论的心腹中有很多人曾经劝他派使者和京城相通，隗嚣就拿着奏疏来到朝廷。皇帝用国礼来接待他，说话称他的字，封赏极为优厚地慰劳了他。

汉纪三十五　世祖光武皇帝
建武十五年（己亥、公元39年）

春，正月，辛丑，大司徒韩歆免。歆好直言，无隐讳，帝每不能容。歆于上前证岁将饥凶，指天画地，言甚刚切，故坐免归田里。帝犹不释，复遣使宣诏责之；歆及子婴皆自杀。歆素有重名，死非其罪，众多不厌；帝乃追赐钱谷，以成礼葬之。

丁未，有星孛于昴。

以汝南太守欧阳歙为大司徒。

匈奴寇钞日盛，州郡不能禁。二月，遣吴汉率马成、马武等北击匈奴，徙雁门、代郡、上谷吏民六万余口置居庸、常山关以东，以避胡寇。匈奴左部遂复转居塞内，朝廷患之，增缘边兵，部数千人。

夏，四月，癸丑，追谥兄縯为齐武公，兄仲为鲁哀公。帝感縯功业不就，抚育二子章、兴，恩爱甚笃；以其少贵，欲令亲吏事，使章试守平阴令，兴缑氏令；其后章迁梁郡太守，兴迁弘农太守。

帝以天下垦田多不以实自占，又户口、年纪互有增减，乃诏下州

光武皇帝像

郡检覈。于是刺史、太守多为诈巧，苟以度田为名，聚民田中，并度庐屋、里落，民遮道啼呼；或优饶豪右，侵刻羸弱。

时诸郡各遣使奏事，帝见陈留吏牍上有书，视之云："颍川、弘农可问，河南、南阳不可问。"帝诘吏由趣，吏不肯服，抵言"于长寿街上得之。"帝怒。时东海公阳年十二，在幄后言曰："吏受郡敕，当欲以垦田相方耳。"帝曰："即如此，何故言河南、南阳不可问？"对曰："河南帝城，多近臣；南阳帝乡，多近亲；田宅逾制，不可为准。"帝令虎贲将诘问吏，吏乃实首服，如东海公对。上由是益奇爱阳。

遣谒者考实二千石长吏阿枉不平者。冬，十一月，甲戌，大司徒歙坐前为汝南太守，度田不实，赃罪千余万，下狱。歙世授《尚书》，八世为博士，诸生守阙为歙求哀者千余人，至有自髡剔者。平原礼震，年十七，求代歙死；帝竟不赦，歙死狱中。

十二月，庚午，以关内侯戴涉为大司徒。

卢芳自匈奴复入居高柳。

是岁，骠骑大将军杜茂坐使军吏杀人，免。使扬武将军马成代茂，缮治障塞，十里一候，以备匈奴。使骑都尉张堪领杜茂营，击破匈奴于高柳。拜堪渔阳太守。堪视事八年，匈奴不敢犯塞，劝民耕稼，以致殷富。百姓歌曰："桑无附枝，麦秀两岐。张君为政，乐不可支！"

【译文】

建武十五年（己亥、公元 39 年）

春，正月，辛丑日（二十三日），大司徒韩歆被免职。韩歆喜好讲正直的话，无所隐避掩饰，皇帝常常不能容忍。韩歆在皇帝面前，有根有据地说年景将不好，并指着天地，说得很刚强严正，因此被免职，回转家乡。皇帝还是不高兴，又派遣使者宣读诏书指责他。韩歆和儿子韩婴都自杀了。韩歆原本有很大的名声，又不是因罪而死，所以很多人不服。皇帝就追赐钱谷，予以厚葬。

丁未日（二十九日），有彗星出现在西方的昴宿。

刘秀派汝南郡太守欧阳歙做大司徒。

匈奴侵犯掠夺,一天比一天厉害,州、郡屡遭侵袭。二月,派遣吴汉率领马成、马武等人攻击北边的匈奴,将雁门郡、代郡、上谷郡6万多吏民迁到居庸关、常山关以东的地方安置,而躲避胡人的侵犯掠夺。匈奴左部于是又辗转停留在边塞之内,朝廷为此忧虑,增加边境军队,每部各几千人。

夏,四月,癸丑日(十七日),追谥大哥刘縯做齐武公,二哥刘仲做鲁哀公。皇帝感伤刘縯的功业不成,抚养他的两个儿子刘章、刘兴,非常恩爱笃厚。因为他俩从小就处在尊贵的地位,想使他俩熟悉吏事,就派刘章试代平阴县令,刘兴做缑氏县令。后来,刘章升做梁郡太守,刘兴升做弘农郡太守。

皇帝认为天下的垦田,大多是自己丈量而不准确,而且户口、年龄互有增减,诏书就下达州、郡须检考核实。刺史、太守有很多采取巧谋诈欺手段,以量田为名义,将人民聚集在田里,连屋舍、村落一并丈量,人民就拦路哭喊。有的官吏优待富家豪族,刻薄贫弱人家。

这时,众郡分别派遣使者向朝廷报告,皇帝看到陈留郡的公文上有字,拿近看,写的是:"颍川郡、弘农郡可以问,河南郡、南阳郡不可问。"皇帝就问官吏这公文是从那里来的?用意是什么?官吏不肯招认,骗说:"在长寿街捡到的"。皇帝很生气。这时,东海公刘阳12岁,在帐后告诉他说:"官吏受到郡府敕令,应当同其他郡求问垦田之数相比!"皇帝说:"假使如此,为什么要说河南郡、南阳郡不可问?"答说:"河南郡,是帝王之城,有很多皇帝亲近的臣子;南阳郡,是皇帝的家乡,有很多皇帝的近亲;田地住宅超过规定标准,不能作为标准。"皇帝命令虎贲中郎将质问官吏,官吏才从实招认,像东海公所回答的。皇上从此更加器重刘阳。

派遣谒者切实考核2000石长吏阿谀歪曲、处事不公的。冬,十一月,甲戌日(初一),曾做汝南郡太守的大司徒欧阳歙犯了量田不确实之罪,隐藏1000多万,关进监狱。欧阳歙世代教授《尚书》,八代做博士,众生为欧阳歙向守门的官吏求情的,有1000多人,甚至有人剃发去毛,以求宽大处理。平原人礼震,17岁,请求代替欧阳歙而死。可是,皇帝终究不赦,欧阳歙死在监狱里。

十二月,庚午日(二十七日),派关内侯戴涉做大司徒。

卢芳自从匈奴再次侵入主逗留在高柳县。

这年,骠骑大将军杜茂犯派军吏杀人之罪,被免职。刘秀派扬武将军马成代替杜茂，修治障壁，每十里设置一个伺望警戒敌情之候，来防备匈奴。派骑都尉张堪兼管杜茂的军队，在高柳县击败匈奴。任命张堪做渔阳郡太守。张堪任职8年，匈奴不敢侵犯边塞，鼓励人民农耕，而致使富足。百姓都歌颂说："桑无附枝，麦秀两岐。张君行政，乐不可支！"（意思是说：采桑后，砍去繁枝，来年可长得茂盛；麦子长出二穗，是吉祥的征召。张郡行政，人民真是快乐）

建武二十七年（辛亥、公元51年）

夏，四月，戊午，大司徒玉况薨。

五月，丁丑，诏司徒、司空并去"大"名，改大司马为太尉。骠骑大将军行大司马刘隆即日罢，以太仆赵熹为太尉，大司农冯勤为司徒。

北匈奴遣使诣武威求和亲，帝召公卿廷议，不决；皇太子言曰："南单于新附，北虏惧于见伐，故倾耳而听，争欲归义耳。今未能出兵而反交通北虏，臣恐南单于将有二心，北虏降者且不复来矣。"帝然之，告武威太守勿受其使。

朗陵侯臧宫、扬虚侯马武上书曰："匈奴贪利，无有礼信，穷则稽首，安则侵盗。虏今人畜疫死，旱蝗赤地，疲困乏力，不当中国一郡，万里死命，县在陛下；福不再来，时或易失，岂宜固守文德而堕武事乎！今命将临塞，厚县购赏，喻告高句骊、乌桓、鲜卑攻其左，发河西四郡、天水、陇西羌·胡击其右，如此，北虏之灭，不过数年。臣恐陛下仁恩不忍，谋臣狐疑，令万世刻石之功不立于圣世！"诏报曰："《黄石公记》曰：'柔能制刚，弱能制强。舍近谋远者，劳而无功；舍远谋近者，逸而有终。故曰：务广地者荒，务广德者强，有其有者安，贪人有者残。残灭之政，虽成必败。'今国无善政，灾变不息，百姓惊惶，人不自保，而复欲远事边外乎！孔子曰：'吾恐季孙之忧不在颛臾。'且北狄尚强，而屯田警备，传闻之事，恒多失实。诚能举天下之半以灭大寇，岂非至愿！苟非其时，不如息民。"自是诸将莫敢复言兵事者。

上问赵熹以久长之计，熹请遣诸王就国。冬，上始遣鲁王兴、齐王石就国。

是岁，帝舅寿张恭侯樊宏薨。宏为人，谦柔畏慎，每当朝会，辄迎期先到，俯伏待事；所上便宜，手自书写，毁削草本；公朝访逮，不敢众对。宗族染其化，未尝犯法。帝甚重之。及病困，遗令薄葬，一无所用。以为棺柩一藏，不宜复见，如有腐败，伤孝子之心，使与夫人同坟异藏。帝善其令，以书示百官，因曰："今不顺寿张侯意，无以彰其德；且吾万岁之后，欲以为式。"

【译文】

建武二十七年（辛亥、公元51年）

夏，四月，戊午日（二十一日），大司徒玉况去世。

五月，丁丑日（十一日），光武帝诏令司徒、司空都将"大"字去掉，改称大司马为太尉。骠骑大将军兼大司马刘隆当天去职，派太仆赵熹做太尉，大司农冯勤做司徒。

北匈奴派遣使者到武威郡请求结亲相好。皇帝召见公卿当庭商议，没有结果。皇太子进言说："南单于刚归附，北敌怕被攻伐，所以虚心听从，争着想归从。如今不能出兵征伐，却反而和北敌交往，臣怕南单于将有叛意，北敌投降的将不再来。"皇帝认为很对，告诉武威郡太守不要接受他的要求。

朗陵侯臧宫、扬虚侯马武上书说："匈奴贪取利益，没有礼信，穷困就磕头，定安就掠夺。如今北匈奴人畜得传染病而死，干旱蝗虫为害，大地不长一物，疲倦困顿，力量贫乏，还抵不上中国的一个郡，在万里之外，性命的生死，悬在陛下之手。福泽不再来，时机容易失去，难道应该死守斯文道德而毁弃武力吗？如今应命令将军到边塞，悬赏丰厚的奖金，明告高句丽、乌桓、鲜卑等国攻打它的左边，发动河西的四个郡、天水、陇西两个郡的羌人攻打它的右边，这样，北敌的灭亡，不过数年之事。臣怕陛下仁慈恩德，不忍心这样做，谋臣又迟疑不决，而使万代不朽的功业不能在当今的皇朝建立。"诏书答说："《黄石公记》说：'柔能克刚，弱能克强。舍弃近的，去图谋远的，将辛劳而没功；舍弃远的，去图谋近的，将安逸而有成。所以说：专力从事扩充土地的，就会荒芜；专力从事扩展德行的强大强盛；充实自己所有的，就会安定；贪取别人所有的残暴。残亡破灭的政治，即使一时成功，也一定会失败。'如今国家没有很好的政治，灾害变异不停，百官惊惧，人民不能自保，还有必要去从事远方边塞之外的事吗？孔子说：'我怕季孙的忧患不在颛臾。'况且北狄还很强大，而且屯田警备，传闻的事情，有很多不确实。果真拿一半国力去消灭大敌，那不是我最大的愿望！如果不是适当的时机，还不如使人民休息。"从此以后，众将不敢再说用兵之事了。

皇上问赵熹长远的计谋，赵熹请求送众王回到自己的封国。冬，皇上开始遣送鲁王刘兴、齐王刘石到自己的封国。

这年，皇帝的舅舅寿张恭侯樊宏去世。樊宏的为人，谦虚柔和，戒惧谨慎，每当朝会时，总是预期先到，俯身等事；所奏权宜措施，亲手书写，然后毁弃草稿；朝会上皇帝问到他，竟不敢当众回答。宗族受到他的感染，不曾有人犯法。皇帝很敬重他。等到他病危时，留下遗嘱要薄葬，其他东西都不用。认为棺柩是一个藏身的器具，不应再看到，如有腐烂败坏，会使孝子伤心，就命和夫人同一坟墓，分开埋葬。皇帝认为他的遗命很好，就将他的遗书给百官看，接着说："如今不顺从寿张侯的意思，就没有办法彰明他的美德，并且我死后，也按这个办法去做。

中元二年（丁巳、公元57年）

春，正月，辛未，初立北郊，祀后土。

二月，戊戌，帝崩于南宫前殿，年六十二。帝每旦视朝，日昃乃罢，数引公卿、郎将讲论经理，夜分乃寐。皇太子见帝勤劳不怠，承间谏曰："陛下有禹、汤之明，而失黄、老养性之福，愿颐爱精神，优游自宁。"帝曰："我自乐此，不为疲也！"虽以征伐济大业，及天下既定，乃退功臣而进文吏，明慎政体，总揽权纲，量时度力，举无过事，故能恢复前烈，身致太平。

太尉赵熹典丧事。时经王莽之乱，旧典不存，皇太子与诸王杂止同席，藩国官属出入宫省，与百僚无别。熹正色，横剑殿阶，扶下诸王以明尊卑；奏遣谒者将护官属分止它县，诸王并令就邸，唯得朝晡入临；整礼仪，严门卫，内外肃然。

太子即皇帝位，尊皇后曰皇太后。

山阳王荆哭临不哀，而作飞书，令苍头诈称大鸿胪郭况书与东海王彊，言其无罪被废，及郭后黜辱，劝令东归举兵以取天下，且曰："高祖起亭长，陛下兴白水，何况于王，陛下长子、次副主哉！当为称霸，毋为槛羊。人主崩亡，闾阎之伍尚为盗贼，欲有所望，何况王邪！"彊得书惶怖，即执其使，封书上之。明帝以荆母弟，秘其事，遣荆出止河南宫。

汉明帝刘庄像

三月，丁卯，葬光武皇帝于原陵。

夏，四月，丙辰，诏曰："方今上无天子，下无方伯，若涉渊水而无舟楫。夫万乘至重而壮者虑轻，实赖有德左右小子。高密侯禹，元功之首；东平王苍，宽博有谋；其以禹为太傅，苍为骠骑将军。"苍恳辞，帝不许。又诏骠骑将军置长史，掾史员四十人，位在三公上。苍尝荐西曹掾齐国吴良，帝曰："荐贤助国，宰相之职也。萧何举韩信，设坛而拜，不复考试，今以良为议郎。"

初，烧当羌豪滇良击破先零，夺居其地；滇良卒，子滇吾立，附落转盛。秋，滇吾与弟滇岸率众寇陇西，败太守刘盱于允街，于是守塞诸羌皆叛。诏谒者张鸿领诸郡兵击之，战于允吾，鸿军败没。冬，十一月，复遣中郎将窦固监捕虏将军马武等二将军、四万人讨之。

【译文】
中元二年（丁巳、公元57年）
春，正月，辛未日（初八），光武帝在北郊始立社坛，祭祀后土神。

二月，戊戌日（初五），皇帝在南宫前殿去世，年仅62岁。皇帝生前每天早晨上朝办事，到黄昏才停止，经常召见公卿、郎将，讲论经学的道理，到夜半才就寝。皇太子看到皇帝勤劳不懈，趁着空闲劝谏说："陛下有夏禹、商汤的英明，却失去黄帝、老子涵养性情的福分，希望能保养爱惜身体，闲暇自得，而使自己安宁。"皇帝说："我自己喜欢这些，不感到疲倦！"刘秀虽然借着征讨攻伐完成大业，然而等到天下平定以后，就使功臣隐退，而拔举文官，对政治方针，审慎明察，又总握统治大权，估计时机，衡量力量，举措没有错误，所以能够恢复前代的功业，实现天下太平。

太尉赵熹主办丧事。这时经过王莽的战乱，旧有的制度都不存在，皇太子和众王杂处，同坐一席，侯国属官进出宫禁，又和百官没有差别。赵熹就神情严肃，在殿阶上横拿着剑，将众王扶持而下，来表明尊卑的次序；奏请谒者照顾属官分别到别县，下令众王各自到官邸，只有早晚能进宫临哭；整顿礼仪，加强门禁，宫殿里外井然有序。

太子登上皇帝的位置，尊称皇后为皇太后。

山阳王刘荆临哭得不哀伤，却写了一封匿名信，命家仆骗说是大鸿胪郭况给东海王刘强的信，说他没有罪而被废掉，以及郭后被黜退受辱，劝他回到东边，兴起军队，夺取天下，并且说："高祖由亭长兴起，陛下自白水乡崛起，何况王是陛下的长子、过去的太子呢？应当做肃杀万物的秋霜，不要做被人关在栅槛里的羊。国君去世，民间的老百姓尚且做盗贼，想得到他所祈望的，何况是王呢！"刘强接到信，非常害怕，就将使者抓起来，写了秘密奏书，向皇上报告。明帝因为刘荆是同母弟，就将这件事秘而不宣，派刘荆出京，到河南宫定居。

三月，丁卯日（初五），光武皇帝下葬在原陵。

夏，四月，丙辰日（二十四日），明帝下诏说："当今上没有天子，下没有一方诸侯之长，就像要渡深水，却没有船桨。天子是尊贵的，可是年纪还轻，思虑也浅，实在须有德之人来辅佐我。高密侯邓禹，是元勋之中功劳最大的；刘平王刘苍，宽厚博学，且有谋略；特派邓禹做太傅，刘苍做骠骑将军。"刘苍恳切推辞，皇帝不答应。又诏令骠骑将军设置长史、掾史员额40人，官位在三公之上。刘苍曾推荐西曹掾齐国人吴良，皇帝说："推荐贤者，辅佐国家，是宰相的职责。萧何推举韩相，设置坛坫，任命做大将，不再举行考试，今任命吴良做议郎。"

当初，西羌烧当部落滇良打败先零族，侵占他的土地；滇良去世，由儿子滇吾继位，部落转向强盛。秋，滇吾和弟弟滇岸率领众人掠夺陇西郡，在允街县将刘盱打败，于是，防守边塞的那些羌人都反叛。诏令谒者张鸿兼管众郡军队，讨伐明帝，在允吾县作战，张鸿的军队被打败覆没。冬，十一月，又派遣中郎将窦固监督捕虏将军马武等两位将军、4万人去征讨他们。

汉纪三十九　肃宗孝章皇帝
章和二年（戊子、公元88年）

春，正月，济南王康、阜陵王延、中山王焉来朝。上性宽仁，笃于亲亲，故叔父济南、中山二王，每数入朝，特加恩宠，及诸昆弟并留京师，不遣就国。又赏赐群臣，过于制度，仓帑为虚。何敞奏记宋由曰："比年水旱，民不收获；凉州缘边，家被凶害；中州内郡，公私屈竭；此实损膳节用之时。国恩覆载，赏赍过度，但闻腊赐，自郎官以上，公卿、王侯以下，至于空竭帑藏，损耗国资。寻公家之用，皆百姓之力。明君赐赍，宜有品制；忠臣受赏，亦应有度。是以夏禹玄圭，周公束帛。今明公位尊任重，责深负大，上当匡正纲纪，下当济安元元，岂但空空无违而已哉！宜先正己以率群下，还所得赐，因陈得失，奏王侯就国，除苑囿之禁，节省浮费，赈恤穷孤，则恩泽下畅，黎庶悦豫矣。"由不能用。

尚书南阳宋意上疏曰："陛下至孝烝烝，恩爱隆深，礼宠诸王，同之家人，车入殿门，即席不拜，分甘损膳，赏赐优渥。康、焉幸以支庶，享食大国，陛下恩宠逾制，礼敬过度。《春秋》之义，诸父、昆弟，无所不臣，所以尊尊卑卑，强干弱枝者也。陛下德业隆盛，当为万世典法，不宜以私恩损上下之序，失君臣之正。又西平王羡等六王，皆妻子成家，官属备具，当早就蕃国，为子孙基址；而室第相望，久磐京邑，骄奢僭拟，宠禄隆过。宜割情不忍，以义断恩，发遣康、焉，各归蕃国，令羡等速就便时，以塞众望。"帝未及遣。

壬辰，帝崩于章德前殿，年三十一。遗诏："无起寝庙，一如先帝法制。"

太子即位，年十岁，尊皇后曰皇太后。

癸卯，葬孝章皇帝于敬陵。

太后临朝，窦宪以侍中内干机密，出宣诰命；弟笃为虎贲中郎将，笃弟景、瑰并为中常侍，兄弟皆在亲要之地。宪客崔骃以书戒宪曰："《传》曰：'生而富者骄，生而贵者傲。'生富贵而能不骄傲者，未之有也。今宠禄初隆，百僚观行，岂可不'庶几夙夜，以永终誉'乎！昔冯野王以外戚居位，称为贤臣；近阴卫尉克己复礼，终受多福。外戚所以获讥于时，垂愆于后者，盖在满而不挹，位有余而仁不足也。汉兴以后，迄于哀、平，外家二十，保族全身，四人而已。《书》曰：'鉴于有殷，'可不慎哉！"

庚戌，皇太后诏："以故太尉邓彪为太傅，赐爵关内侯，录尚书事，百官总己以听。"窦宪以彪有义让，先帝所敬，而仁厚委随，故尊崇之。其所施为，辄外令彪奏，内白太后，事无不从。彪在位，修身而已，不能有所匡正。宪性果急，睚眦之怨，莫不报复。永平时，谒者韩纡考劾宪父勋狱，宪遂令客斩纡子，以首祭勋冢。

癸亥，陈王羡、彭城王恭、乐成王党、下邳王衍、梁王畅始就国。

夏，四月，戊寅，以遗诏罢郡国盐铁之禁，纵民煮铸。

五月，京师旱。

北匈奴饥乱，降南部者岁数千人。秋，七月，南单于上言："宜及北虏分争，出兵讨伐，破北成南，共为一国，令汉家长无北念。臣等生长汉地，开口仰食，岁时赏赐，动辄亿万，虽垂拱安枕，渐无报效之义，愿发国中及诸郡故胡新降精兵，分道并出，期十二月同会虏地。臣兵众单少，不足以防内外，愿遣执金吾耿秉、度辽将军邓鸿及西河、云中、五原、朔方、上郡太守并力而北，冀因圣帝威神，一举平定。臣国成败，要在今年，已敕诸部严兵马，唯裁哀省察！"太后以示耿秉。秉上言："昔武帝单极天下，欲臣虏匈奴，未遇天时，事遂无成。今幸遭天授，北虏分争，以夷伐夷，国家之利，宜可听许。"秉因自陈受恩，分当出命效用。太后议欲从之。尚书宋意上书曰："夫戎狄简贱礼义，无有上下，强者为雄，弱即屈服。自汉兴以来，征伐数矣，其所克获，曾不补害。光武皇帝躬服金革之难，深昭天地之明，因其来降，羁縻畜养，边民得生，劳役休息，于兹四十余年矣。今鲜卑奉顺，斩获万数，中国坐享大功而百姓不知其劳，汉兴功烈，于斯为盛。所以然者，夷虏相攻，无损汉兵者也。臣察鲜卑侵伐匈奴，正是利其抄掠；及归功圣朝，实由贪得重赏。今若听南虏还者北廷，则不得不禁制鲜卑；鲜卑外失暴掠之愿，内无功劳之赏，豺狼贪婪，必为边患。今北虏西遁，请求和亲，宜因其归附，以为外扞，巍巍之业，无以过此。若引兵费赋，以顺南虏，则坐失上略，去安即危矣。诚不可许。"

会齐殇王子都乡侯畅来吊国忧，太后数召见之，窦宪惧畅分宫省之权，遣客刺杀畅于屯卫之中，而归罪于畅弟利侯刚，乃使侍御史与青州刺史杂考刚等。尚书颍川韩棱以为"贼在京师，不宜舍近问远，恐为奸臣所笑。"太后怒，以切责棱，棱固执其议。何敞说宋由曰："畅宗室肺府，茅土藩臣，来吊大忧，上书须报，亲在武卫，致此残酷。奉宪之吏，莫适讨捕，踪迹不显，主名不立。敞备数股肱，职典贼曹，欲亲至发所，以纠其变。而二府执事以为三公不与贼盗，公纵奸慝，莫以为咎。敞请独奏案之。"由乃许焉。二府闻敞行，皆遣主者随之。于是推举，具得事实。太后怒，闭宪于内宫。宪惧诛，因自求击匈奴以赎死。

冬，十月，乙亥，以宪为车骑将军，伐北匈奴，以执金吾耿秉为副；发北军五校、黎阳、雍营、缘边十二郡骑士及羌、胡兵出塞。

公卿举故张掖太守邓训代张纡为护羌校尉。迷唐率兵万骑来至塞下，未敢攻训，先欲胁小月氏胡。训拥卫小月氏胡，令不得战。议者咸以羌、胡相攻，县官之利，不宜禁护。训曰："张纡失信，众羌大动，凉州吏民，命县丝发。原诸胡所以难得意者，皆恩信不厚耳。今因其追急，以德怀之，庶能有用。"遂令开城及所居园门，悉驱群胡妻子内之，严兵守卫。羌掠无所得，又不敢逼诸胡，因即解去。由是湟中诸胡皆言："汉家常欲斗我曹；今邓使君待我以恩信，开门内我妻子，乃是得父母也！"咸欢喜叩头曰："唯使君所命！"训遂抚养教谕，大小莫不感悦。于是赏赐诸羌种，使相招诱，迷唐叔父号吾将其种人八百户来降。训因发湟中秦、胡、羌兵四千人出塞，掩击迷唐于写谷，破之，迷唐乃去大、小榆，居颇岩谷，众悉离散。

【译文】
章和二年（戊子、公元88年）

春天，正月，济南王刘康、阜陵王刘延、中山王刘焉来朝见天子。皇帝本性宽厚仁慈，与亲属的情谊非常笃厚，因此叔父济南、中山二王，经常入京朝见，皇帝非常恩宠他们，以及各位兄弟都留在京师，不让他们回到封国去。又赏赐群臣，超过了规定，国库的钱财因此都用光了。何敞向太尉宋由上书陈述说："连年闹水灾、旱灾，农业欠收；京州边界，家家都遭受战争的伤害；中原的州郡，公家、私人也都穷困竭尽。这实在是到了节食省用的时候了。朝廷的恩惠像天地般高大，赏赐超过了法度，仅仅听说腊日赏赐百官的钱，从郎官以上，公卿、王侯以下，达到使国库钱财空虚竭尽的地步，损耗了国家的钱财。查考公家的财用，都是百姓的劳力赚来的。英明的国君赏赐臣下，应当有个等级制度；忠臣接受赏赐，也应当有个法度。因此，夏禹把黑色的圭献给天子，成王赐给周公束帛。现在你的地位高贵，任务繁重，所负的任务深远重大，对上应该匡正朝廷的纲纪，对下应该拯济安定百姓的生活，哪里只是谨慎忠诚、没有违背皇上的旨意就算了呢？应当先端正自己的行为，作为属下的榜样，把朝廷的赏赐还给朝廷，因此说明这事的得失，奏请王侯回到自己封国去，取消苑囿的禁令，节省多余的开支，赈济贫穷孤苦的人，那样恩惠顺畅地下达到百姓身上，百姓就幸福了。"宋由没有采用此建议。

尚书南阳人宋意上奏疏说："陛下事亲十分孝顺，使家人都能美好上进，对亲人的恩情爱护十分深厚，封各位王爷很有礼貌而尊宠，就像自己的家人一样，各位王爷的车子允许进入殿门，在国君面前各就座位而不必下拜，把皇帝自用的食物分给各位王爷同享，赏赐也十分优厚。刘康、刘焉幸运地以庶出的身份，受封大国，陛下的恩宠超过了法制，礼貌敬意超过了应有的限度。《春秋》的大义，对于伯叔父、兄弟，没有不当作臣子的，为的是敬重地位高贵的，贬抑地位低下的，加强主干而削弱旁枝。陛下道德功业隆高盛大，应当成为万代的楷模，不应该因为私人的恩情打乱了上下的次序，失去了君臣的正道。并且平西王刘羡等6个王，都是有妻有子，自成一家，官员属下都已具备，应该早点前往自己的封国，为子孙奠下根基；但他们在京城的住宅相互相接近，长久盘桓京城不离去，骄慢奢侈、超越本分、和上位相比拟，恩宠食禄过分隆厚。应当割断深厚的情谊，由于义而斩断恩情，派遣刘康、刘焉，各人回到自己封国去，命令刘羡等赶快选定日期起程，来阻止众人的怨恨。"

皇帝没来得及派遣他们回去。于壬辰日（正月没有这天），皇帝在章德宫前殿去世，享年31岁。遗诏说："不要建寝庙，全然依照先皇帝的法制。"

太子即位，年仅10岁，尊称皇后为皇太后。

癸卯日（十一日）把孝章皇帝葬在敬陵。

太后临朝摄政，窦宪以侍中的职位，在宫内主管机密大事，出宫宣布太后的诏命；弟弟窦笃当虎贲中郎将，窦笃的弟弟窦景、窦环都当中常侍，兄弟都安排在重要的岗位。窦宪的宾客崔骃写信告诫窦宪说："古书说：'生来就富有的人骄横，生来就尊贵的人傲慢。'生来就富贵却能不骄横傲慢的，从来没有。现在你的尊宠厚禄才刚刚隆盛，百官都在观察你的行为，怎能不'希望自早到晚不敢懈怠，来始终保持无穷的美誉'呢？以前，冯野王以外戚的身份而担任官职，被称为贤臣；近来，阴卫尉克制自己的私欲，来实践礼，最终受到很多的福祉。外戚之所以受到当时的讥讽，是因为留下过失的缘故，也许在于满盈而不知道谦退，官位高而仁德不足啊！自从汉朝兴起以来，到达哀帝、平帝，皇后的外家有20人，保全家族本身的仅有4人而已。《尚书》说：'拿殷代作为借镜，'可以不谨慎吗？"

庚戌日（十八日），皇太后下诏说："派原来的太尉邓彪做太傅，赐予关内侯的爵位，录尚书事，百官总摄自己的职务而听他的。"窦宪因为邓彪有让国的美德，是先皇帝所敬重的，并且为人仁慈忠厚而顺从别人的意见，因此推崇他。窦宪所要做的事情，经常在外叫邓彪向皇帝奏明，在内自己向太后报告，事情没有不照他的意思做的。邓彪在太傅的职位，仅仅是修养本身而已，不能对朝政有所匡救改正。窦宪的个性武断并且急躁，对微小的恩怨没有不报复的。永平的时候，谒者韩纡审查弹劾窦宪的父亲窦勋的案子，窦宪就命令宾客把韩纡的儿子诛杀，拿他的头在窦勋的墓前祭拜。

癸亥日（三月没有这天）陈王刘羡、彭城王刘恭、乐成王刘党、下邳王刘衍、梁王刘畅才来到自己的封国。

夏天，四月，戊寅日（十七日），遵照遗诏取消郡国制盐、开凿铁矿的禁令，即任由百姓煮海水制盐，开凿铁矿铸铁。

五月，京师遭遇旱灾。

北匈奴闹饥荒，投降南匈奴的，每年有几千人。秋天，七月，南单于上书说："应该趁着北匈奴分裂动乱的机会，出兵讨伐，消灭北匈奴，成全南匈奴，使成为一个国家，让汉朝永远没有北顾之忧。臣等生长在汉朝的地方，开口仰赖的食物，每年四时的赏赐，经常是以亿万计，虽然是垂衣拱手，无为而治，安枕而卧，没有忧虑，但没有报效朝廷的行为而感到惭愧，希望发动国内以及诸郡旧有南匈奴的、以及新从北匈奴来降的精锐部队，分道一起出兵，约定十二月会合在北匈奴的地方。臣的兵卒较少，不足以用来防守内外，希望派遣执金吾耿秉，度辽将军邓鸿，和西河郡、云中郡、五原郡、朔方郡、上郡太守，合力北进，凭借圣明皇帝的威望，平定北匈奴。臣的国家的成败，主要在于今年，臣已经命令各部落严整兵马，希望太后省察这事而加以决定。"太后把这封奏书给耿秉看。耿秉上书说："以前武帝统有整个天下，想使匈奴臣服，没有遇到上天所安排的时机，事情终于失败。现在幸运地遇到了上天所赐给的良机，北匈奴分裂内乱，用夷人的力量去攻击夷人，这是于国家有利的事，应该准许这个建议。"耿秉因此自己说明受到朝廷的恩惠，理当捐献自己的生命为朝廷效命。太后和大臣商议，想要听从耿秉的意见。尚书宋意上书说："戎狄对于礼义十分怠慢轻视，没有尊卑的分别，强大的就做首领，弱小的就屈服。从汉朝兴起以来，征伐了好几次，所能获得的利益，竟然不能弥补所受的损害。光武皇帝亲自冒着战争的危难，深深地昭示了天地仁爱的明德，由于南匈奴的来降，牵制他们、畜养他们，使得边地的百姓可以生存，劳役可以得到休息，到现在已经40多年了。现在鲜卑国尊奉顺从汉朝，斩杀北匈奴1万多人，中国坐享大功而百姓没有受到苦难，汉朝兴起以来的功业，此时最盛大了。所以如此的缘故，由于夷族互相攻击，没有损伤到汉朝的兵卒啊！臣细察鲜卑国侵伐匈奴，只是贪得掠夺的利益，以致把功劳归之于汉朝，实在是因为贪图朝廷的重赏。现在如果听任南匈奴回到北廷定都，就只能禁制鲜卑国；鲜卑国对外失去了残暴掠夺的希望，对内没有功劳、失去朝廷的封赏，夷狄贪财，必定成为边界的忧患。现在北匈奴往西边逃跑，请求和朝廷联姻言和，应当利用他的归附，作为抵御外患的屏障，崇高的功业，没有超过这个的。假如带领军队，浪费钱财，来顺从南匈奴的请求，那就白白地错过了上等的策略，远离安定、却接近危险了。实在不能答应。"

正好齐殇王的儿子都乡侯刘畅来京城参加国君的丧礼，太后几次召见他。

窦宪害怕刘畅分取他宫中的权力，派人在城门驻兵宿卫的地方将刘畅刺死，而把罪名归在刘畅的弟弟利侯刘刚的身上，就让侍御史和青州刺史会同审问刘刚等人。尚书颍川人韩棱认为："凶手在京城，不应当舍近处而去追问远处，恐怕奸臣耻笑。"太后发怒，严厉地斥责韩棱。韩棱却坚持自己的意见。何敞向宋由游说："刘畅乃皇帝的宗族亲属，封有食邑的藩侯大臣，来京城参加国家的丧礼，呈上奏疏、等候朝廷的回音，亲自在城门守卫的地方，遭到这样残酷的杀害。执法的官吏，漫无目的地逮捕犯人，犯罪的足迹不明显，罪名不能成立。我何敞作为股肱大臣的一员，职务是主管贼曹，想亲自到发生命案的地方，来督察此案。可是司徒、司空二府的办事官员，以为依照往例，三公不参与追捕盗贼的事，你纵容奸贼，不认为有错吗？我何敞请求独自奏请追查这件事。"宋由于是答应了。司徒、司空二府听说何敞要开始行动，就派遣主办盗贼的官员跟着他。于是推治举发，详细得到事情的真相。太后生气，把窦宪禁闭在内宫，窦宪害怕被杀，于是自己请求攻打匈奴来赎免死罪。

冬天，十月，乙亥日（十七日），派窦宪为车骑将军，征伐北匈奴，让执金吾耿秉担任副将；发动北军屯骑、越骑、步兵、长水、射声五校尉所率领的宿卫兵，黎阳营、雍营、边境上郡、西河、云中、云中、定襄、雁门、朔方、上谷、代郡、安定、北地等12郡的骑兵，同羌族、匈奴的军队一起开出塞外。

公卿推荐原来张掖郡太守邓训代替张纡，担当护羌校尉。迷唐率领骑兵1万人来到关塞前，不敢攻打邓训，想要先威胁小月氏胡。邓训护卫小月氏胡，不允许他和迷唐作战。议论的人都认为羌人、匈奴人相斗，这是对朝廷有利的事，不应当禁止保护他。邓训说："张纡失信，羌人各族大举发兵，凉州的官员百姓，非常危险。原来匈奴各族所以难获得他们归顺之心的缘故，都只是恩信不够笃厚罢了。现在，趁着他被追逐危急之时，用恩德来安抚他，希望能对朝廷有所帮助。"于是命令打开城门以及所居住的寺舍后园的门，把匈奴人的妻儿都赶进来并收留他们，派军队严密守卫着。羌人掠夺毫无收获，又不敢进逼匈奴各族，因而就撤兵离去。于是湟中那些匈奴人都说："汉朝经常想要和我们相斗，现在邓使君拿恩信对待我们，开城门收容我们的妻儿，这像是爱护我们的父母了。"大家都欢喜地叩头说："我们只听从使君的命令。"邓训就抚养教导他们，大大小小没有不感动又喜悦的。于是赏赐钱财给羌人各族。让他们彼此相劝归顺汉朝。迷唐的叔父号吾率领他的族人 800 户来投降。邓训由此发动湟中的秦人、胡人、羌人的军队 4000 人进攻塞外，在写谷偷袭迷唐，把他击败，迷唐于是离开大、小榆谷，居住颇岩谷，手下部队都离散了。

汉纪四十　孝和皇帝下
永元四年（壬辰、公元 92 年）

初，庐江周荣辟袁安府，安举奏窦、景及争立北单于事，皆荣所具草，窦氏客太尉掾徐齮深恶之。胁荣曰："子为袁公腹心之谋，排奏窦氏，窦氏悍士、刺客满城中，谨备之矣！"荣曰："荣，江淮孤生，得备宰士，纵为窦氏所害，诚所甘心！"因敕妻子："若卒遇飞祸，无得殡敛，冀以区区腐身觉悟朝廷。"

三月，癸丑，司徒袁安薨。

闰月，丁丑，以太常丁鸿为司徒。

夏，四月，丙辰，窦宪还至京师。

六月，戊戌朔，日有食之。丁鸿上疏曰："昔诸吕握权，统嗣几移；哀、平之末，庙不血食。故虽有周公之亲而无其德，不得行其势也。今大将军虽欲敕身自约，不敢僭差；然而天下远近，皆惶怖承旨。刺史、二千石初除，谒辞、求通待报，虽奉符玺，受台敕，不敢便去，久者至数十日，背王室，向私门，此乃上威损，下权盛也。人道悖于下，效验见于天，虽有隐谋，神照其情，垂象见戒，以告人君。禁微则易，救末则难；人莫不忽于微细以致其大，恩不忍诲，义不忍割，去事之后，未然之明镜也。夫天不可以不刚，不刚则三光不明；王不可以不强，不强则宰牧纵横。宜因大变，改政匡失，以塞天意！"

丙辰，郡国十三地震。旱，蝗。

窦氏父子兄弟并为卿、校，充满朝廷，穰侯邓叠、叠弟步兵校尉磊及母元、宪女婿射声校尉郭举、举父长乐少府璜共相交结；元、举并出入禁中，举得幸太后，遂共图为杀害，帝阴知其谋。是时，宪兄弟专权，帝与内外臣僚莫由亲接，所与居者阉宦而已。帝以朝臣上下莫不附宪，独中常侍钩盾令郑众，谨敏有心机，不事豪党，遂与众定议诛宪，以宪在外，虑其为乱，忍而未发；会宪与邓叠皆还京师。时清河王庆，恩遇尤渥，常入省宿止；帝将发其谋，欲得《外戚传》，惧左右，不敢使，令庆私从千乘王求，夜，独内之；又令庆传语郑众，求索故事。庚申，帝幸北宫，诏执金吾、五校尉勒兵屯卫南、北宫，闭城门，收捕郭璜、郭举、邓叠、邓磊，皆下狱死。遣谒者仆射收宪大将军印绶，更封为冠军侯，与笃、景、瑰皆就国。帝以太后故，不欲名诛宪，为选严能相督察之。宪、笃、景到国，皆迫令自杀。

汉和帝刘肇像

初，河南尹张酺，数以正法绳治窦景，及窦氏败，酺上疏曰："方宪等宠贵，群臣阿附唯恐不及，皆言宪受顾命之托，怀伊、吕之忠，至乃复比邓夫人于文母，今严威既行，皆言当死，不顾其前后，考折厥衷。臣伏见夏阳侯瓌每存忠善，前与臣言，常有尽节之心，检敕宾客，未尝犯法。臣闻王政骨肉之刑，有三宥之义，过厚不过薄。今议者欲为瓌选严能相，恐其迫切，必不完免，宜裁加贷宥，以崇厚德。"帝感其言，由是瓌独得全。窦氏宗族宾客以宪为官者，皆免归故郡。

初，班固奴尝醉骂洛阳令种兢，兢因逮考窦氏宾客，收捕固，死狱中。固尝著《汉书》，尚未就，诏固女弟曹寿妻昭踵而成之。

初，窦宪纳妻，天下郡国皆为礼庆。汉中郡亦当遣吏，户曹李郃谏曰："窦将军椒房之亲，不修德礼而专权骄恣，危亡之祸，可翘足而待；愿明府一心王室，勿与交通。"太守固遣之，郃不能止，请求自行，许之。郃遂所在迟留以观其变，行至扶风而宪就国。凡交通者皆坐免官，汉中太守独不与焉。

帝赐清河王庆奴婢、舆马、钱帛、珍宝，充牣其第。庆或时不安，帝朝夕问讯，进膳药，所以垂意甚备。庆亦小心恭孝，自以废黜，尤畏事慎法，故能保其宠禄焉。

帝除袁安子赏为郎，任隗子屯为步兵校尉，郑众迁大长秋。帝策勋班赏，众每辞多受少，帝由是贤之，常与之议论政事，宦官用权至此始矣。

秋，七月，己丑，太尉宋由以窦氏党策免，自杀。

八月，辛亥，司空任隗薨。

癸丑，以大司农尹睦为大尉。太傅邓彪以老病上还枢机职，诏许焉，以睦代彪录尚书事。

冬，十月，己亥以宗正刘方为司空。

武陵、零陵、澧中蛮叛。

护羌校尉邓训卒，吏、民、羌、胡旦夕临者数千人。羌、胡或以刀自割，又刺杀其犬马牛羊，曰："邓使君已死，我曹亦俱死耳！"前乌桓吏士皆奔走道路，至空城郭；吏执，不听，以状白校尉徐傿，傿叹息曰："此为义也！"乃释之。遂家家为训立祠，每有疾病，辄请祷求福。

蜀郡太守聂尚代训为护羌校尉，欲以恩怀诸羌，乃遣译使招呼迷唐，使还居大、小榆谷。迷唐既还，遣祖母卑缺诣尚，尚自送至塞下，为设祖道，令译田汜等五人护送至庐落。迷唐遂反，与诸种共生屠裂汜等，以血盟诅，复寇金城塞。尚坐免。

【译文】

永元四年（壬辰、公元92年）

当初庐江郡人周荣征召到袁安的司徒府任职，袁安列举事实奏明窦景的罪行，以及争立北单于的奏书，都是周荣所出的主意。窦氏的宾客，太尉掾徐齮深深痛恨他，威胁周荣说："你是袁安的心腹，替他计议，排斥奏明窦家的罪行，窦家凶悍的武士、刺客遍布京城，你要注意安全啊！"周荣说："我周荣是江淮孤独无依的书生，能够在司徒府任职，即使被窦家所害，我也心甘情愿。"因此告诫妻子说:"如果突然遭意外被害,不要为我入棺埋葬,希望拿我微小腐朽的身体来觉悟朝廷。"

三月,癸丑日(十四日),司徒袁安去世。

闰月,丁丑日(农历初九),派太常丁鸿做司徒。

夏,四月,丙辰日(十八日),窦宪回到京师。

六月,戊戌朔日(农历初一),日蚀。丁鸿上奏疏说:"当初吕家几兄弟专权,天子的政统几乎转移了;哀帝、平帝末年,王莽篡位,汉室的宗庙中止了祭祀。因此虽然有周公那样的亲属关系,却没有美德,不能让他执政掌权。现在大将军虽然想要修身约束自我,不敢超越本分,但是天下远近的臣子,都惶恐不安,遵奉他的旨意。刺史、2000石初任官的,先谒见大将军,向他辞行,然后赴任,请求通名,等候回报,看能否谒见,是否可以辞行,虽然已经拿着符节玺印,向尚书台接受敕命,不敢就此离去,时间久的要等几十天,投向私人家门,这使君上的威名扫地,而臣下的权势太盛啊!人道在下有所悖逆,效验就在天上显示出来了,即使有诡密的计谋,神明也能明察实情,显现天象、提出警告,来告诫人君。要禁止微小的错失是很容易的,如果不及时解决,最后要挽救就很困难了;人们到是在事情萌芽的时候被忽略,以至于使事情闹大的。在恩情上不忍心教诲他,在道义上不忍心去除他,事情被发现之后,昭显明白,此乃事物未发展的一座明镜啊!那天道不可不刚健,不刚健,那么日、月、星三光也就不明了;天子不可不强大,否则,宰臣州牧就纵横而不顺服了。应该趁着日蚀天象大变异的时候,改革政治、匡救缺失,来弥补上天的不满。"

丙辰日(十九日),十三个郡国发生地震。

旱灾,蝗灾为伴。

窦家父子兄弟都做到卿、校,充满朝廷,穰侯邓叠、邓叠的弟弟步兵校尉邓磊,以及母亲元、窦宪的女婿射声校尉郭举、郭举的父亲长乐少府郭璜彼此是朋友。元、郭举并且出入宫中,郭举得到太后的宠幸,就共同计谋弑杀天子,皇帝暗中知道他们的阴谋。此刻,窦宪兄弟专权,和内外臣僚没有办法接近皇帝。朝中大臣上下没有不依附窦宪的。只有中常侍钩盾令郑众,为人谨慎聪敏而胸有城府,不依附权势。皇帝就和郑众商议诛杀窦宪。因为窦宪驻守在外,担心他会发兵作乱,但并未动作;正好窦宪和邓叠都回到京师。当时清河王刘庆，受到朝廷的恩典礼遇特别深厚，常常进入宫中住宿。皇帝将要发动诛杀窦宪的计谋，希望得到《汉书·外戚传》，由于害怕机密被左右泄漏，不敢差遣他们，就命令刘庆私下向千乘王刘伉求援。晚上，独自把《外戚传》送呈皇上；又命令刘庆传话给郑众，查找取文帝诛薄昭、武帝诛窦婴的往事。庚申日（二十三日），皇上来到北宫，下诏执金吾、北军五校尉统领军队驻守防卫南宫、北宫，关闭城门，收捕郭璜、郭举、邓磊、邓叠，都关在狱中处死。派遣谒者仆射收回窦宪大将军印绶，撤大将军职，改封为冠军侯，和窦笃、窦景、窦瓌前往自己的封国。皇上心中害怕太后，不希望以罪名诛杀窦宪，替他选定精明能干的相督察他。窦宪、窦笃、窦景回到自己的封国，逼迫他们自杀了。

　　当初河南尹张酺，屡次用平正的法令惩治窦景，等到窦家谋杀皇帝的阴谋失败，张酺上奏疏说："当窦宪等人宠贵的时候，群臣谄媚依附他，都说窦宪受先帝遗命，把皇帝托孤给他，甚至于又把邓夫人比喻为文王的妻子，现在朝廷的威严已实行，群臣都说应该诛杀，并未考察判断自己的心意。臣看到夏阳侯窦瓌，常常存着忠诚善良的心，以前与我谈话，常有为朝廷尽节的心意，检点告诫宾客，从未犯法的行为。臣听说圣王的政治，对骨肉的刑罚，有三次宥赦的道义，宁可太过笃厚，也不要太过刻薄。而今议论的人希望替窦瓌选定英明能干的丞相，恐怕他们太过刻薄，必定不能使窦瓌完美无过，应该裁决略加宽容赦宥，以显示天子的厚德。"皇帝被张酺的话感动，所以窦瓌独自得以保全性命。窦家宗族宾客，因为窦宪的关系而做官的，皆被罢职。

　　当初，班固的奴仆曾经醉酒责骂洛阳县令种兢，种兢因为逮捕审问窦家的宾客，将班固逮捕下狱。最后班固死在牢狱中。班固曾经撰写《汉书》，还没有完成，下诏班固的妹妹曹寿的妻子班昭继续把它完成。

　　当初，窦宪娶妻，天下各郡各国都送礼物庆贺。汉中郡也应该派遣官吏送礼庆贺。户曹李郃劝告说："窦将军是太后的亲人，不修养德礼却专权骄蛮，不久将发生灾祸，仿佛翘首可见一般；希望主公一心为朝廷，与他断绝关系。"太守坚持要派人去，李郃无法阻止，请求自己去，太守答应了。李郃于是一路上迟缓行观望，当走到扶风郡时，消息传来，说窦宪被罢免驱逐回前往自己的封国。所有和窦宪来往的，皆被罢免，只有汉中郡太守没有牵连在内。

　　皇帝赐给清河王刘庆奴婢、车马、钱帛、珍宝，已经十分富有。刘庆有时候身体欠安，皇帝早晚问候，奉上食品药物，十分关心。刘庆也小心恭敬孝顺，自己认为被废黜太子位，特别是怕出事而谨慎守法，因此能够保有他的恩宠和禄位！

皇帝任命袁安的儿子袁赏为郎，任隗的儿子任屯为步兵校尉，郑众升任大长秋。皇上论功行赏，郑众常常辞去多的、接受少的，皇帝因此认为他贤能，常常和他议论政事，宦官掌权由此开始。

秋天，七月，己丑日（二十三日），太尉宋由因为和窦家同党，奉命免官，自杀了。

八月，辛亥日（十五日），司空任隗去世。

癸丑日（十七日），派大司农尹睦做太尉。大傅邓彪称病辞去尚书的职位，下诏准许了，派尹睦统领尚书的职务。

冬天，十月，己亥日（农历初四），派宗正刘方做司空。

护羌校尉邓训去世，属吏、人民、羌人、胡人早晚到灵前哭泣的，每天几千人。羌人、胡人有的故意自我伤害，并且刺杀那些犬马牛羊，说："邓使君已经死了，我们跟着去吧！"邓训以前任乌桓校尉时的吏士，都奔走在道路上，使得城郭都空了；官吏逮捕他们，拒捕，把这情形报告校尉徐傿，徐傿叹息说："这是为了道义啊！"于是把他们释放了。因此家家为邓训立庙，家人得病，往往到庙前祈祷，请求赐福。

蜀郡太守聂尚代替邓训做护羌校尉，想要用恩惠安抚羌人，就派遣懂羌语的使者招呼迷唐，让他回到大、小榆谷居住。迷唐已经回去，派遣祖母卑缺拜见聂尚。聂尚为他饯行，命令翻译田记等5人护送到庐落。迷唐造反，和羌人合谋杀死田记等，撕裂他们的尸体，用血订盟约，再次侵犯金城塞。聂尚被株连遭免职。

永元十四年（壬寅、102年）

春，安定降羌烧何种反，郡兵击灭之。时西海及大、小榆谷左右无复羌寇，隃糜相曹凤上言："自建武以来，西羌犯法者，常从烧当种起，所以然者，以其居大、小榆谷，土地肥美，有西海鱼盐之利，阻大河以为固。又，近塞诸种，易以为非，难以攻伐，故能强大，常雄诸种，恃其拳勇，招诱羌、胡。今者衰困，党援坏沮，亡逃栖窜，远依发羌。臣愚以为宜及此时建复西海郡县，规固二榆，广设屯田，隔塞羌、胡交关之路，遏绝狂狡窥欲之源。又殖谷富边，省委输之役，国家可以无西方之忧。"上从之。缮修故西海郡，徙金城西部都尉以戍之，拜凤为金城西部都尉，屯龙耆。后增广屯田，列屯夹河，合三十四部。其功垂立，会永初中，诸羌叛，乃罢。

夏，四月，遣使者督荆州兵万余人，分道讨巫蛮许圣等，大破之。圣等乞降，悉徙置江夏。

阴皇后多妒忌，宠遇浸衰，数怀恚恨。后外祖母邓朱，出入宫掖，有言后与朱共挟巫蛊道者；帝使中常侍张慎与尚书陈褒案之，劾以大逆无道，朱二子奉、毅，后弟辅皆考死狱中。六月，辛卯，后坐废，迁于桐宫，以忧死。父特进纲自杀，后弟轶、敞及朱家属徙日南比景。

三州大水。

班超久在绝域，年老思土，上书乞归曰："臣不敢望到酒泉郡，但愿生入玉门关。谨遣子勇随安息献物入塞，及臣生在，令勇目见中土。"朝廷久之未报，超妹曹大家上书曰："蛮夷之性，悖逆侮老；而超旦暮入地，久不见代，恐开奸究之源，生逆乱之心。而卿大夫咸怀一切，莫肯远虑，如有卒暴，超之气力不能从心，便为上损国家累世之功，下弃功臣竭力之用，诚可痛也！故超万里归诚，自陈苦急，延颈逾望，三年于今，未蒙省录。妾窃闻古者十五受兵，六十还之，亦有休息，不任职也。故妾敢触死为超求哀，匄超余年，一得生还，复见阙庭，使国家无劳远之虑，西域无仓卒之忧，超得长蒙文王葬骨之恩，子方

班超像

哀老之惠。"帝感其言，乃征超还。八月，超至洛阳，拜为射声校尉；九月，卒。

超之被徵，以戊己校尉任尚代为都护。尚谓超曰："君侯在外国三十余年，而小人猥承君后，任重虑浅，宜有以诲之！"超曰："年老失智。君数当大位，岂班超所能及哉！必不得已，愿进愚言：塞外吏士，本非孝子顺孙，皆以罪过徙补边屯；而蛮夷怀鸟兽之心，难养易败。今君性严急，水清无大鱼，察政不得下和，宜荡佚简易，宽小过，总大纲而已。"超去，尚私谓所亲曰："我以班君当有奇策，今所言，平平耳。"尚后竟失边和，如超所言。

初，太傅邓禹尝谓人曰："吾将百万之众，未尝妄杀一人，后世必有兴者。"其子护羌校尉训，有女曰绥，性孝友，好书传，常昼修妇业，暮诵经典，家人号曰"诸生"。叔父陔曰："尝闻活千人者子孙有封。兄训为谒者，使修石臼河，岁活数千人，天道可信，家必蒙福。"绥后选入宫为贵人，恭肃小心，动有法度，承事阴后，接抚同列，常克己以下之，虽宫人隶役，皆加恩借，帝深嘉焉。尝有疾，帝特令其母、兄弟入亲医药，不限以日数，贵人辞曰："宫禁至重，而使外舍久在内省，上令陛下有私幸之讥，下使贱妾获不知足之谤，上下交损，诚不愿也！"帝曰："人皆以数入为荣，贵人反以为忧邪！"每有宴会，诸姬竞自修饰，贵人独尚质素，其衣有与阴后同色者，即时解易，若并时进见，则不敢正坐离立，行则偻身自卑，帝每有所问，常逡巡后对，不敢先后言。阴后短小，举止时失仪，左右掩口而笑，贵人独怆然不乐，为之隐讳，若己之失。帝知贵人劳心曲体，叹曰："修德之劳，乃如是乎！"后阴后宠衰，贵人每当御见，辄辞以疾。时帝数失皇子，贵人忧继嗣不广，数选进才人以博帝意。阴后见贵人德称日盛，深疾之；帝尝寝病，危甚，阴后密言："我得意，不令邓氏复有遗类！"贵人闻之，流涕言曰："我竭诚尽心以事皇后，竟不为所祐。今我当从死，上以报帝之恩，中以解宗族之祸，下不令阴氏有人豕之讥。"即欲饮药。宫人赵玉者固禁止之，因诈言"属有使来，上疾已愈"，贵人乃止。明日，上果瘳。及阴后之废，贵人请救，不能得；帝欲以贵人为皇后，贵人愈称疾笃，深自闭绝。冬，十月，辛卯，诏立贵人邓氏为皇后；后辞让，不得已，然后即位。郡国贡献，悉令禁绝，岁时但供纸墨而已。帝每欲官爵邓氏，后辄哀请谦让，故兄骘终帝世不过虎贲中郎将。

丁酉，司空巢堪罢。

十一月，癸卯，以大司农沛国徐防为司空。防上疏，以为："汉立博士十有四家，设甲乙之科以勉劝学者。伏见太学试博士弟子，皆以意说，不修家法，私相容隐，开生奸路。每有策试，辄兴诤讼，论议纷错，互相是非。孔子称'述而不作'，又曰'吾犹及史之阙文'。今不依章句，妄生穿凿，以遵师为非义，意说为得理，轻侮道术，浸以成俗，诚非诏书实选本意。改薄从忠，三代常道；专精务本，儒学所先。臣以为博士及甲乙策试，宜从其家章句，开五十难以试之，解释多者为上第，引文明者为高说。若不依先师，义有相伐，皆正以为非。"上从之。

是岁，初封大长秋郑众为鄛乡侯。

【译文】

十四年（壬寅、102年）

春，安定郡投降的羌人烧何族反叛，郡中军队把他消灭。当时，西海和大、小榆谷附近不再有羌人侵犯。隃麋国的丞相曹凤上奏书说："自从建武以后，西羌犯法的，经常从烧当族开始，之所以如此，是因为他们居住在大、小榆谷，土地肥沃，又有西海丰富的鱼盐资源，有大河阻隔作为天险。而且靠近边塞，各种族很容易为非反叛，朝廷难以制服他们，所以能够强大起来，常常在羌人各族之中称雄，倚仗他的武力勇气，招揽诱惑羌人、胡人。现在烧当羌衰弱困乏，他的同党无力援助，逃亡奔窜到各处躲避，只能远远地依靠发羌。臣认为应该乘此时机订定办法，再度设置西海郡县，计划巩固大、小榆谷，广设屯垦的地盘，隔离堵塞羌人、胡人来往联系的道路，铲除胡人阴谋窥伺朝廷的根源。而且进行耕种，富裕边地，减省运输粮食的力役，国家可以没有西边的忧虑。"皇帝同意了，整顿原来的西海郡，调迁金城西部都尉去防守他，任命曹凤做金城西部都尉，驻守龙耆县，后来增加开垦田地，分布在河的两岸驻守，共34个。由于他有功劳，永初年间，各羌族叛乱，才作休。

夏天，四月，派遣使者督导荆州的军队1万多人，分路讨伐巫蛮人许圣等，大败他们，许圣等请求投降，把他们全部迁移到江夏郡。

阴皇后忌妒心重，皇帝对他恩宠渐衰，常常心怀怨恨。皇后的外祖母邓朱，进出宫廷，有人报告皇后和邓朱共同藏有巫蛊诅咒害人的道术。皇帝派中常侍张慎和尚书陈褒调查此事，弹劾他们大逆不道，邓朱的两个儿子奉、毅，皇后的弟弟阴辅都接受审问，死在牢狱中。六月，辛卯日（二十二日），皇后论罪而被废去后位，迁到桐宫居住，由于忧伤而去世。父亲特进阴纲自杀，皇后的弟弟阴轶、阴敬和邓朱的家属贬谪到日南郡比景县。

三个州发生大水灾。

班超长期在外国偏远地方，年老思念故土，上奏书请求回国说："臣不敢希望到酒泉郡，只望有生之年能回国。恭谨地派遣儿子班勇随着安息国进献贡品的使者进入塞内，趁着臣还活着的时候，让班勇能亲眼见到汉朝的土地。"朝廷经过很久没有回音，班超的妹妹曹大家上奏书说："蛮夷的本性，悖逆侮辱年老的人，而哥哥早晚都会死去，长久没有人来接替，恐怕会诱发蛮夷奸邪犯法的动机，产生叛逆作乱的心思。并且卿大夫都怀有权宜一时的想法，不肯作久远的打算。假如突然发生暴乱，班超已经力不从心了，这就是在上破坏了国家积累多年的功业，在下毁弃忠臣尽力的表现，实在不值得呀！因此，班超从万里外表达忠诚的心意，自己陈述艰苦危急的情形，翘着遥望朝廷的回音，到现在已3年了，没有受到朝廷的关注和同意。我个人听说古代15岁服兵役，60岁免除兵役，也有休息的时候，不必担任军职啊！所以我敢冒着死罪替班超请求朝廷的怜悯，乞求朝廷让班超在晚年能够回国，再度见到宫廷，使国家没有奔劳远方的忧虑，西域没有仓猝发生的灾祸，班超得以永远恩受文王埋葬朽骨的好处，田子方怜悯老马的恩惠。"皇帝被他的话感动了，于是征召班超回朝。八月，班超到达洛阳，被任命为射击校尉；九月，便逝世。

班超被征召回朝，派戊己校尉任尚顶替其职。任尚对班超说："君侯在外国三十多年，而我接替你留下的职位，责任重大，而我的思虑浅陋，你应该对我有所教诲。"班超说："我已经老了，你屡次承担重大职位，哪里是班超所能赶得上的呢！你一定要我说，我愿意向你愚荐：塞外的官吏士兵，本来不是孝子贤孙，都是因犯罪而贬谪到边地来担任防守的人；而蛮夷怀有禽兽的心肠，难以对付，容易反叛作乱。现在你的个性急躁，水清就没有大鱼，政治廉明就得不到属下的和谐合作，应该清除淫逸，平易简略，原谅犯小过的，注重大原则即可。"班超离开了，任尚私下对他亲近的人说："我以为班超一定有奇妙的策略，现在所说的，只不过如此而已。"任尚后来终于在远地和西域各国处得不好，就像班超所说的一样。

当初，太傅邓禹曾经对人说："我率领百万的部众，从未不依法度随便滥杀克辜，后代一定有兴起显达的。"他的儿子护羌校尉邓训，女儿叫绥，本性孝顺父母友好兄弟，喜好读古书，经常白天学习女红，晚上诵读经典，家人称他为"诸生"。叔父邓陔说："以前听说使千人活命的，子孙会得到封官。哥哥邓训做谒者，被朝廷派去修浚石臼河，每年使几千人活命，天道值得相信，家门必定蒙受上天的赐福。"邓绥后来被选进宫中做贵人，恭谨小心，行动都守法度，侍奉阴皇后，接待百姓，常克制自己，对人谦逊，即使是宫人奴隶，都对他们有恩，和颜对待他们，皇帝深深嘉许他。有一次得病，皇帝特别让他的母亲、兄弟进宫亲自照料医药，不限制日期，贵人推辞说："宫禁非常严厉，欲让外家长久住在宫内，在上使皇上受到别人说他宠幸偏私的讥讽，在下使我获得不停的诽谤，上下都受到损害，实在不是我所愿意看到的！"皇帝说："别人都拿常常入宫作为荣耀，贵人反而引为担忧？"每次举行宴会，每一位妃子都打扮得很漂亮，彼此竞争，只有贵人注重简朴，如果她的衣着和阴皇后同色的，马上换一套。假如同时觐见皇上，就不敢正坐并立。走路时就弯着腰自己表现得卑微些，皇帝每次询问他，她经常犹豫且慢慢回答，不敢在皇后的前面先回答。阴皇后矮小，举止常常失态，下人掩着嘴巴偷笑，只有贵人感到难过，帮她遮掩，好像自己的缺点一样。皇帝知道贵人烦劳心神，劳动身体，感叹地说："修养道德的辛劳，竟然到这种地步！"后来阴皇后的宠幸衰减，贵人每当该觐见皇帝，常常拿生病为理由而推托。当时，皇帝多次失去皇子，贵人担忧继承的子嗣不够多，屡次选进才人以得到皇帝的喜爱。阴皇后看到贵人的德望称誉一天天盛大，深深忌妒她；皇帝有一次卧病在床，非常危险，阴皇后暗中说："我如果掌握政权，不让邓家再有人留下来！"贵人听到这话，流着眼泪说："我尽诚意来侍候皇后，竟然不被他所接受。现在我应当跟随皇帝死去，在上报答皇帝的恩情，在中解除宗族的祸患，在下不让阴氏对我有人虿的讥笑。"立即想服毒自杀。宫人赵玉坚决制止她，所以骗她说："正好有使者来，皇上的病已经痊愈了。"贵人才作罢。第二天，皇上果然痊愈了。等到阴皇后废去后位，贵人请求挽救她，没能做到。皇帝想要让贵人做皇后，贵人更加声称病重，一直封闭自己。冬，十月，辛卯日（二十四日），下诏书立贵人邓氏为皇后。贵人辞让不成，终于就皇后位。各郡各国贡献皇后的礼物，全部下令禁止，每年四时只供应纸墨而已。皇帝每次想要封邓家官爵，皇后常常哀求不要封官，因此哥哥邓骘在皇帝一生不过做到虎贲中郎将而已。

丁酉日（三十日），司空巢堪免职。

十一月，癸卯日（农历初六），派大司农沛国人徐防做司空。徐防上奏疏，认为："汉朝立博士14家，每年考试设甲乙科，来劝勉学者四进。我看到太学考试博士弟子，都是凭自己的意见答题，不修习家法，私下相互隐瞒，作奸犯科。每次进行测试，常常发生争讼，议论纷纷，彼此指责是非。孔子说'只称述先圣的言论，而自己不创作。'又说：'我还赶上看到古代史官的阙文。'现在不依照章句，任意穿凿附会，把遵从所说看成不合理，任意解说看成合理，轻慢道术，渐渐形成风气，着实达不到切实选拔人才的目的。改变刻薄遵从忠厚，这是三代的常道；臣认为博士和甲乙科测试，应该遵照每人所学到的知识，提出50个疑难的经义来考试他们，解释多的名次列在前面，引述文句明白的列为高明的说法。假如不能依照先师的说法，在义理上有攻击批评所说的，都被判为错误。"皇帝听从了这个建议。

这一年，初次封大长秋郑众为鄛乡侯。

汉纪四十二　孝安皇帝
延光三年（甲子、124年）

春，正月，班勇至楼兰，以鄯善归附，特加三绥，而龟兹王白英犹自疑未下；勇开以恩信，白英乃率姑墨、温宿，自缚诣勇，因发其兵步骑万余人到车师前王庭，击走匈奴伊蠡王于伊和谷，收得前部五千余人，于是前部始复开通；还，屯田柳中。

二月，丙子，车驾东巡。辛卯，幸泰山。三月，戊戌，幸鲁；还，幸东平，至东郡，历魏郡、河内而还。

初，樊丰、周广、谢恽等见杨震连谏不从，无所顾忌，遂诈作诏书，调发司农钱谷、大匠见徒材木，各起冢舍、园池、庐观，役费无数。震复上疏曰："臣备台辅，不能调和阴阳，去年十二月四日，京师地动，其日戊辰；三者皆土，位在中宫，此中臣、近官持权用事之象也。臣伏惟陛下以边境未宁，躬自非薄，宫殿垣屋倾倚，枝拄而已。而亲近倖臣，未崇断金，骄溢逾法，多请徒士，盛修第舍，卖弄威福，道路讙哗，地动之变，殆为此发。又，冬无宿雪，春节未雨，百僚焦心，而缮修不止，诚致旱之征也。惟陛下奋乾刚之德，弃骄奢之臣，以承皇天之戒！"震前后所言转切，帝既不平之，而樊丰等皆侧目愤怨，以其名儒，未敢加害。会河间男子赵腾上书指陈得失，帝发怒，遂收考诏狱，结以罔上不道。震上疏救之曰："臣闻殷、周哲王，小人怨詈，则还自敬德。今赵

孝安皇帝像

腾所坐，激讦谤语，为罪与手刃犯法有差，乞为亏除，全腾之命，以诱刍荛舆人之言。"帝不听，腾竟伏尸都市。及帝东巡，樊丰等因乘舆在外，竞修第宅，太尉部掾高舒召大匠令史考校之，得丰等所诈下诏书，具奏，须行还上之，丰等惶怖。会太史言星变逆行，遂共谮震云："自赵腾死后，深用怨怼；且邓氏故吏，有恚恨之心。"壬戌，车驾还京师，便时太学，夜，遣使者策收震太尉印绶；震于是柴门绝宾客。丰等复恶之，令大鸿胪耿宝奏："震大臣，不服罪，怀恚望。"有诏，遣归本郡。震行至城西夕阳亭，乃慷慨谓其诸子、门人曰："死者，士之常分。吾蒙恩居上司，疾奸臣狡猾而不能诛，恶嬖女倾乱而不能禁，何面目复见日月！身死之日，以杂木为棺，布单被，裁足盖形，勿归冢次，勿设祭祀！"因饮鸩而卒。弘农太守移良承樊丰等旨，遣吏于陕县留停震丧，露棺道侧，谪震诸子代邮行书；道路皆为陨涕。

太仆征羌侯来历曰："耿宝托元舅之亲，荣宠过厚，不念报国恩，而倾侧

奸臣，伤害忠良，其天祸亦将至矣。"历，歙之曾孙也。

夏，四月，乙丑，车驾入宫。

秋，八月，辛巳，以大鸿胪耿宝为大将军。

王圣、江京、樊丰等谮太子乳母王男、厨监邴吉等，杀之，家属徙比景；太子思男、吉，数为叹息。京、丰惧有后害，乃与阎后妄造虚无，构谮太子及东宫官属。帝怒，召公卿以下，议废太子。耿宝等承旨，皆以为当废。太仆来历与太常桓焉、廷尉犍为张皓议曰："经说，年未满十五，过恶不在其身；且男、吉之谋，皇太子容有不知；宜选忠良保傅，辅以礼义。废置事重，此诚圣恩所宜宿留！"帝不从。焉，郁之子也。张皓退，复上书曰："昔贼臣江充造构谮逆，倾覆戾园，孝武久乃觉寤，虽追前失，悔之何及。今皇太子方十岁，未习保傅之教，可遽责乎！"书奏，不省。九月，丁酉，废皇太子保为济阴王，居于德阳殿西钟下。来历乃要结光禄勋祋讽、宗正刘玮、将作大匠薛皓、侍中闾丘弘、陈光、赵代、施延、太中大夫九江朱伥等十余人，俱诣鸿都门证太子无过。帝与左右患之，乃使中常侍奉诏胁群臣曰："父子一体，天性自然；以义割恩，为天下也。历、讽等不识大典，而与群小共为哗哗，外见忠直，而内希后福，饰邪违义，岂事君之礼！朝廷广开言路，故且一切假贷；若怀迷不反，当显明刑书。"谏者莫不失色。薛皓先顿首曰："固宜如明诏。"历怫然，廷诘皓曰："属通谏何言，而今复背之？大臣乘朝车，外国事，固得辗转若此乎！"乃各稍自引起。历独守阙，连日不肯去。帝大怒，尚书令陈忠与诸尚书遂共劾奏历等，帝乃免历兄弟官，削国租，黜历母武安公主不得会见。

是岁，京师及诸国二十三地震，三十六大水、雨雹。

【译文】

延光三年 （甲子、124年）

春，正月，班勇到达楼兰。因为鄯善臣服过来，特别进加君王绶带。可是龟兹王白英自己仍然踌躇不定，班勇用恩德、信义开导他，白英才带领姑墨、温宿，自己捆绑住，前往班勇的地方，同时发动他们的步兵、骑兵1万多人到车师前王庭，在伊和谷赶走了匈奴伊蠡王，收捕前部的5000多人，于是前部才再度的开放往来；回来后，在柳中驻军种田。

二月，丙子日（十三日），皇帝乘车向东巡狩。辛卯日（二十八日），到达泰山。三月，戊戌日（初五），到达东平，到了东郡，经过魏郡、河内回来。

刚开始，樊丰、周广、谢恽等人看到杨震的接连进谏，皇帝不予采纳从，于是假造诏书，调出了司农的钱财、谷米、工匠、现有徒隶、材木，各自私人起造墓地、庭院、水池、庐屋、楼观等等，劳役耗费，不可计数。杨震又呈上奏章说："臣下备位台辅，不能协调阴阳，去年十二月四日，京师地辰，那一天是戊辰日，三事都是属土，地位在中宫，这是宫中臣子、近侍官员掌握大权，专行政事的征象。臣下忠心地想：陛下由于边境不曾安宁，亲自节俭，宫殿墙屋倾斜了，用木柱支撑而已，可是亲近宠幸的臣子，不遵守同心协力可以断金的古训，骄横自满，逾越法度，多多请来服劳役工匠，大大修治宅第屋舍，卖弄权威，道路让群众吵闹不安，地动的灾变，大概是因为这个而出现的。而且，冬天没有隔夜的雪花，春天没有下雨，百官虽然心中焦虑，却在不断地修治房舍，实在是造成旱灾的征象。只有靠陛下重振朝纲，处罚骄横奢侈的臣子，来承受皇天的警戒！"杨震前后言辞，变得激动，皇帝已经感到不平和了，并且樊丰等人都怒目相视，气愤怨恨，因为他是有名的儒者，不敢伤害。碰巧河间男子赵腾上书，陈述政治得失，皇帝发怒了，于是把他收捕到诏狱查问，定了罔上不道的罪行。杨震呈上奏章救援他，说："臣下曾经听说：殷、周明哲的君主，小人有了怨愤的言辞，自己就反而更恭谨德行。现在赵腾所犯的罪，是以正直的言辞，揭发阴私，造成诽谤，罪过和亲手刺杀的犯法有所不同，乞求能减免刑罪，保全腾的性命，来诱发乡野众人的进言。"皇帝不采用，赵腾竟然死在都市中。等到皇帝往东巡狩，樊丰等人趁着皇帝车驾在外，争相建造房屋，太尉都掾高舒召来大匠，命令府史考验，取得樊丰等人假造颁下的诏书，详细的进奏，等待皇帝车驾回来便上奏；樊丰等人恐慌不已了。正巧太史说星辰变化，背道而行，于是共同诽谤杨震说："自从赵腾死了以后，原本就因而深深怨恨，并且是邓氏的旧时官吏，杨震有怨恨的心理。"壬戌日（二十九日），皇帝车驾回到京师，在吉时进入太学。当天晚上，派遣使者策令没收杨震太尉的印绶。杨震就关上大门、谢绝宾客。樊丰等人再度诬陷他，要大鸿胪耿宝进奏："震是大臣，不服罪过，怀着怨恨的心理。"有诏书，遣使他回到本郡。杨震走到城西的夕阳亭，于是意气激昂的对他的儿子、门生们说："死，是士子最终的本分。我蒙受恩德，居有上位，只可恨奸邪臣子的狡猾，却不能铲除；厌恶嬖幸的女子，骚扰国政，却不能禁止。有什么面目见到日月呢！身死的时候，用杂木做棺材，布制的单被，裁制得刚好盖住身体，不要送回到墓园，也不要设置祭祀。"于是喝下鸩酒而死。弘农太守移良，承奉樊丰等人的意思，派遣官吏到陕县，停留杨震的棺木，把它露天摆在道路旁边，并且贬谪杨震的各个儿子，代替驿吏专行文书，路旁的人看到了，都为他流下泪来。

太仆征羌侯来历说："耿宝凭借着元舅的亲属，宠幸、荣耀十分厚重，不思念回报国家恩德，却成为倾覆国政的奸邪臣子，陷害忠良大臣，他们遭受的天祸很快就要来临了。"来历，来歙的曾孙。

夏，四月，乙丑日（初二），皇帝车驾来到宫中。

秋，七月，辛巳日（七月无此日），任命大鸿胪耿宝做大将军。

王圣、江京、樊丰等人毁诬陷太子乳母王男、厨监邴吉等人，杀了他们。家属迁到比景。太子思念王男、邴吉等人，常常为他们叹息。江京、樊丰担心日后会有灾害，于是和阎后胡乱编造虚无的理由，诬蔑太子和东宫官员。皇帝愤怒了，召集公卿以下的官员，讨论废除太子。耿宝等人承奉旨意，都认为应该废除。太仆来历、太常桓焉和廷尉犍为人张皓建议说："经义上说，年龄未满15岁，过恶不在他本身，并且原本是男、吉的计谋，太子或许不知道，所以应该选择忠诚善良的太保、太傅，用礼义来辅导他。废置是重大的事，这实在是圣上应该有所考虑的地方。"皇帝不听从。桓焉，桓郁的儿子。张皓退朝以后，再度上书说："以前贼臣江亮假造谎言，造成叛逆，导致戾园颠覆。孝武皇帝过了很久才明白了，虽然追悔以前的过失，后悔又有什么用呢？现在皇太子才10岁，不熟悉太保、太傅的教导，可以立刻谴责他吗？"书奏上，不理会。九月，丁酉日（初七），废皇太子保，贬为济阴王，居住德阳殿西钟下。来历就联合光禄勋祋讽、宗正刘玮、将作大匠薛皓、侍中闾丘弘、陈光、赵代、施延、太中大夫九江人朱伥等共10多人，一同前往鸿都门证明太子没有过错。皇帝和左右臣子感到担心，于是派中常侍奉守诏书，威胁臣子们说："父子一体，是自然天性，按照义理，割舍恩情，是为了天下。历、讽等人不明白国家大典，却和小人共同造成吵闹的事，在外面表现得忠诚正直，可是内心希求日后的福祥，掩饰邪恶，违背仁义道理，哪里是事奉君主的礼法！朝廷大大开放进言的路子，所以暂且都加以宽免，如果心怀迷惑，迷途不返，就要明正刑罚！"进谏的人没有一个不大惊失色的。薛皓先叩头说："本来就应该依照圣明诏书。"来历大怒，当庭质问薛皓说："近来共同进谏的是什么话？可是现在却又要改变！大臣乘坐朝车，处理国事，难道可以这样反复不定吗？"于是各自起身走了，只剩下来历独自守在宫阙，一连几天不肯离开。皇帝大怒，尚书令陈忠和各尚书于是共同上奏弹劾来历等人，皇帝才免除来历兄弟的官职，削除来历的封国赋税收入，废除来历的母亲武安公主，不能上朝会见。

这年，京师和各郡国，23个郡国发生地震，36个郡国发水灾，下冰雹。

孝顺皇帝（上）
永建元年（丙寅、126年）

春，正月，帝朝太后于东宫，太后意乃安。

辛未，皇太后阎氏崩。

二月，甲申，葬安思皇后。

陇西钟羌反，校尉马贤击之，战于临洮，斩首千余级，羌众皆降；由是凉州复安。

秋，七月，庚午，以卫尉来历为车骑将军。

八月，鲜卑寇代郡，太守李超战殁。

司隶校尉虞诩到官数月，奏冯石、刘熹，免之，又劾奏中常侍程璜、陈秉、孟生、李闰等，百官侧目，号为苛刻。三公劾奏："诩盛夏多拘系无辜，为吏民患。"诩上书自讼曰："法禁者，俗之堤防；刑罚者，民之衔辔。今州曰任郡，郡曰任县，更相委远，百姓怨穷；以苟容为贤，尽节为愚。臣所发举，臧罪非一。三府恐为臣所奏，遂加诬罪。臣将从史鱼死，即以尸谏耳！"帝省其章，乃不罪诩。

中常侍张防卖弄权势，请托受取；诩案之，屡寝不报。诩不胜其愤，乃自系廷尉，奏言曰："昔孝安皇帝任用樊丰，交乱嫡统，几亡社稷。今者张防复弄威柄，国家之祸将重至矣。臣不忍与防同朝，谨自系以闻，无令臣袭杨震之迹！"书奏，防流涕诉帝，诩坐论输左校；防必欲害之，二日之中，传考回狱。狱吏劝诩自引，诩曰，"宁伏欧刀以示远近！喑呜自杀，是非孰辨邪！"浮阳侯孙程、祝阿侯张贤相率乞见，程曰："陛下始与臣等造事之时，常疾奸臣，知其倾国。今者即位而复自为，何以非先帝乎！司隶校尉虞诩为陛下尽忠，而更被拘系；常侍张防臧罪明正，反构忠良。今客星守羽林，其占宫中有奸臣；宜急收防送狱，以塞天变。"时防立在帝后，程叱防曰："奸臣张防，何不下殿！"防不得已，趋就东箱。程曰："陛下急收防，无令从阿母求情！"帝问诸尚书，尚书贾朗素与防善，证诩之罪；帝疑焉，谓程曰："且出，吾方思之！"于是诩子颉与门生百余人，举幡候中常侍高梵车，叩头流血，诉言枉状。梵入言之，防坐徙边，贾朗等六人或死或黜；即日赦出诩。程复上书陈诩有大功，语甚切激。帝感悟，复征拜议郎；数日，迁尚书仆射。

汉顺帝刘保像

诩上疏荐议郎南阳左雄曰："臣见方今公卿以下，类多拱默，以树恩为贤，尽节为愚，至相戒曰，'白璧不可为，容容多后福。'伏见议郎左雄，有王臣蹇蹇之节，宜擢在喉舌之官，必有匡弼之益。"由是拜雄尚书。

浮阳侯孙程等怀表上殿争功，帝怒；有司劾奏"程等干乱悖逆，王国等皆与程党，久留京都，益其骄恣。"帝乃免程等官，悉徙封远县；因遣十九侯就国，敕洛阳令促期发遣。

司徒掾周举说朱伥曰："朝廷在西钟下时，非孙程等岂立！今忘其大德，录其小过；如道路夭折，帝有杀功臣之讥。及今未去，宜急表之！"伥曰："今诏指方怒，吾独表此，必致罪谴。"举曰："明公年过八十，位为台辅，不于今时竭忠报国，惜身安宠，欲以何求！禄位虽全，必陷佞邪之讥；谏而获罪，犹有忠贞之名；若举言不足采，请从此辞！"伥乃表谏，帝果从之。

程徙封宜城侯；到国，怨恨恚怼，封还印绶、符策，亡归京师，往来山中。诏书追求，复故爵土，赐车马、衣物，遣还国。

冬，十月，丁亥，司空陶敦免。

朔方以西，障塞多坏，鲜卑因此数侵南匈奴；单于忧恐，上书乞修复障塞。庚寅，诏："黎阳营兵出屯中山北界；令缘边郡增置步兵，列屯塞下，教习战射。"

【译文】

永建元年（丙寅、126 年）

春天，农历一月，皇帝到东宫朝拜太后，太后心意才安定下来。

辛未日（十九日），皇太后阎氏崩殂。

陇西钟羌反叛，校尉马贤前往攻击，在临洮作战，杀敌 1000 人，羌族群众都投降了，因此凉州再次平定了。

秋，七月，庚午日（二十一日），派卫尉来历当车骑将军。

八月，鲜卑侵犯代郡，太守李超战死。

司隶校尉虞诩到职几个月，奏劾冯石、刘熹，废除了他们的官职；又上奏弹劾中常侍程璜、孟生、陈秉、李闰等人，百官都为之侧目，号称刻薄，三公上奏弹劾："诩在盛夏时期，拘禁了很多无辜的人，成为官吏、人民的祸害。"虞诩上书为自己争辩，说："法度禁令，是世俗的堤防；各种刑法，是人民的缰绳。现在州中说：责任在郡中，郡中说：责任在县中，更加相互的推诿远离职责，人们不满贫穷；以苟且包容，看着是贤能的；以竭尽操守，看作是愚昧的。臣下所举发的罪恶不止一种。三府害怕被臣下奏劾，所以胡乱随便的加上罪过。臣下将要跟随史鱼死去，就也要用尸体来进谏罢了！"皇帝看到他的奏章，于是便不怪虞诩。

中常侍张防卖弄权势，请求拜托，收取财货；虞诩弹劾他，多次阻止不回报；虞诩恼怒异常，于是将自己捆起来，前往廷尉，上奏说："以前孝安皇帝任用樊丰，淆乱了嫡嗣正统，差不多毁灭了国家；现在张防再度玩弄权柄，国家的祸事将要再度来临了。臣下容忍不了和张防同处在一个朝廷中，恭谨自己捆缚自己，奏闻君主，不可让臣下依袭杨震的事迹！"上书奏上，张防在皇帝面前流着眼泪哭诉，虞诩被定罪判刑，贬为左校；张防决意要害他，二天之内，逮捕讯问了4次。狱吏劝虞诩自杀，虞诩说："宁可接受欧刀，来向远近的人民表示心意！哭哭啼啼的自杀，怎么能明辨是非！"浮阳侯孙程、祝阿侯张贤一同请求进见，孙程说："陛下开始和臣下等人创立大事的时候，经常怨恨奸邪的臣子，知道他们会败亡国家。现在登临皇帝位，自己又出这种事，怎么来指出先帝的不是呢！司隶校尉虞诩为陛下尽忠，却反而被拘禁起来；常侍张防的罪证确凿，反而陷害忠良的臣子。现在客星停留在羽林星，这种占候是宫中有奸臣；应该赶快收捕张防，送到监狱，来防止天变。"当时，张防站在皇帝后面，孙程大声叱责张防："奸臣张防，为什么不下殿！"张防不得已，快步走到东厢。孙程说："皇上赶快收捕张防，不要听从阿母的请求！"皇帝问各位尚书，尚书贾朗一直都是张防的朋友，证明虞诩的罪过；皇帝犹豫了，对孙程说："姑且出去，我正要考虑考虑！"于是虞诩的儿子虞颢和门生100多人，举着旗幡，等待中常侍高梵的座车，叩头叩到流血，不停地喊冤叫屈。高梵进宫禀告，张防被判迁往边疆，贾朗等6人，有受死刑的，有被罢黜的；当天赦免，放出虞诩。孙程再一次上书，陈述虞诩有大功，皇帝明白了，再征召，任命为议郎；经过几天，迁升尚书仆射。

虞诩呈上奏章，力荐议郎南阳人左雄，说："臣下看到如今公卿以下的官员，大多是拱手静默，把树立恩德，看作是贤能的；尽到节操，看作是愚蠢的，以致互相告诫说：'行为不能像白璧，和同的多有后日的福祥。'恭谨的看到议郎左雄，有王国大臣忠诚正直的节操，应当拔擢进言的官职，必定有匡正辅助的好处。"因而任命左雄为尚书。

浮阳侯孙程等人，怀着章表，上殿争夺功劳，皇帝生气了；官员弹劾进奏："孙程等人犯乱背逆，王国等人都和孙程结成党羽，长久留在京都，他们更加的骄横放肆。"皇帝于是免除了孙程等人的官职，全部迁徙出去，封在遥远的郡县；因而遣送19位侯前往郡国，命令雒阳令，限期遣送出去。

司徒掾周举劝朱伥说："朝廷在西钟下的时候，不是孙程等人，哪里能够立位呢！现在忽略了他们的大德，记取他们微小的过失；如果在道路上遭到死伤，皇帝有杀害功臣的讥讽了。趁着现在还没有离开，应当赶快上表拯救！"

朱伥说："现在皇上正是愤怒的时候，我独自为了这事上表，必定会招来谴责的罪过！"周举说："明公年纪超过80，地位做到了台辅，不在这个时候竭尽忠心，报效国家，却珍惜身名，安享宠幸，还想其他什么呢！禄位虽然保全了，一定遭到奸邪小人的讥讽；要是进谏获得了罪过，仍然有忠诚贤贞的声誉。如果进谏的言辞不被采纳，从此告辞！"朱伥于是上表进谏，皇帝果然同意了。

孙程改封为宜城侯，到了郡国，怨恨不止，封好印绶、符策，送了回去，逃回京师，来往山中。诏书追求回来，恢复原有的官爵、国土，赐给衣物、车马，并被遣送回国。

冬天，十月，丁亥日（农历初九），司空陶敦免除官职。

朔方以西，关塞多半损坏了，鲜卑因此常常侵犯南匈奴；单于忧愁恐惧，上书请求修复关塞。庚寅日（十二日），诏令："黎阳营的军队出兵驻扎中山的北界；命令边界边缘的郡县，增设步兵，安排驻守在边塞附近，教习战射。"

建康元年（甲申、144年）

春，护羌从事马玄为诸羌所诱，将羌众亡出塞，领护羌校尉卫琚追击玄等，斩首八百余级。赵冲复追叛羌到武威鹯阴河；军度未竟，所将降胡六百余人叛走；冲将数百人追之，遇羌伏兵，与战而殁。冲虽死，而前后多所斩获，羌由是衰耗。诏封冲子为义阳亭侯。

夏，四月，使匈奴中郎将马寔击南匈奴左部，破之。于是羌、胡、乌桓悉诣寔降。

辛巳，立皇子炳为太子，改元，赦天下。太子居承光宫，帝使侍御史种暠监其家。中常侍高梵从中单驾出迎太子，时太傅杜乔等疑不欲从而未决，暠乃手剑当车曰："太子，国之储副，人命所系。今常侍来，无诏信，何以知非奸邪？今日有死而已。"梵辞屈，不敢对，驰还奏之。诏报，太子乃得去。乔退而叹息，愧暠临事不惑；帝亦嘉其持重，称善者良久。

庚午，帝崩于玉堂前殿。太子即皇帝位，年二岁。尊皇后曰皇太后。太后临朝。丁丑，以太尉赵峻为太傅，大司农李固为太尉，参录尚书事。

九月，丙午，葬孝顺皇帝于宪陵，庙曰敬宗。

是日，京师及太原、雁门地震。

庚戌，诏举贤良方正之士，策问之。皇甫规对曰："伏惟孝顺皇帝初勤王政，纪纲四方，几以获安；后遭奸伪，威分近习，受赂卖爵，宾客交错，天下扰扰，从乱如归，官民并竭，上下穷虚。陛下体兼乾坤，聪哲纯茂，摄政之初，拔用忠贤，其余维纲，多所改正，远近翕然望见太平，而灾异不息，寇贼纵横；殆以奸臣权重之所致也。其常侍尤无状者，宜亟黜遣，披扫凶党，收入财贿，以塞痛怨，以答天诫。大将军冀、河南尹不疑，亦宜增修谦节，辅以儒术，省去游娱不急之务，割减庐第无益之饰。夫君者，舟也；民者，水也；群臣，乘舟者也；将军兄弟，操楫者也。若能平志毕力，以度元元，所谓福也；如其怠弛，将沦波涛，可不慎乎！夫德不称禄，犹凿墉之趾以益其高，岂量力审功，安固之道哉！凡诸宿猾、酒徒、戏客，皆宜贬斥，以惩不轨；令冀等深恩得贤之福，失人之累。"梁冀忿之，以规为下第，拜郎中；托疾，免归，州郡承冀旨，几陷死者再三，遂沉废于家，积十余年。

扬州刺史尹耀、九江太守邓显讨范容等于历阳，败殁。

冬，十月，日南蛮夷复反，攻烧县邑。交趾刺史九江夏方招诱降之。

十一月，九江盗贼徐凤、马勉攻烧城邑；凤称无上将军，勉称皇帝，筑营于当涂山中，建年号，置百官。

十二月，九江贼黄虎等攻合肥。

是岁，群盗发宪陵。

【译文】

建康元年 （甲申、公元144年）

春季，护羌担任马玄受到各羌族的诱惑，率领羌族民众逃亡塞外，兼领护羌校尉卫琚追杀马玄等人，杀敌800多人。赵冲再到建威鹯阴河追击叛乱的羌人，士兵渡过了河，所率领的600多名投降的胡人，背叛逃跑；赵冲率领几百人前往追赶，遇到羌人的埋伏，作战阵亡。赵冲虽然战死，但是前后大有收获，羌人由此衰落了。诏命封赵冲的儿子做义阳亭侯。

夏季，四月，下令匈奴中郎将马实进攻南匈奴左部，击败了他们。于是胡人、羌人、乌桓人都向马实投降。

辛巳日（十五日），封皇子刘炳做太子，更改年号，在赦天下。太子住在承光宫，皇帝命令侍御史种暠保护太子家。中常侍高梵从宫中单车出来迎接太子。当时，太傅杜乔等人犹豫不从，却不能决定，种暠于是手握着剑，挡住车子，说："太子，是国家的储君，人命所依附的。现在常侍来，没有诏书为凭据，怎么知道阴谋呢？今天只有一死罢了！"高梵没有话说，奔跑回去，进奏上去。诏书回报，太子才可以去。退朝之后，杜乔叹息。愧对种暠的面对事情镇定自如大加赞许，皇帝也嘉勉他的稳重。

庚午日（初六），皇帝在玉堂前殿去世。太子登临皇帝位，年仅两岁。拜皇后为皇太后。太后亲临朝廷，治理国事。丁丑日（十三日），任命太尉赵峻做太傅，大司农李固做太尉，参录尚书事。

九月，丙午日（十二日），将孝顺皇帝埋葬在宪陵，庙号敬宗。

这日，京师和太原、雁门地震。

庚戌日（十六日），诏命提拔贤良方正的人士，建立策问。皇甫规回答："恭敬的想到孝顺皇帝勤勉施行圣王政治，纲纪四方，希望能够天下太平；后来遭到奸恶的人陷害，权力分散到近小人的手上，接受贿赂，出卖官爵，宾客互相往来，天下混乱不安，随从乱事，如同闹市，官吏、人民同时贫乏，上下空虚贫穷。陛下同时具有乾坤美德，聪慧明智，敦厚盛美，选用忠诚贤能的人士，纲纪大多有所改正。人民共同盼望着重见太平的日子。但是灾变没有停止，盗贼四处横行，可能是因为奸邪的臣子权势太重所造成的，其中最没有善德的常侍，应该赶快驱逐出去，铲除凶党，没收他们财产，来消除人民的怨恨，来报答上天的警告。大将军冀、河南尹不疑，也应该经常修行谦和品德，用儒家思想来帮助他们，省去游乐事务，削减房舍无用的装饰。国君，像是船只。人民像是河水；臣子们，是乘坐舟船的人，将军们，是掌握船桨的人，如果能够齐心协力，尽力来盛载百姓，就是所谓的福份；如果他们懈怠松弛了，将会淹没到波浪中，能够不注意吗！品德不能符合爵禄，就如同挖开墙脚，来增加墙的高度，那里是、审度功业，安定坚固的大道呢！各种奸猾小人、酒徒、戏客，都应该赶出去，来惩罚不法的人；要梁冀等人，深思熟虑，获得贤士的福分，失去人才的牵连。"梁冀感到愤怒，把皇甫规列为劣等，任为郎中，假托有病，解除官职回去；州郡的官吏承奉梁冀的意图，一而再再而三地几乎把他陷入死亡的境地，于是停止不用、有10多年。

扬州刺史尹耀、九江太守邓显，在历阳讨伐范容等人，阵亡。

冬季，十月，日南蛮夷再次叛乱，攻打、烧毁县城。交趾刺史九江人夏方诱降他们。

十一月，九江盗匪徐凤、马勉攻打、焚烧城池；徐凤自称无上将军。马勉自称皇帝，在当涂山中建筑皇宫，建立年号，设立百官。

十二月，九江盗贼黄虎等人进攻合肥。

这年，盗贼们偷挖宪陵。

汉纪四十五　孝桓皇帝
元嘉元年（辛卯、151年）

春，正月朔，群臣朝会，大将军冀带剑入省。尚书蜀郡张陵呵叱令出，敕虎贲、羽林夺剑。冀跪谢，陵不应，即劾奏冀，请廷尉论罪。有诏，以一岁俸赎；百僚肃然。河南尹不疑尝举陵孝廉，乃谓陵曰："昔举君，适所以自罚也！"陵曰："明府不以陵不肖，误见擢序，今申公宪以报私恩！"不疑有愧色。

癸酉，赦天下，改元。

梁不疑好经书，喜侍士，梁冀疾之，转不疑为光禄勋；以其子胤为河南尹。胤年十六，容貌甚陋，不胜冠带；道路见者莫不蚩笑。不疑自耻兄弟有隙，遂让位归第，与弟蒙闭门自守。冀不欲令与宾客交通，阴使人变服至门，记往来者。南郡太守马融、江夏太守田明初除，过谒不疑；冀讽有司奏融在郡贪浊，及以他事陷明，皆髡笞徙朔方。融自刺不殊，明遂死于路。

夏，四月，己丑，上微行，幸河南尹梁胤府舍。是日，大风拔树，昼昏。尚书杨秉上疏曰："臣闻天不言语，以灾异谴告。王者至尊，出入有常，警跸而行，静室而止，自非郊庙之事，则銮旗不驾。故诸侯入诸臣之家，《春秋》尚列其诫；况于以先王法服而私出盘游，降乱尊卑，等威无序，侍卫守空宫，玺绂委女妾！设有非常之变，任章之谋，上负先帝，下悔靡及！"帝不纳。秉，震之子也。

京师旱，任城、梁国饥，民相食。

司徒张歆罢，以光禄勋吴雄为司徒。

北匈奴呼衍王寇伊吾，败伊吾司马毛恺，攻伊吾屯城。诏敦煌太守马达将兵救之；至蒲类海，呼衍王引去。

秋，七月，武陵蛮反。

冬，十月，司空胡广致仕。

十一月，辛巳，京师地震。诏百官举独行之士。涿郡举崔寔，诣公车，称病，不对策；退而论世事，名曰《政论》。其辞曰："凡天下所以不治者，常由人主承平日久，俗渐敝而不悟，政寖衰而不改，习乱安危，怢不自睹。或荒耽耆欲，不恤万机；或耳蔽箴诲，厌伪忽真；或犹豫歧路，莫适所从；或见信之佐，括囊守禄；或疏远之臣，言以贱废；是以王纲纵弛于上，智士郁伊于下。悲夫！

自汉兴以来，三百五十余岁矣，政令垢玩，上下怠懈，百姓嚣然，咸复思中兴之救矣！且济时拯世之术，在于补绽决坏，枝拄邪倾，随形裁割，要措斯世于安宁之域而已。故圣人执权，遭时定制，步骤之差，各有云设，不强人以不能，背急切而慕所闻也。盖孔子对叶公以来远，哀公以临人，景公以节礼，非其不同，所急异务也。俗人拘文牵古，不达权制，奇伟所闻，简忽所见，乌可与论国家之大事哉！故言事者虽合圣听，辄见掎夺。何者？其顽士暗于时权，安习所见，不知乐成，况可虑始，苟云率由旧章而已；其达者或矜名妒能，耻策非己，舞笔奋辞以破其义。寡不胜众，遂见摈弃，虽稷、契复存，犹将困焉。斯贤智之论所以常愤郁而不伸者也。

汉桓皇帝像

凡为天下者，自非上德，严之则治，宽之则乱。何以明其然也？近孝宣皇帝明于君人之道，审于为政之理，故严刑峻法，破奸轨之胆，海内清肃，天下密如，算计见效，优于孝文。及元帝即位，多行宽政，卒以堕损，威权始夺，遂为汉室基祸之主。政道得失，可斯可鉴。昔孔子作《春秋》，褒齐桓，懿晋文，叹管仲之功；夫岂不美文、武之道哉？诚达权救敝之理也。圣人能与世推移，而俗士苦不知变，以为结绳之约，可复治乱秦之绪，干戚之舞，足以解平城之围。夫熊经鸟伸，虽延历之术，非伤寒之理；呼吸吐纳，虽度纪之道，非续骨之膏。盖为国之法，有似理身，平则致养，疾则攻焉。夫刑罚者，治乱之药石也；德教者，兴平之粱肉也。夫以德教除残，是以粱肉养疾也；以刑罚治平，是以药石供养也。方今承百王之敝，值厄运之会，自数世以来，政多恩贷，驭委其辔，马骇其衔，四牡横奔，皇路险倾，方将钳勒鞭辀以救之，岂暇鸣和銮，调节奏哉！昔文帝虽除肉刑，当斩右趾者弃市，笞者往往至死。是文帝以严致平，非以宽致平也。"寔，瑗之子也。山阳仲长统尝见其书，叹曰："凡为人主，宜写一通，置之坐侧。"

闰月，庚午，任城节王崇薨；无子，国绝。

以太常黄琼为司空。

帝欲褒崇梁冀，使中朝二千石以上会议其礼。特进胡广、太常羊溥、司隶校尉祝恬、太中大夫边韶等咸称冀之勋德宜比周公，锡之山川、土田、附庸。黄琼独曰："冀前以亲迎之劳，增邑万三千户；又其子胤亦加封赏。今诸侯以户邑为制，不以里数为限，冀可比邓禹，合食四县。"朝廷从之。于是有司奏："冀入朝不趋，剑履上殿，谒赞不名，礼仪比萧何；悉以定陶、阳成余户增封为四县，比邓禹；赏赐金钱、奴婢、彩帛、车马、衣服、甲第，比霍光；以珠元勋。每朝会，与三公绝席。十日一入，平尚书事。宣布天下，为万世法。"冀犹以所奏礼薄，意不悦。

【译文】
元嘉元年（辛卯、151年）

春季，正月朔日戊午日（初一），群臣朝会，大将军梁冀带剑入宫。尚书蜀郡人张陵大声喝斥将他赶出去，并下令虎贲、羽林将他的佩剑夺下。梁冀下跪认罪，张陵不理，当即上奏弹劾梁冀，请廷尉依罪惩治。诏令颁下，以一年的俸禄赎罪；百官由此各自整肃。河南尹梁不疑曾推荐张陵为孝廉，因此对张陵说："我以前推荐你，今天却正好因而处罚到我头上来了！"张陵说："明府不认为我张陵不肖，因而提升序用，今天我申张王法，正借以报答你对我的恩惠啊！"梁不疑面带有惭愧。

癸酉日（十六日），大赦天下，改年号。

梁不疑喜读经书，广交士人，梁冀因而讨厌他，将他迁调为光禄勋；而派自己的儿子梁胤做河南尹，梁胤当年才16岁，相貌丑陋，连衣帽都不胜负担似的穿不整齐，路人看到他无不耻笑的。梁不疑自耻兄弟之间有怨恨，于是让位归第，与弟梁蒙闭门深居，只求自保。梁冀不想让他与宾客们交往，便暗中派人改换了服装混入梁不疑家中，随时记下往来的客人。南郡太守马融、江夏太守田明初上任时，来拜见梁不疑；梁冀便指使有司诬陷马融在郡中贪污，并且另外伪造事实诬陷田明，结果两人都受剔光头并棒打的处罚，而被流放到朔方去。马融自杀未遂，而田明则死在路上。

夏季，四月，己丑日（初三），皇上微服私行，来到河南尹梁胤的府舍中。当天，大风突起，树干都被连根拔起，白昼昏暗如夜。尚书杨秉上奏说："臣听说过上天不会开口说话，而借灾难变异事故责怪告诫天子。天子出入有一定的规则，清道而后出行，静室而后宿止，如非郊祀祭庙的大事，圣驾最好别外出。所以诸侯进入诸臣家中，《春秋》将其记载下来作为人君的借鉴，更何况是天子私自外出游玩，混乱尊卑的地位，不别贵贱的等级，而使侍卫守在空宫之中，将国家大事交付予女妾！万一发生不测，有如宣帝时任章违反一类的事件，岂不是对上有负于先帝，而对下将后悔莫及了吗！"可是皇上并没接受他的劝谏。杨秉，是杨震的儿子。

京师旱灾，而任城、梁国则荒灾，出现人吃人。

司徒张歆被撤职，而派光禄勋吴雄为司徒。

北匈奴呼衍王侵犯伊吾，而将伊吾司马毛恺击败，进攻伊吾屯城。诏令敦煌太守马达领兵前往营救，救兵甫抵蒲类海，呼衍王撤兵。

秋季，七月，武陵蛮叛乱。

冬季，十月，司空胡广告官退隐。

十一月，辛巳日（二十八日），京师地震。诏令百官推荐志行高节的贤士。

涿郡推荐崔寔，崔寔虽是到了公车署待命，却假装生病，而不答应。回去以后写了篇文章谈论世事，名叫《政论》，文章上写的是："大凡天下太平的原因，多数是由于人主相承太平的时日太久，因而风俗逐渐颓废而未能发现，政治日益衰败而不加改革，疏忽怠惰而不自知。有时是荒淫无度，纵情恣欲，而不理国政；有时是厌恶忠言，却喜听奉承话，而忽略了至理善道；有时是犹豫不决，而不知所从；有时左右近臣都闭口不言，为的是避免祸害，而只求保全官禄；有时对于平日疏远的臣下，却又由于他的地位低下，而不听从他的忠告，因而导致朝纲荒废于上，而智士压于下。

"说起来真是可悲啊！自从大汉兴起以来，至现在已350多年了，政治混污，积习不改，自上至下，玩忽职守，百姓怨声不停，已经到了热切盼望中兴的气象再现以救国救民的时候了！再说济世救人的方法，在于弥补缺点，革除弊端，支撑即将倾倒的国家，因而必须因时制宜，重要的是制定一切方针，都要针对如何使天下走向太平安乐的境界。所以圣人谨慎行事，能依实际的需要而定立法制，能依治事先后次序，而有不同的措施，不强人所难，抛弃当前急切的事务，而重视于听闻的不急之务。所以孔子对叶公问政答以悦近来远，对哀公问政答以任贤治民，而对景公问政则答以节省财物，这并不是在根本的主张上有什么差别，而是由于当前的急务有所不同。但普通的人却拘于条文，拘于先王旧制，因此不能因时制宜，只知一味地崇尚远古，而忽略时势，又怎能与他们讨论国家大事呢！所以一些有关国事的意见，虽然合于圣上的心意，很能听得进去，但却受牵制阻碍，而不被君上接受。那又是为什么呢？只因那些愚蠢人士，不明随时改变的道理，满足于现状，尊循旧习，在一件事成功的时候，尚且不知欢乐，何况是早早地预作谋划呢，遇到任何事，都只能够依循先王的典章法制处理罢了；而一些聪明的人士，为了爱惜自己的声誉而妒忌别人的贤能，凡是与己不同的策谋议论，便引以为耻，于是，大放厥词，改变别人所说的道理来加以反对，寡不敌众，致使忠言善策被丢弃不用。如此，即使稷、契圣贤复生，有志也难发挥啊，这就是贤才智士的议论不被采用，而使他们常感压抑，空怀大志而不用的原因啊。

"凡是统治天下的方式，除非是以至高无上的德化。一般说来，政令严明只能治平，政令宽缓能治混乱。怎么知道是这样的呢？近世孝宣皇帝深懂治国的大道，明白为政的至理，所以推行严刑苛法，而使犯法的邪恶小人为之心惊胆破，致使海内清平，天下太平。依实际的效果来说，实际远在孝文皇帝之上。等到元帝即位，多行宽政，终于衰颓，威势损失，政权旁落，而成为一个为汉室留下祸乱苗头的君主。政治方式的得失，由此便可看出。以前孔子作《春秋》，赞扬齐桓，称美晋文，而赞叹管仲的功勋。难道就不称赞文、武的治道吗？实在是由于齐桓他们能明白改变行事以挽救时弊的道理啊。圣人能随着时代有所改变而不拘泥，但平凡的人却苦于不知变通，从而认为以上古结绳的法规，可再用来管理乱秦时代的政事，而用周武王及夏禹时代的方式，就足以解除高帝被匈奴围在平城的困难了哩！再说古代方士蓄气练功，能使身体轻灵的像大熊攀枝自悬，像飞鸟临空伸足一般，这虽是延年的方法，但却不是治病的良方；呼气吸气，吐故纳新，这虽是延寿的方法，却不能作为接骨的良药。治国的道理，就有如养生一样，平时要善加调养，生病的时候就得服药治疗了。说到刑罚，就是治理混乱的药方；而德教，便是治平时代的佳粮。如果是以德教来管理残暴，就等于是给病人吃高粱肥肉一样；而在太平盛世时以刑罚治国，那却等于是用药物来养生一般了啊。当今上承历代帝王的好坏，正值祸乱聚合的时期，数世以来，主上多半是申恩屈法，政令松弛，这就有如驾驭车辆而不要马缰，解脱衔勒，任由四马横奔乱撞，即使行驶在大路上，也不免遇险翻倒，正急待着握紧缰绳，扣紧车辕来及时补救，那还顾得上鸾铃响声的节奏和不和谐呢！以前文帝虽然废除了肉刑，但是对原应斩断右趾的刑犯，便处以死刑，原应鞭笞的人犯，也常常处以死罪。由此可见，文帝还是以严刑而使天下太平的，而不是以宽政而使天下太平的啊。"崔寔，是崔瑗的儿子。山阳有个名叫仲长统的人，曾经读过他的这篇文章，感叹着说："所有做君王的人，应该抄写一遍，作为座右铭。"

闰月，庚午日（十八日），任城节王崇去世，没有儿子继承，因而撤销了封国。

委派太常黄琼为司空。

皇帝想要奖赐梁冀，而令全朝俸禄2000石以上的官员共商礼制。特召胡广、太常羊溥、司隶校尉祝恬、太中大夫边韶等，都说梁冀的功德当可与周公相比，应赐以山川、土田、附庸。唯独黄琼一人说："梁冀以前因为迎立皇上的功劳，已经增赐食邑1万3千户；而对他的儿子梁胤也曾另加赏赐。而今诸侯封田,是以户邑为据,而不以里数为限制的,对梁冀的封赏,可以对照邓禹,合食4个县。"朝廷便听从了他的建议。于是主管官员以此制订礼制上奏:"梁冀上朝不必趋行,而赐准佩剑着履上殿,拜见皇上不必自称姓名,一切礼仪等同萧何;而将定陶、阳成两县的余户全部增封给他,合为4个县,等同邓禹;另外赏赐金钱、奴婢、彩帛、车马、衣服、甲第等,等同霍光;以别于其他功臣。每次上朝时,与三公分席而坐,以示位尊。10天进宫一次,处理商议尚书所奏的事务。宣示天下,以他为万世模范。"梁冀还认为所奏的礼仪太薄,心里很不高兴。

梁冀像

二　年（壬辰、152年）

春,正月,西域长史王敬为于寘所杀。初,西域长史赵评在于寘,病痈死。评子迎丧,道经拘弥。拘弥王成国与于寘王建素有隙,谓评子曰:"于寘王令胡医持毒药著创中,故致死耳!"评子信之,还,以告敦煌太守马达。会敬代为长史,马达令敬隐核于寘事。敬先过拘弥,成国复说云:"于寘国人欲以我为王,今可因此罪诛建,于寘必服矣。"敬贪立功名,前到于寘,设供具,请建而阴图之。或以敬谋告建,建不信,曰:"我无罪,王长史何为欲杀我?"旦日,建从官属数十人诣敬,坐定,建起行酒,敬叱左右执之。吏士并无杀建意,官属悉得突走。时成国主簿秦牧随敬在会,持刀出,曰:"大事已定,何为复疑!"即前斩建。于寘侯、将输僰等遂会兵攻敬,敬持建头上楼宣告曰："天子使我诛建耳！"输䫁不听，上楼斩敬，县首于市。输䫁自立为王；国人杀之，而立建子安国。马达闻王敬死，欲将诸郡兵出塞击于寘；帝不听，征达还，而以宋亮代为敦煌太守。亮到，开募于寘，令自斩输䫁；时输䫁死已经月，乃断死人头送敦煌而不言其状，亮后知其诈，而竟不能讨也。

丙辰，京师地震。

夏，四月，甲辰，孝崇皇后匽氏崩；以帝弟平原王石为丧主，敛送制度比恭怀皇后。五月，辛卯，葬于博陵。

秋，七月，庚辰，日有食之。

冬，十月，乙亥，京师地震。

【译文】

二　年（壬辰、152年）

春季，正月，西域长史王敬被于寘杀死。开始，西域长史赵评在于寘，发病不治而死。赵评的儿子前往送葬，途经拘弥。拘弥王成国与于寘王建从前结有凶仇，因而对赵评的儿子说："于寘王下令胡医将毒药放在你父亲的疮口中，因此才死的！"赵评的儿子信以为真，回国以后，就将这事转告了敦煌太守马达。刚好王敬奉命前往代理长史，马达便令王敬秘密调查于寘毒死赵评这件事的真相。王敬先到了拘弥，成国又对他说："于寘国人想要让我为王。现在正可借毒杀赵评的罪行将建杀死，于寘必定会投降的。"王敬贪功，到了于寘，便设宴，邀请于寘王建而想暗中杀害他。有人将王的诡计告诉建，可是建不相信，说："我又没犯什么过失，王长史为什么要谋害我？"第二天，建率领属官数十人去拜见王敬，坐定以后，建起身敬酒，王敬喝令左右侍从将他捉住。但是吏士们没一个愿杀于寘王建的，所以随从的官属都得以夺门逃跑。当时，成国的主簿秦牧跟从王敬在座，拿着刀站了出来，说："大事已定，还有什么好迟疑的呢！"立即快步冲向前去杀死于寘王建。于寘的侯、将输䫁等人于是聚集了兵士去杀王敬，王敬手持于寘王建的头上楼宣布说："是天子令我来杀建的！"输䫁不听，冲上楼去杀了王敬，而后提首于市。输䫁便自立为王；但又被于寘国人杀死了，而拥立建子安国为王。马达听到王敬被杀死的消息，就想带领诸郡的部队出塞进攻于寘；可是皇帝不答应，将马达召返，而派宋亮去代替敦煌太守的职位。宋亮上任，便为于寘国人开了条新的道路，要他们自己把输棻杀死；当时，输棻已经死了一个多月了，于寘国的人就把输棻的人头从尸体上砍了下来，送到敦煌，而不以实相告。朱亮后来才知道他们欺骗，但是直到最后都没能出兵讨伐于寘。

丙辰日（正月无此日），京师发生地震。

夏季，四月，甲辰日（四月无此日），孝崇皇后匽氏去世；而任命皇弟平原王石为丧主，葬仪礼制等同恭怀皇后。五月，辛卯日（十二日），埋葬于博陵。

秋季，七月，庚辰日（初二），发生日蚀。

冬季，十月，乙亥日（二十八日），京师发生地震。

永兴元年（癸巳、153年）

秋，七月，郡、国三十二蝗，河水溢。百姓饥穷流冗者数十万户，冀州尤甚。诏以侍御史朱穆为冀州刺史。冀部令长闻穆济河，解印绶去者四十余人。及到，奏劾诸郡贪污者，有至自杀，或死狱中。宦者赵忠丧父，归葬安平，僭为玉匣；穆下郡案验，吏畏其严，遂发墓剖棺，陈尸出之。帝闻，大怒，征穆诣廷尉，输作左校。太学书生颍川刘陶等数千人诣阙上书讼穆曰："伏见弛刑徒朱穆，处公忧国，拜州之日，志清奸恶。诚以常侍贵宠，父兄子弟布在州郡，竞为虎狼，噬食小民，故穆张理天纲，补缀漏目，罗取残祸，以塞天意。由是内官咸共恚疾，谤讟言烦兴，谗隙仍作，极其刑谪，输作左校。天下有识，皆以穆同勤禹、稷而被共、鲧之戾，若死者有知，则唐帝怒于崇山，重华忿于苍墓矣！当今中官近习，窃持国柄，手握王爵，口衔天宪，运赏则使饿隶富于季孙，呼嗡则令伊、颜化为桀、跖；而穆独亢然不顾身害，非恶荣而好辱，恶生而好死也，徒感王纲之不摄，惧天纲之久失，故竭心怀忧，为上深计。臣愿黥首系趾，代穆校作。"帝览其奏，乃赦之。

【译文】

永兴元年 （癸巳、153 年）

秋季，七月，郡、国中有 3 个地发生蝗虫成灾，河水成灾。百姓因饥贫而流散的有数 10 万户，而以冀州的灾情最为严重。诏令任命侍御史朱穆为冀州刺史。冀部令长听说朱穆前来就任，立即自动辞官而去的有 40 多人。朱穆上任后，上奏弹劾诸郡的贪官污吏，其中有的畏罪自杀，有的死在狱中。宦官赵忠的父亲死亡，埋葬于故里安平，超越礼法葬在玉匣；朱穆下令郡守按察，吏佐怕于朱穆的严厉，从而掘墓剖棺，暴尸而取出玉匣。皇帝闻知，大为愤怒，召令朱穆诣廷尉受审论罪，而被贬为左校。太学书生颍川人刘陶等数千人诣阙上书替朱穆申诉说："伏见被处罚的朱穆，办事公正，为国忧劳，被派为冀州刺史的时候，就立志铲除奸恶小人。事实是由于所处地位贵尊，深受宠幸，父子兄弟遍布在州郡各地，互相为虎为狼，残害人民，所以朱穆为整顿王纲，修补漏隙，想要一网打尽祸国殃民的奸小，以顺天心。因而内官贵宠都对他恨之入骨，以致谤渎并作，逸言频起，而加以最严厉的惩罚，令他供役于左校。天下知理明事之人，无不认为朱穆功比禹、稷，而身受共、鲧的惩罚。如果死者地下有知，葬在崇山的唐尧必将大为愤怒，而埋在苍梧的虞舜也必将难忍愤怒了！现在内官近臣，把持国家大权，王侯爵位的赏赐，完全掌握在他们的手中，王法刑戮，全凭他们一口而定，只要他们想对某人行赏，就能使一个贱役富于季孙，而在呼吸之间，就能诬灭伊尹、颜回使之变成夏桀、盗跖；而唯有朱穆昂然不计私利，他并不是厌恶尊荣而甘受羞辱，活得不耐烦了而愿意死亡啊，而只因感于王法不整，担心朝纲久乱，所以尽忠职守，为陛下作远谋。臣甘愿接受墨刑，替朱穆服刑作苦役。"皇帝看了他的奏章，才赦免了朱穆。

汉纪四十七　孝桓皇帝

延熹八年（乙巳、165 年）

春，正月，帝遣中常侍左悺之苦县祠老子。

中常侍侯览弟参为益州刺史，残暴贪婪，累赃亿计。太尉杨秉奏槛车征参，参于道自杀，阅其车重三百余两，皆金银锦帛。秉因奏曰："臣案旧典，宦官本在给使省阃，司昏守夜；而今猥受过宠，执政操权，附会者因公褒举，违忤者求事中伤，居法王公，富拟国家，饮食极肴膳，仆妾盈纨素。中常侍侯览弟参，贪残元恶，自取祸灭；览顾知衅重，必有自疑之意，臣愚以为不宜复见亲近。昔懿公刑邴鄙之父，夺阎职之妻，而使二人参乘，卒有竹中之难。览宜急屏斥，投畀有虎，若斯之人，非恩所宥，请免官送归本郡。"书奏，尚书召对秉掾属，诘之曰："设官分职，各有司存。三公统外，御史察内；今越奏近官，经典、汉制，何所依据？其开公具对！"秉使对曰："《春秋传》曰：'除君之恶，唯力是视。'邓通懈慢，申屠嘉召通诘责，文帝从而请之。汉世故事，三公之职，无所不统。"尚书不能诘，帝不得已，竟免览官。司隶校尉韩縯因奏左悺罪恶，及其兄太仆南乡侯称请托州郡，聚敛为奸，宾客放纵，侵犯吏民。悺、称皆自杀。縯又奏中常侍具瑷兄沛相恭臧罪，征诣廷尉。瑷诣狱谢，上还东武侯印绶，诏贬为都乡侯。

帝多内宠，宫女至五六千人，及驱役从使复兼倍于此，而邓后恃尊骄忌，与帝所幸郭贵人更相谮诉。癸亥，废皇后邓氏，送暴室，以忧死。河南尹邓万世、虎贲中郎将邓会皆下狱诛。

护羌校尉段颎击罕姐羌，破之。

三月，辛巳，赦天下。

宛陵大姓羊元群罢北海郡，臧污狼籍；郡舍溷轩有奇巧，亦载之以归。河南尹李膺表按其罪；元群行赂宦官，膺竟反坐。单超弟迁为山阳太守，以罪系狱，廷尉冯绲考致其死；中官相党，共飞章诬绲以罪。中常侍苏康、管霸，固天下良田美业，州郡不敢诘，大司农刘佑移书所在，依科品没入之；帝大怒，与膺、绲俱输作左校。

丁巳，诏坏郡国诸淫祀，特留雒阳王涣、密县卓茂二祠。

五月，丙戌，太尉杨秉薨。秉为人，清白寡欲，尝称"我有三不惑：酒、色、财也。"

秉既没，所举贤良广陵刘瑜乃至京师上书言："中官不当比肩裂土，竞立胤嗣，继体传爵。又，嬖女充积，冗食空宫，伤生费国。又，第舍增多，穷极奇巧，掘山攻石，促以严刑。州郡官府，各自考事，奸情赇赂，皆为吏饵。民愁郁结，起入贼党，官辄兴兵诛讨其罪，贫困之民，或有卖其首级以要酬赏，父兄相代残身，妻孥相视分裂。又，陛下好微行近习之家，私幸宦者之舍，宾客市买，熏灼道路，因此暴纵，无所不容。惟陛下开广谏道，博观前古，远佞邪之人，放郑、卫之声，则政致和平，德感祥风矣。"诏特召瑜问灾咎之徵。执政者欲令瑜依违其辞，乃更策以他事，瑜复悉心对八千余言，有切于前，拜为议郎。

荆州兵朱盖等叛，与桂阳贼胡兰等复攻桂阳，太守任胤弃城走，贼众遂至数万。转攻零陵，太守下邳陈球固守拒之。零陵下湿，编木为城，郡中惶恐。掾史白球遣家避难，球怒曰："太守分国虎符，受任一邦，岂顾妻孥而沮国威乎！复言者斩！"乃弦大木为弓，羽矛为矢，引机发之，多所杀伤。贼激流灌城，球辄于内因地势，反决水淹贼，相拒十余日不能下。时度尚徵还京师，诏以尚为中郎将，率步骑二万余人救球，发诸郡兵并势讨击，大破之，斩兰等首三千余级，复以尚为荆州刺史。苍梧太守张

杨秉像

叙为贼所执，及任胤皆徵弃市。胡兰余党南走苍梧，交趾刺史张磐击破之，贼复还入荆州界。度尚惧为己负，乃伪上言苍梧贼入荆州界，于是徵磐下廷尉。辞状未正，会赦见原，磐不肯出狱，方更牢持械节。狱吏谓磐曰："天恩旷然，而君不出，可乎？"磐曰："磐备位方伯，为尚所枉，受罪牢狱。夫事有虚实，法有是非，磐实不辜，赦无所除；如忍以苟免，永受侵辱之耻，生为恶吏，死为敝鬼。乞传尚诣廷尉，面对曲直，足明真伪。尚不徵者，磐埋骨牢槛，终不虚出，望尘受枉！"廷尉以其状上，诏书徵尚，到廷尉，辞穷，受罪，以先有功得原。

闰月，甲午，南宫朔平署火。

段颎击破西羌，进兵穷追，展转出谷间，自春及秋，无日不战，虏遂败散，凡斩首二万三千级，获生口数万人，降者万余落。封颎都乡侯。

秋，七月，以太中大夫陈蕃为太尉。蕃让于太常胡广、议郎王畅、弛刑徒李膺，帝不许。

畅，龚之子也；尝为南阳太守，疾其多贵戚豪族，下车，奋厉威猛，大姓有犯，或使吏发屋伐树，堙井夷灶。功曹张敞奏记谏曰：“文翁、召父、卓茂之徒，皆以温厚为政，流闻后世。发屋伐树，将为严烈，虽欲惩恶，难以闻远。郡为旧都，侯甸之国，园庙出于章陵，三后生自新野，自中兴以来，功臣将相，继世而隆。愚以为恳恳用刑，不如行恩；孳孳求奸，未若礼贤。舜举皋陶，不仁者远，化人在德，不在用刑。”畅深纳其言，更崇宽政，教化大行。

八月，戊辰，初令郡国有田者亩敛税钱。

九月，丁未，京师地震。

冬，十月，司空周景免；以太常刘茂为司空。茂，恺之子也。

郎中窦武，融之玄孙也，有女为贵人。采女田圣有宠于帝，帝将立之为后。司隶校尉应奉上书曰：“母后之重，兴废所因；汉立飞燕，胤祀泯绝。宜思《关雎》之所求，远五禁之所忌。”太尉陈蕃亦以田氏卑微，窦族良家，争之甚固。帝不得已，辛巳，立窦贵人为皇后，拜武为特进、城门校尉，封槐里侯。

陈蕃数言李膺、冯绲、刘佑之枉，请加原宥，升之爵任，言及反覆，诚辞恳切，以至流涕；帝不听。应奉上疏曰："夫忠贤武将，国之心膂。窃见左校弛刑徒冯绲、刘佑、李膺等，诛举邪臣，肆之以法；陛下既不听察，而猥受谮诉，遂令忠臣同愆元恶，自春迄冬，不蒙降恕，遐迩观听，为之叹息。夫立政之要，记功忘失，是以武帝舍安国于徒中，宣帝征张敞于亡命。绲前讨蛮荆，均吉甫之功；佑数临督司，有不吐茹之节；膺著威幽、并，遗爱度辽。今三垂蠢动，王旅未振，乞原膺等，以备不虞。"书奏，乃悉免其刑。久之，李膺复拜司隶校尉。时小黄门张让弟朔为野王令，贪残无道，畏膺威严，逃还京师，匿于兄家合柱中。膺知其状，率吏卒破柱取朔，付雒阳狱，受辞毕，即杀之。让诉冤于帝，帝召膺，诘以不先请便加诛之意。对曰：

"昔仲尼为鲁司寇，七日而诛少正卯。今臣到官已积一旬，私惧以稽留为愆，不意获速疾之罪。诚自知衅责，死不旋踵，特乞留五日，克殄元恶，退就鼎镬，始生之愿也。"帝无复言，顾谓让曰："此汝弟之罪，司隶何愆！"乃遣出。自此诸黄门、常侍皆鞠躬屏气，休沐不敢出宫省。帝怪问其故，并叩头泣曰："畏李校尉。"时朝廷日乱，纲纪颓弛，而膺独持风裁，以声名自高，士有被其容接者，名为登龙门云。

征东海相刘宽为尚书令。宽，崎之子也，历典三郡，温仁多恕，虽在仓卒，未尝疾言遽色。吏民有过，但用蒲鞭罚之，示辱而已，终不加苦。每见父老，慰以农里之言，少年，勉以孝悌之训，人皆悦而化之。

【译文】

八　年（乙巳、公元165年）

春，正月，皇帝派中常侍左悺到苦县去祭祀老子。

中常侍侯览的弟弟（弟误作兄）参任命为益州刺史，残暴贪婪，历年贪脏妄法，不可胜数。太尉杨秉奏请以囚车征参，侯参在途中畏罪自杀，搜查出他的重车300多辆，都满装着金银锦缎。杨秉因而上奏说："臣依国家旧典法制来说，宦官本当在内宫供使令，责负司昏守夜；但现在多半都受到了过分的宠幸，而秉政执权，对附会吹捧他们的人就加以褒举，而对违逆他们的人就无中生有恶意中伤。居室像王公一般的华丽，财富可与诸侯相比，饮食山珍海味，仆妾成群。中常侍侯览的弟弟侯参，贪暴残虐，罪大恶极，自取灭亡，侯览当然知道事态严重，一定心生疑惧，依臣愚见认为不宜再让他有亲近陛下的机会。昔日齐懿公将邴歜父亲从坟墓里挖出来施以刖刑，又强夺了阎职的妻子，最终使得邴歜与阎职二人陪同乘车，发生了竹中之难。对侯览实应立即斥逐，而将他投与饿虎，像这种人，绝不可再施恩赦免，请立即革除他的官职而将他赶送本郡。"奏书呈上，尚书召杨秉的属吏，质问他说："设官分职，各有所掌。三公统领外朝百官，御史按察宫廷内官；而今太尉越职劾奏内侍，是依据什么经典与制度？请公开答复。"杨秉教他回复说："春秋传上说：'为君除恶，各自尽力而为。'邓通怠慢无礼，申屠嘉便将他召到府中严加责罪，文帝随后派人去为邓通讲情，向申屠嘉谢罪。汉朝旧制，三公的职权，没有管不到的。"尚书无辞以对，皇帝无话可说，终于下诏撤免了侯览的官职。其后，司隶校尉韩纟寅劾奏左悺的恶状罪行，及他的哥哥太仆南乡侯称私下干求州郡，聚敛钱财，贪污邪枉，放纵宾客，侵犯吏民。悺、称都畏罪自杀。韩纟寅又劾奏中常侍具瑗的哥哥沛相具恭贪赃的罪行，而被捕下狱由廷尉论罪。具瑗到狱中去谢罪，皇上诏令追还具瑗东武侯的印绶，而将他贬为都乡侯。

皇帝的内宠甚多，宫女多达五六千人，而驱役（嬖幸仗势驱掠善良百姓，以供掖庭私役的人）及从役（趋炎附势，甘心受使唤的人）竟然超过这数目一倍以上，邓后仗着自己的地位尊贵，高傲多嫉，和皇帝所宠幸的郭贵人彼此争相谮诉。癸亥日（正月无此日），废立皇后邓氏，而将她打入冷宫，以致使她忧愤而死。河南尹邓万世、虎贲中郎将邓会都下狱治罪而被杀了。

护羌校尉段颎攻打罕姐羌，将他们打败。

三月，辛巳日（十六日），大赦天下。

宛陵豪族羊元群，交卸了北海太守的职务，贪污的赃物不计其数，连衙门厕所里较为奇特的东西，他都装在车上带回家去。河南尹李膺上表告发他的罪行，羊元群知道这事，就去贿赂宦官，结果李膺却被判了诬告罪。单超的弟弟单迁做山阳太守，因为犯了罪而被关在监牢里。廷尉冯绲严刑拷打和武刑逼供之后，便将他定为死罪。宦官们互相勾结，狼狈为奸，于是纷纷上奏章诬陷冯绲，结果冯绲被判罪。中常侍苏康、管霸，垄断天下的良田沃土，州郡里的官吏都不敢管，大司农刘佑移书有关州郡，依法将这些田产没收入官；皇上大怒，而将刘佑与李膺、冯绲一并谪入左校去做苦工刑劳役。

丁巳日（二十二日），诏令拆毁郡国中所有的寺庙，而只留下洛阳王涣、密县卓茂的二座诗庙。

五月，丙戌日（二十二日），太尉杨秉逝世。杨秉一生为人清白寡欲，曾经说："我绝不受酒、色、财这三样的诱惑。"

杨秉死后，受他举荐的贤良广陵人刘瑜到京师上书说："宫中宦官不该一个个的分封土地，而容忍他们领养子嗣，继位袭爵。另外，嬖妾宫女充满后宫，白吃闲饭，残害生灵，徒费国帑。再则，凡是扩增宅第，穷极奇巧，挖山凿石，大兴土木的，都应促令以严刑惩治。而州郡官府，独立行政，最易于诱使官吏作奸受贿。百姓怨气郁结，群起加入贼党，官府便动辄兴兵讨伐杀戮。贫困的百姓，甚至有出卖家人的首级报功邀赏的，以致父兄相继丧身，妻儿反目为仇。还有陛下常好微服私幸亲狎近臣或宦官家中，致使这些人家中的宾客及采买人员，气焰嚣张，横行于道路街市各种场所，暴虐纵恣，竟没有不容他们为所欲为的了。但愿陛下能广开言路，接受诤谏，多多效法古圣前王，远斥邪佞小人，从纵情于郑、魏淫乐声中的糜烂生活走出来，那么必能使朝廷臻于政通人和，恩德广被四方，天下自然将呈现出一片祥瑞的气象了。"诏令特召刘瑜问灾咎的征兆。执政者想借以使刘瑜反覆其辞，于是再以他事策问，刘瑜又竭尽思虑想尽办法作了一篇8000多字的对策，比先前的论述更加切要。因而被委任为议郎。

荆州兵朱盖等叛乱，与桂阳贼胡兰等联合再次攻伐桂阳，太守任胤弃城逃走，贼众于是上升到数万之多。随即又转攻零陵，太守下邳人陈球坚守抵抗，零陵地势低洼潮湿严重，城墙是编木围成的，郡中人士非常惶恐，属吏请陈球先将家人送出城去避难，陈球大怒说："身为太守，领有国家虎符，负有郡国重任，怎么可以为了顾全妻室子女而丧失国威呢！谁要是再说这话，就立即处斩！"于是下令用大木制弓，以羽矛当箭，扳动机关发射，而杀伤杀死了许多贼兵。贼人引水淹城，陈球每次都在城内利用地势，引水倒流淹贼，彼此抗拒了10几天，贼兵都没能攻下零陵。当时度尚已被召回到京师，诏令派度尚为中郎将，派领步骑2万余前往救援陈球，同时发派郡兵两面夹击，终于大破贼兵，杀死了胡兰及贼兵3000多人，因而又下诏委任度尚为荆州刺史。苍梧太守张叙被叛贼俘虏杀死，任胤也被杀死。胡兰的余党向南逃窜到苍梧，被交趾刺史张磐打垮，残余的叛贼又逃窜到了荆州境内。度尚怕因为没能将贼兵全部歼灭而被降罪，于是就上言谎称苍梧贼入侵荆州，张磐因而被捕下狱问罪。还在审讯查实尚未定刑的时候，遇到大赦而被宽赦，但是张磐不肯出狱，紧握刑械而不愿被除下。狱吏对张磐说："皇恩浩荡，国法严明，而你竟不肯出狱，为何要这样呢？"张磐说："我身为刺史，位同方伯，被度尚臆造歪曲事实的陷害，而背上罪名，系身囹圄。说起来事有虚假，法有是非，我张磐事实上并未犯罪，大赦又赦的是我什么罪行；如果我就这样苟且接受了赦免，那便将永远蒙受着被侵辱施舍的羞耻，活着是个恶吏，死了也是个恶鬼。乞请传车召令度尚来见廷尉，让他与我当面对质，明辨曲直，证实是非真伪。若是不召度尚的话，我张磐就老死在牢狱中，一辈子都不愿就这样白受一场冤枉的出狱，活在世上终身含冤受屈！"廷尉将这情形奏明了皇上，诏书征召度尚来到廷尉，度尚辞穷认罪，因为以前立有大功，才特别宽恕了他。

闰七月，甲午日（初一），南宫朔平署失火。

段颎打败了西羌，随后遣兵穷追，辗转于山谷之间，从春天一直到秋天，没一天不发动攻击的，终于将西羌打得溃逃四散，斩杀消灭敌人首级2万3千，俘虏了数万人，投降的有1万多户，所以封段颎为都乡侯。

秋，七月，委任太中大夫陈蕃为太尉。陈蕃要推让给太常胡广、议郎王畅、与正在服刑供役的李膺，皇帝都不答应。

王畅，是王龚的儿子；曾任南阳太守，以南阳当地有太多的贵戚豪族为患，到任之初，便严刑苛法的大肆整顿，豪门贵族如有犯法的按法办事，有的甚至使属吏拆屋砍树，填井平灶毁弃他们的家业。功曹张敞奏记劝谏说："文翁、召公、卓茂等前贤，都是以顺从的德教为政，而流传于后世。毁屋砍树，用这种严苛的方式，虽然是为了惩治邪恶，但最终难以声名远扬。南阳本为旧部，而在王畿附近侯甸区内，南顿君以上四庙都在章陵，光烈皇后、和帝阴后、邓后又都是新野人，自中兴以来，功臣将相，世代相承，府第昌隆。以在下的愚见认为：秉公执法，倒不如广施恩惠；急于揭发奸情，倒不如礼贤下士。虞舜举用皋陶，那些不仁的人便远离了，要想感化向善，还是在于德教，而不在于严刑重罚。"王畅认为他说得很对而接受了他的劝谏，于是转变作风，以宽政治民，而使得教化大行。

八月，戊辰日（初六日），初令郡国按亩征收田税。

九月，丁未日（十五日），京师发生地震。

冬，十月，司空周景被免职；而派太常刘茂为司空。刘茂，是刘恺的儿子。

郎中窦武，是窦融的玄孙，他有个女儿被纳为贵人。采女田圣深受皇帝的宠幸，皇帝想要立田圣为后。司隶校尉应奉上书说："皇后的设立，关系重大到足以决定国家的兴亡；以前汉成帝立赵飞燕为后，以致断绝了后嗣。实在应当念及以得淑女为乐的诗教，而力避五禁的忌讳。"（韩诗外传曰："妇人有五不娶：丧妇之长女不娶，为其不受命也；世有恶疾不娶，弃于天也；世有刑人不娶，弃于人也；乱家女不娶，类不正也；逆家女不娶，废人伦也。"）太尉陈蕃也认为田氏出身微贱，窦氏原是良家闺秀，而固执力争。皇帝不得已，于是于辛巳日（二十日）册立窦贵人为后，并委任窦武为特进、城门校尉，而封为槐里侯。

陈蕃数度为李膺、冯绲、刘佑申冤，请加宽赦，恢复他们原来的职位，一再重复请求，词恳意诚，甚至于涕泗横流，皇帝就是不理不睬。应奉也上疏说："忠臣良将，有如国家的心脏和脊梁，据臣所知，现在被罚于左校服刑供役的冯绲、刘佑、李膺等人，因为告发奸臣的罪状，而遭到责罚；陛下不但不听取他们的告发，明察事实，反而相信那些奸佞诬陷忠良的逸言，以致使忠臣蒙冤受屈，而视同元恶大凶一般的加罪惩治，从春天一直到冬天，都没有受到陛下宽恕，朝野人士，目睹耳闻，无人不为他们叹息。说到治国立政最重要的事，在于永不忘记他人的功劳，宽恕别人的小过，所以武帝（当作景帝）起用正在服刑的韩安国为梁国的内史，而宣帝征用畏罪亡命的张敞为冀州刺史。冯绲以前曾经讨伐治平过蛮荆，可与吉甫征伐猃狁同功；刘佑数次担任司隶校尉，不侮矜寡，不畏豪强，颇有不欺软、不怕硬的高节；李膺威震幽、并，当地的人们直到现在仍对他怀念不已，而今边陲的夷蛮蠢蠢欲动，而王朝的军队又不够精明强干，乞请宽赦李膺等人，以防发生意外的忧患。"奏章呈上以后，皇帝才赦免了他们三人的罪行。又过了许久，李膺又被任职为司隶校尉。当时小黄门张让的弟弟张朔在做野王县令，贪暴残虐，作恶多端，因惧怕于李膺的威严，而径自逃回京师，藏匿在他哥哥张让家空心合柱的暗室中。李膺知道了这事后，就率领吏卒到张让家，砸断了柱子而将张朔抓了出来，送押到雒阳的牢狱中。审讯完毕，立即就将张朔斩首正法了。张让到皇帝那儿去诉冤，皇帝传旨召见李膺，责问他为什么没事先奏报请示就将张朔杀了。李膺回答："从前孔子在鲁国做司寇，到任7天就杀了少正卯，现在臣任职已经10天了，私下里唯恐因积延案件而获罪，没想到反而因办案速度快而得罪。臣既然因而获罪，明知死期就在眼前，但特请宽缓5天，待臣惩灭那些元恶大凶以后，立即就回来接受罪镬酷刑，这才能了却微臣这一生的心愿啊。"这一番话说得皇帝无言以对，而回过头来对张让说："这分明是你弟弟的不是，司隶有什么过错呢？"于是就令李膺退下了事。从此，黄门、常侍们一个个小心谨慎的连大气都不敢喘，休息沐浴的日子都没有敢出宫门一步的。皇帝觉得奇怪，就问到是什么缘故，大家跪地叩头流着泪说："怕李校尉啊。"当时，朝廷一天比一天混乱，纲纪衰颓废弛，只有李膺坚持严肃法纪，惩暴除恶，端正政风，因而以清高廉洁的名声显称于时，士人一旦被他接纳，都认为如同跃登龙门一般。

东海相刘宽被征召为尚书令。刘宽，是刘崎的儿子。后来又被调任为南阳太守，管辖范围，跨越三郡，温顺仁厚，很能体谅别人，即使在仓猝迫急的时候，从来都没有疾言厉色过。下吏百姓犯有过失，只用蒲草编的鞭子加以笞打，以示羞辱罢了，始终都没用过苦刑。见到父老，就和他们谈些乡里、庄稼的事，而对少年，就以孝悌的道理来训勉他们，人人都心悦诚服地接受他的教化。

九　年（丙午、166年）

春，正月，辛卯朔，日有食之。诏公卿、郡国举至孝。太常赵典所举荀爽对策曰："昔者圣人建天地之中而谓之礼，众礼之中，昏礼为首。阳性纯而能施，阴体顺而能化，以礼济乐，节宣其气，故能丰子孙之祥，致老寿之福。及三代之季，淫而无节，阳竭于上，阴隔于下，故周公之戒曰：'时亦罔或克寿。'《传》曰：'截趾适屦，孰云其愚，何与斯人，追欲丧躯。'诚可痛也。臣窃闻后宫采女五六千人，从官、侍使复在其外，空赋不辜之民，以供无用之女，百姓穷困于外，阴阳隔塞于内，故感动和气，灾异屡臻。臣愚以为诸未幸御者，一皆遣出，使成妃合，此诚国家之大福也。"诏拜郎中。

司隶、豫州饥，死者什四五，至有灭户者。

诏征张奂为大司农，复以皇甫规代为度辽将军。规自以为连在大位，欲求退避，数上病，不见听。会友人丧至，规越界迎之，因令客密告并州刺史胡芳，言规擅远军营，当急举奏。芳曰："威明欲避第仕途，故激发我耳。吾当为朝廷爱才，何能申此子计邪！"遂无所问。

夏，四月，济阴、东郡、济北、平原河水清。

司徒许栩免；五月，以太常胡广为司徒。

庚午，上亲祠老子于濯龙宫，以文罽为坛饰，淳金釦器，设华盖之坐，用郊天乐。

鲜卑闻张奂去，招结南匈奴及乌桓同叛。六月，南匈奴、乌桓、鲜卑数道入塞，寇掠缘边九郡。秋，七月，鲜卑复入塞，诱引东羌与共盟诅。于是上郡沈氏、安定先零诸种共寇武威、张掖，缘边大被其毒。诏复以张奂为护匈奴中郎将，以九卿秩督幽、并、凉三州及度辽、乌桓二营，兼察刺史、二千石能否。

初，帝为蠡吾侯，受学于甘陵周福，及即位，擢福为尚书。时同郡河南尹房植有名当朝，乡人为之谣曰："天下规矩，房伯武；因师获印，周仲进。"二家宾客，互相讥揣，遂各树朋徒，渐成尤隙。由是甘陵有南北部，党人之议自此始矣。

汝南太守宗资以范滂为功曹，南阳太守成瑨以岑晊为功曹，皆委心听任，使之褒善纠违，肃清朝府。滂尤刚劲，疾恶如仇。滂甥李颂，素无行，中常侍唐衡以属资，资用为吏；滂寝而不召。资迁怒，捶书佐朱零，零仰曰："范滂清裁，今日宁受笞而死，滂不可违。"资乃止。郡中中人以下，莫不怨之。于是二郡为谣曰："汝南太守范孟博，南阳宗资主画诺；南阳太守岑公孝，弘农成瑨但坐啸。"

太学诸生三万余人，郭泰及颖川贾彪为其冠，与李膺、陈蕃、王畅更相褒重。学中语曰："天下模楷，李元礼；不畏强御，陈仲举；天下俊秀，王叔茂。"于是中外承风，竞以臧否相尚，自公卿以下，莫不畏其贬议，屣履到门。

宛有富贾张汎者，与后宫有亲，又善雕镂玩好之物，颇以赂遗中官，以此得显位，用势纵横。岑晊与贼曹史张牧劝成瑨收捕汎等；既而遇赦，瑨竟诛之，并收其宗族宾客，杀二百余人，后乃奏闻。小黄门晋阳赵津，贪暴放恣，为一县巨患。太原太守平原刘瓆使郡吏王允讨捕，亦于赦后杀之。于是中常侍侯览使张泛妻上书讼冤，宦者因缘谮诉瑨、瓆。帝大怒，征瓆，皆下狱。有司承旨，奏瑨、瓆罪当弃市。

山阳太守翟超以郡人张俭为东部督邮。侯览家在防东，残暴百姓；览丧母还家，大起茔冢。俭举奏览罪，而览伺候遮截，章竟不止。俭遂破览家宅，藉没资财，具奏其状，复不得御。徐璜兄子宣为下邳令，暴虐尤甚。尝求故汝南太守李暠女不能得，遂将吏卒至暠家，载其女归，戏射杀之。东海相汝南黄浮闻之，收宣家属，无少长，悉考之。掾史以下固争，浮曰："徐宣国贼，今日杀之，明日坐死，足以瞑目矣！"即案宣罪弃市，暴其尸。于是宦官诉冤于帝，帝大怒，超、浮并坐髡钳，输作左校。

太尉陈蕃、司空刘茂共谏，请瑨、瓆、超、浮等罪，帝不悦。有司劾奏之，茂不敢复言。蕃乃独上疏曰："今寇贼在外，四支之疾；内政不理，心腹之患。臣寝不能寐，食不能饱，实

郭泰像

忧左右日亲，忠言日疏，内患渐积，外难方深。陛下超从列侯，继承天位，小家畜产百万之资，子孙尚耻愧失其先业，况乃产兼天下，受之先帝，而欲懈怠以自轻忽乎！诚不爱己，不当念先帝得之勤苦邪！前梁氏五侯，毒遍海内，天启圣意，收而戮之。天下之议，冀当小平；明鉴未远，覆车如昨，而近习之权，复相扇结。小黄门赵津、大猾张汜等，肆行贪虐，奸媚左右。前太原太守刘瓆、南阳太守成瑨纠而戮之，虽言赦后不当诛杀，原其诚心，在乎去恶，至于陛下，有何悁悁！而小人道长，荧惑圣听，遂使天威为之发怒，必加刑谪，已为过甚，况乃重罚令伏欧刀乎！又，前山阳太守翟超、东海相黄浮，奉公不桡，疾恶如仇，超没侯览财物，浮诛徐宣之罪，并蒙刑坐，不逢赦恕。览之从横，没财已幸；宣犯衅过，死有余辜。昔丞相申屠嘉召责邓通，雒阳令董宣折辱公主，而文帝从而请之，光武加以重赏，未闻二臣有专命之诛。而今左右群竖，恶伤党类，妄相交构，致此刑谴，闻臣是言，当复啼诉。陛下深宜割塞近习与政之源，引纳尚书朝省之士，简练清高，斥黜佞邪。如是天和于上，地洽于下，休祯符瑞，岂远乎哉！"帝不纳。宦官由此疾蕃弥甚，选举奏议，辄以中诏谴却，长史以下多至抵罪，犹以蕃

名臣，不敢加害。

平原襄楷诣阙上疏曰："臣闻皇天不言，以文象设教。臣窃见太微，天廷五帝之坐，而金、火罚星扬光其中，于占，天子凶；又俱入房、心，法无继嗣。前年冬大寒，杀鸟兽，害鱼鳖，城傍竹柏之叶有伤枯者。臣闻于师曰：'柏伤竹枯，不出二年，天子当之。'今自春夏以来，连有霜雹及大雨雷电，臣作威作福，刑罚急刻之所感也。太原太守刘瓆，南阳太守成瑨，志除奸邪，其所诛翦，皆合人望。而陛下受阉竖之谮，乃远加考逮，三公上书乞哀瓆等，不见采察而严被谴让，忧国之任，将遂杜口矣。臣闻杀无罪，诛贤者，祸及三世。自陛下即位以来，频行诛罚，梁、寇、孙、邓并见族灭，其从坐者又非其数。李云上书，明主所不当讳；杜众乞死，谅以感悟圣朝；曾无赦宥而并被残戮，天下之人咸知其冤，汉兴以来，未有拒谏诛贤，用刑太深如今者也！昔文王一妻，诞致十子；今宫女数千，未闻庆育，宜修德省刑以广《螽斯》之祚。按春秋以来，及古帝王，未有河清。臣以为河者，诸侯位也。清者，属阳；浊者，属阴。河当浊而反清者，阴欲为阳，诸侯欲为帝也。京房《易传》曰：'河不清，天下平。'今天垂异，地吐妖，人疠疫，三者并时而有河清，犹春秋麟不当见而见，孔子书之以为异也。愿赐清闲，极尽所言。"书奏，不省。

十余日，复上书曰："臣闻殷纣好色，妲己是出；叶公好龙，真龙游廷。今黄门、常侍，天刑之人，陛下爱待，兼倍常宠，系嗣未兆，岂不为此！又闻宫中立黄、老、浮屠之祠，此道清虚，贵尚无为，好生恶杀，省欲去奢。今陛下耆欲不去，杀罚过理，既乖其道，岂获其祚哉！浮屠不三宿桑下，不欲久生恩爱，精之至也；其守一如此，乃能成道。今陛下淫女艳妇，极天下之丽，甘肥饮美，单天下之味，奈何欲如黄、老乎！"书上，即召入，诏尚书问状。楷言："古者本无宦臣，武帝末数游后宫，始置之耳。"尚书承旨，奏："楷不正辞理，而违背经艺，假借星宿，造合私意，诬上罔事，请下司隶正楷罪法，收送雒阳狱。"帝以楷言虽激切，然皆天文恒象之数，故不诛；犹司寇论刑。自永平以来，臣民虽有习浮屠术者，而天子未之好；至帝，始笃好之，常躬自祷祠，由是其法浸盛，故楷言及之。

符节令汝南蔡衍、议郎刘瑜表救成瑨、刘瓆，言甚切厉，亦坐免官。

瑨、瓆竟死狱中。瑨、瓆素刚直，有经术，知名当时，故天下惜之。岑晊、张牧逃窜获免。

晊之亡也，亲友竞匿之；贾彪独闭门不纳，时人望之。彪曰："《传》言'相时而动，无累后人。'公孝以要君致衅，自遗其咎，吾已不能奋戈相待，反可容隐之乎！"于是咸服其裁正。彪尝为新息长，小民困贫，多不养子；彪严为其制，与杀人同罪。城南有盗劫害人者，北有妇人杀子者，彪出案验，掾吏欲引南；彪怒曰："贼寇害人，此则常理；母子相残，逆天违道！"遂驱车北行，案致其罪。城南贼闻之，亦面缚自首。数年间，人养子者以千数。曰："此贾父所生也。"皆名之为贾。

河南张成，善风角，推占当赦，教子杀人。司隶李膺督促收捕，既而逢宥获免；膺愈怀愤疾，竟按杀之。成素以方伎交通宦官，帝亦颇讯其占；宦官教成弟子牢修上书，告"膺等养太学游士，交结诸郡生徒，更相驱驰，共为部党，诽讪朝廷，疑乱风俗。"于是天子震怒，班下郡国，逮捕党人，布告天下，使同忿疾。案经三府，太尉陈蕃却之曰："今所按者，皆海内人誉，忧国忠公之臣，此等犹将十世宥也，岂有罪名不章而致收掠者乎！"不肯平署。帝愈怒，遂下膺等于黄门北寺狱，其辞所连及，太仆颍川杜密、御史中丞陈翔及陈寔、范滂之徒二百余人。或逃遁不获，皆悬金购募，使者四出相望。陈寔曰："吾不就狱，众无所恃。"乃自往请囚。范滂至狱，狱吏谓曰："凡坐系者，皆祭皋陶。"滂曰："皋陶，古之直臣，知滂无罪，将理之于帝；如其有罪，祭之何益！"众人由此亦止。陈蕃复上书极谏；帝讳其言切，托以蕃辟召非其人，策免之。

时党人狱所染逮者，皆天下名贤，度辽将军皇甫规，自以西州豪桀，耻不得与，乃自上言："臣前荐故大司农张奂，是附党也。又，臣昔论输左校时，太学生张凤等上书讼臣，是为党人所附也，臣宜坐之。"朝廷知而不问。

杜密素与李膺各行相次，时人谓之李、杜，故同时被系。密尝为北海相，行春，到高密，见郑玄为乡啬夫，知其异器，即召署郡职，遂遣就学，卒成大儒。后密去官还家，每谒守令，多所陈托。同郡刘胜，亦自蜀郡告归乡里，闭门扫轨，无所干及。太守王昱谓密曰："刘季陵清高士，公卿多举之者。"密知昱以激己，对曰："刘胜位为大夫，见礼上宾，而知善不荐，闻恶无言，隐情惜己，自同寒蝉，此罪人也。今志义力行之贤而密达之，违道失节之士而密纠之，使明府赏刑得中，令问休扬，不亦万分之一乎！"昱惭服，待之弥厚。

九月，以光禄勋周景为太尉。

司空刘茂免；冬，十二月，以光禄勋汝南宣酆为司空。

以越骑校尉窦武为城门校尉。武在位，多辟名士，清身疾恶，礼赂不通；妻子衣食裁充足而已，得两宫赏赐，悉散与太学诸生及丐施贫民，由是众誉归之。

匈奴乌桓闻张奂至，皆相率还降，凡二十万口；奂但诛其首恶，余皆慰纳之，唯鲜卑出塞去。朝廷患檀石槐不能制，遣使持印绶封为王，欲与和亲。檀石槐不肯受，而寇抄滋甚；自分其地为三部：从右北平以东至辽东，接夫馀、涉貊二十余邑，为东部；从右北平以西，至上谷十余邑，为中部；从上谷以西至敦煌、乌孙二十余邑，为西部：各置大人领之。

【译文】

九　年（丙午、166 年）

春，正月，辛卯朔日（初一），日蚀。诏令公卿、郡国举荐至孝。太常赵典所举荐的荀爽对策说："过去圣人立教于天地之间命名为礼，而所有的礼法当中，又以婚礼为首位。阳性纯刚才能施，阴性柔顺才能化，以礼来节制逸乐，固本养元，才能享有多子多孙，养身长寿之福。到了三代的末期，君王荒淫无度，阳气衰竭于上，阴气闭隔于下，所以周公在他所作《无逸篇》的戒条中就说过：'此后就没一个能享高寿的。'而古籍上也曾说过：'削足适履，怎能说那是最愚蠢的行为，为了放纵情欲而丧生的人，比起削足的人来，岂不是更加愚昧吗？'这种人真令人深感惋惜啊。臣私下听说后宫的采女有五六千人，从官、侍使还不包括在内，向没有义务的百姓征收杂税，用来供养这些无用的女子，百姓穷困，而宫中供用一些无用的男女，所以有伤于天地间协和之气，而一再有灾变事故发生。依臣愚之见，凡是未蒙宠幸的采女，应将她们全都送出宫去，让她们自由择偶婚配，如果能这样做的话，那真是国家的大福啊。"因而诏令委任荀爽为郎中。

司隶、豫州闹饥荒,有百分之四五十的人口活活饿死,甚至有全家饿死而无人继承家业。

诏征张奂为大司农,再度委派皇甫规去当任度辽将军。皇甫规自感数次任命为高官,居上位,所以想逃避灾祸,数次上奏称病辞官,都没被应允。碰巧遇到一位友人去世,出殡送葬,灵柩途经邻境,皇甫规便越界前去迎丧,并趁机派人去密告并州刺史胡芳,说皇甫规擅自离开军营,应当立即上奏举废。胡芳说:"威明(皇甫规字威明)想要辞官归里,远避仕途,所以有意借故来激我罢了。我应当为朝廷惜才,怎能感情用事而让他如愿呢!"因而对这件事根本不予理睬。

夏,四月,济阴、东郡、济北、平原一带黄河水清。

司徒许栩被免职;五月,委派太常胡广为司徒。

张奂像

庚午日,皇上亲往濯龙宫祭祀老子,用织花毛布为坛饰,器口饰金,设华盖座位,祭天娱神。

鲜卑听说张奂离去,便纠合了南匈奴与乌桓共同举行叛乱。六月,南匈奴、乌桓、鲜卑兵分数路进兵入塞,侵掠缘边九郡。秋,九月,鲜卑再次发兵入塞,诱使东羌与他们订立盟誓。于是上郡沈氏、安定先零等异族也集聚了起来,出兵侵犯武威、张掖,缘边地区当地人民深受其害。诏令又派张奂为护匈奴中郎将,秩比九卿,督率幽、并、凉三州及度辽乌桓两个军营,并督察刺史及俸禄2000石等级官员的能力高低,称职与否。

当初,皇帝位居蠡吾侯时,曾受学于甘陵人周福,及至即位以后,便将周福擢升为尚书。那时与周同郡的河南尹房植已闻名于当朝,甘陵人就编了歌谣唱着说:"天下规矩,房伯武(房植字伯武);因师获印,周仲进(周福字仲进）。"房、周两家的宾客，彼此常互相讥评攻击，因此各树党派，渐渐形成矛盾。从此，甘陵就分为南、北两派了，党人评论叙说时人的风气，也就是由此兴起的。

汝南太守宗资起用范滂为功曹，南阳太守成瑨任用岑晊为功曹，他们对这二人都满心的信任，责成二人表扬善良，纠邪恶，整肃郡府中的法纪。范滂为人刚正无比，疾恶如仇。范滂的外甥李颂，一向行为不端正，中常侍唐衡将他托付给宗资，宗资可以任用他在郡府里做一名小吏，范滂却将公文压下，不肯发令。宗资误以为是被书佐朱零耽误了，很是生气，就将朱零找来加以审讯拷打。朱零昂然仰首说："范滂的裁决是公正的，今天我宁愿被打死，也不愿违反范滂的意思。"宗资这才停止拷打。郡中一般不了解范滂的人，没有不责怪他的。于是两郡的人为他们编了首歌谣说："汝南太守范孟博（范滂字孟博），南阳宗资主画诺；南阳太守岑公孝（岑晊字公孝），弘农成瑨但坐啸。"

太学里的学生有3万多人，郭泰与颍川的贾彪担任他们的头目，并与李膺、陈蕃、王畅等人互相推重。太学生们就编了歌说："天下模楷，李元礼；不畏强御，陈仲举；天下俊秀，王叔茂。"于是京城内外形成了一种风气，大家竞相褒扬善良，抨击邪恶，自公卿大员以下，没人不怕被他们褒贬的，因而争先恐后地趋附他们。

宛县有个名叫张泛的富商，与一个后宫嬖女有点亲戚关系，又擅长于雕镂些小玩意，常拿来送给宦官们，因此身居高位，而仗势横行。岑晊与贼曹史张牧，劝成瑨拘捕张泛等人；后来遇到大赦，但成瑨还是将张泛杀了，并且诛灭他的宗族与宾客，共杀200多人，之后才上奏朝廷。小黄门晋阳人赵津，贪暴放恣，是县中的大害。太原太守平原人刘瓆派郡吏王允去拘捕他，也是在大赦令颁后仍被杀了的。于是中常侍侯览教唆张泛的妻子上书讼冤，宦官们便趁机诬陷成瑨、刘瓆。皇帝大怒，而将成瑨、刘瓆二人被捕下狱，有司顺承旨意，因奏成瑨、刘瓆罪当处死。

山阳太守翟超，任用了个当地人张俭为东部督邮。侯览家在防东，却经常残虐百姓；侯览因母亲去世，回家奔丧，大事修建坟茔。张俭上奏告举侯览，而被侯览从中作梗，奏表竟没能送上去。张俭于是拆毁了侯览家的家宅，没收了财产，接着又上奏具告他的罪，奏表还是没能送上去。徐璜哥哥的儿子徐宣做下邳县令暴虐无比。曾经因为想娶前汝南太守李暠的女儿，未被允婚，因而就带着吏卒到李暠家去，将他女儿抢了过来，百般戏辱而后将她射杀。东海相汝南人黄浮知道了这事，就将徐宣一家老老小小都抓了起来，一个个的拷问。掾吏以下都极力阻止他这么做法，而争执，黄浮说："徐宣这个国贼，我今天把他杀了，明天就即使判我死罪，也足以让我瞑目了！"当即就定了徐宣的死刑，杀了他并将他的尸体暴露于原野。宦官们于是向皇帝诉冤，皇帝大怒，因而翟超、黄浮都判了髡钳重刑，被贬入左校做苦工。

　　大尉陈蕃、司空刘茂连名诤谏，请求宽恕成瑨、刘瓆、翟超、黄浮等人；皇帝很不高兴，有司劾奏陈蕃、刘茂，刘茂就不敢再提这事了。陈蕃依然独自上疏说："当今寇贼在外，有如四肢染疾，而内政紊乱，纲纪颓废，更是心腹大患。臣寝不成寐，食不下咽，实在是忧虑陛下对那些侍宦奸小一天比一天的崇信，以致敢于忠言正谏的人一天比一天减少，内患越积越多，外忧深固难除。陛下由蠡吾侯而登基继承帝位，平常百姓积有百万家产，子孙若是败坏了祖业，尚且还会感到羞愧，更何况是产业兼有天下，由先帝那儿继承得来的，你能轻忽懈怠吗！即使不爱惜自己的名位，不也该念及先帝得天下时的艰辛吗！先前梁氏一门的五位侯王，残害天下苍生，上天启发了陛下，而将他们诛灭。天下的谤议，才有望于渐渐的平息下来；这件足以用来作为借镜的事才过去不久，陛下竟重蹈覆辙，而使那批亲狎的权幸们又继起于后，相互勾结，狼狈为奸的来煽惑陛下。小黄门赵津，大奸贼张泛等人，贪暴残虐，放恣横行，奸猾狡诈，取媚阉宦。前太原太守刘瓆、南阳太守成瑨举告他们的罪行，而将他们杀了，虽说是在大赦令颁布以后不该再诛杀他们，但是推测这两位太守的用心，也是出于为国除恶的一片忠诚啊，杀了这样的两个元恶大凶，陛下又有什么好愤恨震怒的呢？只因小人道长，而使陛下受到了他们的挑拨迷惑，才怒不可遏地大发雷霆，因而定要惩办处理刘瓆、成瑨，这太过分了，更何况是严刑重罚，斩首处决呢！再说，前山阳太守翟超、东海相黄浮，奉公执法，不屈不挠，疾恶如仇，翟超没收了侯览的财物，黄浮因徐宣罪大恶极不顾一切而将他杀了，竟都被降罪受刑，毫不宽恕。以侯览那样的横暴，只没收他的财物，已经算是大赦了；而徐宣罪恶昭彰，死都不足以抵罪。从前丞相申屠嘉责邓通，洛阳县令董宣屈辱公主，而文帝却代为请罪说情，光武重加赏赐，从没听说这两位臣子被判擅自行权的罪名。而今左右小人，加害忠良，党同伐异，朋比为奸，而酿成这样的刑狱，听到臣这样的说法，想必又会到陛下面前号哭。陛下实在应该杜绝近侍狎邪小人参与政事的祸源，而应该引用尚书朝士中有才干的清高廉洁人士，斥黜谗佞奸邪。这样才能参天地，而致祥和，那么四海升平安定宁和的日子还会远吗！"皇帝不予理睬。宦官从此对陈蕃更加痛恨，凡是陈蕃所选荐的贤才，所上的奏章，经常都由宫中下诏斥回，长史以下的官员，甚至有许多被降罪受惩代陈蕃抵罪的，但毕竟因为陈蕃是朝廷有名的大臣，而不敢直接加害于他。

平原人襄楷至京上疏说："臣以为上天虽然不会开口说话，但却凭借文历象垂教世人。臣私下看见太微天庭五帝的星座间，竟有金、火罚星出现，寒光灿灿，从占兆上来说，主天子大凶，并且还侵入了房、心星座，这又是主罚没有继嗣的凶兆。前年冬，天气奇寒，冻死了不少鸟兽、鱼鳖，雒阳京城旁近的竹柏树叶都有了凋伤枯萎的现象。臣曾听法师说过：'柏凋竹枯，不出二年，天子必有灾祸临头。'今年春夏两季以来，连续不断的降霜下雹，大雨倾盆，雷电交加，这是因为臣下作威作福为非作歹，刑罚严苛而触怒上天的迹象啊。太原太守刘瓆，南阳太守成瑨，一心惩奸除暴，他们所诛灭的邪小，没一个不符合众望，而大快人心的。而陛下竟听信阉宦奸小的逸言，降诏将他们逮捕治罪，三公上书请求宽免刘瓆等人，不被采纳，反而严加斥责忠贞忧国的臣子，于是一个个三缄其口再也不敢多说什么了。臣也曾听说滥杀无辜，枉诛贤士，将祸及三世。自从陛下即位以来，不断的诛杀，梁冀、寇荣、孙寿、邓万世等先后都被灭门抄家，牵连入罪的不计其数。李云上书，明主本不应该忌讳他们出言不逊；杜众继以死谏，原以为必能感悟圣君。然而每个忠臣都被毫不宽宥地处死，天下人人都知道他们是冤死了的。自从汉朝兴起以来，还没有出现为了拒绝纳谏而诛杀贤士，用酷刑至如此地步！古时周文王只有一妻，而生子多达10人；而今宫女有数千人之多，竟没听说有孕育的喜庆大事，实在应当修德减刑，以求得多子多孙的福祚了啊。再依历史事实，自春秋以来，古代任何一位帝王当政的时期内，都没有出现过河水自清的现象。臣认为黄河属于侯位，清属阳，而浊属阴。河水本浊，竟然自清，这是阴气将代替阳气，诸侯想要篡位称帝的兆象啊。京房《易传》上虽说：'河水清，天下平。'但当今天垂异象，地生妖灾，人间瘟疫流行，在这三种现象同时发生并存的时候，河水居然自清，这就像春秋末季麟不当现而现一样。当时孔子甚感怪异，所以才记载下来啊。伏望陛下在清闲的时候，对臣所说的这番话，能细加深思。"奏章呈上，皇帝不予理会。

　　十几天以后，襄楷又上书说："臣听说殷纣好色，所以有妲己的出现，叶公好龙，果有真龙游于帝廷。今黄门、常侍，本是触犯上天而受腐刑的人，但陛下对他们的爱护，竟超过对一般人的宠幸，至今后宫没有一个怀孕生子的，难道不就是因为这个原因吗！又听说宫中没有供祀黄、老、浮屠的祠堂，此道清虚，崇尚退世无为，好生恶杀，戒欲去奢。而今陛下纵欲无度，杀罚过度，已大违其道，又怎能获得福佑呢！浮屠在一处住宿，绝不超过3夜，为的是避免日久萌发爱恋的情义，而心意的修道，精诚专一到这种地步，所以才能修成正道。而今陛下身边成群的淫女艳妇，极尽天下的美色，珍馐佳肴、玉液琼浆，极尽天下的美味，又怎能像黄、老一样的清心寡欲呢！"奏书呈上，襄楷即被召入宫，诏令尚书详加审讯。襄楷说："古时本来并没有宦官，因为武帝末年数游后宫，才设置这类官职的啊。"尚书为了逢迎宦官，竟上奏说："襄楷所言，辞理都不符合正道，而违背经艺，假借着星象方位的说法，借以牵附他自己的私意，无事生非的诬陷圣上，请下令司隶依法治罪，收押于雒阳狱中。"皇帝认为襄楷的言辞虽然过于激烈，但都是些天文常象的术数，所以没杀他，而只将他发配到边地去抵御敌人、服刑两年。自从永平年以来，臣民虽有信仰浮屠，研习法术的，但是从来还没有天子喜欢此道的；一直到了桓帝，才很喜欢此道，经常亲自祭告，因而信教的风气愈来愈盛，所以襄楷提到了这点。

　　符节令汝南人蔡衍、议郎刘瑜因上表救成瑨、刘瓆，言辞过于激烈，也都因而被罢免官职。成瑨、刘瓆后来都死在狱中。这两个人，一向刚毅正直，通晓经术，而闻名于当世，所以天下人都为他们的冤死而深感痛惜。岑晊、张牧事先已逃走了，才得以免死。

　　岑晊逃命期间，亲友们都争着匿藏庇护他；唯有贾彪闭门不肯收留他，当时的人都责怪贾彪。贾彪说："《左传》上说：'凡事应当相时而动，不要拖累后人。'公孝因为得罪君王而遭祸，这是他自取其咎，我没能举戈相待，已经是不对了，怎能反而收容匿藏他呢！"因而大家都认为他的做法不失公正，而心服口服。贾彪曾经做过新息县的县长，百姓由于贫困潦倒，所以多半不愿养育子女；贾彪严定禁令：凡是弃子不养的与杀人同罪同罚。城南有盗贼害人，城北有妇人杀子，贾彪出去查案，掾吏驱车南行，贾彪大怒道："贼寇害人，这是理所当然的事；母亲杀害亲生的儿子，却是违背天理的事！"于是驱车北行，调查研究查明事实，据以判罪。城南的盗贼听到了这事，也因而自行反绑双手前来自首。数年之间，百姓生儿育女，多达数千。大家都说："这是贾父赐给我们的啊。"所以所生的小孩都取名为贾。

　　河南有个名叫张成的，擅长看风水，预测吉凶，他预算出朝廷要颁令大赦，于是就唆使他儿子去杀人。司隶校尉李膺命令手下逮捕了凶手，不久果然遇赦获免。李膺愤恨至极，判了他死刑将他杀了。张成平日靠着风水法术勾结宦官，皇帝也时常找他卜卦问疑；宦官就怂恿张成的徒弟牢修上书递状，揭发李膺等人笼络太学生和游士们，交结各郡的生员，彼此勾结，结成奸党，诽谤朝廷，惑乱民心。皇帝因而大为愤怒，于是下令郡国，逮捕党人，并且布告天下，想要使天下人共同愤恨他们。诏书经过太尉、司徒、司空三府会稿，太尉陈蕃拒绝签署，说："今天要逮捕审问的这些人，都是海内人人称赞，忧国爱民，大公无私的忠臣，即使他们的子孙犯罪，都该宽赦十代，哪有查无实据就要将他们逮捕，严加拷打的事呢？"皇帝更加气愤，于是便将李膺等人关进了黄门北寺监狱。这件案子所牵连的人有太仆颍川人杜密、御史中丞陈翔及陈寔、范滂等200多人。有的逃匿而没捕捉到的，都列出姓名悬赏捉拿，派出使者四处搜索。陈寔说："我不投案入狱，大家便会感到无所依靠。"于是就去自请坐牢。范滂被关进监狱的时候，牢头告诉他说："凡是坐牢的人，都要先祭一祭皋陶。"范滂说："皋陶是古代正直的臣子，他要是知道我没有犯罪，一定会主动的在天帝面前为我辩护；如果我真犯了罪，祭祀他又有什么好处呢？"其他的人因此也都不再祭祀皋陶了。陈蕃又上书极力诤谏，皇帝嫌他言辞过激，借口说他所推荐的人员不当，便下令罢免了他的职务。

　　当时因党人案件牵连被捕的，都是天下有名望的贤士。如度辽将军皇甫规，自认为是西州的豪杰，认为自己没被牵连进去，简直是种羞辱，因而进言："臣先前举荐前任大司农张奂，这是我附和党人的事实；再则，当臣被处罚在左校做劳役时，太学生张凤等人曾上书为我申辩，这又是党人附和臣的事实，所以臣也当受牵连入狱治罪。"朝廷看了这份奏书后，却并没有加以追查。

　　杜密一向与李膺齐名，时人并称他们为李、杜，所以同时被捕入狱。杜密曾经当过北海相。有一年春天，巡行所属各县去劝农救济贫时，走到高密，看到郑玄担任乡啬夫的贱吏，知道他是个难得的人才，便将他召入郡中任职，不久又把他送去就学，终于成为一代鸿儒。后来杜密辞官回到家乡，每次去拜谒太守、县令时，常在他们面前贬恶荐贤。与他同郡的刘胜，当时也从蜀郡告归乡里，闭门谢客，不过问政事。太守王昱便对杜密说："刘季陵（刘胜，字季陵）真是位清高的人士，公卿们对他都很赞赏。"杜密知道王昱是借以暗示他少管闲事，便回敬王昱说："刘胜位列大夫，郡守以上宾的礼节待他，但是他知道某人善良正直却不加推荐，听说某人为非作歹也不相告，隐善瞒恶而只顾爱惜个人的名节，如同寒蝉一般的沉默不语，这就等于是朝廷的罪人。现在，凡是有志的忠义贤士，我向你推荐，使他能有伸展抱负的机会；凡是背离正道，有失操守的奸小，我在你面前揭发过他的罪过，而使太守你能赏罚得当，这对弘扬你的美德，不也有一点点帮助吗？"王昱听了这番话，羞愧不已，而钦佩万分，从此对他礼遇有加。

九月，委派光禄勋周景为太尉。

司空刘茂被免职；冬，十二月，委任光禄勋汝南人宣酆为司空。

派越骑校尉窦武做城门校尉。窦武在位，征用了许多有名望的贤士，洁身自好，疾恶如仇，从不接受贿赂；妻室子女只是不用为衣食着想罢了。每次受到天子及皇后的赏赐，都全部拿来分给太学生或施与贫民，大家对他称赞不已。

匈奴乌桓听说张奂来到，相继前来归降，总计约有20万人之多；张奂只杀了带头造反的几个元凶，而对其余的人都妥善地加以抚慰收容，只有鲜卑出塞远去。朝廷以不能制服檀石槐为忧患，因而派遣使臣拿着印绶去封他为王，并想要与他和亲。檀石槐却不肯接受，反而大举入侵，大肆掠夺；并将他们的领区分为三部：从右北平以东到辽东，接连夫馀、涉貊20多邑，为东部；从右北平以西到上谷之间10余邑，为中部；从上谷以西到敦煌、乌孙一带20余邑，为西部，各部分设将帅统领。

汉纪四十八　孝桓皇帝下
永康元年（丁未、167年）

春，正月，东羌先零围祋栩，掠云阳，当煎诸种复反。段颎击之于鸾鸟,大破之,西羌遂定。

夫余王夫台寇玄菟;玄菟太守公孙域击破之。

夏,四月,先零羌寇三辅,攻没两营,杀千余人。

五月,壬子晦,日有食之。

陈蕃既免,朝臣震栗,莫敢复为党人言者。贾彪曰:"吾不西行,大祸不解。"乃入雒阳,说城门校尉窦武,尚书魏郡霍谞等,使讼之。武上疏曰:"陛下即位以来,未闻善政,常侍、黄门,竞行谲诈,妄爵非人。伏寻西京,佞臣执政,终丧天下。今不虑前事之失,复循覆车之轨,臣恐二世之乱,必将复及,赵高之变,不朝则夕。近者奸臣牢修造设党议,遂收前司隶

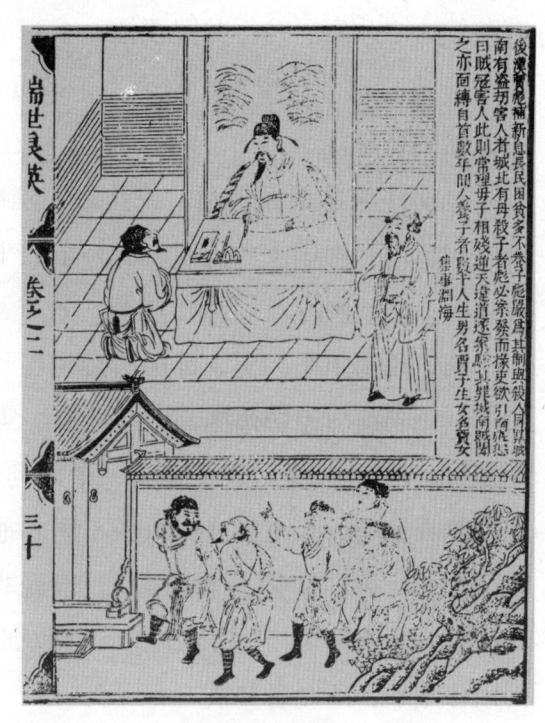

贾彪办案

校尉李膺等逮考,连及数百人,旷年拘录,事无效验。臣惟膺等建忠抗节,志经王室,此诚陛下稷、卨、伊、吕之佐;而虚为奸臣贼子之所诬枉,天下寒心,海内失望。惟陛下留神澄省,时见理出,以厌神、鬼喁喁之心。今台阁近臣,尚书朱寓、荀绲、刘佑、魏朗、刘矩、尹勋等,皆国之贞士,朝之良佐;尚书郎张陵、妫皓、苑康、杨乔、边韶、戴恢等,文质彬彬,明达国典,内外之职,群才并列。而陛下委任近习,专树饕餮,外典州郡,心干心膂,宜以次贬黜,案罪纠罚;信任忠良,平决臧否,使邪正毁誉,各得其所,宝爱天官,唯善是授,如此,咎征可消,天应可待。间者有嘉禾、芝草、黄龙之见。夫瑞生必于嘉士,福至实由善人,在德为瑞,无德为灾。陛下所行不合天意,不宜称庆。"书奏,因以病上还城门校尉、槐里侯印绶。霍谞而亦为表请。帝意稍解,使中常侍王甫就狱讯党人范滂等,皆三木囊头,暴于阶下,甫以次辩诘曰:"卿等更相拔举,迭为唇齿,其意如何?"滂曰:"仲尼之言,'见善如不及,见恶如探汤,'滂欲使善善同其清,恶恶同

其污，谓王政之所愿闻，不悟更以为党。古之修善，自求多福，今之修善，身陷大戮。身死之日，愿埋滂于首阳山侧，上不负皇天，下不愧夷、齐。"甫愍然为之改容，乃得并解桎梏。李膺等又多引宦官子弟，宦官惧，请帝以天时宜赦。六月，庚申，赦天下，改元；党人二百余人皆归田里，书名三府，禁锢终身。

范滂往候霍谞而不谢。或让之，滂曰："昔叔向不见祁奚，吾何谢焉！"滂南归汝南，南阳士大夫迎之者，车数千两，乡人殷陶、黄穆侍卫于旁，应对宾客。滂曰陶等曰："今子相随，是重吾祸也！"遂遁还乡里。

初，诏书下举钩党，郡国所奏相连及者，多至百数，唯平原相史弼独无所上。诏书前后迫切州郡，髡笞掾史。从事坐传舍责曰："诏书疾恶党人，旨意恳恻。青州六郡，其五有党，平原何治而得独无？"弼曰："先王疆理天下，画界分境，水土异齐，风俗不同。他郡自有，平原自无，胡可相比！若承望上司，诬陷良善，淫刑滥罚，以逞非理，则平原之人，户可为党。相有死而已，所不能也！"从事大怒，即收郡僚职送狱，遂举奏弼。会党禁中解，弼以俸赎罪，所脱者甚众。

窦武所荐：朱寓，沛人；苑康，勃海人；杨乔，会稽人；边韶，陈留人。乔容仪伟丽，数上言政事，帝爱其才貌，欲妻以公主，乔固辞，不听，遂闭口不食，七日而死。

秋，八月，巴郡言黄龙见。初，郡人欲就池浴，见池水浊，因戏相恐，"此中有黄龙，"语遂行民间，太守欲以为美，故上之。郡吏傅坚谏曰："此走卒戏语耳。"太守不听。

六月，大水，勃海溢。

冬，十月，先零羌寇三辅，张奂遣司马尹端、董卓拒击，大破之，斩其酋豪，首虏万余人，三州清定。奂论功当封，以不事宦官故不果封，唯赐钱二十万，除家一人为郎。奂辞不受，请徙属弘农。旧制，边人不得内徙，诏以奂有功，特许之。拜董卓为郎中。卓，陇西人，性粗猛有谋，羌胡畏之。

十二月，壬申，复瘿陶王悝为勃海王。

丁丑，帝崩于德阳前殿。戊寅，尊皇后曰皇太后。太后临朝。初，窦后既立，御见甚稀，唯采女田圣等有宠。后素忌忍，帝梓宫尚在前殿，遂杀田圣。城门校尉窦武议立嗣，召侍御史河间刘儵，问以国中宗室之贤者，儵称解渎亭侯宏。宏者，河间孝王之曾孙也，祖淑，父苌，世封解渎亭侯。武乃入白太后，定策禁中，以儵守光禄大夫，与中常侍曹节并持节将中黄门、虎贲、羽林千人，奉迎宏，时年十二。

【译文】

永康元年（丁未、167年）

春，正月，东羌先零围攻祋祤，掠劫云阳，当煎各族再次起义。段颎在鸾鸟加以阻击，将他们打得溃不成军，于是平定了西羌。

夫馀王夫台入侵玄菟，被玄菟太守公孙域打垮。

夏，四月，先零羌入寇三辅，攻下了京兆虎牙营与扶风雍营，杀了1000多人。

五月，壬子晦日（三十日），日蚀。

陈蕃被革掉官职后，满朝文武大为恐惧，再也没人敢替党人说话的了。贾彪说："假如我不到西边雒阳去一趟的话，一场大祸便将在所难免。"于是便到了洛阳，劝说城门校尉窦武、尚书魏郡人霍谞，请他们替党人诉冤申讼。窦武便呈上奏章说："自从陛下即位以来，未听说推行过什么善教德政，而只见一些常侍、黄门大小宦官，竞先施展诡诈骗术，委派一些不称职的人员任官。伏念西汉时期，由于佞臣执政，而最终失去了天下。如今不以前人的失败作为借鉴，反而重蹈覆辙，臣真担心秦二世亡国的大悲剧，会再次重演，而赵高主使行刺二世的事变，早晚也会发生。最近奸臣牢修捏造事实，诬蔑忠良结党聚徒，谤议朝廷，于是就将前司隶校尉李膺等人逮捕拷问，而且牵连好几百人。经过将近一年的拘囚审讯，并无确实的罪状可考。臣以为李膺等人都是些忠贞高节，一心一意效忠王室的贤臣，这些人实在都是陛下如同古代后稷、后契、伊尹、吕尚一般的忠良臣子；却无故的被奸臣贼子诬枉陷害，全天下的人都为这事深感寒心，而对朝廷大失所望。伏望陛下留神澄清是非，明察忠奸，立即将这批枉受陷害的忠良释放出狱，以顺应人心。而今陛下身旁的近臣，如尚书朱寓、荀绲、刘佑、魏朗、刘矩、尹勋等人，都是忠贞之士，朝廷的良佐；而尚书郎张陵、妫皓、苑康、杨乔、边韶、戴恢等，又都是些文雅朴实，熟悉朝章国典的贤士，无论在朝内还是在朝外担任职务，都一样的是上等的良才，然而陛下却偏偏重用那些内宠狎邪奸小，专门重用一些贪官污吏，离京担任的是州郡的主管，而在京内的则被视为朝廷的骨干，对这批奸诈，实在应当一一贬斥黜退，按罪处理；另一方面则应信任忠臣良将，大公无私地评定善恶，让正直的忠良受到称誉赞扬，使邪恶的奸小受到批评，各得其所，并且要重视官职的授予，选用有善德的贤才，这样，才能够消除祸根，而有望于上天降福。最近，有嘉禾、灵芝、黄龙等好的兆端出现，要知道祥瑞是只应验在善人的身上，而天赐大福，必定是由于那人具有善德善行。所以这些兆象对有德的人来说是福兆，而对无道的人来说，反而会带来灾祸。陛下所作所为都不合天意，实不当因此大肆庆祝。"奏章呈上以后，窦武便托词因病缠在身而缴还了城门校尉与槐里侯的印信。霍谞也上了同样的奏章。这时，皇帝的怒火早已慢慢地消了一些，便派中常侍到狱中审讯范滂等人。他们被提出审讯时，一个个都是戴着枷锁和手铐脚镣，并且将他们的头给蒙了起来，让他们站在台阶下。王甫依次详细地加以审问说："你们互相标榜，彼此袒护，究竟是什么意思！"范滂说："孔子曾经说过：'看到别人有善德善行，就起而效仿，而看到别人有恶德败行，就唯恐避之不及。'我范滂赞扬那些好人好事，为的是想要让大家共同认识到清高节操的可贵，而鄙弃那些恶德败行的人，也无非是想让大家了解污浊恶行的可怕。本以为这是推行王道仁政的圣君所乐闻的事情，没想到反诬我们是在结党营私！古时的人修德行善，能为自己求得更多的幸福，而今世的人修德行善，却招来杀身大祸。我死之后，只希望能将我葬在首阳山侧，对上我无负于皇天，对下我也无愧于伯夷、叔齐。"王甫听了他这番话，被感动得神情黯然，才将这一干人身上的刑械解除。李膺等人应讯时，又将许多宦官的子弟牵涉了进来，宦官们因而很害怕，就以天时为借口，说是应当大赦天下，请皇帝下诏。六月，庚申日（初八），诏令大赦天下，并改元为"永康"；党人200多名都被释出狱，放归乡里，而在三公府中登记了姓名，终身永不录用。

范滂出狱后去拜侯霍谞，但是连一个"谢"字都没说。因而就有人怪罪他。范滂说："从前晋国的范宣子拘囚叔向，祁奚为他申辩而获免。叔向出狱后，连看都没有去看祁奚一次就直接归乡了，我要谢的是什么呢！"范滂回到汝南，南阳的士大夫出城来欢迎他的，有数千车辆之多，与范滂同乡的殷陶、黄穆二人侍卫在旁，款待宾客。范滂便对他们二人说："你们两人跟着我，这会使我的罪过更重啊！"所以便独自一人偷偷地隐归乡里了。

当初，皇帝诏令天下检举党人相互连带的关系人，各郡国奏报有关的人士，多达近百人，只有平原相史弼连一个人都没上奏。诏书一再不断的督促，州郡甚至对掾史施以髠刑鞭笞。州府里派出的从事史坐在驿舍中质问史弼说："皇帝痛恨党人，下诏逮捕，旨意恳切。青州所属的六郡，其中五郡皆有他们的同党，平原郡是如何在处理这件事的，为什么连一个人都没举报？"史弼说："先王管理天下，分别划出界线，各地水土不一，风俗不同。其他郡都有他们党羽，可是平原没有，这怎能相提并论呢！如果是为了秉承上司的心意，诬蔑善良，滥施刑罚，以满足不合理的要求，那么平原郡的人，家家户户都可冤枉他们是党羽。我宁可一死，也不能做出这种事来啊！"从事史大怒，当下逮捕了平原郡的一些曹掾史，并上奏揭发史弼。这时，正好遇到党禁中途撤销，史弼被罚扣薪赎罪，很多人都因他受解脱而免于这场灾难。

窦武所推荐的人：朱㝢是沛郡人；苑康，是勃海人；杨乔，是会稽人；边韶，是陈留人。杨乔的容貌奇伟秀丽，曾数上奏章大论国事，皇帝看上了他的才德容貌，而想将公主下嫁给他。杨乔坚决拒绝，不肯接受，于是绝食7日而死。

秋，八月，巴郡传言有黄龙出现。起初，郡中有些人准备到水池里去洗澡，看到池水混浊，因此彼此戏言吓唬着说"池子里有黄龙啊！"这话于是散播流传于民间，太守想借此引以为美事，所以上书奏禀。郡吏傅坚劝阻他说："这不过是小民百姓一句戏言罢了。"太守不肯听。

六月，发了大水，渤海海水倒灌。

冬，十月，先零羌入寇三辅，张奂派司马尹端、董卓予以抵抗，大败先零羌，斩了他们的酋长，俘虏了1万多人，平定了幽、并、凉三州。张奂论功劳当受封赏，但因为他平日不攀附宦官而未受封，只赐给他20万钱，只是任命他家中一人为郎而已。张奂辞谢不愿接受，而请求调迁到弘农。旧制度规定，边疆地区的人不能徙内任职，皇帝因为张奂有功于朝廷，下诏特准所请，并任命董卓为郎中。董卓，是陇西人，性情粗野，但却颇有谋略，羌胡都很怕他。

十二月，壬申日（二十三日），恢复瘿陶王刘悝为过去的渤海王。

丁丑日（二十八日），皇帝逝世于德阳前殿。戊寅日（二十九日），尊奉皇后为皇太后，并由皇太后临朝听政。当初，虽然是册立了窦后，但是皇帝较少接近她,而对采女田圣等恩宠有加。窦后生性嫉妒残酷,皇帝的灵柩还停放在前殿,窦后就将田圣杀了。城门校尉窦武主持立嗣的事,召侍御史河间人刘儵前来,询问国内皇戚中谁最为贤达而有功德,刘儵推崇解渎亭侯刘宏。他是河间孝王的曾孙,自从他祖父淑,父亲苌,世代受封为解渎亭侯。窦武便入宫去向太后报告,而定策于宫禁,委任刘儵主理光禄大夫的职务,并与中常侍曹节共同持节率中黄门、虎贲及羽林军千人,去逢迎宏入京,当时宏年十二。

汉纪四十九　孝灵皇帝
熹平五年（丙辰、176年）

夏,益州郡夷反,太守李颙讨平之。

大雩。

五月,太尉陈耽罢;以司空许训为太尉。

闰月,永昌太守曹鸾上书曰:"夫党人者,或耆年渊德,或衣冠英贤,皆宜股肱王室,左右大猷者也;而久被禁锢,辱在涂泥。谋反大逆尚蒙赦宥,党人何罪,独不开恕乎!所以灾异屡见,水旱荐臻,皆由于斯。宜加沛然,以副天心。"帝省奏,大怒,即诏司隶、益州槛车收鸾,送槐里狱,掠杀之。于是诏州郡更考党人门生、故吏、父子、兄弟,在位者,悉免官禁锢,爰及五属。

是岁,鲜卑寇幽州。

【译文】

五　年（丙辰、176年）

夏,益州郡夷人反叛,太守李颙把

汉灵皇帝像

他平定。

天上出现大虹。

五月，罢去太尉陈耽的官职，任命司空许训为太尉。

闰月，永昌太守曹鸾上奏说："党人，有些是年高德厚，有些是士大夫中的杰出人物，都是辅弼王室，参与大计的人，但是却长时间地被禁绝仕途，屈辱的居于草野。即使是谋划造反这种大逆不道，还可以受到宽宥，党人犯了什么罪，竟然得不到宽恕？因而灾变屡屡出现、水灾旱灾频频产生，都是因为这个原因。应该施以大恩赦免他们，以附合天意。"皇帝看到奏书，很生气，就诏令司隶校尉、益州刺史捕捉曹鸾，用囚车送到槐里的监狱，将他打死。接着又诏令各州郡更审查党人的学生，以前的属吏、父子、兄弟，只要是有官职的，一律罢免官职，禁绝仕途，一直波及到五等亲。

这年，鲜卑侵扰幽州。

熹平六年（丁巳、177年）

夏，四月，大旱，七州蝗。

令三公条奏长吏苛酷贪污者，罢免之。平原相渔阳阳球坐严酷，征诣廷尉。帝以球前为九江太守讨贼有功，特赦之，拜议郎。

鲜卑寇三边。

市贾小民相聚为宣陵孝子者数十人，诏皆除太子舍人。

秋，七月，司空刘逸免；以卫尉陈球为司空。

初，帝好文学，自造《皇羲篇》五十章，因引诸生能为文赋者并待制鸿都门下；后诸为尺牍及工书鸟篆者，皆加引召，遂至数十人。侍中祭酒乐松、贾护多引无行趣势之徒置其间，憙陈闾里小事；帝甚悦之，待以不次之位。又久不亲行郊庙之礼，会诏群臣各陈政要，蔡邕上封事曰："夫迎气五郊，清庙祭祀、养老辟雍，皆帝者之大业，祖宗所祗奉也。而有司数以蕃国疏丧、宫内产生及吏卒小污，废阙不行，忘礼敬之大，任禁忌之书，拘信小故，以亏大典。自今斋制宜如典故，庶答风霆、灾妖之异。又，古者取士必使诸侯岁贡，孝武之世，郡举孝廉，又有贤良、文学之选，于是名臣辈出，文武并兴。汉之得人，数路而已。夫书画辞赋，才之小者；匡国治政，未有其能。陛下即位之初，先涉经术，听政余日，观省篇章，聊以游意当代博奕，非以为教化取士之本。而诸生竞利，作者鼎沸，其高者颇引经训风喻之言，下则连偶俗语，有类俳优，或窃成文，虚冒名氏。臣每受诏于盛化门，差次录第，其未及者，亦复随辈皆见拜擢。既加之恩，难复收改，但守奉禄，于义已弘，不可复使治民及在州郡。昔孝宣会诸儒于石渠，章帝集学士于白虎，通经释义，其事优大，文武之道，所宜从之。若乃小能小善，虽有可观，孔子以为致远则泥，君子固当志其大者。又，前一切以宣陵孝子为太子舍人，臣闻孝文皇帝制丧服三十六日，虽继体之君，父子至亲，公卿列臣受恩之重，皆屈情从制，不敢逾越。今虚伪小人，本非骨肉，既无幸私之恩，又无禄仕之实，恻隐之心，义无所依。至有奸轨之人通容其中；桓思皇后祖载之时，东郡有盗人妻者，亡在孝中，本县追捕，乃伏其辜。虚伪杂秽，难得胜言。太子官属，宜搜选令德，岂有但取丘墓凶丑之人！其为不祥，莫与大焉，宜遣归田里，以明诈伪。"书奏，帝乃亲迎气北郊及行辟雍之礼。又诏宣陵孝子为舍人者悉改为丞、尉焉。

护乌桓校尉夏育上言："鲜卑寇边，自春以来三十余发，请徵幽州诸郡兵出塞击之，一冬、二春，必能禽灭。"先是护羌校尉田晏坐事论刑，被原，欲立功自效，乃请中常侍王甫求得为将。甫因此议遣兵与育并力讨贼，帝乃拜晏为破鲜卑中郎将；大臣多有不同；乃诏百官议于朝堂。蔡邕议曰："征讨殊类，所由尚矣。然而时有同异，势有可否，故谋有得失，事有成败，不可齐也。夫以世宗神武，将帅良猛，财赋充实，所括广远，数十年间，官民俱匮，犹有悔焉。况今人财并乏，事劣昔时乎！自匈奴遁逃，鲜卑强盛，据其故地，称兵十万，才力劲健，意智益生；加以关塞不严，禁网多漏，精金良铁，皆为贼有，汉人逋逃为之谋主，兵利马疾，过于匈奴。昔段颎良将，习兵善战，有事西羌，犹十余年。今育、晏才策未必过颎，鲜卑种众不弱曩时，而虚计二载，自许有成，若祸结兵连，岂得中休，当复徵发众人，转运无已，是为耗竭诸夏，并力蛮夷。夫边垂之患，手足之疥搔，中国之困，胸背之瘭疽，方今郡县盗贼尚不能禁，况此丑虏而可伏乎！昔高祖忍平城之耻，吕后弃慢书之诟，方之于今，何者为甚？天设山河，秦筑长城，汉起塞垣，所以别内外，异殊俗也。苟无蹙国内侮之患则可矣，岂与虫蚁之虏，校往来之数哉！虽或破之，岂可殄尽。而方令本朝为之旰食乎！昔淮南王安谏伐越曰：'如使越人蒙死以逆执事，廥舆之卒有一不备而归者，虽得越王之首，犹为大汉羞之。'而欲以齐民易丑虏，皇威辱外夷，就如其言，犹已危矣，况乎得失不可量邪！"帝不从。八月，遣夏育出高柳，田晏出云中，匈奴中郎将臧旻率南单于出雁门，各将万骑，三道出塞二千余里。檀石槐命三部大人各帅众逆战，育等大败，丧其节传辎重，各将数十骑奔还，死者什七八。三将槛车徵下狱，赎为庶人。

冬，十月，癸丑朔，日有食之。

太尉刘宽免。

辛丑，京师地震。

辽西太守甘陵赵苞到官，遣使迎母及妻子，垂当到郡；道经柳城，值鲜卑万余人入塞寇钞，苞母及妻子遂为所劫质，载以击郡。苞率骑二万与贼对陈，贼出母以示苞，苞悲号，谓母曰："为子无状，欲以微禄奉养朝夕，不图为母作祸。昔为母子，今为王臣，义不得顾私恩，毁忠节，唯当万死，无以塞罪。"母遥谓曰："威豪，人各有命，何得相顾以亏忠义，尔其勉之！"苞即时进战，贼悉摧破，其母妻皆为所害。苞自上归葬，帝遣使吊慰，封鄃侯。苞葬讫，谓乡人曰："食禄而避难，非忠也；杀母以全义，非孝也。如是，有何面目立于天下！"遂呕血而死。

【译文】

六　年（丁巳、177年）

夏，四月，出现大旱灾，7个州发生蝗虫灾害。

天子命令三公逐条上奏各地方首长中暴虐贪污的人，然后罢免他的官职。平原相渔阳人阳求由于严苛而犯罪，被召到廷尉去审讯。皇帝考虑到阳求以前做九江太守的时候讨伐山贼有功，特别给予赦免，并拜为议郎。

鲜卑入侵东西北三面的边境。

有几十个商人和老百姓聚在一块儿做桓帝的孝子，天子诏令拜为太子舍人。

秋，七月，免去司空刘逸的官职，让卫尉陈球做司空。

以前，皇帝很爱好文学，曾经写了一篇《皇羲篇》，一共50章，于是引进一些能够写文章辞赋的儒生，集结在鸿都门下等待诏命；后来那些能够写公文书信以及长于写篆字的人，都加以引召，最终多达几十人。侍中祭酒乐松、贾护引进很多品行恶劣的人放置其中，这些人喜欢说一些乡里间的小事，皇帝很乐意听，给予他们不按照常序拔擢的职位；皇帝又好久没有亲自举行郊祭庙祭的礼节，恰逢诏令群臣各个陈述治政的要点，因而蔡邕就呈上秘密奏章说："在东、南、西、北、中5个郊野，迎接春夏秋冬之气，在肃穆的宗庙祭祀，在天子所设的太学里赡养老人，都是皇帝的大事，祖宗所恭敬奉行的。而官吏们常常由于蕃国远亲的丧事，小吏皂隶的生病死亡，废阙而不举行，信任禁忌的书籍，而损害大的制度。从今以后斋祀的仪节应该按照旧有制度，这样也许可以顺应频频发生的风雷灾害的异状。又，古代天子选拔人才，一定要诸侯每年推荐一次。孝武帝的时候，每郡都选拔孝廉，另外还有贤良、文学的选举，于是名臣不断产生，文治武功都非常兴盛。汉代获取人才，就是这几条路而已。士人会书画辞赋，只有小才，未必有匡正国家治理政事的才能。陛下刚即位的时候，先略读经书，每天听政之余，读看一些文章、作品，只不过是散心寄意而已。至于像当今赌钱、下棋一样的作品，则不能作为教化人民选取人才的根本。而一些儒生竞逐利益，品格略为高一点的还能够引用经书训诂讽刺比喻的文字，品格卑贱的则满篇的俗语，就好像是戏子一样，有的则抄袭别人的文章，加上自己的姓名。我在盛化门每次接受诏书，考校士人，都按次序分类加以记录，那些不及格的人，也都授予官职。朝廷既已施予恩德，就很难再收回更改了，他们只要谨守职务，朝廷对他们的德义就算是很大了，不可以再让他们治理国家。从前，孝宣帝在石渠阁聚集所有的儒者，章帝在白虎观齐集学士，解释经书、讲明义理，这种事情是如此美好而伟大。经书所记都是文王武王的大道，实在应该遵循。对于小技能小长处，虽然也有值得一观的地方，可是孔子以为这种小道要想推广就不可行，所以君子实在应该专心于大道。以前把那些愿意做桓帝的孝子的人拜为太子舍人，我听说孝文皇帝制定丧礼，替天子服丧以36天为度，即使是继位的君主，父子至亲骨肉，受过恩惠的公卿臣子，都遵从制度，不敢有违。如今这些虚伪的小人，根本就不是至亲骨肉，既没有受过桓帝的宠幸，也没有做过朝廷的官员，他们表现出这种爱心，实在没有道理可言，甚至于有一些犯法作乱的人混迹在里面；桓思皇后出葬，灵柩上车告别祖先的时候，东郡有一个与人家太太私通的人，竟逃亡藏在孝子的行列中，通过追捕，才伏法认罪。像这样虚伪的事情，说也说不完。太子的下属，应寻找选择有美德的人来充当，怎么可以取用一些假名孝子的凶恶之人呢！这种不吉祥，应该把他们都遣还乡里，来让大家知道他们的狡猾。"奏书呈上后，皇帝亲自到北方的郊野迎接冬气，并在太学里举行奉养老人的礼仪。又让桓帝孝子拜为舍人的，都更改为丞、尉。

　　护乌桓校尉夏育上奏章说："鲜卑入侵边境，自春天以来已经有30多起，请求陛下征用幽州各郡的兵出塞讨伐，经过一个冬天，一定能够消灭他们。"在这之前，护羌校尉田晏因事犯罪而被判刑，受到宥免，想要为国家立功效力，就请托中常侍王甫向朝廷要求做讨伐鲜卑的将领。于是王甫建议朝廷出兵，派田晏和夏育合力攻打贼人，皇帝于是封田晏为破鲜卑中郎将；大臣中有很多人不赞成，于是诏令百官在朝堂讨论。蔡邕论说："征讨异族，是一件十分重要的事。可是时期有同也有不同，形势有可以也有不可以，所以计谋有利也有不利，战事就有成功也有失败，不能一概而论。以武帝那么聪明英武，财赋充实，疆域广大，经过几十年之间对匈奴用兵，官方民间全都空虚，武帝还有懊悔的意思。更何况今天人力、财力都缺乏，战争的形势大不如前！自从匈奴逃走，鲜卑日渐强大，占据匈奴以前的土地，军队有10万，才智武力非常强大、；再加上关塞不很严紧，法令很多漏洞，铜铁都被贼人拥有，汉人犯罪逃亡的人，担任他们主要的谋划者，他们兵器的锐利，战马的快速，超过了匈奴。从前段颎是一位优良的将领，熟习军事，对西羌用兵，还经过十几年才胜利，现在夏育、田晏才能智谋未必超过段颎，鲜卑人却不比以前柔弱，但依照夏育、田晏不确定的估计，认为2年可以成功，如果兵连祸结，战事无法结束，难道中途能罢手不成？那当然要征用百姓，这种做法是耗尽国家的实力，来和蛮夷交战。边境的祸患，就如同手脚上的疥疮；中国的困境，就好像胸背上的毒瘤，现在连各郡县的盗贼还无法禁绝，何况鲜卑这么强大、怎么能够平伏呢！从前，高祖忍受平城被困的污辱，吕向不计较单于书信的羞耻，和现在的情况比起来，那个比较严重？上天创造高山大河，秦朝建筑长城，汉代修筑关塞，就是为了要区别内外，分开和中国不同的蛮夷。假如没有倾危国家的内患就行了，何必还要和像虫蚁一样的胡虏计较胜败呢！难道灭尽了他们，就能使汉朝人吃饱饭吗？从前淮南王刘安劝阻攻伐越地说：'如果越人拼死来攻击，服贱役的士卒只要损失一个而回师，既使得到越王的头，也是大汉的羞辱。'现在想要拿大汉的平民来交换胡虏，即使真是这样，也已经够危险了，更何况胜败无法预测！"皇帝不理睬。八月，派遣夏育出高柳，田晏出云中，匈奴中郎将臧旻率领南单于出雁门，各人率领1万骑兵，从三路出塞2000多里。鲜卑领袖檀石槐派遣东、西、中三部的首领各率领军队迎战，夏育等被打得一败涂地，丧失了节符、信物和辎重，本人率领几十个骑兵逃奔回来，死亡士兵百分之七八十。3个将领都被用囚车关进监狱，本应该全都判死罪，最后用金钱赎罪，废为平民。

刘宽像

冬，十月，癸丑朔日（初一），出现日食。

免去太尉刘宽的官职。

辛丑日（十月无此日），京师发生地震。

辽西太守甘陵人赵苞上任，派遣使者迎接他的母亲和妻儿，快要到郡，路经柳城的时候，碰巧遇上鲜卑1万多人进入边塞侵扰掠夺。赵苞的母亲和妻儿遂一齐被劫去当作人质，鲜卑人就用车载着他们来进攻辽西。赵苞率领2万骑兵和贼人对阵，贼人推出赵苞的母亲让他看，赵苞悲伤号哭，向母亲说："儿子不孝，本来想要用很少的俸禄早晚侍奉母亲，不料却给母亲带来灾难，从前我是母亲的儿子，但现在我是天子的臣子，在道义来说，不能只顾私恩，抛弃对国家的忠义贞节，我确实应该万死，除此无法弥补罪过。"母亲对他说："威豪（赵苞字），人都有自己的命运，何必为了顾私恩而抛弃忠义，你要多多勉励自己啊！"赵苞立刻进兵，把贼人全部杀死，可是他的母亲妻儿也都被贼人害死。赵苞亲自上奏章请求回到故乡安葬母亲，皇帝派遣使者吊祭安慰，封赵苞为鄃侯。赵苞办完葬礼后，对乡人说："拿国家的俸禄却逃避灾难，这是不忠；牺牲了母亲来保全节义，这是不孝。这样，还有什么脸在这世上活呢？"于是，吐血而死。

光和元年（戊午、178 年）

春，正月，合浦、交趾乌浒蛮反，招引九真、日南民攻没郡县。

二月，辛亥朔，日有食之。

己未，地震。

置鸿都门学，其诸生皆敕州郡、三公举用辟召，或出为刺史、太守，入为尚书、侍中，有封侯、赐爵者；士君子皆耻与为列焉。

以太常常山张颢为太尉。颢，中常侍奉之弟也。

夏，四月，丙辰，地震。

侍中寺雌鸡化为雄。

司空陈耽免；以太常来艳为司空。

六月，丁丑，有黑气堕帝所御温德殿东庭中，长十余丈，似龙。

秋，七月，壬子，青虹见玉堂后殿庭中。诏召光禄大夫杨赐等诣金商门，问以灾异及消复之术。赐对曰："《春秋谶》曰：'天投蜺，天下怨，海内乱。'加四百之期，亦复垂及。今妾媵、阉尹之徒共专国朝，欺罔日月；又，鸿都门下招会群小，造作赋说，见宠于时，更相荐说，旬月之间，并各拔擢。乐松处常伯，任芝居纳言，郤俭、梁鹄各受丰爵不次之宠，而令搢绅之徒委伏畎畮，口诵尧、舜之言，身蹈绝俗之行，弃捐沟壑，不见逮及。冠履倒易，陵谷代处，幸赖皇天垂象谴告。《周书》曰：'天子见怪则修德，诸侯见怪则修政，卿大夫见怪则修职，士庶人见怪则修身。'唯陛下斥远佞巧之臣，速征鹤鸣之士，继绝尺一，抑止槃游，冀上天还威，众变可弭。"

议郎蔡邕对曰："臣伏思诸异，皆亡国之怪也。天于大汉殷勤不已，故屡出妖变以当谴责，欲令人君感悟，改危即安。今蜺堕、鸡化、皆妇人干政之所致也。前者乳母赵娆，贵重天下，逸谀骄溢，续以永乐门史霍玉，依阻城社，又为奸邪。今道路纷纷，复云有程大人者，察其风声，将为国患；宜高为堤防，明设禁令，深惟赵、霍，以为至戒。今太尉张颢，为玉所进；光禄勋伟璋，有名贪浊；又长水校尉赵玹，屯骑校尉盖升，并叨时幸，荣富优足，宜念小人在位之咎，退思引身避贤之福。伏见廷尉郭禧，纯厚老成；光禄大夫桥玄，聪达方直；故太尉刘宠，忠实守正；并宜为谋主，数见访问。夫宰相大臣，君之四体，委任责成，优劣已分，不宜听纳小吏，雕琢大臣也。又，尚方工技之作，鸿都篇赋之文，可且消息，以示惟忧。宰府孝廉，士之高选，近者以辟召不慎，切责三公，而今并以小文超取选举，开请托之门，违明王之典，众心不厌，莫之敢言；臣愿陛下忍而绝之，思惟万机，以答天望。圣朝既自约厉，左右近臣亦宜从化，人自抑损，以塞咎戒，则天道亏满，鬼神福谦矣。夫君臣不密，上有漏言之戒，下有失身之祸，愿寝臣表，无使尽忠之吏受怨奸仇。"章奏，帝览而叹息；因起更衣，曹节于后窃视之，悉宣语左右，事遂漏露。其为邕所裁黜者，侧目思报。

初，邕与大鸿胪刘郃素不相平，叔父卫尉质又与将作大匠阳球有隙。球即中常侍程璜女夫也。璜遂使人飞章言"邕、质数以私事请托于郃，郃不听。邕含隐切，志欲相中。"于是诏下尚书召邕诘状。邕上书曰："臣实愚戆，不顾后害，陛下不念忠臣直言，宜加掩蔽，诽谤卒至，便用疑怪。臣年四十有六，孤特一身，得托名忠臣，死有余荣，恐陛下于此不复闻至言矣！"于是下邕、质于雒阳狱，劾以"仇怨奉公，议害大臣，大不敬，弃市。"事奏，中常侍河南吕强愍邕无罪，力为伸请，帝亦更思其章，有诏："减死一等，与家属髡钳徙朔方，不得以赦令除。"阳球使客追路刺邕，客感其义，皆莫为用。球又赂其部主，使加毒害，所赂者反以其情戒邕，由是得免。

八月，有星孛于天市。

宋皇后无宠，后宫幸姬众共谮毁。勃海王悝妃宋氏，即后之姑也，中常侍王甫恐后怨之，因谮后挟左道祝诅；帝信之，遂策收玺绶。后自致暴室，以忧死。父不其乡侯酆及兄弟并被诛。

丙子晦，日有食之。

尚书卢植上言："凡诸党锢多非其罪，可加赦恕，申宥回枉。又，宋后家属并以无辜委骸横尸，不得敛葬，宜敕收拾，以安游魂。又，郡守、刺史一月数迁，宜依黜陟以章能否，纵不九载，可满三岁。又，请谒希求，一宜禁塞，选举之事，责成主者。又，天子之体，理无私积，宜弘大务，蠲略细微。"帝不省。

鲜卑寇酒泉；种众日多，缘边莫不被毒。

是岁，初开西邸卖官，入钱各有差：二千石二千万；四百石四百万；其以德次应选者半之，或三分之一；于西园立库以贮之。或诣阙上书占令长，随县好丑，丰约有贾。富者则先入钱，贫者到官然后倍输。又私令左右卖公卿，公千万，卿五百万。初，帝为侯时常苦贫，及即位，每叹桓帝不能作家居，曾无私钱，故卖官聚钱以为私藏。

帝尝问侍中杨奇曰："朕何如桓帝？"对曰："陛下之于桓帝，亦犹虞舜比德唐尧。"帝不悦曰："卿强项，真杨震子孙，死后必复致大鸟矣。"奇，震之曾孙也。

【译文】

光和元年 （戊午、178 年）

春、正月，合浦、交趾、乌浒的蛮人背叛，带领九真、日南的人民攻陷了很多郡县。

二月，辛亥朔日（初一），出现日食。

己未日（初九），发生地震。

设置鸿都门学，学生毕业后都由朝廷命令各州郡、三公举用，有的外出到各州郡担任刺史、太守，有的在朝廷里担任尚书、侍中，其中甚至有获得封侯、赐爵的，因此士君子都耻于与他们为伍。

派太常常山人张颢担任太尉。张颢，是中常侍张奉的弟弟。

夏，四月，丙辰日（初七），发生地震。

侍中官府中的母鸡变成公鸡。

免去司空陈耽的官职，任命太常来艳做司空。

六月，丁丑日（二十九日），有一条黑气降落在皇帝所住的温德殿东面的院子里，长有十几丈，像龙。

秋，七月，壬子日（七月无此日），一条青虹闪耀在玉堂后殿的院子里。天子诏令召集光禄大夫杨赐等到金商门，问他们灾异的原因和消除灾变恢复常态的方法。杨赐回答："《春秋谶》记载说：'天上落下虹蜺，海内混乱。'加以400的期限，就要出现这种情况了。如今妾妇、宦官的首长1000人一起专擅国政，欺骗天子；又鸿都门下集结的一群小人，写作辞赋，一时得宠，互相推荐援引，很快受到举用，乐松位居常伯、任芝官居纳言，郤俭、梁鹄各个得到高官厚爵。不依照次序的恩赐，却让一些官宦们委屈地隐藏在草野，他们嘴里说尧、舜的话语，做的是超越世俗的行为，却被抛弃于沟壑之中，而得不到一点恩宠。这就犹如帽子和鞋子颠倒来用，幸蒙皇天垂示形象指出我们的过错。《周书》说：'天子见到反常的现象就修明德行，诸侯见到反常的现象就修明政治，卿大夫见到反常的现象就修明职守，士庶之人见到反常的现象就修明行为。'希望陛下黜退谗佞巧言的臣子，赶快用有高尚德行并且为人所称赞的人物，停用不经天子阅览的诏书，以企求上天收回威怒，一切的灾害变异就可以废除了。"

议郎蔡邕回答："我研究过所有的灾害，都是亡国的反常现象。上天对于大汉委曲眷顾，所以连续出现怪异现象来当作惩罚，想要使君王省悟，规避风险，趋向平安。现在霓虹从天上落下，母鸡变公鸡，都是由于女人干朝政所引起的。以前奶妈赵娆，显贵得不得了，可是喜欢进谗言，表现谄媚傲嫚而且自满，后来又有永乐门史霍玉，依赖一切小人，为非作恶。现在道路上议论纷纷，又说有一位程大人，观察他的风望和声名，将成为国家的隐患，应该特别加以提防，清楚地设置法令，深思赵娆、霍玉的事情，作为警诫。现在的太尉张颢，就是霍玉所推荐；光禄勋伟璋，贪污成性；另外长水校尉赵玹、屯骑校尉盖升，都走时运，贪恋荣华；应该记得小人在位的灾祸，而考虑到退身让贤的幸福。我看廷尉郭禧，纯洁忠厚持重；光禄大夫桥玄，聪慧正直；以前的太尉刘宠，忠实守正；这些人都适宜作为朝廷谋划的主体，经常受到天子的咨询。朝廷的宰相大臣，就是国君的兄弟，委任官职，督责成功，他们依然清楚，不应该轻信小吏的话，诬陷大臣残害忠良。又崇尚工技的作品，鸿都门学生辞赋的文章，可以暂停，以表示思念忧患。宰府里所举荐的孝廉，都是士人的精英，最近由于征用不严谨，三公都受到严词责备。现在都由小文章登用，超出选举，开启了请托的门路，违背了圣明天子的法制，大家心里都不服，却没有人敢说。我希望陛下加以断绝，注意万事，以应答天意，圣明天子已经约束自己，左右亲近的大臣也应受到感化，人人贬损自己，以弥补过错，这样天道就亏损骄满增益谦虚，而鬼神为害骄满而降福谦虚了。君臣不谨慎，君主就有失言的可能，臣下就有失去生命的危险。请陛下搁起我的奏表，不要让尽忠的官吏受到奸恶仇家的怨恨。"皇帝看了以后叹息一阵，起身列换衣服。曹节在后面偷看到了，全告诉了左右亲近，事情就这样泄漏了，那些被蔡邕删裁黜退的人，都恨蔡邕，想伺机报复。

前，蔡邕和大鸿胪刘郃一向有间隙，叔父卫尉蔡质又和将作大匠阳球有仇恨。阳球是中常侍程璜的女婿。程璜就让人紧急上奏章说："蔡邕、蔡质常常请刘郃做私事，刘郃不肯。蔡邕怀恨，心中一直想要中伤刘郃。"天子于是下诏命令尚书召蔡邕责问详情，蔡邕上奏书说："我确实是愚蠢，没有考虑到以后的灾祸，陛下不顾念忠臣直言，也应该加以守密隐藏，现在诽谤突然来临，陛下便因而猜疑责怪。我年已46岁，独自一个人，能够获得忠臣的声名，即使因此而死，也觉得有荣耀。只是担心陛下从此再也听不到至善的言论了！"于是就把蔡邕、蔡质押解至洛阳监狱，判他们"怀着怨恨从事公职，设计陷害大臣，犯大不敬罪，理当在市上斩首。"案子呈奏上去，中常侍河南人吕强可怜蔡邕无罪，就竭力的为他申冤。皇帝也想到他的那篇奏章，就下诏书说："减除死刑一等，和家属剃去头发加上刑具放逐到朔方，不能因为大赦而除刑。"阳球派刺客追击，要在路上刺死蔡邕。刺客佩服蔡邕的节义，不肯为阳球做这件事。阳球又贿赂一路上的州牧郡守，要他们害死蔡邕。受到贿赂的人反而把这个情况通知蔡邕，要他警戒。蔡邕因此免于死亡。

八月，有彗星出现在天市星宿。

宋皇后失宠，后宫的宠姬们一齐进谗言诬陷她。渤海王刘悝的妃子宋氏，就是宋皇后的姑妈。中常侍王甫恐怕皇后怨恨他，因而诬说皇后用邪术诅咒皇帝。皇帝相信了他的话，就命令收回皇后的印玺。皇后把自己关进暴室监狱，郁愤而死。父亲及其乡侯宋酆和兄弟全部被杀。

丙子晦日（三十日），出现日食。

尚书卢植上奏章说："那些因党祸而受禁锢的人大多没有罪，应该给予赦免宽恕，以昭雪他们的冤屈。又，宋皇后的家属都因为无罪被杀，没有办法收敛埋葬，应该命令家属收拾尸体，以使游魂能够安息。又，郡守、刺史一个月中几次迁调，理应按照制度来升降，以表明他们的才能。这样，即使不能做到9年，也可以做满3年再迁调。又，朝臣请求私下谒见天子，对天子有所请求，应该一律严禁，选举人才的事情，交给管理此事的官吏去处理。又，天子的体制，在道理上没有私人的积蓄，应该弘扬大政务，而抛弃一些小事情。"皇帝不予理会。

鲜卑侵略酒泉；种族、人众一天一天增多，边郡没有不受到祸害的。

这年，开始了西邸卖官的事情，官位的价钱各有不同，奉禄2000石的2000万，400石的400万。那些按照品德高低应选的官职，只要出一半或者三分之一的钱，而且在西园建立仓库来贮藏这些钱。假如亲自到天子的宫阙上奏书要想做县令、县丞，就看县的贫富，决定价钱的高低。富有的就先交钱再就职，贫穷的先就官职，然后加倍交钱。天子又私下命令左右的人卖公卿职位，公的售价是1000万，卿是500万。从前，皇帝做侯的时候，经常因为没有钱而感到烦恼，等到即位以后，每每感慨桓帝没有能作私家积蓄，竟然弄得一点私房钱都没有，因此才卖官聚钱以作为私人的积蓄。

皇帝曾经问侍中杨奇说："我比起桓帝来如何？"杨奇回答："陛下和桓帝比，就如同虞舜和唐尧比德一样。"皇帝很不高兴地说："你是硬骨头，真是杨震的曾孙，将来逝世以后，一定又要招来大鸟了。"杨奇，也就是杨震的子孙。

汉纪五十　孝灵皇帝
光和六年（癸亥、183年）

夏，大旱。

秋，金城河水溢出二十余里。

五原山岸崩。

初，巨鹿张角奉事黄、老，以妖术传授，号"太平道"。咒符水以疗病，令病者跪拜首过，或时病愈，众共神而信之。角分遣弟子周行四方，转相诳诱，十余年间，徒众数十万，自青、徐、幽、冀、荆、扬、兖、豫八州之人，莫不毕应。或弃卖财产，流移奔赴，填塞道路，未至病死者亦以万数。

郡县不解其意，反言角以善道教化，为民所归。

太尉杨赐时为司徒，上书言："角诳曜百姓，遭赦不悔，稍益滋蔓。今若下州郡捕讨，恐更骚扰，速成其患。宜切敕刺史、二千石，简别流民，各护归本郡，以孤弱其党，然后诛其渠帅，可不劳而定。"会赐去位，事遂留中。司徒掾刘陶复上疏申赐前议，言："角等阴谋益甚，四方私言，云角等窃入京师，觇视朝政。鸟声兽心，私共鸣呼；州郡忌讳，不欲闻之，但更相告语，莫肯公文。宜下明诏，重募角等，赏以国土，有敢回避，与之同罪。"帝殊不为意，方诏陶次第《春秋条例》。

杨赐像

角遂置三十六方；方，犹将军也，大方万余人，小方六七千，各立渠帅；讹言"苍天已死，黄天当立，岁在甲子，天下大吉。"以白土书京城寺门及州郡官府，皆作"甲子"字。大方马元义等先收荆、扬数万人，期会发于邺。元义数往来京师，以中常侍封谞、徐奉等为内应，约以三月五日内外俱起。

【译文】

光和六年（癸亥、183年）

夏，天大旱。

秋，金城的河水溢出了堤防，淹了20多里。

五原的山崖裂崩。

起初，巨鹿人张角，奉事黄帝、老子，传授人妖术，号称"太平道"。念咒用符水替人治病，命令有病的人伏在地上，自己陈述罪过，有的时候也会治好病，人民因而都把他当神一样的来看待。张角分别派遣弟子，到各处变相欺诳引诱。十几年之间，徒众有几十万，青、徐、幽、冀、荆、扬、兖、豫8个州的人，各个响应。有的甚至变卖财产，流离迁徙来投奔，道路都为之堵塞。没有赶到而病死在路上的，也有上万人。州牧郡守都不明白这个原因，而说张角用善道教化人民，为人民所向往。

太尉杨赐当时担任司徒，就上奏书说："张角欺骗百姓，受到赦免还不悔悟，逐渐扩展势力。现在假如下令各州郡追捕讨伐，恐怕要引起更大的骚乱，造成灾害。应该命令刺史，2000石等官吏，简选分离流民，护送他们各个回到本郡，以孤立削弱他们的党羽。然后讨伐他们的首领，这样可轻而易举加以平定。"适逢杨赐去职，所论的事情遂留在宫中，司徒掾刘陶又上奏，阐明杨赐以前的议论，说："张角等阴谋日渐严重，各处的私下传言说，张角等偷入京师，窥视朝政，这种鸟声兽心私下互相呼应，各州郡忧虑，不想把事实上呈给朝廷，只是互相转告，不肯表现于文字，应该下诏书，再次招募张角等1000人，赏赐他们土地，如有敢回避的，就和张角同罪。"皇帝没注意，反诏令刘陶编次《春秋条例》。

张角遂设置36方。方，如同将军。大方1万多人，小方六、七千人，各有首领。他们扬言说："苍天已死，黄天当立，岁在甲子，天下大吉。"用白土写在京城各官宅的门上，各州郡官府门上都写着"甲子"。大方马元义等先聚荆州、扬州几万人，约定时间在邺地起事，马元义经常往来京师，要中常侍封谞、徐奉等担任内应，约好在三月五日，内外一起起事。

汉纪五十一　孝灵皇帝下
中平五年（戊辰、188年）

春，二月，有星孛于紫宫。

黄巾余贼郭大等起于河西白波谷，寇太原、河东。

三月，屠各胡攻杀并州刺史张懿。

太常江夏刘焉见王室多故，建议以为："四方兵寇，由刺史威轻，既不能禁，且用非其人，以致离叛。宜改置牧伯，选清名重臣以居其任。"焉内欲求交趾牧。侍中广汉董扶私谓焉曰："京师将乱，益州分野有天子气。"焉乃更求益州。会益州刺史郤俭赋敛烦扰，谣言远闻，而耿鄙、张懿皆为盗所杀，朝廷遂从焉议，选列卿、尚书为州牧，各以本秩居任。以焉为益州牧，太仆黄琬为豫州牧，宗正东海刘虞为幽州牧。州任之重，自此而始。焉，鲁恭王之后；虞，东海恭王之五世孙也。虞尝为幽州刺史，民夷怀其恩信，故用之。董扶及太仓令赵韪皆弃官，随焉入蜀。

诏发南匈奴兵配刘虞讨张纯，单于羌渠遣左贤王将骑诣幽州。国人恐发兵无已，于是右部醢落反，与屠各胡合，凡十余万人，攻杀羌渠。国人立其子右贤王於扶罗为持至尸逐侯单于。

郡国七大水。

故太傅陈蕃子逸与术士襄楷会于冀州刺史王芬坐，楷曰："天文不利宦者，黄门、常侍真族灭矣。"逸喜。芬曰："若然者，芬愿驱除！"因与豪杰转相招合，上书言黑山贼攻劫郡县，欲因以起兵。会帝欲北巡河间旧宅，芬等谋以兵徼劫，诛诸常侍、黄门，因废帝，立合肥侯，以其谋告议郎曹操。操曰："夫废立之事，天下之至不祥也。古人有权成败、计轻重而行之者，伊、霍是也。伊、霍皆怀至忠之诚，据宰辅之势，因秉政之重，同众人之欲，故能计从事立。今诸君徒见曩者之易，未睹当今之难，而造作非常，欲望必克，不以危乎！"芬又呼平原华歆、陶丘洪共定计。洪欲行，歆止之曰："夫废立大事，伊、霍之所难。芬性疏而不武，此必无成。"洪乃止。会北方夜半有赤气，东西竟天，太史上言："北方有阴谋，不宜北行。"帝乃止。敕芬罢兵，俄而徵之。芬惧，解印绶亡走，至平原，自杀。

八月，初置西园八校尉，以小黄门蹇硕为上军校尉，虎贲中郎将袁绍为中军校尉，屯骑校尉鲍鸿为下军校尉，议郎曹操为典军校尉，赵融为助军左校尉，冯芳为助军右校尉，谏议大夫夏牟为左校尉，淳于琼为右校尉；皆统于蹇硕。帝自黄巾之起，留心戎事；硕壮健有武略，帝亲任之，虽大将军亦领属焉。

冬，十月，青、徐黄巾复起，寇郡县。

望气者以为京师当有大兵，两宫流血。帝欲厌之，乃大发四方兵，讲武于平乐观下，起大坛，上建十二重华盖，盖高十丈；坛东北为小坛，复建九重华盖，高九丈。列步骑数万人，结营为阵。甲子，帝亲出临军，驻大华盖下，大将军进驻小华盖下。帝躬擐甲、介马，称"无上将军"，行陈三匝而还，以兵授进。帝问讨虏校尉盖勋曰："吾讲武如是，何如？"对曰："臣闻先王曜德不观兵。今寇在远而设近陈，不足以昭果毅，只黩武耳！"帝曰："善！恨见君晚，群臣初无是言也。"勋谓袁绍曰："上甚聪明，但蔽于左右耳。"与绍谋共诛嬖幸，蹇硕惧，出勋为京兆尹。

十一月，王国围陈仓。诏复拜皇甫嵩为左将军，督前将军董卓，合兵四万人以拒之。

【译文】

中平五年（戊辰、188年）

春，二月，有彗星出现在紫宫星座。

黄巾军残部郭大在河西白波谷起兵叛乱，入侵太原、河东。

三月，屠各胡攻打并州，杀掉了刺史张懿。

太常江夏人刘焉，看到王室多事，就向天子建议说："四方的兵乱，是由于刺史威望太低，既不能加以禁止，同时所用非人，以至于这些人常常背叛。应该改设州牧州伯，选拔声望高权重的臣子担任这个职务。"刘焉要想求得交趾的首长。侍中广汉人董扶，私下对刘焉说："京师即将发生叛乱，益州区域有天子的气象。"刘焉于是改求益州。刚好益州刺史郤俭，由于税收很多，谣言传得很远。而耿鄙、张懿都被盗贼所杀，朝廷采纳刘焉的建议，选列卿、尚书做州牧，每人都以本身的官俸就任。派刘焉做益州牧，太仆黄琬做豫州牧，宗正东海人刘虞做幽州牧。州官地位的加重，就从这开始。刘焉，是鲁恭王的后代；刘虞，是鲁恭王的五世孙。刘虞曾经做过幽州刺史，人民夷狄都记着他的恩德，所以任用他做幽州牧。董扶和太仓令赵韪，都辞掉官职，跟随刘焉到蜀地。

诏令征发南匈奴的士兵配给刘虞，讨伐张纯，单于羌渠派左贤王带领骑兵到幽州。匈奴人害怕无休止地调发军队，从而右部醢落造反，和屠各胡联合，总共10多万人，进攻羌渠，并把他杀了。国人拥立他的儿子右贤王于扶罗做持至尸逐侯单于。

7个郡国发生大水灾。

前太傅陈蕃的儿子陈逸,和术士襄楷在冀州刺史王芬的座上会面,襄楷说:"天文对宦官不利,黄门、常侍真要灭族了。"陈逸十分高兴。王芬说:"如果这样,我王芬愿意驱逐他们!"因而和豪杰们辗转互相召集,上奏书说,黑山贼攻打掠夺郡县,想借此来起兵。恰好皇帝想要到北方巡视河间的老房子,王芬等计划用兵来劫持皇帝。把所有常侍、黄门杀了,因而废除皇帝,立合肥侯,就把这个计谋告诉议郎曹操。曹操说:"废立皇帝的事,是天下最不吉祥的事,古人则权衡得失,考虑利害后才去做的,那就是伊尹、霍光。伊尹、霍光都是怀抱最忠贞的心,依靠宰相的势力,凭借秉政的重位,顺应大家的心愿,因而能够实现计划,完成事情。现在各位只看到过去的容易,而没有看到现在的困难,要想做大的事情,想法如不能完成,不是很危险吗?"王芬又叫平原人华歆、陶丘洪一同商定计划。陶丘洪想要去,华歆阻拦他说:"废立天子是件大事情,伊尹、霍光都感到困难。王芬粗心大意而不懂军事,这件事情肯定不会成功。"陶丘洪就决定不去了。刚好北方半夜里有红气冲天,一直延伸到东西方的天际,太史就报告说:"北方有阴谋,不适合往北方去。"皇帝就斩停不去。命令王芬停止用兵,不久又征召他。王芬害怕,解除了印绶而逃跑,到了平原,就自杀了。

八月,开始设立西园8个校尉。派小黄门蹇硕做上军校尉,虎贲中郎将袁绍做中军校尉,屯骑校尉鲍鸿做下军校尉,议郎曹操做典军校尉,赵融做助军左校尉,冯芳做肋军右校尉,谏议大夫夏牟做左校尉,淳于琼做右校尉;都受蹇硕的统辖。自从黄巾军起事,皇帝就关心兵事。蹇硕健壮而有兵略,皇帝宠爱而信任他,纵使大将军也要服从他。

冬,十月,青州、徐州的黄巾军再次起事,侵入各郡县。

望气的人认为京师当有大的兵乱,两宫会有流血的灾难。皇帝想压制破除这个现象,于是大规模征发四方的兵力,在平乐观下练习武艺,修建高坛,上面建了12层五彩色的坛盖,高有10丈。大坛的东北是小坛,同时建了9层的五彩色的坛盖,高达9丈,能陈列步兵骑兵几万人,驻扎营阵。甲子日(十六日),皇帝亲自出来检阅军队,驻节在大坛盖下面,大将军何进驻节在小坛盖下面。皇帝披上甲胄,马也披上了甲,称"无上将军",巡行军阵3圈后才回来,把兵权交给何进。皇帝问讨虏校尉盖勋说:"我这样练习武事,如何?"盖勋回答:"我听说过先王只显扬德政,不检阅军队。现在贼寇在远处,而在近地设立兵阵,不足以杀敌致果,只是黩武而已!"皇帝说:"好!相见恨晚,群臣以前没有讲过这种话。"盖勋对袁绍说:"皇上十分聪明,只是被左右蒙蔽罢了。"就和袁绍共同谋划杀掉皇帝左右受宠幸的人,蹇硕惧怕,就把盖勋外放为京兆尹。

十一月,王国围攻陈仓。诏令又拜皇甫嵩为左将军,带领前将军董卓,合兵4万人来抵抗。

汉纪五十二 孝献皇帝乙
初平二年(辛未、191年)

春,正月,辛丑,赦天下。

关东诸将议:以朝廷幼冲,迫于董卓,远隔关塞,不知存否,幽州牧刘虞,宗室贤俊,欲共立为主。曹操曰:"吾等所以举兵而远近莫不响应者,以义动故也。今幼主微弱,制于奸臣,非有昌邑亡国之衅,而一旦改易,天下其孰安之!诸君北面,我自西向。"韩馥、袁绍以书与袁术曰:"帝非孝灵子,欲依绛、灌诛废少主、迎立代王故事,奉大司马虞为帝。"术阴有不臣之心,不利国家有长君,乃外托公义以拒之。绍复与术书曰:"今西名有幼君,无血脉之属,公卿以下皆媚事卓,安可复信!但当使兵往屯关要,皆自蹙死;东立圣君,太平可冀,如何有疑!又室家见戮,不念子胥,可复北面

袁绍像

乎？"术答曰："圣主聪睿，有周成之质，贼卓因危乱之际，威服百寮，此乃汉家小厄之会，乃云今上'无血脉之属'，岂不诬乎！又曰'室家见戮，可复北面'，此卓所为，岂国家哉！偻偻赤心，志在灭卓，不识其他！"馥、绍竟遣故乐浪太守张岐等赍议上虞尊号。虞见岐等，厉色叱之曰："今天下崩乱，主上蒙尘，吾被重恩，未能清雪国耻；诸君各据州郡，宜共戮力尽心王室，而反造逆谋以相垢污邪！"固据之。馥等又请虞领尚书事，承制封拜，复不听，欲奔匈奴以自绝；绍等乃止。

二月，丁丑，以董卓为太师，位在诸侯王上。

孙坚移屯梁东，为卓将徐荣所败，复收散卒进屯阳人。卓遣东郡太守胡轸督步骑五千击之，以吕布为骑督。轸与布不相得，坚出击，大破之，枭其都督华雄。

或谓袁术曰："坚若得雒，不可复制，此为除狼而得虎也。"术疑之，不运军粮，坚夜驰见术，画地计校曰："所以出身不顾者，上为国家讨贼，下慰将军家门之私雠。坚与卓非有骨肉之怨也，而将军受浸润之言，还相嫌疑，何也？"术踧踖，即调发军粮。

坚还屯，卓遣将军李傕说坚，欲与和亲，令坚疏子弟任刺史、郡守者，许表用之。坚曰："卓逆天无道，今不夷汝三族，县示四海，则吾死不瞑目，岂将与乃和亲邪！"复进军大谷，距雒九十里。卓自出，与坚战于诸陵间，卓败走，却屯渑池，聚兵于陕。坚进至雒阳，击吕布，复破走。坚乃扫除宗庙，祠以太牢，得传国玺于城南甄官井中；分兵出新安、渑池间以要卓。

卓谓长史刘艾曰："关东军败数矣，皆畏孤，无能为也。惟孙坚小戆，颇能用人，当语诸将，使知忌之。"乃使东中郎将董越屯渑池，中郎将段煨屯华阴，中郎将牛辅屯安邑，其余诸将布在诸县，以御山东。辅，卓之婿也。卓引还长安。孙坚修塞诸陵，引军还鲁阳。

夏，四月，董卓至长安，公卿皆迎拜车下。卓抵手谓御史中丞皇甫嵩曰："义真，怖未乎？"嵩曰："明公以德辅朝廷，大庆方至，何怖之有！若淫刑以逞，将天下皆惧，岂独嵩乎！"

六月，丙戌，地震。

初，何进遣云中张杨还并州募兵，会进败，杨留上党，有众数千人。袁绍在河内，杨往归之，与南单于於扶罗屯漳水。韩馥以豪杰多归心袁绍，忌之；阴贬节其军粮，欲使其众离散。会馥将麴义叛，馥与战而败，绍因与义相结。

绍客逢纪谓绍曰："将军举大事而仰人资给，不据一州，无以自全。"绍曰："冀州兵强，吾士饥乏，设不能办，无所容立。"纪曰："韩馥庸才，可密要公孙瓒，使取冀州，馥必骇惧，因遣辩士为陈祸福，馥迫于仓卒，必肯逊让。"绍然之，即以书与瓒。瓒遂引兵而至，外托讨董卓而阴谋袭馥，馥与战不利。会董卓入关，绍还军延津，使外甥陈留高幹及馥所亲颍川辛评、荀谌、郭图等说馥曰："公孙瓒将燕、代之卒乘胜来南，而诸郡应之，其锋不可当。袁车骑引军东向，其意未可量也，窃为将军危之！"馥惧，曰："然则为之奈何？"谌曰："君自料宽仁容众为天下所附，孰与袁氏？"馥曰："不如也。""临危吐决，智勇过人；又孰与袁氏？"馥曰："不如也。""世布恩德，天下家受其惠，又孰与袁氏？"馥曰："不如也。"谌曰："袁氏一时之杰，将军资三不如之势，久处其上，彼必不为将军下也。夫冀州，天下之重资也，彼若与公孙瓒并力取之，危亡可立而待也。夫袁氏，将军之旧，且为同盟，当今之计，若举冀州以让袁氏，彼必厚德将军，瓒亦不能与之争矣。是将军有让贤之名，而身安于泰山也。"馥性怯怯，因然其计。馥长史耿武、别驾闵纯、治中李历闻而谏曰："冀州带甲百万，谷支十年。袁绍孤客穷军，仰我鼻息，譬如婴儿在股掌之上，绝其哺乳，立可饿杀，奈何欲以州与之！"馥曰："吾袁氏故吏，且才不如本初，度德而让，古人所贵，诸君独何病焉！"先是，馥从事赵浮、程涣将强弩万张屯孟津，闻之，率兵驰还。时绍在朝歌清水，浮等从后来，船数百艘，众万余人，整兵鼓，夜过绍营，绍甚恶之。浮等到，谓馥曰："袁本初军无斗粮，各已离散，虽有张杨、於扶罗新附，未肯为用，不足敌也。小从事等请以见兵拒之，旬日之间，必土崩瓦解；明将军但当开阁高枕，何忧何惧！"馥又不听，乃避位，出居中常侍赵忠故舍，遣子送印绶以让绍。绍将至，从事十人争弃馥去，独耿武、闵纯杖刀拒之，不能禁，乃止；绍皆杀之。绍遂领冀州牧，承制以馥为奋威将军，而无所将御，亦无官属。绍以广平沮授为奋武将军，使监护诸将，宠遇甚厚。魏郡审配、巨鹿田丰并以正直不得志于韩馥，绍以丰为别驾，配为治中，及南阳许攸、逢纪、颍川荀谌皆为谋主。

绍以河内朱汉为都官从事。汉先为韩馥所不礼，且欲徼迎绍意，擅发兵围守馥第，拔刃登屋，馥走上楼，收得馥大儿，槌折两脚；绍立收汉，杀之。馥犹忧怖，从绍索去，往依张邈。后绍遣使诣邈，有所计议，与邈耳语；馥在坐上，谓为见图，无何，起至溷，以书刀自杀。

鲍信谓曹操曰："袁绍为盟主，因权专利，将自生乱，是复有一卓也。若抑之，则力不能制，祇以遘难。且可规大河之南以待其变。"操善之。会黑山于毒、白绕、眭固等十余万众略东郡，王肱不能御。曹操引兵入东郡，击白绕于濮阳，破之。袁绍因表操为东郡太守，治东武阳。

南单于劫张杨以叛袁绍，屯于黎阳。董卓以杨为建义将军、河内太守。

太史望气，言当有大臣戮死者；董卓使人诬卫尉张温与袁术交通，冬，十月，壬戌，笞杀温于市以应之。

青州黄巾寇勃海，众三十万，欲与黑山合。公孙瓒率步骑二万人逆击于东光南，大破之，斩首三万余级。贼弃其辎重，奔走度河；瓒因其半济薄之，贼复大破，死者数万，流血丹水，收得生口七万余人，车甲财物不可胜算，威名大震。

刘虞子和为侍中，帝思东归，使和伪逃董卓，潜出武关诣虞，令将兵来迎。和至南阳，袁术利虞为援，留和不遣，许兵至俱西，令和为书与虞。虞得书，遣数千骑诣和。公孙瓒知术有异志，止之，虞不听。瓒恐术闻而怨之，亦遣其从弟越将千骑诣术，而阴教术执和，夺其兵，由是虞、瓒有隙。和逃术来北，复为袁绍所留。

是时关东州、郡务相兼并以自强大，袁绍、袁术亦自离贰。术遣孙坚击董卓未返，绍以会稽周昂为豫州刺史，袭夺坚阳城。坚叹曰："同举义兵，将救社稷，逆贼垂破而各若此，吾当谁与戮力乎！"引兵击昂，走之。袁术遣公孙越助坚攻昂，越为流失所中死。公孙瓒怒曰："余弟死，祸起于绍。"遂出军屯磐河，上书数绍罪恶，进兵攻绍。冀州诸城多叛绍从瓒，绍惧，以所佩勃海太守印绶授瓒从弟范，遣之郡，而范遂背绍，领勃海兵以助瓒。瓒乃自署其将帅严纲为冀州刺史，田楷为青州刺史，单经为兖州刺史，又悉改置郡、县守、令。

初，涿郡刘备，中山靖王之后也，少孤贫，与母以贩履为业，长七尺五寸，垂手下膝，顾自见其耳；有大志，少语言，喜怒不形于色。尝与公孙瓒同师事卢植，由是往依瓒。瓒使备与田楷徇青州有功，因以为平原相。备少与河东关羽、涿郡张飞相友善；以羽、飞为别部司马，分统部曲。备与二人寝则同床，恩若兄弟，而稠人广坐，侍立终日，随备周旋，不避艰险。常山赵云为本郡将吏兵诣公孙瓒，瓒曰："闻贵州人皆愿袁氏，君何独迷而能反乎？"云曰："天下汹汹，未知孰是，民有倒县之厄，鄙州论议，从仁政所在，不为忽袁公，私明将军也。"刘备见而奇之，深加接纳，云遂从备至平原，为备主骑兵。

初，袁术之得南阳，户口数百万，而术奢淫肆欲，征敛无度，百姓苦之，稍稍离散。既与袁绍有隙，各立党援以相图谋。术结公孙瓒而绍连刘表，豪杰多附于绍。术怒曰："群竖不吾从而从吾家奴乎！"又与公孙瓒书曰："绍非袁氏子。"绍闻大怒。

术使孙坚击刘表，表遣其将黄祖逆战于樊、邓之间，坚击破之，遂围襄阳。表夜遣黄祖潜出发兵，祖将兵欲还，坚逆与战，祖败走，窜岘山中。坚乘胜夜追祖，祖部兵从竹木间暗射坚，杀之。坚所举孝廉长沙桓阶诣表请坚丧，表义而许之。坚兄子贲率其士众就袁术，术复表贲为豫州刺史。术由是不能胜表。

初，董卓入关，留朱俊守雒阳，而俊潜与山东诸将通谋，惧为卓所袭，出奔荆州。卓以弘农杨懿为河南尹；俊复引兵还雒，击懿，走之。俊以河南残破无所资，乃东屯中牟，移书州郡，请师讨卓。徐州刺史陶谦上俊行车骑将军，遣精兵三千助之，余州郡亦有所给。

刘焉在益州阴图异计。沛人张鲁，自祖父陵以来世为五斗米道，客居于蜀。鲁母以鬼道常往来焉家，焉乃以鲁为督义司马，以张修为别部司马，与合兵掩杀汉中太守苏固，断绝斜谷阁，杀害汉使。焉上书言："米贼断道，不得复通。"又托他事杀州中豪强王咸、李权等十余人，以立威刑。犍为太守任岐及校尉贾龙由此起兵攻焉，焉击杀岐、龙。焉意渐盛，作乘舆车具千余乘，刘表上"焉有似子夏在西河疑圣人"之论。时焉子范为左中郎将，诞为治书御史，璋为奉车都尉，皆从帝在长安，惟小子别部司马瑁素随焉；帝使璋晓喻焉，焉留璋不遣。

公孙度威行海外，中国人士避乱者多归之，北海管宁、邴原、王烈皆往依焉。宁少时与华歆为友，尝与歆共锄菜，见地有金，宁挥锄不顾，与瓦石无异，歆捉而掷之，人以是知其优劣。邴原远行游学，八九年而归，师友以原不饮酒，会米肉送之；原曰："本能饮酒，但以荒思废业，故断之耳。今当远别，可一饮燕。"于是共坐饮酒，终日不醉。宁、原俱以操尚称，度虚馆以候之。宁既见度，乃庐于山谷，时避难者多居郡南，而宁独居北，示无还志，后渐来从之，旬月而成邑。宁每见度，语唯经典，不及世事；还山，专讲《诗》《书》，习俎豆，非学者无见也。由是度安其贤，民化其德。邴原性刚直，清议以格物，度已下心不安之。宁谓原曰："潜龙以不见成德。言非其时，皆招祸之道也。"密遣原逃归，度闻之，亦不复追也。王烈器业过人，少时名闻在原、宁之右。善于教诱，乡里有盗牛者，主得之，盗请罪，曰："刑戮是甘，乞不使王彦方知也！"烈闻而使人谢之，遗布一端。或问其故，烈曰："盗惧吾闻其过，是有耻恶之心，既知耻恶，则善心将生，故与布以劝为善也。"后有老父遗剑于路，行道一人见而守之，至暮，老父还，寻得剑，怪之，以事告烈，烈使推求，乃先盗牛者也。诸有争讼曲直将质之于烈，或至途而反，或望庐而还，皆相推以直，不敢使烈闻之。度欲以为长史，烈辞之，为商贾以自秽，乃免。

【译文】
初平二年（辛未、191年）

春、正月、辛丑日（初六），赦免天下。

关东所有的将领聚在一起商量，以为天子幼小，又遭到董卓的逼迫，远隔着关塞，是生是死，不得而知。幽州牧刘虞是宗室里的贤俊，想要一同拥立他为天子。曹操说："我们起兵之所以远近没人响应，就是因为我们是以道义而起兵的。现在幼小的君主，遭奸臣的支配，但是并没有昌邑王亡国的行为。假如一朝之间改立，天下什么人可以安心？诸位打算北面侍奉刘虞，我单独西向侍奉天子。"韩馥、袁绍写信给袁术说："皇帝并非孝灵帝的儿子，我们想要依照绛侯周勃和灌婴废掉少主，迎立代王的旧例，奉大司马刘虞做皇帝。"袁术私下有想做皇帝的意图，国家假如有年长的国君对他很不利，于是，对外假借公义加以拒绝。袁绍又给袁术写信，说："现在西方名义上是有一个幼小的君主，可是没有血缘的关系，公卿以下都谄媚侍奉董卓，怎么可能再信任他呢？现在我们应当派兵屯守险要的地方，让他们自己困顿而死，然后在东边拥立圣明的天子。这样，太平就有希望了，如何还有怀疑呢？另外，我们家人遭到杀戮，我们不想效法伍子胥报仇就算了，怎么还可以再北面称臣侍奉他吗？"袁术回答："现在的天子很聪明，有周成王的资质，贼人董卓凭借危机威服百官，这是汉家的危机，你竟然说现在的天子没有血缘的关系，岂不是错了吗？又说家里的人被杀，怎么能再北面侍奉他，其实这是董卓所做的，怎么是天子呢？这是我很忠诚的赤心，我的目的在消灭董卓，不知道其他的事情！"韩馥、袁绍竟然派以前的乐浪太守张岐等，携带着大家议论的结果，去见刘虞、奉上刘虞天子的尊号。刘虞看到张岐等，十分严厉地叱责他们说："现在天下很乱，主上蒙受屈辱，我受了国家的重恩，没能洗刷国家的耻辱；诸位各人占据了州郡，应当共同努力，为王室尽心，怎么反而设计叛逆的计谋来污辱我呢？"就坚决拒绝。韩馥等又请求刘虞兼管尚书的事务，承天子的命令来主持封拜的事务，刘虞还是不接纳，想要逃奔到匈奴，与求和这件事情绝缘，袁绍等才放弃。

二月，丁丑日（十二日），派董卓做太师，地位在所有的侯王之上。

孙坚移兵屯守梁县的东面，被董卓的将领徐荣所打败。孙坚又收集分散的士兵，进兵屯守阳人。董卓派东郡太守胡轸带领步兵骑兵5000人来攻打，派吕布做骑兵的首领。胡轸和吕布不和，孙坚出兵来迎战，将他们打得大败，杀了他们的首领华雄，枭首示众。

有人对袁术说："假如孙坚得到洛阳，就没有办法再加以支配，这是除掉狼而得到虎。"袁术怀疑了，就不运军粮给孙坚。孙坚夜里乘快马来拜见袁术，分析利害关系说："我之所以挺身而出，不顾生命安危，上是为了国家讨伐贼人，下是安慰将军家门的私仇。孙坚和董卓没有很深的仇怨，而将军受到人家的谗言，而怀疑我，是什么原因呢？"袁术感到局促不安，就调发军粮给孙坚。

孙坚回到军中屯守，董卓派将军游说孙坚，想要同孙坚和亲，命令孙坚表奏子弟做刺史郡守。董卓同意录用他们。孙坚说："董卓违背天意大逆不道，现在不灭掉他三族，将他杀掉，悬首给天下人看，我死不瞑目，怎么肯同你和亲呢？"又进军大谷，距离洛阳90里。董卓亲自率兵和孙坚在几个陵寝间会战。董卓吃了败仗逃跑，退兵屯守渑池，在陕县聚集军队。孙坚进兵到洛阳，攻打吕布，又把吕布打败赶走。孙坚于是扫除宗庙，用太牢来祭祀，在城南甄官井中得到传国玉玺，又分兵出新安、渑池间来拦击董卓。

董卓对长史刘艾说："关东的军队经常打败仗，都怕我，不能有什么作为。只有孙坚善于用人才，应该告诉所有的将领，加以防范。"于是就派东中郎将董越屯守渑池，中郎将段煨屯守华阴，中郎将牛辅屯守安邑，把其余的将领部署在其他的县，抵抗山东方面的进攻。牛辅，是董卓的女婿。董卓带领军队回到长安，孙坚修复所有的陵寝，带领军队回到鲁阳。

夏、四月，董卓到了长安，公卿全都在车下拜见。董卓拍拍手对御史丞皇甫嵩说："义真，怕不怕？"皇甫嵩说："你用道德辅佐朝廷，大的喜庆刚来，有什么可怕的呢？你如果滥用刑法来逞快意、天下的人都会害怕，岂止是我皇甫嵩呢？"

六月，丙戌日（二十三日），地震。

从前，何进派云中人张杨返回并州招募兵丁，刚好遇到何进失败，张杨就留在上党，手下有徒众几千人。袁绍在河内，张杨就去投奔他。和南单于於扶罗屯守漳水。韩馥认为豪杰都心服袁绍，心里忌恨，私下减少他的军粮，要想使他的手下分散。正好韩馥的将领曲义叛乱，韩馥就和他会战，而被打败，袁绍因此和曲义相结合。

袁绍的门客逢纪对袁绍说："将军你要举大事而

董卓像

仰望别人的供应，不占据一个州，是没有办法保全自己的。"袁绍说："冀州的兵力很强大，我的士兵疲惫，不可能得到这个地方，就无法容身立足。"逢纪说："韩馥是一个庸才，可以秘密的邀约公孙瓒，叫他去攻打冀州，韩馥必定恐惧。只要派遣一个善辩之士，去为韩馥陈述祸福，韩馥受到窘困的逼迫，必定肯把冀州让给你。"袁绍觉得很妙，就写封信给公孙瓒。公孙瓒于是带领军队来到，表面上托讨伐董卓的名义，而实际上要攻打韩馥。韩馥和他作战，战况不利。刚好这个时候董卓入关，袁绍就带领军队回到延津，派外甥陈留人高干同韩馥所亲信的颍川人辛评、荀谌、郭图等游说韩馥说："公孙瓒带领燕、代两地的军队，乘胜来到南方，而各郡都响应，他的锋芒实在无法抵抗。袁绍率领军队向东来，他的用意难以揣测，我们以为将军的处境很危险！"韩馥很害怕，说："那么怎么办呢？"荀谌说："你自己宽厚仁爱，容纳群众为天下人所归附，比起袁绍来怎么样？"韩馥说："我不如他。"荀谌说："临到危险，谈吐奇计、策略，智勇过人，你同袁绍比起来又怎么样？"韩馥说："我赶不上他。"荀谌说："世世代代施布恩德，全天下每户都受恩惠，你比起袁绍来又怎么样？"韩馥说："我还是不如！"荀谌说："袁绍是一世的豪杰，将军你凭借3个不如他的劣势，长久占据他的上位，他肯定不会做你的部下的。冀州是战略要地，他如果和公孙瓒并力来攻取，你马上就受到危险。而袁绍是你的旧交，并且是讨伐董卓的同盟，现在的计划，如果把冀州让给袁绍，他肯定感激你，而好好地报答你，公孙瓒也不能和你相争了。如此说来，将军你有让贤的声名，而自己处于泰山那样的安稳。"韩馥生性害怕畏缩，因而认为他的计划很妙。韩馥的长史耿武、别驾闵纯、治中李历听到了就劝阻他说："冀州有甲士百万，粮食可以维持10年。袁绍是孤军奋战，军队又疲惫，仰承我们的鼻息，就如是婴儿在手上，断绝他的哺乳、马上就可以饿死，怎么可以把冀州让给他呢？"韩馥说："我是袁氏的旧官，并且才能也不如袁本初，我量才德而让位，这是古人所称颂的，各位为什么偏偏的不赞成呢？"在此之前、韩馥的从事赵浮、程奂，带领强弩一万张屯守在孟津，听到这件事情，就率领军队，奔驰回来。当时袁绍在朝歌清水，赵浮等从后面过来，船有100艘，士兵有1万多人，整顿了军队旗鼓，夜里经过袁绍的营帐，袁绍很厌恶他。赵浮等到了后，就对韩馥说："袁本初军中无一斗的粮食，士兵们都已经离散，虽然有张杨，於扶罗刚刚亲附，可是都不愿为他所用，确实不是我们的对手。我做从事的请求就拿现有的兵来抗拒他，几天之内必定要他土崩瓦解！将军你只要开着边门，高枕而卧，有什么好担心、有什么好害怕的呢？"韩馥又不听从，就让位给袁绍，自己出去居住中常侍赵忠以前的房子，派他的儿子把印信送给袁绍。袁绍快到的时候，韩馥的从事10个人争着离开韩馥而去，只有耿武、闵纯拿着刀拒抗袁绍，可是无办法阻止，只好停止，袁绍把他们全都杀死。袁绍于是领了冀州牧，承君主的命令，派韩馥做威武将军，但是没有军队给他统领，也没有官吏下属。袁绍派广平人沮授做奋武将军，派他监督领导所有的将军，对他的待遇很好。魏郡人审配、巨鹿人田丰，由于为人正直，在韩馥处很不得志，袁绍就派田丰做别驾，审配做治中，以及南阳人许攸、逢纪、颍川人荀谌，成为谋划的骨干。

袁绍派河内人朱汉做都官从事。朱汉起先得不到韩馥的礼遇，现在又想迎合袁绍的心意，于是擅自发兵围守韩馥的住处，拔刀登上屋顶，韩馥跑上楼躲起来。朱汉擒住韩馥的大儿子，打断了他的两条腿，袁绍立刻收捕了朱汉，把他杀了。韩馥还是很恐惧，于是就向袁绍请求离去，去依靠张邈。后来袁绍派使者到张邈那里，有事商量，和张邈附耳密语，韩馥在座位上认为要谋害他。不久就起身往厕所去，用削书简的刀自杀而死。

鲍信对曹操说："袁绍做盟主，凭借着权势，独享利益，将会产生祸害，如此等于是又有一个董卓。假如压制他，力量又不足制裁他，势必招来灾祸。现在暂时可以规划大河的南方，来等待他的变化。"曹操认为很好。刚好黑山、于毒、白绕、眭固等十几万兵马侵略东郡，王肱不能抵抗，曹操就引兵进入东郡，在濮阳攻打白绕，打败了他。袁绍因而表奏曹操做东郡太守，以东武阳作为郡政府所在地。

南单于劫持张杨，反对袁绍，屯守黎阳。董卓派张杨做建义将军、河内太守。

太史观望云气，说当有大臣被杀，董卓派人诬陷卫尉张温和袁术交往。冬，十月，壬戌日（初一），就在市镇上把张温杀了，来证实这个预言。

青州的黄巾军侵入勃海，有部众30万，想要和黑山的势力会合。公孙瓒率领步兵、骑兵2万人，在东光的南面攻打他们，把他们打得大败，消灭黄巾军3万多人。黄巾军抛弃他们的辎重，抢着渡河；公孙瓒趁他们渡过一半的时候攻击他们，黄巾军又大败，死了几万人，河水都被染红了，被活捉7万多人、车辆、铠甲、财物，无法计算，公孙瓒因而威名大震。

刘虞的儿子刘和做侍中，皇帝想东归洛阳，就叫刘和假装逃避董卓，偷偷地出武关去见刘虞，命令他带领军队来迎接。刘和到了南阳，袁术利用刘虞作为后援，并扣留了刘和不许他走，答应他军队到了，一起带兵向西，命令刘和写封信给刘虞。刘虞收到信以后，就派遣几千骑兵到刘和那里。公孙瓒知道袁术有异心，就阻拦他，刘虞不听。公孙瓒恐怕袁术知道了而怨恨自己，也派自己的堂弟公孙越率领1000骑兵去见袁术，暗地里叫袁术搜捕刘和，夺下他的军队，由此刘虞和公孙瓒就有了仇隙。刘和从袁术那里逃跑，来到北方又被袁绍所扣留。

这时关东各州郡全都致力于互相兼并来壮大自己，袁绍、袁术也分离了。袁术派孙坚攻打董卓还没有回来，袁绍派会稽人周昂做豫州刺史，偷袭孙坚所统治的阳城。孙坚慨叹说："我们一同发动义兵，是为了要救国家，逆贼马上就要被消灭，而我们都如此的表现，我应该和什么人一同努力呢？"就带领军队攻打周昂，战事不顺利。袁术派公孙越帮助孙坚攻打周昂，公孙越被流箭射中死掉。公孙瓒发怒说："我的弟弟死了，是由于袁绍。"于是出兵屯守磐河，上奏书陈说袁绍的罪恶，进兵攻打袁绍。冀州各城也都叛离袁绍而跟从公孙瓒，袁绍害怕了，就把自己所配的勃海太守印信给了公孙瓒的堂弟公孙范，派他到勃海郡去，公孙范反而背叛袁绍，带领勃海的军队来帮助公孙瓒。公孙瓒就自己签署了他的将帅严纲做冀州刺史，田楷做青州刺史，单经做兖州刺史，又全部改立各郡的郡守，各县的县令。

开始，涿郡人刘备，是中山靖王的后代，小时候父亲就逝世了，家里很穷，和母亲卖鞋子为生，身长7尺5寸，手垂下来可以到达膝盖，自己可以看到自己的耳朵，有大志向，很少讲话，喜怒不表露在外面。曾经和公孙瓒共同拜卢植为师，因此这个时候投靠公孙瓒。公孙瓒就派刘备和田楷去攻打青州，由于有功而做平原相。刘备小时候和河东人关羽，涿郡人张飞互相关系密切，就派关羽、张飞做别部司马，分别率领军队。刘备和他们两个人同床而睡，如同兄弟，而在稠人广众的地方，关羽和张飞，整天在刘备的身边站立，随着刘备周旋，不躲避艰难危险。常山人赵云为本郡率领官吏士兵，就去拜见公孙瓒。公孙瓒说："听说你州中的人都愿意跟随袁氏，你为何单独的迷失而背叛他们呢？"赵云说："天下议论纷纷，不知道什么人对，人民有倒悬着的危险，而我们州中人的议论，都跟随仁政所在的地方，不是小看袁氏而有爱于你。"刘备看到赵云而欣赏他的才能，就同他结交。赵云追随刘备到了平原，为刘备领导骑兵。

开始，袁术得到南阳的时候，户口有几百万，而袁术奢侈淫乐、放纵欲望，征税无穷尽，老百姓深以为苦，就逐渐地离去了。后来又和袁绍有仇隙，各人都建立党羽来图谋对方。袁术结交了公孙瓒。而袁绍联合了刘表。豪杰多归附袁绍。袁术发怒说："这干小子不跟从我而跟从我的家奴吗？"又在给公孙瓒的信中说："袁绍不是袁家的儿子。"袁绍听了以后大怒！

袁术派孙坚攻打刘表，刘表派他的将领黄祖在樊、邓之间迎战，孙坚打败了黄祖，就围困襄阳。刘表派遣黄祖夜里偷偷出城动用军队，黄祖率领军队要回城的时候，孙坚碰上了就跟他作战，黄祖败逃，逃奔到岘山里。孙坚乘胜追赶黄祖。黄祖部下的士兵从竹林里偷射孙坚，杀掉了他。孙坚所推举的孝廉长沙人桓阶拜见刘表，要求为孙坚发丧。刘表认为他很有道义就允许了。孙坚的侄儿孙贲率领他的手下，投奔袁术。袁术又表奏孙贲做豫州刺史。袁术从此无法胜过刘表。

开始，董卓入关，留下朱俊守洛阳。而朱俊暗自和山东的将领们互通计谋，怕被董卓袭击就逃到荆州。董卓派弘农人杨懿做河南尹，朱俊又率领军队返回洛阳，攻打杨懿，把他赶走。朱俊认为河南残破，没有可依靠的，于是向东屯守中牟，移书各州郡，要求派兵讨伐董卓。徐州刺史陶谦上表荐朱俊做车骑将军，派3000精锐的军队来帮助他，其他的各州郡也都派了一点人。

刘焉在益州私自图谋特殊的计划。沛人张鲁，自从祖父张陵以来，世代从事于五斗米道，客居在蜀地。张鲁的母亲由于通邪术，时常往来于刘焉的家里，刘焉就派张鲁做督义司马；张修做别部司马，和他们合兵掩杀了汉中太守苏固，切断了斜谷阁，杀害了汉室的使臣。刘焉上书说："米贼切断了道路，交通中断。"又借其他的事情，杀掉了州里的豪强王咸、李权等十几个人，来树立他的威望。犍为太守任岐和贾龙因此起兵打刘焉。刘焉攻打任岐、贾龙，并把他们杀掉。刘焉做皇帝的意思逐渐旺盛，建造了车乘1000余辆，刘表上奏章，里边有"刘焉有如子夏当初在西河比拟圣人"的言论。当时刘焉的儿子刘范做左中郎将，刘诞做治书御史，刘璋做奉车都尉，都跟随皇帝在长安，只有小儿子别部司马刘瑁跟从刘焉。皇帝就派刘璋晓喻刘焉，刘焉扣留了刘璋不让他回去。

公孙度威名很大，逃避灾乱的志士都去投奔靠他，北海人管宁、邴原、王烈全都去依靠他。管宁小时候同华歆是朋友，曾经同华歆共同种菜，锄地的时候看到一块金子，管宁继续挥动锄头看也不看，和看到砖瓦石块一样；华歆就把它拿起来，看了看又把它丢掉，人家因此而知道他们道德的高低。邴原到很远的地方去游学，八九年以后要回去，师友们以为邴原不喝酒，大家就凑了米和肉送给他。邴原说："本来会喝酒，只是担心荒废了学业，所以戒掉了。现在要远离了，可以喝一次。"于是和大家坐下来喝酒，喝一整天都没有醉。管宁、邴原都由于道德高尚出名，公孙度空着房舍来等候他们。管宁见到公孙度以后，就在山洞里建了一个房子。当时逃避灾难的人都住在郡的南边，而管宁单独地居住在北面，表示自己没有回去的意思，后来逃难的人都跟着他，不到一个月，所住的地区就成为一个邑镇。管宁每次见到公孙度，所谈论的只是经典，不谈世事；回到山里，专门讲说诗书，学习礼仪，不是学习的人他不接见。因此公孙度对他的贤能感到很放心，也受到他的道德感化。邴原性情正直，经常议论人物而指正人的错误，公孙度以下的人，心里都感到不太安宁。管宁就对邴原说："潜在水底下的龙，因为隐而不现，从而修养成自己的道德品行。讲话不合时宜，是招来灾祸的缘故。"秘密地要邴原逃回去，公孙度知道了，也不追赶。王烈的气量德业超过人，在年轻时，声名在邴原、管宁之上。善于教导人，乡里有偷牛的人，主人擒住了他，强盗要求治罪说："我甘心受你的惩罚，希望你不要让王彦方知道！"王烈知道以后，就派人去酬谢他，送给他一块布。有人问其原因，王烈说："强盗怕我得知他的过错，这是因为有羞于为恶的心理，既然明白羞于为恶，那么善心将会萌生出来，所以我送他一块布，来鼓励他行善。"后来有一位老人家在路上丢了一把剑，有一个人捡到了，就在路旁等。一直到晚上，老人家回来了，找到了剑，就很奇怪，将这件事情告诉王烈。王烈就派人去找这个人，原来就是从前偷牛的那个人。很多人互相争执是非曲直，要请王烈判决，有的在半路上就回去了，有的看到王烈的住处就回去了，都互相说对方是对的，不敢让王烈知晓。公孙度想要派王烈做长史，王烈推辞了。做一个商人来自污，所以能够免于灾祸。

卷六十一至卷九〇

汉纪五十八　孝献皇帝辛
建安十四年（己丑、209年）

春，三月，曹操军至谯。

孙权围合肥，久不下。权率轻骑欲身往突敌，长史张纮谏曰："夫兵者凶器，战者危事也。今麾下恃盛壮之气，忽强暴之虏，三军之众，莫不寒心。虽斩将搴旗，威震敌场，此乃偏将之任，非主将之宜也。愿抑贲、育之勇，怀霸王之计。"权乃止。

曹操遣将军张喜将兵解围，久而未至。扬州别驾楚国蒋济密白刺史，伪得喜书，云步骑四万已到雩娄，遣主簿迎喜。三部使赍书语城中守将，一部得入城，二部为权兵所得。权信之，遽烧围走。

魏太祖曹操像，图出自《三才图会》。

秋，七月，曹操引水军自涡入淮，出肥水，军合肥，开芍陂屯田。

冬，十月，荆州地震。

十二月，操军还谯。

周瑜攻曹仁岁余，所杀伤甚众，仁委城走。权以瑜领南郡太守，屯据江陵；程普领江夏太守，治沙羡；吕范领彭泽太守；吕蒙领寻阳令。刘备表权行车骑将军，领徐州牧。会刘琦卒，权以备领荆州牧，周瑜分南岸地以给备。备立营于油口，改名公安。

权以妹妻备。妹才捷刚猛，有诸兄风，侍婢百余人，皆执刀侍立，备每入，心常凛凛。

曹操密遣九江蒋幹往说周瑜。幹以才辨独步于江、淮之间，乃布衣葛巾，自托私行诣瑜。瑜出迎之，立谓幹曰："子翼良苦，远涉江湖，为曹氏作说客邪！"因延幹，与周观营中，行视仓库、军资、器仗讫，还饮宴，示之侍者服饰珍玩之物。因谓幹曰："丈夫处世，遇知己之主，外托君臣之义，内结骨肉之恩，言行计从，祸福共之，假使苏、张更生，能移其意乎！"幹但笑，终无所言。还白操，称瑜雅量高致，非言辞所能间也。

丞相掾和洽言于曹操曰："天下之人，材德各殊，不可以一节取也。俭素过中，自以处身则可，以此格物，所失或多。今朝廷之议，吏有著新衣、乘好车者，谓之不清；形容不饰、衣裘敝坏者，谓之廉洁。至令士大夫故污辱其衣，藏其舆服；朝府大吏，或自挈壶飧以入官寺。夫立教观俗，贵处中庸，为可继也。今崇一概难堪之行以检殊涂，勉而为之，必有瘁。古之大教，务在通人情而已；凡激诡之行，则容隐伪矣。"操善之。

【译文】

建安十四年 （己丑、209年）

春天，三月，曹操军队到达谯城。

孙权包围合肥，很久攻不下来。孙权带领轻装骑兵，想要亲自前往袭击敌军，长史张纮建议说："军队是凶器，战争是危险的事。现在您倚仗着强盛的勇气，小看强暴的敌人，三军将士，没有不心寒的。尽管能斩杀大将，拔取军旗，威震敌军，这只是偏将的职责，不是主将应该做的事。希望您能够限制孟贲、夏育般的勇气，心怀霸王的大略。"孙权才没有去。

曹操命令将军张喜率领军队去解围，过了很长时间还没有到达。扬州别驾楚国人蒋济暗中告诉刺史，假称得到了张喜的信，说是4万步兵、骑兵已经到达雩娄县，命令主簿迎接张喜。三部派出使者，带着书信，告诉城中守将："一部得以进入城中，二部被孙权军队抓获了。"孙权信以为真了，马上烧掉栅围逃走了。

秋天，七月，曹操带领水军从涡水进入淮水，从肥水上岸，在合肥驻守，开辟芍陂的屯田。

冬天，十月，荆州发生地震。

十二月，曹操军队回到谯城。

周瑜攻打曹仁一年多，死伤的人数不计其数，曹仁弃城逃走了。孙权派周瑜兼领南郡太守，守卫江陵；程普兼领江夏太守，治所在沙羡；吕范兼领彭泽太守；吕蒙兼领寻阳令。刘备委任孙权代理车骑将军，兼领徐州牧。正在这个时候时刘琦去世，孙权委任刘备兼领荆州牧，周瑜把南岸的土地分给刘备。刘备在油口安营，改名为公安。

孙权把妹妹嫁给刘备做夫人。孙权的妹妹聪明敏捷，刚毅严厉，有兄长们的作风，婢女100多人，都拿着刀站立身旁，刘备每次进来，都心惊胆战。

曹操暗中派遣九江人蒋干，前往游说周瑜。蒋干凭才能、口才，在江、淮一带没有比得上的。于是穿上布衣，戴着葛巾，自称以私人交情，前往拜见周瑜。周瑜出来迎接他，站着对蒋干说："子翼辛苦了，渡过遥远的江面，是打算替曹氏做说客吗？"随后请蒋干一起到军营中各处参观，看完了仓库、军资、器仗之后，回来宴饮，展示侍者、服饰、珍玩等东西给他看。对蒋干说："大丈夫在人世中，遇到了知己的君主，在外有君臣伟大的义理，在内结下了骨肉的恩情，进谏能够被实行，计策能够被听从，祸福共享，即使是苏秦、张仪再生，能够转移他的心意么！"蒋干只是一笑，终究不说话。回来告诉曹操，赞许周瑜的器量高雅，操守高洁，不是言辞所能够离间的。

丞相掾和洽向曹操建议说："天下的百姓，才能、品德各不相同，不可以用一种标准选拔人才。节俭过度，私自用以修身是可以的，以这种做法矫正人物，弊端就多了。现在朝廷中的论调，官吏中有穿着新衣，乘坐漂亮车辆的人，就说是不清高；外貌不修整、衣着破损的人，就说是廉洁。甚至使得士大夫故意污损他们的衣服，收拾起来他们的车辆、服饰；朝府中高级官员，有些自己携带饮食，进入官寺。建立教化，体察民情，要以中庸为贵，才可以永继不绝。现在崇尚平等，以难以忍受的方式来约束不同的人，勉强实行，必定会疲惫困顿。古时伟大的教化，只是能够通达人情罢了；凡是偏激、奇特的行为，就可能有隐瞒、不实的事。"曹操很赞同。

十八年（癸巳、213年）

春，正月，曹操进军濡须口，号步骑四十万，攻破孙权江西营，获其都督公孙阳。权率众七万御之，相守月余。操见其舟船器仗军伍整肃，叹曰："生子当如孙仲谋；如刘景升儿子，豚犬耳！"权为笺与操，说："春水方生，公宜速去。"别纸言："足下不死，孤不得安。"操语诸将曰："孙权不欺孤。"乃撤军还。

庚寅，诏并十四州，复为九州。

初，曹操在谯，恐滨江郡县为孙权所略，欲徙令近内，以问扬州别驾蒋济，曰："昔孤与袁本初对军官渡，徙燕、白马民，民不得走，贼亦不敢钞。今欲徙淮南民，何如？"对曰："是时兵弱贼强，不徙必失之。自破袁绍以来，明公威震天下，民无他志，人情怀土，实不乐徙，惧必不安。"操不从。既而民转相惊，自庐江、九江、蕲春、广陵，户十余万皆东渡江，江西遂虚，合淝以南，惟有皖城。

五月，丙申，以冀州十郡封曹操为魏公，以丞相领冀州牧如故。又加九锡：大辂、戎辂各一，玄牡二驷；衮冕之服，赤舄副焉；轩县之乐，六佾之舞；朱户以居；纳陛以登；虎贲之士三百人；鈇、钺各一；彤弓一，彤矢百，玈弓十，玈矢千；秬鬯一卣，圭、瓒副焉。

大雨水。

益州从事广汉郑度闻刘备举兵，谓刘璋曰："左将军悬军袭我，兵不满万，士众未附，军无辎重，野谷是资，其计莫若尽驱巴西、梓潼民内、涪水以西，其仓廪野谷，一皆烧除，高垒深沟，静以待之。彼至，请战，勿许，久无所资，不过百日，必将自走，走而击之，此必禽耳。"刘备闻而恶之，以问法正。正曰："璋终不能用，无忧也。"璋果谓其群下曰："吾闻拒敌以安民，未闻动民以避敌也。"不用度计。

璋遣其将刘璝、冷苞、张任、邓贤、吴懿等拒备，皆败，退保绵竹；懿诣军降。璋复遣护军南阳李严，江夏费观督绵竹诸军，严、观亦率其众降于备。备军益强，分遣诸将平下属县。刘璝、张任与璋子循退守雒城，备进军围之。任勒兵出战于雁桥，军败，任死。

秋，七月，魏始建社稷、宗庙。

魏公操纳三女为贵人。

初，魏公操追马超至安定，闻田银、苏伯反，引军还。参凉州军事杨阜言于操曰："超有信、布之勇，甚得羌、胡心；若大军还，不设备，陇上诸郡非国家之有也。"操还，超果率羌、胡击陇上诸郡县，郡县皆应之，惟冀城奉州郡以固守。

自正月至八月，救兵不至。刺史韦康遣别阎净温出，告急于夏侯渊，外围数重，温夜从水中潜出。明日，超兵见其迹，遣追获之。超载温诣城下，使告城中云："东方无救。"温向城大呼曰："大军不过三日至，勉之！"城中皆泣，称万岁。超虽怒，犹以攻城久不下，徐徐更诱温，冀其改意。温曰："事君有死无二，而卿乃欲令长者出不义之言乎！"超遂杀之。

魏公操使夏侯渊救冀，未到而冀败。渊去冀二百余里，超来逆战，渊军不利。氐王千万反应超，屯兴国，渊引军还。

会杨阜丧妻，就超求假以葬之。阜外兄天水姜叙为抚夷将军，拥兵屯历城。阜见叙及其母，歔欷悲甚。叙曰："何为乃尔？"阜曰："守城不能完，君亡不能死。亦何面目以视息于天下！马超背父叛君，虐杀州将，岂独阜之忧责，一州士大夫皆蒙其耻。君拥兵专制而无讨贼心，此赵盾所以书弑君也。超强而无义，多衅，易图耳。"叙母慨然曰："咄！伯奕，韦使君遇难，亦汝之负，岂独义山哉！人谁不死，死于忠义，得其所也。但当速发，勿复顾我；我自为汝当之，不以余年累汝女。"叙乃与同郡赵昂、尹奉、武都李俊等合谋讨超，又使人至冀，结安定梁宽、南安赵衢使为内

杨阜像

应。超取赵昂子月为质，昂谓妻异曰："吾谋如是，事必万全，当奈月何？"异厉声应曰："雪君父之大耻，丧元不足为重，况一子哉！"

九月，阜与叙进兵，入卤城，昂、奉据祁山，以讨超。超闻之，大怒，赵衢因谲说超，使自出击之。超出，衢与梁宽闭冀城门，尽杀超妻子。超进退失据，乃袭历城，得叙母。叙母骂之曰："汝背父之逆子，杀君子桀贼，天地岂久容汝，而不早死，敢以面目视人乎！"超杀之，又杀赵昂之子月。杨阜与超战，身被五创。超兵败，遂南奔张鲁。鲁以超为都讲祭酒，欲妻之以女。或谓鲁曰："有人若此，不爱其亲，焉能爱人！"鲁乃止。

冬，十一月，魏初置尚书、侍中、六卿；以荀攸为尚书令，凉茂为仆射，毛玠、崔琰、常林、徐奕、何夔为尚书，王粲、杜袭、卫觊、和洽为侍中，钟繇为大理，王修为大司农，袁涣为郎中令，行御史大夫事，陈群为御史中丞。

袁涣得赏赐，皆散之，家无所储，乏则取之于人，不为察之行，然时人皆服其清。时有传刘备死者，群臣皆贺，惟涣独否。

魏公操欲复肉刑，令曰："昔陈鸿胪以为死刑有可加于仁恩者，御史中丞能申其父之论自乎？"陈群对曰："臣父纪以为汉除肉刑而增加于笞，本兴仁恻而死者更众，所谓名轻而实重者也。名轻则易犯，实重则伤民。且杀人偿死，合于古制；至于伤人，或残毁其体，而裁剪毛发，非其理也。若用古刑，使淫者下蚕室，盗者刖其足，则永无淫放穿窬之奸矣。夫三千之属，虽未可悉复，若斯数者，时之所患，宜先施用。汉律所杀殊死之罪，仁所不及也，其余逮死者，可易以肉刑。如此，则所刑之与所生足以相贸矣。今以笞死之法易不杀之刑，是重人支体而轻人躯命也。"当时议者，唯钟繇与群议同，余皆以为未可行。操以军事未罢，顾众议而止。

【译文】

十八年（癸巳、213年）

春天，正月，曹操攻克濡须口，号称步兵、骑兵40万，攻克孙权长江西岸的军营，俘虏了他的都督公孙阳。孙权率领7万军队抵御，相互对峙了一个多月。曹操看到他们的舟船、器仗、队伍整齐严肃，叹着气说："生儿子就要像孙仲谋一样；像刘景升的儿子，只是猪狗一样！"孙权写信给曹操说："春天将要发大水,您应该赶快离开。"另外一信说:"你不死,我不能心安。"曹操对各将领说:"孙权不是骗我的。"于是撤军回去了。

庚寅日(初三),诏令将14个州合并成为9个州。

当初,曹操在谯城,害怕濒临长江的郡县会遭到孙权的侵犯,想要迁徙百姓,使他们接近首都,询问扬州别驾蒋济说:"以前我和袁本初在官渡对峙,迁徙燕、白马的百姓,百姓没有逃散的,贼人也不敢掠夺。现在想要迁徙淮南的百姓,如何?"蒋济回答说:"那时候,军力薄弱,贼人强大,不迁徙一定会失掉人民。自从打败袁绍以来,明公的名望,天下震动,百姓没有别的心意,人情怀念故乡,实在不愿意迁徙,一定会惶恐不安。"曹操不听从。过后人民一起惊慌起来,从庐江、九江、蕲春、广陵,10多万户都向东渡过长江,长江西面便空虚了,合肥以南,只有皖城还有较多人。

五月,丙申日(初十),献帝把冀州十郡封给曹操为魏公,曹操依然以丞相兼领冀州牧。又加赐九锡:大辂、戎辂各1辆,黑色牡马8匹;衮冕的礼服,赤舄加在其中;轩县的音乐,六佾的舞礼;房屋用红漆;从内阶向上;虎贲勇士300人;鈇、钺各1柄;彤弓1把,彤箭100支,旅弓10把,旅箭1000支;黑黍所酿的酒1罐,圭瓒加在其中。

雨水很大。

益州从事广汉人郑度听到刘备发兵,对刘璋说:"左将军孤军深入,来袭击我们,军士不满1万人,众人没有亲附,军中没有辎重,全靠野外谷米资助,现在的计策,不如把巴西、梓潼所有的人,赶到内水、涪水以西,把他们的仓库、野外的稻谷全部烧毁,高筑壁垒,挖深沟渠,平静等待他们。他们来了,要是请求战斗,不要答应,日子久了,没有财物的援助,不出100天,一定会自动逃走,逃走后攻击他们,就必定可以擒获他们了。"刘备听到了,很痛恨他,就问法正。法正说:"刘璋一定不能采用,不要忧虑。"刘璋果然对他们属下说:"我听过抵抗敌人来使人民安定的,没有听过动用人民来躲避敌人的。"没有采用郑度的计策。

刘璋派遣他的将领刘璝、冷苞、张任、邓贤、吴懿等人抗击刘备,都失败了,退兵固守绵竹,吴懿前往刘备军营投降。刘璋又派南阳人李严、江夏人费观统领绵竹各军,李严、费观也带领他们的军队向刘备投降。刘备的军队更加壮大了,分别派遣各将平定所管辖的县城。刘璝、张任和刘璋的儿子刘循,退兵防守洛城，刘备进兵包围他们。张任指挥军队，出城在雁桥交战，军队大败，张任战死。

秋天，七月，魏国开始修建社稷、宗庙。

魏公曹操娶了3个女子做贵人。

当初，魏公曹操追赶马超，追到安定，听说田银、苏伯造反，率领军队回来。凉州参军事杨阜向曹操进言说："马超有韩信、黥布的勇猛，深得羌、胡的人心，如果大军撤回，不设立防备，陇上各郡，不再是国家所有的了。"曹操回去，马超果然率领羌、胡攻击陇上各郡县，各郡县都起来响应，唯有冀城尊奉州、郡治所，坚固防守。

从正月到八月，救兵还没来临。刺史韦康派别驾阎温出城，向夏侯渊告急，城外包围了好几层，阎温从水中潜逃。第二天，马超军队看到了水迹，派人追上去俘虏了他。马超载着阎温到了城下，派人告诉城中说："东方没有兵来了。"阎温向城中大喊："大军不过3天就来了，多多努力！"城中人都哭了，高呼万岁。马超尽管发怒，但因为城池久久攻不下来，慢慢再劝降阎温，希望他改变主意。阎温说："侍奉君主，只有一死，没有二心，你竟然想要使一个长者说出不义的言辞吗！"马超于是杀了他。

魏公曹操派夏侯渊拯救冀城，还没有到，但是冀城已经陷落了。夏侯渊距离冀城200多里，马超前来迎战。夏侯渊的军队不能战胜，氐王千万反过来响应马超，把军队驻扎在兴国，夏侯渊不得不统率军队回来。

这时杨阜妻子死了，到马超处，请求休假来埋葬她。杨阜的外兄天水人姜叙被任命为抚远将军，拥有军队，驻军历城。杨阜见到姜叙和他的母亲，欷歔哭泣，十分悲哀。姜叙说："为什么这样呢？"杨阜说："守城不能保全城池，君主阵亡，又不能同死，还有什么面目来对待天下人呢！马超背叛君父，杀害刺史，哪里只是我杨阜一个人的忧伤、罪责呢？全州的士大夫都蒙受了耻辱！你拥有军队，独断专权，却没有征讨贼人的心理，这就是赵盾在史书上被称为弑害国君的缘故了。马超强大，却没有道义，漏洞很多，容易谋取。"姜叙的母亲叹息说："唉！伯奕！韦使君遇难，也有你的责任，哪里只是义山一个人的罪过呢！人，谁无死。为了忠义而死，就死得其所了。只有赶快出发，别再顾虑我！我自然会为了你而小心谨慎，不会在余年的时候连累你。"姜叙于是和同郡人赵昂、尹奉、武都人李俊等人，联合起来，谋划讨伐马超，又派人到冀城，联络安定人梁宽、南安人赵衢，让他们作为内应。马超劫持赵昂的儿子赵月作为人质。赵昂对他的夫人士异说："我们的计划是这样的，大事是一定能成功的，但赵月怎么办呢？"士异声音严厉地回答："洗雪君父的奇耻大辱，掉头都无所谓，何况是一个儿子呢！"

九月，杨阜和姜叙进军，进入卤城，赵昂、尹奉据守祁山，来征讨马超。马超听后，勃然大怒。赵衢于是假意的劝马超，让他亲自出城迎战。马超出城，赵衢和梁宽关闭冀城城门，杀死马超的妻儿。马超进退没有依靠，于是袭击历城，俘虏了姜叙的母亲。姜叙的母亲大骂他说："你是背叛父亲的逆子，杀害君主的残贼，天地哪里能容纳你很久！却不早死，有什么面目对待别人呢！"马超杀了她，又杀死赵昂的儿子赵月。杨阜和马超交战，身上受了五处伤。马超战败了，于是向南投奔张鲁。张鲁命马超做都讲祭酒，打算把女儿嫁给他做夫人。有人对张鲁说："像这样的人，不爱自己的亲人，怎么会爱别人呢？"张鲁才没有这样做。

冬天，十一月，魏国第一次设置尚书、侍中、六卿；任命荀攸做尚书令，凉茂做仆射，毛玠、崔琰、常林、徐奕、何夔做尚书，王粲、杜袭、卫觊、和洽做侍中，钟繇做大理，王修做大司农，袁涣做郎中令，代理御史大夫的政事，陈群做御史中丞。

袁涣得到了赏赐，都分给别人，家中没有储蓄。贫困时，就向人求取，并没有做清明的行为，但当时人都佩服他的清高。当时谣传刘备死了，群臣都来恭贺，唯有袁涣不来。

魏公曹操想要恢复肉刑，下令说："以前陈鸿胪认为死刑有可以胜过仁恩的地方，御史中丞陈群能说明你父亲的主张吗？"陈群回答说："臣下的父亲认为汉朝取消肉刑，却增加了笞刑，本来是要发仁道恻隐之心，却使得死的人更多，这就是所谓的名义轻，但是实际的责罚却重了；名义轻就容易冒犯，实责重就会伤害人民。而且杀人偿命，符合古代法制；要是伤害了人，有的毁坏躯体，剪截毛发，合乎法理了。如果运用古代的刑法，使淫乱的人判下蚕室，盗窃的人砍掉他的脚，那么再没有淫乱放荡、穿洞越墙的奸人了。刑罚有3000多种，尽管不能全部恢复，像这几样，是当时的忧患，应该首先加以施行。汉朝律法所要诛杀的斩首的罪，是仁德不能达到的；其他应该是死刑的，可以换成肉刑。这样，那么所诛杀的和所救活的，足够相互弥补了。现在用以鞭打死的刑法，取代不杀的刑法，是重视人的肢体却轻视了人的身躯、性命。"那时议事的人，只有钟繇和陈群的意见一致，其他的人都认为不可以实行。曹操因为战乱没有平息，考虑到众人的意见，没有施行。

汉纪六十　孝献皇帝癸
建安二十二年（丁酉、217年）

春，正月，魏王操军居巢，孙权保濡须，二月，操进攻之。

初，右护军蒋钦屯宣城，芜湖令徐盛收钦屯吏，表斩之。及权在濡须，钦与吕蒙持诸军节度，钦每称徐盛之善。权问之，钦曰："盛忠而勤强，有胆略器用，好万人督也。今大事未定，臣当助国求才，岂敢挟私恨以蔽贤乎！"权善之。

三月，操引军还，留伏波将军夏侯惇都督曹仁、张辽等二十六军屯居巢。权令都尉徐详诣操请降，操报使修好，誓重结婚。权留平虏将军周泰督濡须；朱然、徐盛等皆在所部，以泰寒门，不服。权会诸将，大为酣乐，命泰解衣，权手自指其创痕，问以所起，权把其臂流涕曰："幼平，卿为孤兄弟，战如熊虎，不惜躯命，被创数十，肤如刻画，孤亦何心不待卿以骨肉之恩，委卿以兵马之重乎！"坐罢，住驾，使泰以兵马道从，鸣鼓角作鼓吹而出；于是盛等乃服。

夏，四月，诏魏王操设天子旌旗，出入称警跸。

冬，十月，命魏王操冕十有二旒，乘金根车，驾六马，设五时副车。

魏以五官中郎将丕为太子。

初，魏王操娶丁夫人，无子；妾刘氏，生子昂；卞氏生四子，丕、彰、植、熊。王使丁夫人母养昂；昂死于穰，丁夫人哭泣无节，操怒而出之，以卞氏为继室。植性机警，多艺能，才藻敏赡，操爱之。操欲以女妻丁仪，丕以仪目眇，谏止之。仪由是怨丕，与弟黄门侍郎廙，及丞相主簿杨修，数称临菑侯植之才，劝操立以为嗣。修，彪之子也。操以函密访于外，尚书崔琰露版答曰："《春秋》之义，立子以长。加五官将仁孝聪明，宜承正统，琰以死守之。"丕使人问太中大夫贾诩以自固之术，诩曰："愿将军恢崇德度，躬素士之业，朝夕孜孜，不违子道，如此而已。"丕从之，深自砥砺。他日，操屏人问诩，诩嘿然不对。操曰："与卿言，而不答，何也？"诩曰："属有所思，故不即对耳。"操曰："何思？"诩曰："思袁本初、刘景升父子也。"操大笑。

操尝出征，丕、植并送路侧，植称述功德，发言其有章，左右属目，操亦悦焉。丕怅然自失，济阴吴质耳语曰："王当行，流涕可也。"及辞，丕涕泣而拜，操及左右咸歔欷，于是皆以植多华辞而诚心不及也。植既任性而行，不自雕饰，五官将御之以术，矫情自饰，宫人左右并为之称说，故遂定为太子。

太子抱议郎辛毗颈而言曰："辛君知我喜不？"毗以告其女宪英，宪英叹曰："太子，代君主宗庙、社稷者也。代君，不可以不戚；主国，不可以不惧。宜戚而惧，而反以为喜，何以能久！魏其不昌乎！"

久之，临菑侯植乘车行驰道中，开司马门出。操大怒，公车令坐死。由是重诸侯科禁，而植宠日衰。

法正说刘备曰："曹操一举而降张鲁，定汉中，不因此势以图巴、蜀，而留夏侯渊、张郃屯守，身遽北还，此非其智不逮，而力不足也，必将内有忧逼故耳。今策渊、郃才略，不胜国之将帅，举众往讨，必可克之。克之之日，广农积谷，观衅伺隙，上可以倾覆寇敌，尊奖王室；中可以蚕食雍、凉，广拓境土；下可以固守要害，为持久之计。此盖天以与我，时不可失也。"备善其策，乃率诸将进兵汉中，遣张飞、马超、吴兰等屯下辨。魏王操遣都护将军曹洪拒之。

鲁肃卒，孙权以从事中郎彭城严畯代肃，督兵万人镇陆口。众人皆为畯喜，畯固辞以"朴素书生，不闲军事"，发言恳恻，至于流涕。权乃以左护军虎威将军吕蒙兼汉昌太守以代之。众嘉严畯能以实让。

定威校尉吴郡陆逊言于孙权曰："方今克敌宁乱，非众不济；而山寇旧恶，依阻深地。夫腹心未平，难以图远，可大部伍，取其精锐。"权从之，以为帐下右部督。会丹阳贼帅费栈作乱，扇动山越。权命逊讨栈，破之。遂部伍东三郡，强者为兵，羸者补户，得精卒数万人；宿恶荡除，所过肃清，还屯芜湖。会稽太守淳于式表"逊枉取民人，愁扰所在。"逊后诣都，言次，称式佳吏。权曰："式白君，而君荐之，何也？"逊对曰："式意欲养民，是以白逊；若逊复毁式以乱圣听，不可长也。"权曰："此诚长者之事，顾人不能为耳。"

时关羽强盛，京兆金祎睹汉祚将移，乃与少府耿纪、司直韦晃、太医令吉本、本子邈、邈弟穆等谋杀必，挟天子以攻魏，南引关羽为援。

【译文】

建安二十二年 （丁酉、217年）

正月，魏王曹操屯驻居巢，孙权保卫濡须。二月，曹操攻击孙权。

开始，右护军蒋钦驻军宣城，芜湖令徐盛逮捕蒋钦驻军官吏，上表杀了他。等到孙权在濡须，蒋钦和吕蒙掌握各军节度，蒋钦常常称赞徐盛的盛德；孙权问他，蒋钦说："徐盛忠诚而且勤勉刚强，有胆识谋略，才气好，是督率万人的人才。现在大事没有平定，臣下应该帮助国家谋求人才，哪里敢怀着个人的怨恨，来遮蔽贤士呢！"孙权认为很好。

三月，曹操带领军队回去，留下伏波将军夏侯惇、都督曹仁、张辽等二十六军驻扎居巢。孙权命令都尉徐详前往曹操处要求投降，曹操派遣使者回报，立下誓盟，结成婚姻。孙权留下平虏将军周泰督理濡须；朱然、徐盛等人都在他的管辖下，由于周泰出身贫寒，他们不服他。孙权召集各位将领，举行大宴会。当，喝得半醉，大家欢庆的时候，命令周泰脱掉上衣，孙权亲手指着他的伤痕，问受伤的原因，孙权握着他的手臂，流泪说："幼平！你是我的兄弟，作战的时候就像猛虎一样，不珍惜自己的身体、生命，受到几十处的创伤，皮肤好像刻划了一样，我又怎么忍心不用骨肉的恩情来对待你，把军事重任交托给你呢！"吹着鼓角、奏着鼓乐而出，于是徐盛等人才服他。

孙权像

夏，四月，下诏魏王曹操设置天子旌旗，出入时路上行人要回避。

十月，命令魏王曹操的冠冕配12旒，坐着金银车，车驾6匹马，设置5时副车。

魏国以五官中郎将曹丕做太子。

初始，魏王曹操娶丁夫人，没有子息；妾刘氏，生了儿子曹昂；卞氏生了四个儿子，丕、彰、植、熊。魏王命令丁夫人担起母职，养育曹昂；曹昂死在穰县，丁夫人哭泣没有节制，曹操一怒之下把他休了，以卞氏做继室。曹植天性机敏，多才多艺，辞藻敏捷丰富，曹操很喜欢他。曹操想要把女儿许配给丁仪做夫人，因为丁仪一只眼睛小些，曹丕进谏阻止了。丁仪由此怨恨曹丕，和弟弟黄门侍郎丁廙和丞相主簿杨修，屡次赞扬临淄侯曹植的才华，劝曹操立他做嗣子。杨修，杨彪的儿子。曹操用密封信函到外访求，尚书崔琰用不加封的上书回答说："《春秋》的义理，立子要立年长的。加上五官将仁爱、孝顺、智慧，应该承继正统，琰要出死命坚持。"曹丕派人向太中大夫贾诩寻求巩固自己的方法；贾诩说："愿将军恢宏德行、度量，亲自学习寒素学士的学业，早晚孜孜不倦，不要违背做儿子的本分，只有这样罢了。"曹丕听从了，自己深深的谴责自己。有一天，曹操屏退所有的人，问贾诩，贾诩默答。曹操说："我和你说话，却不回答，是什么道理？"贾诩说："心中正在想着些事，所以不能马上回答。"曹操说："想些什么？"贾诩说："想到袁本初、刘景升父子。"曹操大笑。

曹操一度出征，曹丕、曹植共同在路旁送别，曹植述说功德，发出的言语，有章有节，左右瞪眼惊讶，曹操也很高兴。曹丕心中感到失落，济阴人吴质在他耳边说："王侯要走的时候，流着眼泪就可以了。"等到辞别，曹丕哭泣着拜别，曹操和左右都悲伤歔泣起来。于是都以为曹植辞藻华丽丰足，然而诚心却赶不上。曹植既然任性行事，自己不加以掩饰；五官将用权术控制别人，矫揉造作，修饰自己，宫人、左右一起为他说情，所以终于决定立为太子。

太子抱着议郎辛毗的脖子说："辛君知道我心中高兴吗？"辛毗告诉他的女儿辛宪英，宪英感叹着说："太子，是替代君主宗庙、社稷的人；代替君主，不可以不忧戚；主掌国政，不可以不恐惧。应该心中忧戚并且恐惧，却反而心中喜悦，怎么能长久呢！魏国大概不会隆盛吧！"

过了一段时间，临菑侯曹植乘坐车辆，在道路中奔驰，打开了司马门出去。曹操大怒，公车令被判死刑。所以加重诸侯法禁，而且对曹植的宠幸一天天降低了。

法正劝刘备说："曹操一下子降伏了张鲁，平定了汉中，不趁着这种形势来谋取巴、蜀，却留下夏侯渊、张郃驻军守卫，本身很快地回到北方，这不是他的智慧不足，是力量不够，或者国内一定有忧患逼迫的缘故。由此看来夏侯渊、张郃的才能、谋略，比不上我们的将帅，进兵前往讨伐，必定可以战胜。战胜以后，广兴农业，积聚谷米，侦察敌人的空隙，上可以覆灭仇敌，尊崇、襄助王室；中可以渐渐占据雍州、凉州，广大的开拓疆土；下可以坚守要害地区，作为维持长久的计划。这是上天来帮助我们，这个机会绝不能失掉！"刘备认为他的策略很好，于是率领各将进兵汉中，调派张飞、马超、吴兰等人，驻军下辨。魏王曹操派遣都护将军曹洪抵御他们。

鲁肃逝世，孙权派从事中郎彭城人严畯代替鲁肃，率领一万军队，镇守陆口。众人都替严畯高兴，严畯以"朴实无华的书生，不熟悉军事的理由"坚决推辞，言辞恳切、畯恻，一直说到流泪。孙权才派左护军虎威将军吕蒙，兼汉昌太守来替代他。众人称赞严畯能够依据实际形势谦让。

定威校尉吴郡人陆逊向孙权献言说："现在克服敌人、安定祸乱，没有军队无法成功；并且往日作恶的山寇，依据险要地方；心腹的祸患不能平定，就难以谋求远大计划。可以扩大部队，选取精锐的士兵。"孙权听从了，派他做帐下右部督。正赶上丹阳盗匪首领费栈作乱，煽动山越。孙权命令陆逊征讨费栈，陆逊把他们攻破。于是组织了东部三郡，健壮的用为兵士，衰弱的作为补充百姓户口，获得了几万精锐士兵；扫除了以前的旧匪，经过的地方都加以肃清，回来后驻军芜湖。会稽太守淳于式上表说："陆逊胡乱抓走人民，所到的地方都骚扰不安，人民愁苦。"陆逊后来前去都城，谈话的时候，称赞淳于式是良好的官吏。孙权说："淳于式告你，你却推荐他，究竟是什么道理？"陆逊回答说："淳于式的心思是想要养育人民，所以会告我；如果我又诋毁淳于式来混乱圣上的听闻，就不可以做为首长了。"孙权说："这确实是长者的做法，只是一般人不能做到罢了！"

当时关羽势力强盛，京兆人金祎看到汉朝国祚将要转移了，就和少府耿纪、司直韦晃、太医令吉本、吉本的儿子吉邈、吉邈的弟弟吉穆等人，密谋杀死王必，挟持天子来攻打魏国，南方联合关羽，作为支援。